Ensaios Filosóficos

Coleção Estudos
Dirigida por J. Guinsburg

Equipe de realização – Edição de texto: Marcio Honorio de Godoy; Revisão de provas: Iracema A. de Oliveira; Sobrecapa: Sergio Kon; Produção: Ricardo Neves, Sergio Kon e Raquel Fernandes Abranches.

Walter I. Rehfeld

ENSAIOS FILOSÓFICOS

J. Guinsburg e Margarida Goldsztajn (orgs.)

Dados Internacionais de Catalogação na Publicação (CIP)
(Câmara Brasileira do Livro, SP, Brasil)

Rehfeld, Walter I., 1920-1993.
Ensaios filosóficos / Walter Rehfeld. J. Guinsburg e
Margarida Goldsztajn (orgs.) – São Paulo : Perspectiva :
Associação Universitária de Cultura Judaica : Tecnisa, 2008.
– (Estudos ; 246 / dirigida por J. Guinsburg)

Bibliografia
ISBN 978-85-273-0804-5

1. Ensaios 2. Filosofia I. Guinsburg, J.   II. Título.
III. Série.

07-8357   CDD-102

Índices para catálogo sistemático:

1. Ensaios filosóficos   102
2. Filosofia : Ensaios   102

Direitos reservados à

EDITORA PERSPECTIVA S.A.

Av. Brigadeiro Luís Antônio, 3025
01401-000 São Paulo SP Brasil
Telefax: (11) 3885-8388
www.editoraperspectiva.com.br

2008

*O Professor Walter Rehfeld foi assíduo,
dedicado e competente colaborador
da Associação Universitária de
Cultura Judaica, em cujo nome
ministrou inúmeros cursos em diversas
universidades.
Em sua Mística Judaica, ele ensinava
que amor e justiça, no judaísmo, estão
reunidos no conceito de Tzedek, de tal
modo que não há justiça sem amor, nem
amor sem justiça.
Apoiar a presente edição, para
os componentes da Associação
Universitária de Cultura Judaica, é
praticar Tzedaká, no sentido de que
tal ato lhes permite exprimir com
muita singeleza o afeto que tinham
por sua pessoa e o respeito que têm
por sua memória, fazendo um pouco
de justiça a seu extraordinário mérito
e cumprindo a missão de difundir seus
ensinamentos.*

*Livro publicado sob os auspícios e com o apoio da
Tecnisa Engenharia e Comércio Ltda.*

Sumário

NOTA DE EDIÇÃO.. XIII

PREFÁCIO – *Celso Lafer* XV

APRESENTAÇÃO – *Ari Solon* XIX

PARTE I
SOBRE FILOSOFIA E POLÍTICA

1. Utilidade e Vanidade da Filosofia..3
2. Diálogos de Platão..13
3. Conhecimento Científico...27
4. Bem Supremo: Virtude...37
5. O *Leviatã* e a Teoria da Representação, da Linguagem, do Desejo e do Estado 45
6. Idéia e Juízo...57
7. Liberdade Econômica e Liberdade Política.............................71
8. Liberdade e Liberalismo..81
9. O Homem Livre..91
10. A Causalidade em Hume e sua Fundamentação Gnoseológica 101
11. O Espetáculo da Natureza no Coração do Homem..............107

ENSAIOS FILOSÓFICOS

12. Necessidade e Transcendentalidade 119
13. O Pensar e as Determinações Particulares do Ser 129
14. Elementos Escatológicos na Filosofia da
    História de Marx...135
15. Duas Definições de Liberdade...167
16. Formas e Sentido do Método Crítico de Nietzsche.............173
17. A Concepção da Filosofia como Ciência Rigorosa:
    Edmund Husserl..187
18. O Efeito Redentor da "Redução Fenomenológica"..............195
19. Bertrand Russel: A Crítica do "Senso Comum"
    pela Análise Lógica...201
20. Pensamento Cristão e Realismo...207
21. Autenticidade e Conceitos Fundamentais da Ciência..........213
22. Heidegger: "Redenção" pela Volta às Origens.....................225
23. Wittgenstein e o Círculo de Viena.......................................231
24. A Abstração Reflexionante: Piaget.......................................237
25. A Temporalidade do Ser: Sartre, Merleau-Ponty.................243
26. *Hesped* para Sartre..251
27. Totalização Dialética e "Terceira Realidade".......................253
28. Situação e Transcendência..259

PARTE II
SOBRE RELIGIÃO

1. Princípios da Formação de Instituições Religiosas..............269
2. Funções Religiosas da Experiência do Tempo no
   Pensamento Grego Clássico..295
3. Atitudes da Nossa Geração para com a Religião..................317
4. Ensaio Sobre a Religiosidade...323
5. A Existência de Deus nas *Meditações* de Descartes............347

SUMÁRIO

PARTE III
SOBRE LITERATURA E ARTES PLÁSTICAS

1. A Noção de Destino em Homero 359
2. O Romance e a Realidade 393
3. Conceitos Fundamentais da História da Arte:
   Heinrich Wölfflin 401
4. A Obra de Arte como Produção de um Universo
   Ausente e seu *Status* Ontológico 409
5. A Concepção do Espaço em Van Gogh, Gaughin, Seurat e
   Cézanne 417
6. A Amazona 425
7. Do *Tratado sobre o Belo* 431

Nota de Edição

Os textos ora apresentados ao leitor, ordenados tematicamente pelos organizadores, reúnem, em sua maior parte, a longa colaboração na imprensa e trabalhos compostos para aulas, conferências e outras intervenções no campo especulativo e crítico das idéias do filósofo, professor, ativista social e articulista que os assina. Escritos em distintos períodos, com propósitos dos mais diversos, compreendem desde ensaios abrangentes até artigos ocasionais, mas todos voltados para um tema que foi, sem dúvida, uma das principais razões de vida ou pelo menos de preocupação intelectual e espiritual do prof. Walter I. Rehfeld, ao lado e em conjunto com o judaísmo, a filosofia. Na verdade, é difícil discernir qual dos dois assuntos teria primazia para este pensador, pois ambos comparecem nele organicamente relacionados. Mas, em se tratando de uma publicação póstuma e em função da natureza do material, bem como do necessário preparo para o entendimento e acesso do leitor, os organizadores dividiram o conjunto em dois livros, o primeiro lançado pela editora Perspectiva, com o título de *Nas Sendas do Judaísmo*, já se encontra em circulação desde 2003. O segundo, que ora é posto à disposição do público interessado, agrupa basicamente os ensaios e estudos de natureza, digamos, tecnicamente filosófica e política, com o acréscimo de vários escritos que incorporam reflexões sobre religião, arte e literatura. No tocante aos critérios de edição, cabe esclarecer que a redação original foi mantida na íntegra e as poucas alterações restringiram-se a atualizações ortográficas e uniformizações de transliterações; além disso, no que diz respeito às citações, cumpre observar que elas são de tradução livre do próprio autor, e que as notas foram mantidas nos termos que se apresentam no original, sucedendo o mesmo com as remissões bibliográficas.

J. Guinsburg e Margarida Goldsztajn

Prefácio

Walter Rehfeld foi um *scholar* de abrangente cultura e múltiplos interesses intelectuais. Era um ser humano de virtude – um tema que ele discute num ensaio deste livro dedicado a Cícero, no qual finaliza as suas reflexões com considerações sobre a possibilidade da defesa dos filósofos estóicos. Entre as virtudes do próprio Walter Rehfeld relembro e destaco, com ecletismo ciceroniano, a *simplicidade* – concebida como a ausência de cálculo e de artifícios, que transparecia na sinceridade do seu discurso e na retidão do seu comportamento – e a *generosidade* – que, como aponta Comte-Sponville, nos eleva em direção aos outros e cujo segredo é a bondade.

A virtuosa trajetória de Walter Rehfeld associou, numa dialética de complementaridade, tanto a dedicação à filosofia quanto ao pensamento judaico. Neste sentido seguiu a linha de Hermann Cohen, o eminente neo-kantiano que foi o fundador da Escola de Marburgo e, ao mesmo tempo, um ativo participante da *Hochschule* – da Escola Superior da Ciência do Judaísmo de Berlim. Deste grande centro cultural Walter Rehfeld foi aluno, até deixar, muito jovem, a Alemanha, em função das perseguições nazistas. É o que lembram Enrique Mandelbaum e Jacó Guinsburg, ao discutir sua filiação intelectual na Introdução do livro *Nas Sendas do Judaísmo* – a coletânea de ensaios de Walter sobre esta temática, organizada e publicada em 2003 pela Perspectiva e que está permeada pelo *ethos* humanista que caracterizou a *Hochschule*.

Em outra vertente, observo que Lévinas, nascido na Lituânia, aluno de Husserl e Heidegger na Alemanha, radicado na França, no

XVI ENSAIOS FILOSÓFICOS

seu percurso, ao mesmo tempo que lecionou na Sorbonne, continuou dando regularmente o seu curso sobre o pensamento judaico na École Normale Israelite Orientale de Paris. Do mesmo modo, Walter Rehfeld, no Brasil, associou uma docência judaica de larga visada no âmbito da Congregação Israelita Paulista – boa parte da qual recolhida em *Nas Sendas do Judaísmo* – a uma atividade de professor na Faculdade de Filosofia, Ciências e Letras da USP.

Participei de uma etapa importante da vida de Walter Rehfeld como professor na USP, pois integrei a banca examinadora do seu concurso de livre-docência em novembro de 1987. Neste concurso, realizado na Faculdade de Filosofia, Letras e Ciências Humanas da USP, sustentou com grande qualidade intelectual uma tese de envergadura subseqüentemente publicada em 1988 pela Perspectiva e pela editora da Universidade de São Paulo: *Tempo e Religião* – A experiência do homem bíblico. O livro é uma contribuição significativa para a análise da experiência humana da religiosidade, lastreada na fenomenologia e na lingüística por meio da exploração das conotações e denotações da língua hebraica.

Do grande interesse de Walter Rehfeld pela filosofia posso dar meu testemunho pessoal, pois participou, como eu, das atividades do Instituto Brasileiro de Filosofia que Miguel Reale fundou e dirigiu com abertura filosófica e vocação pluralista. Daí muitas das suas contribuições à *Revista Brasileira de Filosofia*. Entre elas o ensaio sobre "Função Religiosa da Experiência do Tempo no Pensamento Grego Clássico" recolhido neste livro.

Tive, para continuar relembrando nosso convívio pessoal, o modesto papel de instigador de dois ensaios de Walter. "Religiosidade e Saúde Mental", que foi a sua colaboração ao volume de estudos em homenagem aos oitenta anos de Miguel Reale, publicado em 1992, que Tércio Sampaio Ferraz Jr. e eu coordenamos, e "Transcendência: Uma Perspectiva Judaica". Este integra o livro organizado por Hélio Jaguaribe, *Transcendência e Mundo na Virada do Século* publicado em 1993. O livro teve como origem um seminário promovido por Hélio no Rio de Janeiro, em 1991, no Instituto de Estudos Políticos e Sociais, voltado para o problema da transcendência nas condições culturais do nosso tempo. Deste seminário Walter participou por sugestão minha pois disse, na ocasião, a Hélio – que me pedira uma indicação – que era ele que poderia dar conta da tarefa num diálogo que reuniu, entre outros, o pe. Henrique de Lima Vaz e Sérgio Paulo Rouanet. Estes dois ensaios hoje integram *Nas Sendas do Judaísmo*.

Num dos meus comentários por ocasião da argüição da tese de livre-docência de Walter, lembrei uma observação de Gershom Scholem. Dizia Scholem, num ensaio sobre Revelação e Tradição como categorias religiosas do judaísmo, que o judaísmo rabínico entende que toda experiência religiosa, depois da Revelação, é a ex-

PREFÁCIO XVII

periência da Voz de Deus. Não é a experiência de Deus. Por isso, a busca da verdade não leva a um "sistema", mas ao "comentário", como forma legítima de aproximar-se da verdade. Creio que cabe invocar esta observação para, adaptando-a, realçar o significado deste livro de Walter Rehfeld.

Com efeito, divididos em três partes – "Sobre Filosofia e Política"; "Sobre Religião"; "Sobre Literatura e Artes Plásticas" – os ensaios que integram este livro representam um empenho de aproximar-se da verdade por meio do comentário. Este empenho é pluralista. Transita, *inter alia*, por Platão, Hobbes, Hume, Marx, Nietzsche, Husserl, Bertrand, Russel, Heidegger, Wittgenstein, Sartre e Merleau-Ponty. Discute Homero, o romance, a obra de arte, Van Gogh, Gauguin, Seurat e Cézanne. A ponte entre este livro e *Nas Sendas do Judaísmo* são os ensaios que integram os agrupados em Sobre a Religião, como aponta meu amigo e colega de docência na Faculdade de Direito da USP, Ari Marcelo Solon na introdução em que, com profundidade e simpatia, destaca o alcance intelectual e filosófico deste conjunto de textos de Walter Rehfeld.

Na tradição judaica, o lembrar – *Zakhor* – é um comando bíblico de peso que reverbera no *Deuteronômio* e nos *Profetas*. Jacó Guinsburg, na esclarecida direção da editora Perspectiva, tem sido zeloso no cumprimento laico deste comando ao resgatar a memória da obra dos tantos intelectuais de mérito dos quais, no seu percurso, se aproximou pelos laços da amizade e das afinidades. Entre eles, Anatol Rosenfeld, Lourival Gomes Machado, Décio de Almeida Prado, Haroldo de Campos e o próprio Walter Rehfeld. Nesta linha, este livro oferece a oportunidade de lembrar, de maneira organizada – o que antes estava disperso – as suas lições e contribuições filosóficas. Tenho muita satisfação pessoal e intelectual de associar-me a esta empreitada da Perspectiva, assinando este prefácio na afetuosa lembrança de Walter Rehfeld e da sua busca da verdade pelo comentário.

Celso Lafer

Apresentação

Em suas *Cartas a um Jovem Poeta*, Rainer Maria Rilke buscava demonstrar a Franz Xaver Kappus as sendas do âmago de um escritor:

Não há senão um caminho. Procure entrar em si mesmo. Investigue o motivo que manda escrever; examine se estende suas raízes pelos recantos mais profundos da alma; confesse a si mesmo: morreria, se lhe fosse vedado escrever? Isto, acima de tudo, pergunte a si mesmo na hora mais tranqüila de sua noite: "sou forçado a escrever?". Escave dentro de si uma resposta profunda. Se for afirmativa, se puder contestar àquela pergunta severa por um forte e simples "sou", então construa a sua vida de acordo com essa necessidade[1].

Os *Ensaios Filosóficos* de Walter Rehfeld parecem ter percorrido o caminho descrito por Rilke. Talvez tenham brotado da necessidade de imortalizar as idéias ao escrevê-las, motivado pelos mais belos e recônditos desejos de uma alma.

O filósofo, mesmo após deixar a vida, irrompe vivamente mais uma vez no devir da vivência, mediante seus escritos aqui reunidos nestes ensaios póstumos que talvez devessem ser denominados de reflexões, escritas sob a forma de ensaios, acerca das mais diversas temáticas. Provavelmente, em razão de não se tratar apenas de ensaios filosóficos (entendido aqui o termo "filosóficos" em sua expressão menos ampliada), mas de reflexões variadas, a obra presente tenha

---

1. Rainer Maria Rilke, *Cartas a um Jovem Poeta*. Tradução de Paulo Rónai. São Paulo: Globo, 2001, p. 26.

XX ENSAIOS FILOSÓFICOS

sido dividida em três grandes temáticas: "Sobre Filosofia e Política"; "Sobre Religião"; e "Sobre Literatura e Artes Plásticas".

Os denominados ensaios Sobre Filosofia e Política, constituindo um total de vinte e oito, afiguram-se, sobretudo, como reflexões filosóficas sobre diferentes temas, uma vez que o tema da política está mais latente em apenas quatro deles.

No quinto ensaio, o primeiro deles em alguma medida possuidor de concepções que podem ser inseridas nas assim chamadas reflexões políticas, intitulado "O Leviatã e a Teoria da Representação, da Linguagem, do Desejo e do Estado", Rehfeld realça o arrojo científico desta *opera magna* de T. Hobbes, mormente, quando empreende o projeto de "situar uma teoria política dentro de um contexto geral de uma antropologia em substituição das explicações teológicas correntes na sua época"[2]. Não deixa ainda de ressaltar "uma grande riqueza de observações agudas de fatos psicológicos, sociológicos e políticos" constituidores do Leviatã. Não bastasse, diagnostica, com rara acuidade, certos "vícios" desta "grande obra"; "um psicologismo unilateral e o mecanicismo, emprestado de uma física em ascensão e com crescente prestígio e indiscriminadamente imposto aos estudos dos fenômenos humanos".

No oitavo ensaio, "Liberdade e Liberalismo", o autor leva a cabo uma interessante conceituação de "liberdade política". Enfatiza, acertadamente, que "há poucos conceitos de importância mais universal que o de liberdade"[3] e, depois, não deixa de se esforçar na tentativa de delimitar o conceito de liberdade política. Inicia pelo conceito de liberdade política elaborado por J. Locke, constatando que a liberdade política, no *Segundo Tratado sobre o Governo Civil*,

é uma liberdade exclusivamente de indivíduos, porque a propriedade é preeminentemente individual, e o seu gozo sempre o é. São indivíduos que reclamam o seu direito à propriedade e à sua plena liberdade de ação econômica. Proprietários celebram o pacto que cria o Estado; conseqüentemente, somente o consentimento dos proprietários pode conservá-lo legítimo[4].

Conclui este ensaio sobre liberdade e liberalismo relacionando a teoria política de Locke e o liberalismo.

No nono e décimo quinto ensaios a política também é abordada, quando se enfatiza a temática da liberdade. Os ensaios "O Homem Livre" e as "Duas Definições de Liberdade" retomam o tema da liberdade já enfocado nos dois ensaios analisados nos parágrafos anteriores. Ao retornar à temática da liberdade, em "O Homem Livre" aborda a liberdade como preservação da dignidade huma-

2. Cf. p. 56.
3. Cf., p. 81.
4. Cf, p. 85.

APRESENTAÇÃO   XXI

na, "sem cair na angústia de uma liberdade incondicional"[5] (atribuída a Sartre). Já em "Duas Definições de Liberdade", examinará a conveniência das seguintes concepções de liberdade: "'Ser livre é poder escolher entre duas alternativas' (Jules Lequier) ou 'Somos livres quando os nossos atos emanam da nossa personalidade inteira, quando a exprimem, quando eles têm com ela essa indefinível semelhança que às vezes se encontra entre a obra e o artista' (Henri Bergson)"[6].

Após analisar e desenvolver estes dois modos de perceber a liberdade, bem como suas conveniências e inconveniências, conclui, magistralmente: "Somos livres, pois, quando os nossos atos emanam da nossa personalidade inteira, satisfazendo, inclusive, os princípios morais de nossa razão que, obviamente, participam destacadamente da totalidade de nosso ser"[7].

As reflexões sobre a política e a liberdade poderão ser encontradas ainda no sétimo ensaio intitulado "Liberdade Econômica e Liberdade Política". Liberdade econômica e liberdade política são, segundo Walter Rehfeld, "aspectos da liberdade civil do cidadão, proporcionada e regulada pela sociedade de que faz parte. Portanto, não é de estranhar a estreita interdependência em que se encontram estas duas formas de liberdade"[8].

Os demais vinte e três ensaios que constituem a primeira parte da obra intitulada Sobre Filosofia e Política versam, acima de tudo, sobre temas filosóficos (tomando a expressão *filosóficos* aqui em uma perspectiva mais estrita).

Portanto, é muito auspicioso que a editora Perspectiva soube agregar, para seus leitores e interessados no debate filosófico no Brasil, os textos segundo um critério harmonioso que evoca a fusão polifônica a la Bakhtin.

Reunir estes 28 ensaios em uma análise unificadora é tarefa árdua, tamanha a multiplicidade de questões abordadas, mas que certamente logrou êxito. Eles vão desde a "Utilidade e Vanidade da Filosofia" à "Situação e Transcendência", sem deixar de percorrer, de modo característico e abrangente, relevantes perspectivas da filosofia ocidental.

Rehfeld começa pelos "Diálogos de Platão" e, em seu grande percurso teórico por estes ensaios filosóficos, não deixa de perpassar "A Causalidade em Hume e sua Fundamentação Gnoseológica", os "Elementos Escatológicos na Filosofia da História de Marx", as "Formas e Sentidos do Método Crítico de Nietzsche", "A Concepção

5. Cf., p. 99.
6. Cf., p. 167.
7. Cf., p. 171.
8. Cf., p. 79.

XXII ENSAIOS FILOSÓFICOS

da Filosofia como Ciência Rigorosa" de Edmund Husserl, bem como "O Efeito Redentor" de sua redução fenomenológica, "A Crítica do 'Senso-Comum'" pela análise lógica de Bertrand Russell, a "'Redenção' pela Volta às Origens" de Heidegger, as percepções de "Wittgenstein e o Círculo de Viena", "A Abstração Reflexionante" de Piaget, "A Temporalidade do Ser" em Sartre e Merleau-Ponty e o "Hesped para Sartre".

Talvez a abordagem destas acepções dos autores analisados em um eixo comum seja a maneira didática, atenta, crítica e despretensiosa empreendida de modo peculiar e criativo pelo ensaísta. Mas suas reflexões filosóficas, nos ensaios que constituem a primeira parte desta obra, não se reduzem a exames de perspectivas filosóficas de consagrados pensadores ocidentais. Ele também empreende análises temáticas, todas elas com evidente fundamentação teórica em grandes correntes filosóficas.

No terceiro ensaio, o autor enfrenta a complexa e controvertida temática do Conhecimento Científico. Nele analisa, de modo central, as concepções aristotélicas sobre esta questão, e conclui:

> Consciente, como era Aristóteles, do caráter acidental dos processos indutivos, a nova ciência teve que abandonar as pretensões de um conhecimento absoluto, substituindo-as pela expectativa de uma aproximação sempre crescente do conhecimento científico a uma realidade cuja compreensão absoluta está para sempre além dos limites da inteligência humana[9].

No quarto ensaio, enfoca a virtude como Bem Supremo. O desenvolvimento das reflexões é iniciado por um diálogo de autoria de Marco Túlio Cícero, intitulado *De finibus bonorum et malorum*. Conforme Walter Rehfeld, esta obra "propõe-se descobrir o bem supremo que, de acordo com a opinião unânime dos filósofos, deve ser tal, 'que a ele tudo deveria ser referido, ele, no entanto, a nada'"[10]. Afirma, ademais, que

> O procedimento de Cícero, no presente texto, não é, pois, a construção precisa de uma análise filosófica. Utiliza argumentos e os maneja, sem que lhes falte rigor, de maneira que melhor demonstram o seu formidável poder de convicção. Foi este que tornou Cícero o grande defensor de causas de sua época e lhe deu fama eterna[11].

O sexto ensaio, intitulado "Idéia e Juízo", parte da noção de idéia como percepção de entendimento e seu uso no juízo. Logo em seguida, analisa a natureza da idéia, alicerçado nas concepções de Descartes. Seqüencialmente, examina as idéias segundo sua função

9. Cf, p. 36.
10. Cf., p. 37.
11. Cf., p. 44.

APRESENTAÇÃO   XXIII

no conhecimento e termina com as reflexões sobre o juízo e o uso que se faz da idéia.

"É no coração do homem que está a vida do espetáculo da natureza. Para vê-lo é necessário senti-lo"[12]. Com esta evocação de Rousseau, Rehfeld inicia o décimo primeiro ensaio em que enfoca "o espetáculo da natureza no coração do homem". Prescindindo de remissões aos primórdios da história e de transposições espaciais longínquas destituídas do que se costuma chamar de "civilização", sustenta que "a natureza é o mais próximo ao homem. Uma vez despertada a sensibilidade adormecida do natural, encontramos a natureza no nosso íntimo e nela o reflexo de um universo que lhe é afim nas suas verdades, na sua beleza e na sua bondade"[13].

No décimo segundo ensaio analisa a "Necessidade e Transcendentalidade" consoante os aportes kantianos, Rehfeld concluirá que, "embora superado em muitos de seus pormenores, o pensamento epistemológico de Kant continua válido em algumas das suas posições mais fundamentais, e que o seu estudo continua altamente instrutivo para todos aqueles que se preocupam com os problemas fundamentais da gnoseologia"[14].

"Há inúmeros modos de compreender o ser, e cada compreensão o relaciona de maneira diferente ao pensar"[15]. Assim inicia seu décimo terceiro ensaio que foi por ele denominado de "O Pensar e as Determinações Particulares do Ser". Nele o ensaísta tenta demonstrar como a "multiplicidade embaraçosa" na compreensibilidade do ser "decorre de umas poucas opções do sujeito cognoscente de encarar o objeto conhecido". Não bastasse, constata que "o ser jamais se oferece diretamente aos nossos sentidos como coisa. Surge no nosso discurso, nas nossas afirmações e negações com relação ao que nos é objeto, lançado contra nós no mundo. Conseqüentemente, o sentido do termo 'ser' necessariamente depende de como nos situamos neste encontro".

Ainda neste ensaio, de apenas quatro páginas, mas de intensa profundidade, destacam-se duas perspectivas que talvez possam ser identificadas como ponto alto da primeira parte dos ensaios, quiçá de toda a obra. Rehfeld constata que

por força das suas formas específicas de expressões na linguagem humana, o pensar eleva-se a um nível todo especial de comunicação, possibilitando a cultura como fenômeno inteiramente diferente dos processos psíquicos, orgânicos e anorgânicos das camadas inferiores do ser. E com a cultura surgem a organização política racional, a literatura, as artes, as ciências e a filosofia.

12. Cf., p. 107.
13. Cf., p. 117.
14. Cf., p. 128.
15. Cf., p. 129.

XXIV   ENSAIOS FILOSÓFICOS

Se, em algum lugar, definirmos o "pensar" de maneira mais restritiva, como uso
da razão, o pensar, em vez de ser a determinação que distingue o ser que nós somos
de todos os outros tipos de ser, permanece ainda uma determinação o ser humano das
mais importantes, uma determinação a cuja importância corresponde o peso da filosofia e das ciências no conjunto da nossa cultura em geral[16].

Retomando o tema da cientificidade que já havia merecido linhas
específicas no terceiro ensaio acerca do Conhecimento Científico,
ele desenvolve o vigésimo primeiro ensaio sobre "Autenticidade e
Conceitos Fundamentais da Ciência", partindo da suposição de que
"Todas as ciências possuem conceitos que, não podendo ser derivados de outros, servem como fundamento para todo um sistema de
deriváveis, cuja articulação constitui-se a estrutura específica de determinada ciência"[17].

Em alguma medida, poder-se-ia dizer que o vigésimo primeiro ensaio se afigura como um desenrolar do trecho "os movimentos
autênticos das ciências ocorrem nas revisões mais ou menos radicais e
conscientes de seus conceitos fundamentais" colhido em Heidegger e
que lhe serve como epígrafe.

Na abordagem da "Totalização Dialética e 'Terceira Realidade'",
que constitui o vigésimo sétimo ensaio, Walter Rehfeld traz à luz a
monumental contribuição hegeliana, realçando a noção do filósofo
germânico acerca da "redenção" no autoconhecimento completo do
Espírito Absoluto que é a "Terceira Realidade", "cognitiva como
existencial, ao superar e conservar (*aufheben*) as realidades alienadas
e conflitantes da consciência subjetiva e da consciência objetiva"[18].
Não deixa sem menção e análise a inversão marxista, bem como a
razão dialética e, com alguma dosagem "melancólica", conclui que

embora, talvez, uma redenção final jamais seja alcançada, o "espaço social, cultural
e simbólico" e a "razão dialética" conferem a todas as "Terceiras Realidades" que o
homem conseguiu encontrar nesta racionalidade dialética, uma validade absoluta referente a uma posição determinável no contexto de uma história universal, "Terceira
Realidade" última e fundamental[19].

O vigésimo ensaio, intitulado "Pensamento Cristão e Realismo",
embora figure entre os ensaios "Sobre Filosofia e Política" poderia
certamente figurar, sem consideráveis prejuízos, entre os ensaios
"Sobre Religião" que constituem a segunda parte desta obra. Quem
sabe seria melhor situá-lo como ensaio transitório entre os "Sobre
Filosofia e Política" e os "Sobre Religião". Nele Walter Rehfeld analisa a propensão do pensamento cristão para o problema central da

16. Cf., p. 134.
17. Cf., p. 213.
18. Cf., p. 254.
19. Cf., p. 257.

APRESENTAÇÃO   XXV

relação entre fé e razão; ressalva, contudo, que tal relação só pode ser concebida "de um número limitado de maneiras possíveis"[20].

Os ensaios "Sobre Religião", temática, aliás, em que Walter Rehfeld se notabilizou com suas obras *Nas Sendas do Judaísmo*[21], *Tempo e Religião*[22], *Introdução à Mística Judaica*[23], entre outros escritos, constituem a segunda parte da obra. Ela se inicia pelo ensaio "Princípios da Formação de Instituições Religiosas", perpassando pelas "Funções Religiosas da Experiência do Tempo no Pensamento Grego Clássico", pelas "Atitudes da Nossa Geração para com a Religião", pelo "Ensaio sobre a Religiosidade" e findando com um excelente ensaio sobre "A Existência de Deus nas Meditações de Descartes".

As reflexões estéticas também foram prestigiadas nestes ensaios. Walter Rehfeld analisou, de forma atenta e instigante, as artes plásticas e a literatura. Na terceira e última parte deste livro, intitulada "Sobre Literatura e Artes Plásticas", ele examina e desenvolve "A Noção de Destino em Homero", demonstrando vasto conhecimento do clássico poeta grego. Empreende, ainda, uma crítica literária acerca da relação entre "O Romance e a Realidade", analisando as contribuições de Sartre, Souriau, Lukács e Antonio Candido neste âmbito. Repassa os *Conceitos Fundamentais da História da Arte* de Heinrich Wölffin. Não se eximiu de realizar aportes acerca do status ontológico da obra de arte em seu ensaio versando sobre "A Obra de Arte como Produção de um Universo Ausente e seu Status Ontológico".

Aborda, com a sensibilidade daqueles que lograram ampliar seu universo perceptivo e com um olhar que ultrapassa as emoldurações, "A Concepção do Espaço em Van Gogh, Gauguin, Seurat e Cézanne". Termina seus ensaios com estudos estéticos com "A Amazona" e "Sobre o Tratado do Belo".

Nestas reflexões o leitor encontrará a vastidão dos pensamentos de um autor de vasta cultura, lançando-se no desafio de encarar, com rara inteligência, as variações humanas. Gravado na minha memória dos tempos em que acompanhava minha avó à *Gemeinde*, permanece o largo sorriso estampado na face de Walter Rehfeld ao realizar suas prédicas cujo profundo conteúdo filosófico aflora nestes ensaios. E é por isto que conviveram harmonicamente miscigenados em Walter Rehfeld duas pessoas; o filósofo destes Ensaios e o místico de *Nas Sendas do Judaísmo* onde discerniu: "desde Jó até Kierkegaard, o desespero existencial diante da impossibilidade de racionalizar o des-

20. Cf., p. 211.
21. São Paulo: Perspectiva, 2003.
22. São Paulo: Perspectiva, 1988.
23. São Paulo: Ícone, 1986.

tino, resultou num salto para além do raciocínio e adentro de uma fé incondicional. Um Deus, essencialmente incompreensível, impõe submissão absoluta"[24].

Concluindo, temos certeza de que o público leitor receberá uma obra que retrata o ecletismo no sentido mais positivo da palavra: vertentes literárias, filosóficas e ideológicas se harmonizam numa sinfonia polifônica.

Ari Solon

---

24. P. 64.

Parte I
Sobre Filosofia e Política

1. Utilidade e Vanidade da Filosofia

Como toda paixão, o amor à *sofia* nasce da nossa sensibilidade e não da nossa razão. Certamente, os motivos que fizeram um tal "amante" abraçar a filosofia não foram considerações referentes à sua utilidade. Mas o próprio apego à verdade não poupará ao filósofo meditar sobre a utilidade ou a vanidade da filosofia, seja a fim de chegar à maior clareza das próprias atitudes, seja para compreender porque tantos estudiosos de temperamento bem pouco apaixonado se aprofundam em pesquisas filosóficas.

O QUE É A FILOSOFIA

O que é, pois, a filosofia? Já numa tentativa inicial de definir a filosofia, deparamo-nos com uma dificuldade formidável: A única disciplina que determina o objeto das suas investigações, em vez de operar dentro de um campo de estudos rigidamente delimitado pela natureza do objeto que investiga, como a física, a química, a astronomia etc., é a própria filosofia. "De maneira igual, nenhuma ciência, talvez, recorre à sua própria essência na escolha dos seus problemas"[1].

Conseqüentemente, há várias definições de filosofia, cada uma resultado necessário das características de uma corrente específica do pensamento filosófico. A filosofia já foi compreendida como ciência universal, com tendências metafísicas mais ou menos pronunciadas;

---

1. Georg Simmel, *Hauptprobleme der Philosophie*, cap. I.

4 ENSAIOS FILOSÓFICOS

como pesquisa do sentido da vida humana, de como alcançar o supremo bem ou maior grau de felicidade; como fundamentação racional da verdade revelada por Deus; como análise crítica das condições de um conhecimento válido; como metodologia do pensamento científico etc.

Da perplexidade que nos causa esta grande diversidade de definições da filosofia, salva-nos uma observação feliz de Henri Gouhier[2]: "A perspectiva muda, se considerarmos a filosofia não como essência a definir, mas como existência a descrever: A história torna-se, assim, uma coleção de experiências, ilustrando as condições de existência da filosofia". Teremos que deixar a definição da filosofia a cada uma das suas correntes, mas poderemos, pelo exame dos seus vários sistemas que conhecemos através da história, descobrir certos traços comuns que caracterizam toda filosofia.

I. O primeiro traço comum a toda filosofia reconhecemos no esforço de racionalização na nossa compreensão do mundo. Se o mundo for considerado, antes de mais nada, como dado objetivo, como "natureza", a sua filosofia poderá abranger uma especulação naturalista, como a dos filósofos pré-socráticos, sistemas metafísicos como o platonismo, o aristotelismo, o cartesianismo e outros do pensamento filosófico moderno, teorias do conhecimento empírico como da escola empirista inglesa, o positivismo de Comte ou o neopositivismo contemporâneo.

Se o mundo for encarado, predominantemente, como vivência humana ou convivência social, as perguntas pelo sentido da vida, pelo "Bem Supremo", impor-se-ão como nas escolas que se baseiam nos ensinamentos de Sócrates. Se prevalecer a fé na verdade revelada por Deus, sentir-se-á a necessidade de um tratamento racional e sistemático das suas afirmações, representado na Europa pela filosofia escolástica. Como a nossa maneira de ver as coisas jamais é inteiramente unilateral, encontraremos, em todas estas correntes filosóficas, outros domínios filosóficos, cujo tratamento é influenciado pela tendência dominante: Assim, praticamente todas as filosofias incluem algumas considerações morais, lógicas, ontológicas etc.

II. O segundo traço comum a toda a filosofia vemos no esforço de totalização na nossa compreensão do mundo, alimentado, grandemente, pela tendência de generalizar, inerente a todo pensamento humano. O que subsiste em todo raciocínio, torna-se aspiração fundamental no pensamento filosófico. Podemos observar o empenho pela unificação do sistema em todas as variações da filosofia antiga, no escolasticismo, na famosa analogia cartesiana da "árvore da filosofia"[3], típica do pensamento da época, no ideal dos enciclopedistas de uma totalização dos conhecimentos científicos, assim resumida de forma

2. Henri Gouhier, *La Philosophie et son Histoire*, Avant-propos.
3. Réne Descartes, *Les príncipes de la Philosophie*, préface.

clássica por Taine[4]: "A filosofia positiva tem por fim demonstrar que a natureza representa uma ordem de formas que se invocam mutuamente e compõem um todo indivisível". É o ideal da lei universal da natureza, uma lei geral a que todas as leis pudessem ser reduzidas como casos especiais e cuja fórmula matemática permitiria calcular, partindo de uma dada situação, todos os acontecimentos que sobreviriam posteriormente. Mesmo no criticismo de Kant existe a famosa "unidade de apercepção", causa transcendental da regularidade necessária de todos os fenômenos numa experiência[5]. Nem as filosofias neopositivistas escapam à regra: "Não há domínio de experiência que, por princípio, não possa ser ligado a alguma forma de lei científica", diz Ayer[6]. Pois, embora restringindo as pesquisas filosóficas a metodologias especializadas de diferentes ciências, ao postularem um conjunto de atitudes mentais, axiomas e métodos, representado pelas ciências, como único meio válido de se obter conhecimentos fundamentados, já proferiram, mesmo sem se terem dado conta disto, o seu pronunciamento filosófico de caráter totalizante, com tremendas conseqüências ontológicas.

III. O terceiro traço é intimamente ligado ao segundo. Nenhum pensamento totalizante pode depender de premissas previamente estabelecidas, estranhas ao sistema, nem de termos alheios, de cuja validade dependesse. Portanto, o pensamento filosófico apresenta-se de forma autônoma. Apóia-se em axiomas próprios, indeduzíveis, em intuições "claras e distintas" que são incondicionalmente aceitas. Para somente falar do cientificismo contemporâneo: A propalada *Adequatio rei et intellectus*, ou, em outras palavras, a redutibilidade do fato físico à quantificação ou à fórmula matemática, tão indiscutível que nos pareça, não deixa de ser uma das intuições básicas pertencente a um pensamento totalizante.

IV. Um quarto traço, que me parece comum a todas as filosofias, é o elemento crítico. Nenhuma das grandes correntes do pensamento filosófico deixou de se preocupar, de alguma forma, com as relações do pensamento para com o objeto pensado. A reflexão sobre o próprio ato cognitivo parece determinante do filósofo. (Aqui o círculo se fecha: Aquela estranha ovação racional chamada "amor à sofia", que nasce, como [vimos], de uma sensibilidade irracional, é útil a tantos fins concretos da [nossa] [vida], termina com a sua derradeira utilidade onde [originou]: uma irracional e eterna ansiedade existencial da individualidade de intergrar-se na incomensurabilidade do ser.)[*]

4. Hipolito Taine, *Les Philosophes Français do XIXe Siècle*, préface.

5. Immanuel Kant, *Crítica da Razão Pura*, anexo I.

6. Alfred Jules Ayer, *Language, Vérité et Logique*.

[*] Junto ao original, com referência a este item, o autor deixou uma notação manuscrita que parece dar seqüência ao pensamento desenvolvido e que transcrevemos para o conhecimento do leitor. (N. da E.)

6 ENSAIOS FILOSÓFICOS

v. Um quinto traço vejo no caráter perspectívico da filosofia. O cunho pessoal do pensador que se transmite aos seus discípulos, à sua escola; à tradição filosófica em que se apóia; inúmeros fatores da ecologia histórico-social e física, em que cada sistema filosófico nasceu, determinam, em conjunto, a perspectiva bem peculiar a cada filosofia. Talvez haja tamanha disparidade entre o âmbito imenso da realidade e a estreita limitação das categorias do nosso pensamento que uma "relação de indeterminação" de Heisenberg, em escala universal, seja inevitável. Seja como for, toda filosofia encara a realidade de um ângulo diferente, fato este, aliás, frisado em nossos dias pela crítica da filosofia de um Sartre[7], na sociologia do conhecimento de um Mannheim[8] etc.

EM QUE SENTIDO PODE-SE FALAR DA UTILIDADE DA FILOSOFIA

"Por utilidade entende-se aquela propriedade em qualquer objeto, pela qual tende a produzir benefício, vantagem, prazer, o bem ou a felicidade". Eis a definição dada por Jeremy Bentham, fundador do utilitarismo[9]. Diríamos, generalizando esta definição ainda mais, que utilidade é um valor intermediário, pois é investido na sua função de ser útil por um fim mais elevado, como quer que o definamos. O útil, portanto, nunca vale por seu próprio mérito, mas por contribuir a realizar algo de mais valioso.

Ora, como esforço de racionalização e totalização, a filosofia possui um mérito próprio que não depende de nenhum outro bem. Pois o *Homo sapiens*, o animal racional por definição, tende a esta racionalização ao realizar a essência da espécie. Assim entendido, o empenho filosófico consubstancia um valor último, comparável ao valor estético que, como valor artístico, não necessita ser útil a nenhum outro fim. Assim compreendida, a filosofia estaria além de qualquer consideração de utilidade e vanidade.

Os grandes valores fundamentais que orientam a nossa ação são independentes uns dos outros. O belo, por exemplo, continua belo, se for econômico ou não, se for verdadeiro ou não, se for moral ou não. Nas ações concretas, no entanto, e nos objetos particulares em que estes valores se apresentam, cada um pode servir a outro ou a uma combinação de outros e, com isso, adquirir utilidade. Assim as qualidades literárias dos diálogos de Platão, como valor estético, aumentam o seu poder de convicção; assim como conhecimentos teóricos, os conhecimentos de anatomia de um pintor, por exemplo, podem ser úteis à criação artística, e assim por diante.

---

7. Jean-Paul Sartre, *Crítica da Razão Dialética*, cap. 1.
8. Karl Mannheim, *Ideologia e Utopia*.
9. Jeremy Bentham, *An Introduction to the Principles of Morals and Legislation*, cap. 1.

UTILIDADE E VANIDADE DA FILOSOFIA 7

Temos, pois, em conclusão que embora a filosofia, como valor fundamental, se encontre acima de considerações de utilidade e vanidade, as filosofias concretas, nas suas restrições perspectívicas, podem também servir a fins estranhos ao próprio valor filosófico puro. Explicaremos mais adiante de que formas isto ocorre.

POR QUE A FILOSOFIA PODE SER VÃ

Kant mostrou que a síntese absoluta é alvo inerente à atividade sintética da razão que assim se vê tentada, sempre de novo, a proferir juízos os quais em muito ultrapassam o âmbito de uma validade possível[10]. Nesse sentido, a própria natureza da razão faz com que a filosofia, desde os seus primórdios, tenha procurado verdades "absolutas" que justamente provocaram dúvidas quanto à possibilidade de um tal conhecimento, dúvidas que ameaçaram arrastar todo o pensamento filosófico ao ceticismo.

O criticismo dos últimos tempos não deixou incerteza quanto ao caráter condicionado de todo o pensamento filosófico. Como seres humanos, as formas "transcendentais" da nossa percepção, o espaço e o tempo, estruturam todo o nosso empirismo, enquanto as formas "transcendentais" do nosso entendimento, as categorias, determinam os nossos julgamentos, como Kant demonstrou na sua *Crítica da Razão Pura*. Não menos condicionado é o nosso pensamento por pertencermos a determinada cultura, por vivermos em determinadas condições sócio-históricas, como evidencia a sociologia do conhecimento (Karl Mannheim e outros). Não há dúvida, tampouco, que a nossa formação pessoal, queiramos ou não, influi na elaboração da nossa filosofia.

De tudo isto podemos concluir que uma filosofia que orientasse os seus trabalhos com a aspiração de encontrar verdades absolutas — um ideal inerente ao pensamento filosófico e, portanto, de grande tentação – necessariamente haveria de ser vã, pois serviria a um fim inexistente, a um alvo que não possui fundamentos reais.

Objetar-se-á, aqui, sobre a asserção acima, que todas as filosofias devem ser consideradas vãs, pois todas possuem caráter totalizante. Verdade absoluta e pensamento totalizante, no entanto, estão longe de significar o mesmo. A melhor prova disto fornece a própria filosofia kantiana que tão inexoravelmente demoliu toda pretensão a verdades absolutas e que, nem por isso, deixa de ser um pensamento totalizante. Tampouco deverá ser confundida a verificação de que toda filosofia é determinada por condições inerentes ao pensamento humano, por fatores históricos e sociais e por particularidades pessoais do pensador com a sua autonomia intrínseca exposta acima. Esta é exigência

10. I. Kant, op. cit., Livro II, Das Antinomias da Razão Pura.

8 ENSAIOS FILOSÓFICOS

normativa da estrutura de um sistema, aquela trata de fatores externos num nível de validade inteiramente diferente. Um pensamento autônomo pode ser, e sempre é, condicionado.

A QUEM E PARA QUE A FILOSOFIA PODE SER ÚTIL

Como vimos, a filosofia não serve somente ao seu fim específico, mas pode contribuir grandemente a outras aspirações da humanidade, pode ter significado prático, estético, religioso etc. Na maioria dos casos é de utilidade não somente para os próprios filósofos, mas também para homens que procuram atingir alvos inteiramente diversos.

Para o filósofo típico, a filosofia representa muito mais do que um conhecimento teórico: É uma maneira de viver. "A razão significa para o filósofo, o que a graça é para o cristão. A graça determina os atos do cristão; a razão determina o filósofo"[11]. Manifestações como esta, marcando a profunda transformação que a filosofia opera nos que se dedicam a ela, poderiam ser citadas de todas as fases da história da filosofia.

E a filosofia, desde Sócrates, aceita a tarefa de "produzir benefício, vantagens, prazer, o bem ou a felicidade", aceita ter utilidade nos próprios termos de Jeremy Bentham, citados acima. Esforça-se em encontrar o "Bem Supremo" não, em primeiro lugar, pelo valor teórico da descoberta, mas, antes de mais nada, para servir de critério à melhor, à mais nobre forma de viver. Percebemos, pois, que no pensamento ético existem diversos valores fundamentais lado a lado que, conjuntamente, o legitimam: a exigência ética, cuja satisfação representa um valor todo especial que consiste na realização, bem aproximada, de normas ideais, de um "dever ser", no mundo, na sociedade e nas nossas próprias ações; o valor prático, que deve ser distinguido estritamente do primeiro; e um valor teórico caracterizado como filosófico. Isto se aplica a todos os sistemas de ótica, sejam eles de cunho eudemonista, do hedonismo mais bruto de um Aristipo ao ideal mais refinado de um Spinoza, para quem o primeiro e o terceiro valor quase se fundem no "amor intelectual de Deus". Vale igualmente da ética formal e racional do "imperativo categórico" de Kant, que não reconhece o Supremo Bem como alvo moral e se empenha em eliminar o valor prático das considerações da ética, mas que também faz o raciocínio filosófico servir ao valor normativo dos imperativos e com isso atribui utilidade à filosofia; vigora para os sistemas de orientação biológica ou evolucionista, de tendência altruísta ou egoísta, para não falar das teorias utilitaristas que já pelo nome confessam o princípio de utilidade. Todos visam a ensinar, além de um conhecimento filo-

---

11. Diderot sobre o filósofo, apud Magalhões Vilhena, *Pequeno Manual de Filosofia*, p. 34.

UTILIDADE E VANIDADE DA FILOSOFIA

sófico, algo de diferente que é valorizado mais no pensamento ético do que o conhecimento como conhecimento. Resulta que o raciocínio filosófico, na ética, deve ter utilidade, servir a fins tidos como superiores ao próprio fim filosófico, pelo menos na ética.

E não há dúvida que esta utilidade da filosofia, enquanto ética, não existe somente na teoria. Sem um pensamento metódico não resolveríamos os múltiplos problemas colocados pelos sentimentos nas nossas experiências humanas, pelos costumes aos quais temos que nos adaptar, pela premente necessidade de incutir um sentido à nossa vida toda.

O que foi dito da filosofia moral é aplicável igualmente à filosofia política. Também esta visa a uma realização prática ao lado das ambições teóricas. Desde Platão a Hegel, para não falar de Marx, a transformação do pensamento político em formas concretas da experiência estatal representou uma aspiração muito cara aos filósofos.

Se os filósofos não se tornarem regentes nos Estados ou os assim chamados regentes atuais e detentores do poder não filosofarem verdadeira e meticulosamente, coincidindo, pois, o poder estatal e a filosofia [...]. não haverá fim à desgraça dos Estados e, creio, de toda a humanidade.

Nesta famosa frase da *República* de Platão aparece, com a maior clareza, a união em que podem entrar dois valores axiologicamente independentes, união em função da qual um pode se tornar útil ao outro.

Uma forma de utilidade inteiramente diversa daquela das contribuições objetivas à prática política, consiste no recuo do filósofo com relação às ideologias do seu tempo e às lutas de interesses. Este estado de afastamento do cotidiano é tratado magistralmente por Platão no seu *Teeteto*. A distância que separa o pensador da posição de todos os interesses faz dele um poderoso fator de equilíbrio.

Mas todo o comportamento do homem, seja ético ou político, se dá dentro de um contexto histórico. Portanto, para conhecer o homem não bastam reflexões introspectivas nem experiências psicológicas, como frisou Dilthey; podemos entendê-lo unicamente através da história. Portanto, a filosofia da história é a filosofia do homem por excelência. É o estudo positivo das suas manifestações positivas, um processo de autoconsciência que transcende as limitações do tempo e do espaço. Nele colocam-se, organicamente, as filosofias das diversas ciências sociais que, em conjunto com a filosofia da história, contribuem crítica e metodologicamente aos resultados positivos que todas estas formas de pesquisa produzem e influem em escala considerável nas generalizações atingidas nestas disciplinas. Aqui vemos, pois, a filosofia a serviço das ciências sociais e da própria historiografia. A sua utilidade, nesta função, dificilmente pode ser negada.

Um caso especial neste grupo representa a filosofia do direito. Pois o direito já possui a sua própria estrutura racional na lei e geralmente a sua filosofia tem que se limitar ao exame da origem, dos princípios inerentes e da coerência dos preceitos legais, da tarefa do direito e da sua ligação com a totalidade dos fenômenos humanos e das ciências em geral. Contudo, além do valor cognitivo que a filosofia do direito representa com relação ao *corpus iuris*, parece-me que pode oferecer, igualmente, princípios e critérios para a ampliação e o aperfeiçoamento do sistema jurídico e, desta maneira, tornar-se útil a um outro valor fundamental, o da justiça.

A filosofia das ciências naturais, as quais, quanto ao método e aos princípios que regem a formação das leis da natureza, são ainda mais independentes com relação ao raciocínio filosófico do que a jurisprudência, não possui mais nenhum papel constitutivo dentro das ciências, mas tem que se restringir, exclusivamente, a um papel de crítica formal. "O máximo que a filosofia pode fazer, além de verificar que os enunciados não se contradizem, é mostrar quais os critérios empregados para determinar a verdade ou a falsidade de cada proposição"[12]. O papel que a filosofia das ciências naturais desempenha atualmente é o papel que a lógica sempre tem preenchido, com relação a todas as formas de conhecimento, a saber, a análise da validade formal do pensamento. Este papel da lógica sempre mereceu o reconhecimento da sua utilidade, que parece continuar a ser admitida pelas escolas neopositivistas e logísticas. É a utilidade de um conhecimento para outro tido como mais valioso. Embora à primeira caiba elucidar os critérios usados no procedimento de cada ciência, a verificação da sua suficiência com relação aos fatos permanece reservada à segunda.

Mas a percepção pelos sentidos não é aproveitada unicamente pelo empirismo científico. "Existe, também, na forma de representação sensitiva, determinada e característica perfeição, distinta da clareza e do ressalte do conhecimento racional, captada como forma de aparência, sem consciência de causas"[13]. Esta perfeição estética deve ser estritamente distinguida do bem ético e político, por não poder, de maneira alguma, fornecer critérios para a nossa ação; é tão indiferente aos interesses práticos como aos teóricos. É objeto de toda uma especialidade de estudos filosóficos, da estética. Esta investiga o belo na natureza e nas artes, e como filosofia das artes, lhes critica a adequação dos meios de expressão e incrementa a autoconsciência artística. Assim, além de possuir, em alto grau, o valor cognitivo de um conhecimento especializado, apresenta, sem dúvida, alguma utilidade ao valor estético.

---

12. A. J. Ayer, op. cit.
13. Wilhelm Windelband, *Lehrbuch der Geschichte der Philosophie*, p. 414.

UTILIDADE E VANIDADE DA FILOSOFIA

Uma consideração final sobre a relação da filosofia com a religião e a utilidade religiosa da primeira. Partindo de premissas antropológicas universais, de uma apreciação da natureza humana, estuda a religiosidade como fenômeno humano e é útil de maneira análoga ao recuo do filósofo com relação a interesses e ideologias políticas. Eqüidistante de todas as teologias que, por definição, se apóiam exclusivamente em determinada religião histórica, a filosofia ensina a verdadeira tolerância que reconhece igual validade a toda expressão de uma experiência religiosa legítima.

Podemos compreender a religiosidade, distinguida de todo sistema positivo de religião histórica, como conseqüência da solidão existencial em que o homem se vê lançado pelo processo de individuação, inerente a todo e qualquer ato de consciência.

2. Diálogos de Platão

A diversidade das obras de Platão é tão grande e os temas de que tratam os diálogos tão diferentes entre si que, evidentemente, a estrutura varia muito entre os numerosos trabalhos deste grande pensador. Contudo, parece-nos que a finalidade visada, não obstante a grande diversificação temática, é essencialmente sempre a mesma, como tentaremos provar logo em seguida, e o procedimento, com todas as suas diversidades, sempre de conformidade com a tarefa proposta. Tentaremos, pois, apontar em seguida, alguns traços fundamentais comuns nas diferentes estruturas do diálogo platônico, conformidade que se explica pelo mesmo propósito a que servem os diálogos, através de uma correspondência metódica necessariamente implicada.

Pois a estrutura de uma obra depende do método adotado para a sua criação, e este, por sua vez, está em função dos seus objetivos, conscientes ou inconscientes. Parece indicado, por conseguinte, iniciar as nossas considerações sobre a estrutura do diálogo de Platão, com uma caracterização dos seus fins para, compreendendo bem a adequação da metodologia platônica com as suas verdadeiras aspirações, entender a correspondência de determinados elementos estruturais nos diálogos.

OS FINS DO DIÁLOGO PLATÔNICO

Os diálogos de Platão são belas obras de arte literária, e fins estéticos decisivamente inspiraram sua obra. A composição harmoniosa das

14 ENSAIOS FILOSÓFICOS

partes de um discurso que "devem ser escritas de maneira a combinarem entre si e com o todo" (*Fedro*, 264c); a beleza das encenações, da narração, dos mitos e das alegorias; a caracterização psicológica das personagens; a ironia e a força do humor que acham a sua expressão nos trabalhos de Platão, tornam-nas obras-primas da literatura, sem restrição do seu valor filosófico.

Mas esta última afirmação, tão válida que possa ser para um estudioso moderno da filosofia, seria inteiramente falsa para Platão. Pois, para ele, na formação filosófica, o Belo não pode ser separado do Bom (da categoria de valores éticos), nem estes dois do Verdadeiro. "Ora, o poder do bem passa à natureza do belo. Uma vez que por todas as partes, medida e proporção vêm a ser certamente beleza e virtude – justamente – e dizendo também que a verdade a eles se une, em proporção"[1].

É como um dos meios de formação filosófica, que queremos analisar o diálogo platônico. Dissemos "como meio de formação filosófica", pois o fato mais importante, com referência aos objetivos do diálogo platônico, é que este não foi composto para ensinar filosofia.

Não há, realmente, meio de colocá-las [as verdades filosóficas; a meu ver o seu caráter não somente teórico, mas também ético e estético contribui grandemente para esta impossibilidade] em fórmulas, como se faz nas demais ciências, mas, quando se tem familiaridade durante muito tempo com estes problemas, quando se tem vivido com eles, é que a verdade jorra subitamente na alma, como a luz nasce da faísca, e cresce, em seguida, por si só. Sem dúvida, se bem que, se fosse conveniente expô-las por escrito ou verbalmente, seria eu que o fizesse melhor [...]. Se acreditasse que seria possível escrevê-las e exprimi-las para o povo de maneira satisfatória, o que poderia realizar de mais belo na vida que divulgar uma doutrina tão salutar para os homens e de fazer chegar à plena luz a verdadeira natureza das coisas?[2]

Mesmo sem ter por objetivo o ensinamento, o diálogo platônico visa a contribuir para a formação filosófica. Pergunta o Estrangeiro, no *Político* (285 d): "Que diremos, então, da nossa pesquisa sobre o político? É ela ditada diretamente pelo interesse que nos inspira, ou existe para nos tornar melhores dialéticos a propósito de todos os assuntos possíveis?" Retruca o jovem Sócrates: "Aqui, ainda, evidentemente para a formação geral"[3]. Nenhuma obra escrita, por si só, e nem as obras do próprio Platão criam esta formação. Um texto no *Fedro* é bem explícito a esse respeito: "Aquele que imagina que nos caracteres da escrita tivesse legado um conhecimento técnico e o que, por sua vez, a ela se apega com a idéia que os caracteres da escrita produzem algo de certo e de sólido" – sempre nos assuntos da

---

1. Ver *Filebo*, 64, apud Rodolfo Mondolfo, *O Pensamento Antigo*, *I*, São Paulo: Mestre Jou, 1964, p. 263.

2. *Les Lettres*, Lettre VII, 341cd, Paris: Les Belles Lettres, 1926, trad. de J. Souilhé.

3. *Dialogos* II, trad. de Jorge Paleikat e João Cruz Costa, Rio de Janeiro: Ediouro [s.d.], p. 312.

DIÁLOGOS DE PLATÃO

filosofia como essencialmente diferentes, neste pormenor, das outras ciências – "sem dúvida esta gente incorre largamente em ingenuidade e desconhece, de fato, as profecias de Amon: Aqueles que imaginam que um tratado escrito é mais que um meio, para aquele que sabe, de memorizar as matérias, às quais a escrita se refere"[4].

As próprias palavras não são mais que imagens e não oferecem nenhuma garantia da verdade. "Pois bem, Crátilo, imaginemos um homem que na sua pesquisa das coisas, tornaria as palavras para guiá-lo, examinando o sentido de cada uma delas, não acharias que correria um grande risco de se enganar?"[5]. E ainda:

> É somente quando se friccionou penosamente nomes, definições, percepções da vista, impressões sensíveis uns contra os outros, quando se discutiu em conversas benevolentes em que a inveja não deve ditar nem as perguntas nem as respostas, é que vai resplandecer a luz, a sabedoria e a inteligência com toda a intensidade que forças humanas podem suportar[6] .

Esta formação filosófica resulta, pois, daquele outro discurso que, ao contrário do discurso escrito, "acompanhado de conhecimento, se inscreve na alma do homem que aprende. Este sabe defender-se enquanto o outro somente pode se repetir. Este é autêntico enquanto o outro não é mais que um simulacro"[7].

Qualquer obra escrita, pois, inclusive o diálogo platônico, não pode pretender a mais do que a uma memorização. Uma memorização, no entanto, no mais alto sentido da palavra que prefiro chamar de evocação. Os diálogos de Platão contribuem à formação filosófica do leitor evocando os momentos sublimes, no contato vivo com o mestre, em que "a verdade jorra subitamente na alma, como a luz nasce da faísca".

Uma evocação tal não se obtém por um registro, puro e simples, de argumentos e resultados. Dar-se-á, somente, na criação viva do grande artista, reproduzindo uma vivência total incluindo cena, personagens, relações e emoções humanas, desenvolvendo toda a ação com as suas conotações estéticas e éticas além de raciocínio teórico propriamente dito. O propósito de Platão, de evocar nos seus leitores os supremos instantes da sua iluminação filosófica, constitui a fonte comum dos objetivos doutrinários, estéticos e éticos visados nos seus diálogos.

O MÉTODO DIALÉTICO

Para atingir esta finalidade, o diálogo escrito tem que seguir fielmente o método adotado pelo mestre que nas escolas socráticas e platôni-

---

4. *Phèdre*, 275cd, Paris: Les Belles Lettres, 1933, trad. de Léon Robin.
5. *Cratyle* 436 d, Paris: Bib. Charpentier, 1869, trad. de Michanot.
6. *Les Lettres*, ed. cit., 344 b.
7. *Phèdre*, ed. cit., 276 a.

16 ENSAIOS FILOSÓFICOS

cas dirigiu, do nível superior da sua formação filosófica, as conversas com os que queriam tornar-se filósofos ou com os demais interlocutores, cujo ponto de vista tem que ser refutado ou retificado. À aprendizagem filosófica como esboçada acima, corresponde somente um único método: o método dialético.

Como caracterizar este método dialético? Etimologicamente, λφγομαι significa "escolher", "eleger para si" (observa-se a mesma raiz na palavra portuguesa "eleger") e "dia" que, em composição com outras palavras pode significar "em confronto com" (como em διαειδω, "cantar em competição") constituem uma significação básica: "escolher em confronto com". Dialética é, pois, uma "escolha" entre argumentos "em confronto com" um ou mais interlocutores, para Platão sempre dirigida por uma personalidade que já possui apurada experiência e sabedoria filosófica. A "escolha em confronto" comporta duas fases: a) a rejeição e o desmascaramento de conceitos falsos; b) a formação de noções legítimas e adequadas. O método dialético, nos diálogos platônicos, sempre compreende estas duas fases que, no entanto, perfazem uma profunda unidade, a experiência vivida da aprendizagem filosófica.

Possuímos uma preciosa caracterização do método dialético, na sua primeira fase, no diálogo *O Sofista*. Apontando a maior dificuldade que se opõe à formação filosófica na falsa consciência do saber, afirmando que "aquele que se acredita sábio sempre recusar-se-á a aprender qualquer coisa de que se imagina perito", o diretor da conversa, o Estrangeiro, informa que "alguns chegaram, após amadurecida reflexão, à adoção de um novo método", um "método purgativo". No

confronto das opiniões falsas, umas com as outras, demonstram que a propósito do mesmo objeto, sob os mesmos pontos de vista e nas mesmas relações, elas são mutuamente contraditórias. Ao perceber isto, os interlocutores experimentam um descontentamento para consigo mesmos, e disposições mais conciliatórias para com outrem. Por este tratamento, tudo o que neles havia de opiniões orgulhosas e frágeis lhes é arrebatado – ablação em que o ouvinte encontra o maior encanto e o paciente o proveito mais duradouro(230c).

A segunda fase é descrita no *Fedro* (265d-266c). Platão a resume num esforço de "conduzir a uma forma única, graças a uma visão de conjunto, o que é disperso de mil maneiras, a fim de que, pela definição, em cada caso, se torne evidente qual será, cada vez, o objeto da instrução" (265d). Esta tentativa de definição será completada em seguida por um empenho de "separá-la em espécies, observando-se as articulações naturais" (265e). Dos aspectos resultantes, uns se ligam à aparência contingente, ao moralmente indefensável e sem beleza genuína, e outros derivam da eterna essência da forma do que é também belo e bom. Somente a interpenetração dos valores teóricos,

DIÁLOGOS DE PLATÃO

estéticos e éticos pode explicar a divisão entre o lado direito e o lado esquerdo de uma noção que o texto de *Fedro* estabelece em seguida:

> Assim como de um único corpo, partem membros que, duplos de natureza e com o mesmo nome, são chamados de esquerdos e direitos, assim também a alteração do espírito [o exemplo específico em que, no *Fedro*, é investigada a essência do discurso: o amor] depois de ter sido considerada por nós pelos dois discursos [os dois discursos de Sócrates sobre o amor que este confronta com o discurso inicial de Lísias sobre o mesmo tema] como uma espécie naturalmente una, tem sido dividida, pelo lado esquerdo, por um dos dois [discursos] e este, fazendo novas distinções, não descansou até a descoberta, daquele lado, de uma modalidade esquerda de amor que desprezou com todo o direito. O segundo discurso, levando-nos ao que representa o lado direito do delírio que tem o mesmo nome como o outro, descobriu, da sua parte, uma modalidade divina de amor, e apresentando-a aos nossos olhos, louvou-a como causa dos nossos maiores bens (266a).

Certamente podemos identificar, com o método dialético, aquele "friccionar penosamente nomes, definições, percepções de vista, impressões sensíveis uns contra os outros" que a Carta VII menciona como meio de chegar à sabedoria. É este o método que, praticado num ânimo "benevolente em que a inveja não deve ditar nem as perguntas nem as respostas", faz a inteligência penetrar por entre a relatividade das palavras e das imagens no sentido do próprio ser.

Há mais uma particularidade que distingue o método dialético, como o praticado por Platão, de outros métodos filosóficos. O método dialético é contemplativo e descritivo de representações de formas e não opera com conceitos como a lógica aristotélica. Quando se trata de dividir dicotomicamente, são gêneros e espécies que são contemplados e divididos, e não conceitos submetidos à análise dedutiva. Por isso o mestre, no diálogo, necessita da confirmação do seu "modo de encarar" da parte de interlocutor, apoio jamais necessitado por um processo lógico que opera com conceitos. As representações manipuladas pelo método dialético comportam conotações teóricas, estéticas e axiológicas, enquanto conceitos geralmente se estendem somente num ou noutro sentido; são ou teóricos, ou estéticos ou valorizantes. Pela mesma razão operações puramente indutivas ou dedutivas são raras, prevalecendo a comparação, a divisão, a exclusão e a inclusão de representações das formas que se apresentam à nossa visão, estabelecendo-se uma definição por uma "visão de conjunto". Esta particularidade do método dialético será de grande importância no estudo da estrutura do diálogo, principalmente no que se refere aos meios utilizados pelo diálogo na efetuação das suas passagens de nível.

A alteração precisa das fases de refutação de concepções falsas e de formação de noções legítimas, pelo método dialético, resulta numa contínua mudança de nível. O inter-relacionamento entre os diferentes níveis e a sua ligação com os meios específicos da argumentação perfazem a estrutura do diálogo platônico.

O MOVIMENTO DE NÍVEIS

Observemos, antes de mais nada, este movimento de nível no decorrer do diálogo e deixemos para depois os meios de argumentação de que o diálogo se serve a cada momento.

O diálogo começa no nível da opinião corrente e das imagens a que esta se apega. Uma ocorrência qualquer ou a conversa resultante de um encontro coloca uma questão inicial que determina o tema. No *Lísias*, por exemplo, Sócrates, no seu caminho da academia para o liceu, encontra Hipotales, descobre que este ama Lísias e quer saber de que maneira trata o seu amado, e este, por sua vez, é ansioso de aprender "de que se deve falar e o que fazer para tornar-se agradável ao amado" (Questão inicial). Somente bem mais tarde, depois de uma amostra de como lidar com os adolescentes, Sócrates formula a questão preambular "de que maneira um se torna amigo de outro", questão que formará a base de toda a investigação subseqüente.

Enquanto na maioria dos diálogos platônicos uma questão inicial indica o campo de interesse e uma questão preambular constitui o ponto de partida da investigação, nos diálogos chamados escolares, "uma tal entrada na matéria seria inútil. As obras *O Sofista*, *O Político*, *Filebo* e *Timeu* colocam os problemas desde o início. Encontramonos ali em plena escola, entre homens que não esperam, na colocação de questões, que algum estranhamento fortuito os convidasse a isto"[8]. Os diálogos escolares, portanto, dispensam a questão inicial e partem imediatamente da questão preambular.

Isto não quer dizer que nos diálogos escolares o ponto de partida esteja acima do nível da opinião corrente. No *Sofista*, Teeteto não duvida, inicialmente, que na figura do sofista lidamos com alguém que "nada tem de leigo", pois não pode ser uma pessoa comum "quem traz um nome assim importante".(221d). No *Político* começamos com o erro de tentar classificar o político que representa uma ciência das mais importantes da mesma maneira como o sofista, que é um produtor de simulacros. A diferença dos diálogos escolares dos demais consiste em que ali encontramos um ambiente desde o início preparado para a investigação e interlocutores dispostos a aprender que não exigem o tratamento por um "método purgativo" para lhes propiciar disposição mais conciliatória para com o diretor da discussão. A refutação não enfrenta a tarefa penosa de demolir uma atitude intelectual e todo um esquema de opiniões a ela ligado, mas tem somente que retificar alguns erros. Pode, imediatamente, iniciar a pesquisa metódica, pondo ordem na multiplicidade de aspectos que se apresenta no nível da imagem.

---

8. Victor Goldschmidt, *Les Dialogues de Platon*, Paris: Presses Universitaires de France, 1963, p. 23-24.

DIÁLOGOS DE PLATÃO 19

Depois de cumprir funções de "arrebatamento de opiniões orgulhosas e frágeis"[9] nos casos em que os interlocutores são representantes de falsos valores ou de uma mera retificação de enganos cometidas por pessoas benevolentes, o processo dialético passa da sua primeira fase, a da refutação, para a sua segunda fase, a da consolidação de noções legítimas e adequadas. Na confusão de aspectos contraditórios, apresentados pelas imagens, as primeiras exigências essenciais são formuladas. Na multiplicidade das caracterizações da sofística surge o aspecto de um método de refutação (231c); o político aparece como pastor de homens, fórmula em que as exigências a) que ele seja homem de ciência política e b) que a unidade das ciências reais, políticas e econômicas (259c) já estão integradas. Estas conquistas não são suficientes ainda para permitir uma visão de conjunto e logo entra em operação novamente a fase crítica do método. Uma primeira aporia estabelece uma clara cisão entre estas primeiras tentativas de dominar o assunto que chega a um impasse e o novo impulso que a investigação tomará depois.

A segunda elevação de nível começa com um movimento brusco. Ligando-se a elementos essenciais, já encontrados na primeira parte que Victor Goldschmidt caracteriza como pertencente ainda à imagem, no seu objeto global, uma súbita mudança no modo de encarar o problema, resultante de uma inspiração, de uma lição mitológica, de uma modificação radical da maneira de ver, conduz à noção definicional. O caráter imprevisto deste movimento ascendente compreende-se plenamente pelo exame do que é uma "visão de conjunto". Esta jamais pode ser integrada pelos elementos que nela se encontram, sempre é algo mais que a soma de todos os seus componentes. Para ter uma visão de conjunto, a intuição precisa colocar-se numa altura antes desconhecida, para enxergar o conjunto que jamais resultaria de todos os aspectos parciais perceptíveis sucessivamente num plano inferior. Por isso o caráter de revelação, de inspiração, de descontinuidade com as perspectivas anteriores que distingue a captação da definição nos diálogos platônicos, na sua repentina ascensão de nível após a primeira aporia. Consegue-se, neste passo, "conduzir a uma forma única graças a uma visão de conjunto, o que é disperso de mil maneiras, a fim de que, pela definição em cada caso, se torne evidente qual será, cada vez, o objeto da instrução", de acordo com a perfeita formulação já citada que encontramos no *Fedro* (265d).

Mas em que consiste, propriamente, essa instrução? A continuação do texto citado o indica claramente. Não podemos contentar-nos com uma visão de conjunto. Queremos conhecer o objeto também nas suas partes. Para isto temos que "detalhar as espécies, observando as articulações naturais" (idem). Voltamos às partes do nosso objeto

9. *O Sofista*, 230c.

de investigação, mas agora num nível superior. "No lugar da multiplicidade indeterminada do começo, encontramo-nos agora face a uma multiplicidade definida"[10]. Este processo de detalhamento continua até chegarmos às partes não mais divisíveis que constituem, como elementos, a noção definicional.

Como vimos acima, estas partes da noção definicional dividem-se em "esquerdas" e "direitas", em umas que são desprezíveis e outras que são louváveis. Levanta-se a questão com quais das partes da "visão de conjunto" o objeto da nossa investigação deveria ser identificado, para dar à noção definicional uma determinação firme e transformá-la em definição precisa. O lado esquerdo não é somente negativo com relação ao valor, mas, devido a interdependência essencial entre verdade e valor ético e estético, o lado esquerdo é também o menos verdadeiro, pelo menos desligado dos componentes "direitos" da "visão de conjunto" ou da sua totalidade. Geralmente acontece que o interlocutor cede à tentação de identificar o objeto unilateralmente com o lado esquerdo caindo, assim, novamente no âmbito da imagem, de onde surgem graves contradições que levam o diálogo à sua segunda aporia.

Um exemplo para comprovar o que acaba de ser exposto. Sócrates, no *Lísias*, depois de tentar determinar, em vão, se o amante poderia dizer-se amigo do amado ou vice-versa ou se, ao contrário, um amante poderia ser chamado amigo do amante, amado do amado, para levar o diálogo numa outra direção, segue a sugestão de um poeta e pergunta se igual pode ser amigo de igual ou diferente de diferente. Inspirado novamente por um pressentimento indefinível chega à conclusão que o neutro é amigo do bom, encontrando assim a sua noção definicional. Esta é novamente dividida, percebendo-se que o neutro é amigo do bom por causa de um mal do qual procura o remédio. Continuando nesta trilha chegamos finalmente a uma determinação totalmente esquerda da amizade, moralmente desprezível e carregada de confusões e contradições: um sujeito, em si nem bom nem mau, por causa de um mal é amigo do bom, porém visando a um bem maior, de que este bom é amigo. Necessariamente esta determinação leva à segunda aporia.

Nos diálogos escolares, no entanto, não temos esta recaída para a esfera da imagem. Mas a noção definicional é encontrada da mesma maneira através de uma pronunciada mudança de método. No *Político*, a ascensão que levará à noção definicional é efetuada pelo mito de Cronos. Novas distinções precisam ainda mais esta noção e deixam entrever a subsistência de determinadas falhas, mas não há mais queda pronunciada de nível como na maioria dos demais diálogos. O mesmo

---

10. Platão, *Oeuvres Completes*, Paris: Les Belles Lettres, Tome IV, 3ª. partie: Phèdre, Notice de Léon Robin, p. CLVII

vale para o *Sofista* onde o paradigma da mimética leva à noção definicional do sofista. Sem queda de nível o tratamento subseqüente da noção definicional conduz, nestes dois diálogos, ao reconhecimento de dificuldades que resultam numa segunda aporia também.

O remédio contra esta segunda aporia é o recurso a uma noção relacionada de nível igual ou superior àquela que nos serviu de noção definicional. O exame desta nova noção e a sua divisão em espécies mostrará a posição precisa e necessária da nossa noção definicional de um ponto de vista superior, contrastando com a divisão descendente a espécies inferiores. Nos diálogos acabados que chegam a uma solução satisfatória do problema colocado, o exame da noção superior constitui um grande desvio que, aparentemente, não trata do tema do diálogo, mas de um outro assunto cuja compreensão, em nível de essência, como veremos mais tarde, fundamenta a nossa noção definicional e a salva de uma aporia definitiva. O desvio essencial constitui um diálogo dentro do diálogo, apresentando a mesma estrutura e o mesmo movimento de níveis da imagem para o nível da essência, como o próprio diálogo. O assunto tratado no desvio essencial, além de fundamentar a noção definicional do diálogo, reveste-se da maior importância dentro do pensamento do filósofo. Assim, o desvio essencial no diálogo *O Sofista* trata do problema do ser e da teoria das formas, pedra angular na filosofia de Platão. Simultaneamente, a alteridade do ser e o não-ser no sentido de um outro, salva e fundamenta a noção definicional do diálogo que reza que o sofista é um produtor de simulacros, i.e., de um determinado não-ser.

Nos diálogos aporéticos, do outro lado, uma divisão da noção essencial com que a noção definicional foi substanciada ou precisada, leva-nos novamente a uma multiplicidade de espécies que, como explicamos no caso da divisão da noção definicional, novamente abre a possibilidade de uma identificação com o lado esquerdo e de uma queda de nível total que leva a nova aporia, desta vez à aporia final, pois geralmente as dificuldades levantadas nesta nova aporia se identificam com dificuldades já anteriormente enfrentadas. Assim, no *Lísias*, estabelecemos que o semelhante não pode ser amigo do semelhante, chegando à noção definicional de que o neutro é amigo do bem. A investigação ulterior desta noção mostrou, no entanto, que somos amigos do bem sempre por causa de um bem ainda superior, chegando a postular como noção superior, que somos amigos de algo, sempre, em última instância, por razão de um supremo bem. Assim todos os bens se tornam bens relativos a um último bem. Encarando o problema do lado esquerdo, porém, chegaremos à tese de que o bem é amigo do bem, o semelhante, portanto, amigo do semelhante, hipótese que tínhamos excluído na fase da constituição da noção definicional. O círculo, que fecha o diálogo *Lísias* e muitos diálogos aporéticos, revela a tragédia daquele

22 ENSAIOS FILOSÓFICOS

que "segue o bem, por cuja causa empreende tudo que faz, de que pressente a importância, incerto, no entanto, e sem força de captar-lhe suficientemente a essência"[11].

Mas esta tragédia não será, na maior ou menor proporção, a tragédia de todos nós? Aquilo que julgamos essências, representações legítimas das formas, não comportará, também, algo do lado esquerdo de uma visão que somente será inteiramente pura quando a percepção espiritual da nossa alma não mais for perturbada pelas percepções sensuais de nosso corpo? "Se alguma vez quisermos conhecer puramente os seres em si", diz um texto de *Fédon*, "ser-nos-á necessário separarmo-nos dele [do corpo] e encarar por intermédio da alma em si mesma os entes em si mesmos" (66d-e).

OS MEIOS DE ARGUMENTAÇÃO

O método dialético como utilizado nos diálogos de Platão é um método contemplativo e descritivo de representações de formas, e não opera com conceitos que possam ser analisados formalmente e manipulados por uma lógica como a aristotélica. Resulta daí que todos os utensílios do método dialético são meios de encarar as coisas, como a comparação, a confrontação e a divisão de uma representação de acordo com "as suas articulações naturais" que, obviamente, somente se apresentam à contemplação e não à análise formal. Estes modos descritivos podem assumir muitas formas diferentes, segundo a função que têm que preencher dentro da estrutura de níveis.

A primeira etapa dos diálogos platônicos consiste, como vimos, no "arrebatamento de opiniões orgulhosas e frágeis", de opiniões convencionais ou não-convencionais que se criaram na base da imagem. Esta destruição de opiniões não se faz por uma redução ao absurdo, pela dedução de conseqüências contraditórias dos conceitos correspondentes. Conforme o texto do próprio *Sofista*, para este fim o diretor da discussão "confronta as opiniões falsas, umas com as outras" demonstrando que "a propósito do mesmo objeto, sob os mesmos pontos de vista e nas mesmas relações, elas são mutuamente contraditórias". Assim no *Górgias* a pretensão da retórica de ser uma arte que implica numa especialização, e a sua aplicação universal que exclui esta mesma especialização são contraditórias.

Victor Goldschmidt menciona três argumentos de refutação, freqüentemente usados neste estágio de diálogo. Servem para a destruição de uma fixação de imagem: O argumento *et alia*, que confronta a imagem com outras imagens que parecem ter a mesma validade (*Eutifro*, 6d); o argumento *et oppositum*, que a confronta com uma imagem contrária (*Laques*, 190c); e, finalmente, *et idem non*, mostrando que a

---

11. Platão, *República* VI, 505 e.

própria imagem proposta não preenche bem as condições nas quais se baseia.

O instrumento mais utilizado pelo método dialético é a assim chamada divisão dicotômica. Distingue-se de outra modalidade de divisão conforme as articulações, pelo fato de que divide em duas partes aproximadamente iguais, "em que cada um dos termos seria, ao mesmo tempo, gênero e parte" (*Político*, 263a). Um uso errôneo é dividir, como o fez o jovem Sócrates, "homens de animais" ou "helenos de bárbaros", pelo que uma espécie é contraposta a todas as demais de um gênero.

A divisão dicotômica é especialmente apropriada para a iniciação de uma pesquisa. Separa e classifica as imagens da opinião corrente, colocando o objeto procurado no gênero a que pertence, esclarecendo a participação deste no gênero imediatamente superior, e assim por diante, atribuindo à matéria da nossa investigação um lugar determinado num esquema de gêneros. O resultado é uma definição do tipo daquela que se estabelece no início do *Sofista*:

na arte de apropriação, na caça, na caça aos seres vivos, às presas da terra firme, aos animais domésticos, ao homem como indivíduo, na caça interesseira em que se recebe dinheiro a pretexto de ensinar, na caça que persegue os jovens ricos e de alta sociedade encontramos o que devemos chamar, como conclusão do nosso próprio raciocínio, de sofística (223bc).

Este tipo de definição como resultado da divisão dicotômica é uma definição meramente verbal, no nível da definição que na sétima carta é colocada entre o nome e a imagem (342b). No *Sofista* este método chega a seis formulações diferentes e no *Político*, embora tivesse resultado numa formulação única, expõe-se à "objeção-tipo contra as imagens, o argumento *et alia*"[12]. Pois comerciantes, agricultores, padeiros e médicos também podem pretender ser pastores dos homens. A divisão dicotômica ordena e classifica as imagens, proporcionando, assim, um primeiro levantamento de nível, embora não passe da esfera própria das imagens. Com esta classificação, no entanto, a ascensão acima da imagem que se dá na captação da noção definicional, é eficientemente preparada.

Na parte final do *Sofista* a divisão dicotômica reaparece, quando se trata de classificar o material conquistado, sem abandonar o nível da essência. Aplica os conhecimentos adquiridos por meio do desvio essencial ao caso particular do sofista. Transforma, desta maneira, um conhecimento essencial em ciência, na medida em que compreendemos, com Victor Goldschmidt, ser ciência a aplicação de um conhecimento essencial a casos particulares.

---

12. V. Goldschmidt, op, cit., p. 257.

24 ENSAIOS FILOSÓFICOS

Reencontramos o mesmo método em plena noção definicional quando já definimos o sofista como mágico e imitador (235b). Neste nível, o método da divisão dicotômica detalha o gênero de mimética para colocar o sofista, definitivamente, na espécie de produtor de simulacros.

Todos estes exemplos mostram que o método de divisão dicotômica, qualquer que seja o nível empregado (pode ser empregado em qualquer um deles) não provoca nem ascensão nem descida de nível, mas exerce uma atuação classificadora e ordenadora, que facilita uma elevação de nível posterior por meio de algum outro utensílio do método dialético.

A divisão não precisa ser dicotômica. Pode apresentar não duas, mas inúmeras alternativas, ou melhor, tantas quantas correspondam à articulação de gênero que dividimos. Todas as separações que dividem a definição que encontramos pela visão de conjunto, de acordo com as respectivas articulações, são deste tipo e têm um caráter de nível fortemente ascendente ou descendente.

O *Sofista* começa a sua investigação com um paradigma. "Antes desta procura difícil e penosa à que, bem sabemos, nos obrigará o gênero sofístico, deve-se primeiramente ensaiar em algum assunto mais fácil o método aplicável a esta pesquisa" (218d). Eis um exemplo de um paradigma metodológico. Ele nada mais significa do que um exercício num método com um objeto mais fácil que teremos de aplicar a um objeto mais difícil. Evidentemente este paradigma metodológico não efetua nenhuma mudança de nível, nem entra no desenvolvimento do tema propriamente dito.

Mas há outro uso do paradigma que tem importância capital no pensamento platônico e que leva à ascensão mais pronunciada entre todos os métodos utilizados no processo dialético. Assim, antes de utilizar-se deste meio para conduzir a definição do político, por meio de um paradigma, à sua fundamentação definitiva, o próprio diálogo explica a significação do paradigma por meio de um paradigma. O reconhecimento fácil da combinação de letras em sílabas curtas deve servir ao ensino de crianças para reconhecer esta mesma combinação em palavras complexas (278) e, portanto, podemos definir um paradigma como "fato de, ao encontrar-se um mesmo elemento em um grupo novo e bem distinto, aí interpretá-lo exatamente, e, uma vez identificado nos dois grupos, permitir que ambos se incluam numa noção única e verdadeira".

A condição da possibilidade de um paradigma consiste na existência de formas-elemento comuns entre a forma, i.e., no nível da essência e no do sensível. A possibilidade de um paradigma, em outras palavras, consiste na participação da forma nas imagens do sensível, como das formas superiores nas formas inferiores. Assim o próprio paradigma é, da sua parte, a condição de toda passagem de nível da imagem à essência, das formas particulares às formas universais.

DIÁLOGOS DE PLATÃO

Pelas mesmas razões, o paradigma não é somente condição de ascensão de nível como também da redescenso que perfaz a ciência. "É necessário aprender a Forma do piedoso, dirigir o seu olhar sobre ela e utilizá-la como um 'paradigma', para poder dizer que tal ato é piedoso, tal outro impiedoso"[13].

Semelhante ao paradigma, na sua tendência ascendente, é o mito. O paradigma pode levar a "uma noção única e verdadeira" e como tal eterna e imutável. Quando se trata, no entanto, de captar o devir, só o mito é que nos pode proporcionar um ensinamento que nos leve a um nível superior[14]. Portanto, quando se tornar necessário compreender uma ação, é o mito que nos esclarecerá melhor. O mito de Cronos desacredita uma definição deficiente da ação política como ação de pastorear homens, e prepara a verdadeira definição de que o político é um cuidador de homens em sociedade. Para indicar o destino das almas após a morte, Platão recorre a um extenso mito[15].

Enquanto mito, pertencente a antigas fontes de especulação cosmogônica e cosmológica, não é criado por Platão, mas utilizado para os seus próprios fins, às vezes com fortes alterações; muitas vezes o próprio filósofo cria as suas próprias alegorias para exatamente os mesmos fins. Assim, a alegoria da Caverna não pode ser chamada de mito[16], mas preenche exatamente a mesma função, neste caso a de nos sugerir uma perfeita compreensão do caminho ascendente da aprendizagem das formas, assim como do caminho descendente na aplicação do aprendido no mundo que chamamos de ciência.

Assim os utensílios do método dialético adquirem a sua importância, em última instância, pela finalidade de evocação dos diálogos platônicos. Evocam uma sabedoria que não se pode ensinar, que não se pode exprimir em palavras, que somente podemos apreender como vivência nos diálogos vivos dos quais o diálogo escrito não é mais que um simulacro. Mas com todas estas limitações o diálogo platônico permanece uma contínua exigência de alcançar o que o espírito humano já atingiu e que, por isto mesmo, continua atingível.

13. *Eutifro*, apud V. Goldschmidt, op. cit., p. 27.
14. *Timeu* 29d.
15. *Fédon*, 11-114.
16. *República*, Livro VII, 514a-517c.

3. Conhecimento Científico

I.

Em *Analíticos Posteriores*[1], Aristóteles estuda os característicos de um verdadeiro conhecimento científico. O texto divide-se em quatro partes distintas: em primeiro lugar, no parágrafo inicial do capítulo, o filósofo define o conhecimento científico a partir de um conhecimento de causas. Em seguida apresenta a demonstração como o único raciocínio autenticamente científico para, logo depois, estabelecer as condições indispensáveis para que as suas premissas e a sua conclusão possam realmente constituir ciência. Finalmente, Aristóteles explica a razão de cada uma destas condições.

II.

A definição do conhecimento científico a partir de um conhecimento de causas é formulada nos seguintes termos: "Julgamos conhecer cientificamente cada coisa de modo absoluto, e não por acidente à maneira da sofística, quando julgamos conhecer a causa pela qual a coisa é, que é a sua causa e que não pode a coisa ser de outra maneira"[2].

Neste início do nosso texto, o autor quer estabelecer as propriedades específicas, cuja presença num argumento torna-o científico e

---

1. *Analíticos Posteriores*, Livro I, 2; 71b 18-72a 7.
2. Idem, 71b 9-12.

28 ENSAIOS FILOSÓFICOS

absoluto e cuja ausência o rebaixa a um julgamento "por acidente" se não a um pronunciamento "à maneira da sofística". O característico principal do procedimento científico, segundo Aristóteles, é o conhecimento da "causa pela qual a coisa é, que é a sua causa".

O conhecimento absoluto é, pois, o conhecimento científico, um conhecimento em termos necessariamente ligados entre si, de uma conexão necessária de fatos. Um conhecimento que não é absoluto é conhecimento "por acidente" ou conhecimento "à maneira da sofística". Vejamos, pois, como Aristóteles define o conhecimento "por acidente".

"Nosso conhecimento da ligação de qualquer atributo com o seu sujeito é por acidente, se não compreendermos esta conexão por meio de um termo médio pelo qual se estabelece a inerência, e como conclusão de premissas básicas, essenciais e apropriadas ao sujeito"[3]. Neste caso teremos argumentos dialéticos ou retóricos em que premissas e conclusões representam probabilidades e não certezas. Raciocínios "por acidente" tornar-se-ão sofísticos ou erísticos, na medida em que a probabilidade dos seus termos assume um caráter artificioso e aparente[4].

Conhecimento "por acidente" e conhecimento "à maneira da sofística" não é ciência, mas somente opinião que pode ser correta ou falsa, enquanto o conhecimento absoluto é necessariamente certo.

A definição de conhecimento "por acidente" e a de conhecimento científico e absoluto realmente corresponde uma à outra. Na definição do nosso texto trata-se da "causa pela qual a coisa é", e na definição de conhecimento "por acidente" fala-se de um "termo médio pelo qual se estabelece a inerência". É decorrente do caráter demonstrativo da concepção aristotélica de ciência que o conceito de causa, levado ao nível lógico, é identificado com o termo médio do silogismo. Esta identificação é claramente formulada no segundo livro dos *Analíticos Posteriores*[5]: "em todas as nossas investigações perguntamo-nos se existe um 'médio' ou o que o 'médio' significa; pois aqui o 'médio' é precisamente a causa e é a causa que procuramos em todas as nossas investigações". É, pois, o mesmo característico, cuja presença torna um raciocínio científico e cuja ausência o torna acidental ou até sofístico.

A relação entre causa e efeito, para um conhecimento científico, deve ser absolutamente fixa e imutável: A mesma causa deve causar sempre o mesmo efeito. Esta inalterabilidade da relação entre a causa e o seu efeito é exigida, no nosso texto, pelas palavras "que é a sua causa", a sua causa e jamais a causa de um outro efeito. A relação causal deve ser, por conseguinte, uma relação imutável e eterna; se não preencher estas condições, jamais poderá constituir objeto de um conhecimento científico.

3. Idem, 9; 76a 3.
4. Cf. *Tópicos*, VIII, 11; 171b 8.
5. Livro II, 2, 90a 5.

CONHECIMENTO CIENTÍFICO

A mesma inalterabilidade da relação, investigada cientificamente, é exigida, ainda, na observação que segue no nosso texto, na última parte da definição citada acima: "que não pode a coisa ser de outra maneira". Isto significa que conhecimento científico é possível somente de relações imutáveis entre conceitos ou fatos. Esta conclusão muito importante, segundo a qual Aristóteles admite conhecimento científico somente de objetos eternos e imutáveis, é expressa por outro texto dos próprios *Analíticos Posteriores*[6]:

> Por isso, atributo nenhum pode ser demonstrado ou conhecido por um conhecimento estritamente científico como inerente em coisas perecíveis. A prova somente pode ser acidental porque a ligação de um atributo ao seu sujeito perecível não é universal nem válida para todos os casos, mas temporária e especial.

Neste caso a causa pode chegar a ter outro efeito e a coisa ser de outra maneira. Mas a universalidade e a validez para todos os casos, em todo momento, constitui o característico indispensável de um conhecimento absoluto, do saber científico.

Toda premissa imediata – e a afirmação do nosso texto de que o conhecimento científico é conhecimento de causa é uma premissa imediata – necessita de uma evidência não demonstrativa. Esta é dada aqui por meio de uma espécie de indução. "Os que não conhecem cientificamente, assim como os que conhecem, julgam uns que em tal estado se encontram, os que sabem também nele se encontram". O fato que todos se julgam cientes "da causa pela qual a coisa é", os primeiros nutrindo uma ilusão, os segundos com acerto, prova que todo discurso, o falso como o certo, aspira à universalidade e à necessidade dos seus termos. Universalidade e necessidade constituem, portanto, o valor teórico de qualquer proposição, uma norma essencial do discurso aceita universalmente tanto por aqueles que pensam cientificamente como por aqueles que raciocinam "por acidente".

Não devemos supor que Aristóteles, nesta passagem, quer simplesmente tirar conclusões de um consenso comum, conclusões muito enfraquecidas pela aparente ilusão que constitui uma boa parte desta unanimidade. Mas o argumento que, nesta suposição, seria um raciocínio pouco rigoroso, torna-se bastante forte quando compreendido como estabelecimento de uma propriedade do próprio discurso, de uma normatividade essencial da argumentação que, embora nem sempre formulada explicitamente, encontra-se na base de toda a hierarquização aristotélica das ciências e dos conhecimentos.

Embora a correspondência entre o pensamento e a realidade empírica certamente seja admitida, por exemplo, pela observação final do parágrafo de que tratamos – "é impossível que aquilo de que há conhecimento científico seja de outra maneira" – Aristóteles valoriza e

6. Livro I, 8, 75b 23.

30 ENSAIOS FILOSÓFICOS

hierarquiza, antes de mais nada, baseado em característicos do próprio discurso e não por um controle ou pela verificação da *adequatio intellectus et rei*. Os distintivos do pensamento científico encontram-se, para Aristóteles, no próprio discurso e por isso o texto começa com a palavra "Julgamos", repetida na introdução da condição do conhecimento científico: "quando julgamos conhecer a causa pela qual a coisa é".

A conclusão a que chega Aristóteles com a sua evidência não demonstrativa é a premissa imediata: conhecimento científico é conhecimento de causa, embora no texto apareça uma das deduções dessa tese, já efetuada na própria definição do conhecimento científico com a qual o texto começa: "que não pode a coisa ser de outra maneira".

III.

Antes de continuar, Aristóteles acha por bem fazer uma ressalva: "Se também há, então, uma outra modalidade do conhecimento científico, diremos mais tarde"[7]. Há, de fato, outras modalidades do conhecimento. "Nem todo conhecimento é demonstrativo: ao contrário, o conhecimento das premissas imediatas é independente de demonstração [...] há, ao lado do conhecimento científico, a sua fonte originadora que nos capacita a reconhecer as definições."[8] No fim dos *Analíticos Posteriores*, Aristóteles chega até o ponto de afirmar que "nenhuma outra modalidade do pensamento, exceto a intuição, é mais precisa que o conhecimento científico"[9]. Há, portanto, conhecimento que não se enquadra nos característicos da ciência; este, embora muito importante e produtor das premissas às quais a própria ciência tem que recorrer, não é conhecimento científico propriamente dito.

IV.

Deixando em aberto, pelo momento, a possibilidade de outras modalidades do conhecimento científico, o nosso texto entra na sua segunda parte: "Mas dizemos que também pela demonstração se conhece". Com ou sem exclusividade a demonstração constitui conhecimento, um saber absoluto e científico. Demonstração, portanto, é ciência como ciência, é sempre demonstração, uma identificação perfeita de termos simplesmente conversíveis e recíprocos. "Chamo de demonstração ao silogismo científico" quer dizer que todo silogismo científico é demonstração e "não haverá demonstração, pois não produzirá ciência" indica que toda demonstração é ciência.

7. Idem I, 2.
8 Idem, 3, 72b18 – 72b23.
9. Livro II, 19, 100b 8.

CONHECIMENTO CIENTÍFICO

Se demonstração é ciência, surge a pergunta em que o silogismo científico se distingue de outros tipos de silogismo. A resposta é dada nos seguintes termos: "Chamo de científico o silogismo em virtude do qual, pelo fato de tê-lo, conhecemos cientificamente". O silogismo científico não é, portanto, um caminho para o conhecimento; ele *é* conhecimento. "Pelo fato de tê-lo, conhecemos cientificamente". Nisto ele é diferente de muitas outras espécies de silogismo, como, por exemplo, do silogismo retórico e do silogismo dialético, que não contêm toda a verdade, que não produzem ciência mas, na melhor das hipóteses, somente formam uma opinião justificada e preparam a nossa mente para uma visão correta que ajuda, às vezes muito eficientemente, na conquista de um conhecimento da verdade, mas que jamais pretende ser a própria verdade. Ora, o silogismo científico é a própria verdade; é o conhecimento científico acabado e final.

V.

Para que o silogismo científico possa satisfazer tais pretensões, deve obedecer a exigência de todo especiais. "De fato, haverá silogismo mesmo sem estas condições, mas não haverá demonstração, pois não produzirá ciência". Ou, em outras palavras: "O termo 'silogismo' é o mais extensivo: A demonstração é um tipo de silogismo[10] mas nem todo silogismo é demonstração"[11].

A fim de que um silogismo possa ser qualificado como silogismo científico – "se conhecer cientificamente é, então, como estabelecemos" – as suas premissas devem satisfazer seis exigências, devem ser: 1. verdadeiras; 2. primeiras; 3. imediatas, e, com relação à conclusão, devem ser 4. mais conhecidas; 5. anteriores e 6. causas.

"Desse modo, serão também os princípios apropriados à coisa demonstrada"[12], i.e., o nosso raciocínio será correto, não só formalmente, mas também materialmente; haverá certeza de que o silogismo, além de ser inatacável do ponto de vista lógico, traduz a própria natureza do objeto de que trata, representando a própria verdade científica.

VI.

A última parte do nosso texto explicará estas seis condições e dará as definições indispensáveis para compreendermos a sua necessidade.

1. As premissas devem ser verdadeiras. Por "verdadeiras" Aristóteles entende aqui a constatabilidade do seu ser. A pergunta "se a coisa é" [εφ φστ$ φ] representa uma das quatro questões fundamentais

---

10. É o silogismo científico que, como mostramos acima, é idêntico a demonstração.
11. *Analíticos Anteriores* I, 4; 25b 29.
12. "Princípio é uma premissa imediata da demonstração".

32 ENSAIOS FILOSÓFICOS

que levantamos em ciência e, correspondentemente, uma das quatro modalidades do conhecer[13]. "Os tipos de pergunta que fazemos são tantos quantos os tipos de coisas que conhecemos. De fato são quatro: a) se a conexão de um atributo com um sujeito é um fato; b) qual a razão desta conexão; c) se a coisa existe; d) qual a natureza da coisa". Para que um silogismo seja científico, é necessário que as premissas sejam verdadeiras neste sentido, pois "não é possível conhecer o não ser, por exemplo, que a diagonal é comensurável". Como vemos, por este exemplo, Aristóteles inclui no "ser", não somente as coisas materiais, mas também os seres ideais, como a existência de relações matemáticas.

2. As premissas de um silogismo científico devem ser primeiras. O próprio texto indica que "primeiro" significa "indemonstrável". É necessário que as premissas de um silogismo científico sejam indemonstráveis; pois, se fossem demonstráveis, o silogismo não seria científico antes que se tivesse realizado a sua plena demonstração. "Com efeito, conhecer cientificamente as coisas de que há demonstração, é ter sua demonstração".

3. Exige-se de um silogismo científico que as suas premissas sejam imediatas. "'Imediata' é aquela [premissa] a que não há outra anterior". Ora, Aristóteles, no terceiro capítulo do primeiro livro dos *Analíticos Posteriores* condena expressamente a opinião daqueles que acham que "todas as verdades são demonstráveis" e que, portanto, uma premissa indemonstrável não pode ser verdadeira. Esta opinião leva, como explica nesse capítulo, ou a um *regressus ad infinitum* e, conseqüentemente, à impossibilidade de todo conhecimento, ou a uma demonstração circular e recíproca. Ambas as posições são recusadas por Aristóteles. "Nossa própria doutrina", continua (72b18), "é que nem todo conhecimento é demonstrativo: ao contrário, o conhecimento de premissas imediatas é independente de demonstração". Estas premissas imediatas de que parte a demonstração, são denominados "princípios": "Princípio é uma premissa imediata da demonstração", reza a última frase do nosso texto.

Portanto, toda ciência parte de princípios. Estes são apropriados se as premissas de um silogismo obedecem a todas as seis exigências estabelecidas para um silogismo científico. São encontrados por intuição ou por indução, jamais pela demonstração ou pelo silogismo científico. Intuição de acordo com a frase de Aristóteles "será a intuição que apreenderá as premissas primárias"[14]; indução, segundo o pronunciamento de Aristóteles que "temos que chegar ao conhecimento das premissas primárias por indução; pois o método, pelo qual até a percepção dos sentidos fornece o universal, é indutivo"[15].

13. *Analíticos Posteriores* II, 1; 89b 22.
14. Idem, 19; 100b12.
15. Idem, 100b 3.

"Partir de premissas primeiras é partir de princípios apropriados; com efeito, identifico premissa primeira e princípio". Se premissa primeira é princípio e "princípio é uma premissa imediata da demonstração", logo premissa primeira é premissa imediata da demonstração. Sendo nesta definição o termo "premissa imediata" o gênero e "da demonstração" uma especificação, temos que concluir que "premissa imediata" é o conceito mais amplo, incluindo também todas as premissas imediatas que não fundamentam uma demonstração, enquanto "premissa primeira" é somente aquela premissa imediata de que parte um silogismo científico. Toda "premissa primeira" é, portanto, uma "premissa imediata", mas nem todas as "premissas imediatas" são "premissas primeiras".

As três condições restantes são relembradas agora embora numa ordem diferente daquela de sua primeira menção. "É preciso que as premissas sejam causas (n. 6 da ordem anterior), mais conhecidas (n. 4) e anteriores (n. 5)". Na explicação que segue a ordem é novamente alterada, e a condição n. 5 é tratada antes da condição n. 4. Esta dupla inversão da ordem só é possível porque estas três condições são interdependentes mutuamente, sendo feita por razões didáticas. A exigência de que as premissas de um silogismo científico sejam "causas", na compreensão lógica do termo que identifica "causa" com "termo médio", implica que sejam "anteriores" e as premissas anteriores são *co ipse* (consigo mesmas) "mais conhecidas". "Anteriores" e "mais conhecidas" parecem fundir-se no termo "previamente conhecidas" e, depois desta expressão, são sempre mencionadas juntas.

Como a causalidade é compreendida aqui, antes de mais nada, no sentido lógico de um termo médio, também "anterioridade" significa não somente uma precedência temporal, aquilo que está na minha consciência antes, mas principalmente uma precedência lógica. Uma vez que já foi estabelecida na definição do conhecimento científico a premissa imediata de que "é quando conhecemos a causa que conhecemos cientificamente", o antecedente causal é simultaneamente um antecedente lógico e assim "anterior" no sentido da condição n. 5.

"Desde que as premissas primárias são a causa do nosso conhecimento, i.e., da nossa convicção, conclui-se que as conhecemos melhor – i.e., delas estamos mais convencidos – do que as suas consequências, precisamente porque o nosso conhecimento destas últimas é o efeito do nosso conhecimento das premissas"[16]. O conhecimento da premissa deve ser anteriormente e, *co ipse* (consigo mesmo), melhor estabelecido que o da conclusão, pois a certeza da conclusão deriva da certeza da premissa; esta última contém e inclui a primeira, e a força de convicção daquele que inclui deve ser maior que a do incluído. "Pois a causa da inerência de um atributo no seu sujeito sempre inere

16. *Analíticos Posteriores* I, 2; 72a30.

34 ENSAIOS FILOSÓFICOS

mais firmemente no mesmo sujeito do que o atributo; por exemplo, a causa pela qual amamos alguma coisa nos é mais cara que o objeto do nosso amor"[17]. Portanto, num silogismo científico, a premissa deve ser anterior e mais conhecida do que a conclusão.

Para a melhor compreensão de tudo isto, Aristóteles nos mostra, finalmente, que existe uma dupla duplicidade de sentido: com relação aos níveis do discurso e dos fatos; e referente ao modo subjetivo e objetivo em que premissas podem ser anteriores e mais conhecidas.

Exige Aristóteles que os fatos das premissas sejam causas dos fatos da conclusão e o conhecimento das premissas, causa do conhecimento da conclusão. Esta dupla causalidade corresponde aos dois planos em que o silogismo deve ser correto: no plano da significação dos termos, i.e., no plano conceitual e no plano dos fatos. Esta é a razão da observação do nosso texto de que as premissas devem ser "previamente conhecidas, não apenas quanto à outra maneira, i.e., quanto à compreensão, mas também pelo conhecimento de que são". "A outra maneira" é, pois, o plano do discurso que corresponde ao plano dos fatos, ao "que são". Esta duplicidade de níveis já fora introduzida por Aristóteles no primeiro capítulo dos *Analíticos Posteriores*, onde fala da natureza do conhecimento prévio de que toda ciência deve partir, conhecimento prévio que é justamente o das premissas: "O necessário conhecimento pré-existente é de duas naturezas: em certos casos devemos pressupor a admissão de fatos, em outros a compreensão do significado do termo usado e, às vezes, ambas as pressuposições são essenciais"[18].

Finalmente devemos ainda chamar atenção à outra destas duas duplicidades de sentido que Aristóteles estabelece: "Anteriores e mais conhecidas diz-se em dois sentidos; pois não é a mesma coisa anterior por natureza e anterior para nós, nem mais conhecido em sentido absoluto e mais conhecido para nós". O caminho da aprendizagem segue uma ordem, do mais fácil ao mais difícil[19]. Partimos em nossas investigações sempre do mais singular e do mais concreto para chegarmos ao universal e ao abstrato. "Chamo de anteriores e mais conhecidas para nós as coisas mais próximas da sensação". Mais adiante Aristóteles explica: São "mais próximas as coisas universais". A outra ordem é a ordem lógica do discurso e da relação causal entre os fatos, em que a anterioridade entre conceitos é devida à compreensão de uns incluir a compreensão de outros, e a precedência entre fatos a uma relação causal objetiva. Agora estas relações objetivas jamais se dão à nossa sensação e revelam-se somente por intermédio de raciocínios às vezes difíceis e penosos. Conseqüentemente, as coisas

17. Idem, 71a 27.
18. Idem, 71a 11.
19. René Descartes, *Lettre a Mersenne* de 24/12/1640.

CONHECIMENTO CIENTÍFICO

"anteriores e mais conhecidas em sentido absoluto" são "as que dela [da sensação] estão mais afastadas". Conclui o nosso texto: "Estão mais afastadas as que são mais universais".

Estas duas ordens de razões não se correspondem mutuamente. Nas palavras de nosso texto, das coisas que lhes pertencem "umas opõem-se às outras". A verdadeira tarefa de toda ciência consiste, pois, na superação de um conhecimento condicionado pelo anterior e mais conhecido para nós, e sua substituição por um saber integrado na ordem objetiva do inteligível, na ordem do anterior e do mais conhecido em sentido absoluto.

VII.

Como dissemos no início deste comentário, no nosso texto Aristóteles estuda os característicos de um verdadeiro conhecimento científico. Representa uma metodologia, embora em termos muito gerais, apontando as condições que todo silogismo tem que preencher, para poder ser qualificado de silogismo científico. A formulação destas condições *sine qua non* do silogismo científico, na medida em que pretende ser científica também, deve obedecer às mesmas regras, estabelecidas para a pesquisa científica em geral.

É precisamente isto que podemos constatar nesta exposição eminentemente analítica. De premissa primeira e imediata serve uma definição do conhecimento científico em termos de um conhecimento absoluto de uma conexão causal. E, como toda premissa primeira e imediata deve ter uma legitimação não demonstrativa, também esta definição é fundamentada por uma indução que pretende estabelecê-la como propriedade universal e essencial de todo discurso.

Em seguida formulam-se certas definições demonstrativas, todas relacionadas com a definição inicial e proposições sobre a natureza do silogismo científico, também conseqüências, direta ou indiretamente, das afirmações iniciais. Assim estabelecem-se as definições de demonstração do silogismo científico, as condições indispensáveis para que um silogismo possa ser qualificado de científico.

Os preceitos para uma demonstração científica, exigidos e rigorosamente obedecidos pelo nosso texto, adaptam-se especialmente bem às matemáticas, ciências demonstrativas por excelência, as únicas que (pelo menos no que se refere à geometria) já se encontravam de tal maneira desenvolvidas na era de Aristóteles, que os seus teoremas podiam ser expostos sem medo de errar, enquanto todas as outras ciências se encontravam ainda em fase hipotética, em que as afirmações traduzem mais probabilidades que certezas, sujeitas sempre a ser desmentidas por afirmações contrárias. O fato de que quase todos os exemplos dados nos *Analíticos Posteriores* provêm da geometria

ENSAIOS FILOSÓFICOS

sugere que Aristóteles, na sua caracterização das ciências, tenha se orientado principalmente por este modelo.

VIII.

Os *Analíticos Posteriores*, livro em que se encontra o nosso texto, pertencem ao *Órganon*, coleção dos escritos lógicos de Aristóteles. Como o próprio nome *Órganon* indica, estes escritos não constituíram, na opinião de seu autor, uma ciência propriamente dita, mas um instrumento, uma ferramenta para a investigação científica, seja ela no campo das matemáticas, da física, da metafísica, da biologia, da política ou da poética, todas disciplinas em que o gênio universal de Aristóteles se distinguiu. Se a importância do *Órganon* é grande na obra de Aristóteles, por ser um implemento indispensável para o progresso em todas estas matérias, o nosso texto – o segundo capítulo do primeiro livro dos *Analíticos Posteriores* é por sua vez fundamental no conjunto do *Órganon*, por formular os distintivos essenciais das ciências em geral.

IX.

Na sua concepção de um conhecimento absoluto de uma realidade fixa e necessária que "não pode ser de outra maneira"; na sua convicção de que conhecimento científico somente pode ter por objeto relações eternas e imutáveis entre conceitos e entre fatos, coloca o conceito aristotélico de ciência num parentesco evidente da ontologia platônica das idéias, cuja metodologia Aristóteles modifica profundamente. Ele elaborou, na sua teoria de silogismo, uma técnica inteiramente nova e original para a investigação científica, método que se tornou fundamental para o pensamento científico e filosófico, não somente da Europa medieval, mas também de todas as regiões da África e da Ásia em que dominou a cultura do Islã.

Prenunciada pelo *Novo Órganon* de Francis Bacon que, em aberta oposição à doutrina aristotélica, deu ênfase especial à indução como método científico, surgiu uma nova concepção de ciência, brilhantemente realizada por sábios como Galileu e Newton, que integrou os métodos indutivos de uma experiência controlada na metodologia científica e aperfeiçoou os processos dedutivos pela elaboração de uma nova linguagem simbólica, baseada nas matemáticas, que permitiu "calcular" todas as implicações de uma constatação científica de um modo mais preciso e mais amplo. Consciente, como era Aristóteles, do caráter acidental dos processos indutivos, a nova ciência teve que abandonar as pretensões de um conhecimento absoluto, substituindo-as pela expectativa de uma aproximação sempre crescente do conhecimento científico, a uma realidade cuja compreensão absoluta está para sempre além dos limites da inteligência humana.

4. Bem Supremo: Virtude

I.

O nosso texto encontra-se num diálogo de autoria de Marco Túlio Cícero, intitulado *De finibus bonorum et malorum*[1]. A obra propõe-se descobrir o bem supremo que, de acordo com a opinião unânime dos filósofos, deve ser tal, "que a ele tudo deveria ser referido, ele, no entanto, a nada"[2].

Depois de ter discutido, nos dois primeiros livros, a teoria de Epicuro e dos seus discípulos, passa a expor pela boca de Catão, no terceiro livro da obra, a doutrina estóica sobre o bem supremo, para, no quarto livro, ao qual pertence o nosso texto, fazer-lhe a crítica. No quinto livro, finalmente, exporá o ensinamento dos ecléticos da Nova Academia, o mais chegado à sua própria posição.

II.

O nosso texto está estruturado da seguinte maneira:

A. A Importância dos Bens Exteriores À Virtude.

    I. *Afirmação da necessidade de cultivar tais bens.*
        a) Recusa da tese de que a virtude não se pode constituir, se tais bens pertencem à nossa felicidade.

---

1. Livro IV, XV, 40-42.
2. Livro I, II, 29: *ut ad id omnia referri oporteat, ipsum autem nusquam.*

b) Asseveração de que o relacionamento destes bens com o "todo" é condição de qualquer virtude.

II. *Apontamento dos absurdos a que chega a negação estóica destes princípios.*
   a) A negação dos bens exteriores à virtude: Os erros de Ariston.
   b) A falta de relacionamento com o "todo": A leviandade de Erilo.

III. Demonstração da necessidade de conservar os bens exteriores à virtude para a preservação de uma virtude referida ao "todo".
   a) (Conclusão) Jamais a virtude pode constituir-se na recusa dos bens exteriores à virtude.
   b) (Premissa) A virtude é a proteção total, nunca o abandono da natureza.
   c) (Premissa) A recusa dos bens exteriores à virtude não é proteção total, é abandono (parcial) da natureza.

B. Virtude e Natureza Humana – Consolidação das Premissas da Demonstração Precedente.
   I. *A necessidade é a conservação total da natureza.*
   a) A autoconservação é conservação da natureza.
   b) Conservação da natureza significa que nenhuma das suas partes deve ser negligenciada.

   II. Correlação da concepção de "natureza" com a concepção de "bens".
   a) Se a natureza humana é pura razão só haverá bens de virtude.
   b) Se a natureza humana é um composto de alma e corpo haverá, também, bens exteriores à virtude.
   c) O homem possui corpo e alma; logo, a negação dos bens exteriores à virtude equivale a separar-se da natureza.

C. Motivação psicológica do erro dos estóicos.

   I. A sedução das perspectivas a que nos leva um pensamento, faz-nos olvidar, facilmente, o fundamento em que se apóiam.

III.

"Mas direis que a virtude não pode constituir-se, se aquelas coisas que lhe são exteriores, pertencem à existência feliz[…]" é o argumento que Cícero espera encontrar da parte dos seus interlocutores estóicos. Atribui-lhes o seguinte raciocínio: Para que a felicidade seja a recompensa necessária de uma vida virtuosa e não algo dependente de acasos insignificantes – "os homens bons são também sempre felizes, e infelizes os vis"[3] – é condição indispensável que a virtude seja o único meio de atingir a felicidade suprema. Se, no entanto, existem bens "exteriores à virtude" que "pertencem à existência feliz", a felicidade não acompanhará mais, necessariamente, o exercício da virtude e dependerá, pelo menos em parte, do acaso. Ora, segundo os estóicos, virtude e felicidade são necessariamente coexistentes e, portanto, bens exteriores à virtude não poderão contribuir à felicidade. Do mesmo modo, se eu não me mantiver intransigentemente a esta tese, terei que abandonar toda esta concepção de virtude.

Este argumento é refutado por Cícero com a objeção de que é impossível excluir, de antemão, do gênero de "bens", todos os valores que não se relacionam com a virtude. Isto se tornará evidente ao examinarmos a natureza dos bens morais. Os valores inerentes à virtude são valores que pertencem ao nosso comportamento moral. Bens morais são qualidades que distinguem uma ação, uma escolha entre alternativas, uma atitude perante a realidade. Lá se revelam as excelências da virtude como prudência, coragem, perseverança, etc. Os valores morais são, por conseguinte, valores de segundo grau, valores reflexos que não se apresentam diretamente à nossa experiência axiológica, mas se revelam somente na nossa reação a esta última. Sem uma experiência imediata e direta de valores, não pode haver reação moral. Estes valores diretamente apreendidos não são em si nem morais, nem amorais. Possibilitam, no entanto, o comportamento moral em que se fundam todos os bens da virtude.

Examinemos agora a refutação do argumento estóico nos termos do nosso autor. "É exatamente o contrário", diz Cícero. "Com efeito, a virtude não pode, de modo algum, introduzir-se se todas aquelas coisas que escolher ou recusar, não forem ao todo referidas". Também na formulação de Cícero a virtude se introduz no ato de escolher ou recusar. No entanto, as coisas que escolher ou recusar devem ser referidas ao todo, ao bem supremo que reveste as nossas escolhas, mesmo das coisas que são exteriores à virtude, com significação moral, podendo a virtude, destarte, introduzir-se. Nos termos da nossa análise anterior, um tal relacionamento das nossas escolhas certamente representa uma ação avaliadora perante os dados da nossa apercepção imediata, perante "aquelas coisas que são as primeiras da natureza", como Cícero se exprime mais adiante. Portanto é um comportamento moral.

A virtude, em outras palavras, introduz-se na escolha ou na recusa de bens, mesmo externos à virtude, sempre referidos a um sumo bem, ao "todo" do nosso texto. O supremo bem consiste, para Cícero, aparentemente no aperfeiçoamento máximo da totalidade da nossa

---

3. Estobeu, *Éclogas* II, 98, apud Rodolfo Mondolfo, *O Pensamento Antigo*, São Paulo: Mestre Jou, 1971, p. 145.

ENSAIOS FILOSÓFICOS

pessoa, dos seus aspectos racionais e corporais. Com este fim último tanto os bens da virtude como os bens imediatos da nossa experiência axiológica devem ser relacionados.

IV.

Tanto os erros de Ariston como a leviandade de Erilo provêm de uma atitude inadequada com relação aos bens exteriores à virtude. Negligenciando-os totalmente, incidiremos nos vícios de Ariston; se não os negligenciarmos, sem, todavia, referi-los ao fim do sumo bem, não escaparemos à leviandade de Erilo.

Ariston de Quios era discípulo direto de Zenão, o fundador do estoicismo. Fundou uma seita separada da escola principal do estoicismo, facção que não adquiriu muita importância nem teve longa duração. Rejeitava tudo em filosofia que não se referia à moral. A única preocupação legítima do filósofo, em sua opinião, era a investigação do bem supremo. A virtude era para ele o único bem, o vício o único mal[4].

Vemos, portanto, que Ariston defende exatamente a posição que Cícero critica. Não há bens fora da virtude, nem males fora do vício. Mas enquanto os outros estóicos da sua época ocupavam-se com o estudo da física e da lógica, que julgavam proveitoso para aprender como agir de conformidade com a natureza, Ariston, aparentemente, dispensava tais preocupações e se contentava com reflexões meramente morais. Isto implica um franco abandono "dos princípios que nós mesmos" – Vocês os estóicos na pessoa do meu interlocutor Catão e eu, Cícero – "à virtude temos atribuído". São princípios fundamentais da ética estóica como: Virtude é vida conforme a razão; a razão que orienta as nossas ações é a razão que permeia e dirige o Universo todo; viver conforme a razão é, portanto, viver de acordo com a natureza; o bem é também o verdadeiro, etc.

Estes princípios fundamentais que Ariston esquece e que, no entanto, serviram de ponto de saída a todo o pensamento estóico, Cícero os torna contra a concepção de "bens", não somente de Ariston, mas dos filósofos estóicos em geral. Vocês proclamam, diria Cícero, que exercem "a virtude, não para que abandonasse a natureza, mas para que a protegesse". No entanto, negando, como Ariston, todos os bens que não provêm da virtude, "ela protege apenas uma certa parte [da natureza] e abandona o resto".

Outro grave erro é a leviandade de Erilo. Este filósofo, natural de Cartago, também pertencia aos discípulos de Zenão. Também ele fundou uma nova escola, afastando-se de alguns ensinamentos fundamentais do seu mestre. Enquanto Zenão pregava um único alvo, visado por toda virtude, uma vida conforme a razão e de acordo com

---

4. Cf. *Dictionnaire des sciences philosophiques*, Paris: L. Hachette, 1844.

BEM SUPREMO: VIRTUDE

a natureza, Erilo distinguia entre a virtude do sábio que persegue um fim absoluto e imutável, justamente este que Zenão ensinava, um fim do mesmo modo sujeito às críticas que Cícero fez, referente à desconsideração dos bens que são exteriores à virtude; e a moralidade do vulgo que persegue justamente aqueles bens que se encontram fora da virtude, cada um de acordo com as suas inclinações, procurando um o prazer, outro a felicidade, um terceiro riquezas, etc. Variando a preferência de indivíduo para indivíduo, uma tal moralidade não é suscetível de uma definição válida[5].

A leviandade do ensinamento de Erilo consiste justamente no fato de estabelecer dois critérios diferentes, um válido para uns, outro para outros. Mas o Bem Supremo só pode ser um, para todas as pessoas, jamais pode consistir de "duas coisas desunidas" que se excluem mutuamente e, portanto, se negam uma à outra. "Para que fossem verdadeiras, deveriam estar unidas", deveriam formar uma só. Embora Erilo reconheça bens exteriores à virtude, ele não os relaciona com um único Bem Supremo, mas estabelece regras para duas vidas que não têm nada em comum e se desmentem mutuamente. "Nada há de mais extravagante do que isto", conclui Cícero com desprezo.

V.

A extravagância da posição de Erilo nos mostra de forma mais drástica a necessidade da exigência que Cícero formulou logo no início do nosso texto: "A virtude não pode, de modo algum, introduzir-se, se todas aquelas coisas que escolher ou recusar não forem *ao todo* referidas". Vimos que a totalidade das nossas impressões em que se manifestam os valores constitui uma unidade, a pessoa humana à qual todos os bens têm que ser referidos. Tão diferentes que possam parecer os múltiplos indivíduos humanos, todos eles participam de uma mesma essência, da natureza humana que é comum a todos. E esta natureza humana, esta forma "homem", com tudo o que ela compreende, razão, alma, corpo que, para Cícero, o eclético e bom conhecedor das teorias de Platão e Aristóteles, deve ser o último ponto de referência, o sumo bem do qual todos os valores derivam.

A demonstração que segue, antecipando a conclusão e formulando as premissas em seguida, explora a lição que devemos tirar da extravagância de Erilo. Se o homem constitui uma unidade, se à sua natureza pertencem tanto a razão como o corpo, há uma exigência essencial a estabelecer que a virtude deve proteger a natureza na sua totalidade, incluindo "aquelas coisas que são as primeiras da natureza", e que vimos referir-se aos valores diretamente apreendidos por

5. Idem, ibidem.

42 ENSAIOS FILOSÓFICOS

nossa percepção e com os nossos sentidos, como, igualmente, os valores reflexos do comportamento moral, os bens inerentes à virtude. "Do modo que entendeis, se [a virtude] não retiver aquelas coisas que são as primeiras da natureza, como pertencentes ao todo, se, portanto excluirdes do gênero dos bens todos aqueles que não se relacionam com a virtude, então ela [a virtude] protege apenas uma certa parte [da natureza] e abandona o resto". Conclusão: Jamais a virtude pode constituir-se na recusa dos bens que lhe são exteriores, pois estes fazem parte do todo que é a natureza humana.

VI.

No parágrafo seguinte, Cícero tenta consolidar os argumentos que utilizou no raciocínio anterior. Esforça-se em esclarecer quais as verdadeiras aspirações da natureza humana, "aquilo que mais queria esta natureza". Ora, imagina Cícero, "se a constituição mesma do homem falasse, diria isto: Os primeiros ensaios de apetência do homem foram de conservar-se naquela natureza em que nasceu".

A expressão "primeira" pode ser compreendida tanto no sentido temporal do decorrer da vida de cada homem, i.e., "os primeiros ensaios de apetência" poderiam referir-se aos instintos da primeira infância; como, igualmente, no sentido já indicado anteriormente, referindo-se a fórmula em questão "àquelas coisas que são as primeiras da natureza", i.e., as quais, em qualquer idade, constituem a experiência imediata do homem, anterior à sua reflexão. De toda maneira, "primeiras" aponta tudo aquilo que "possuímos antes da explicação", como dirá logo em seguida.

Ora, aqueles "primeiros ensaios de apetência" são também os mais fundamentais, sem os quais os fins racionais posteriores jamais poderiam constituir-se.

Se este instinto de autoconservação, uma tendência essencialmente primitiva e arraigada na própria natureza, visa a conservar ao homem aquelas condições em que nasceu, isto só pode significar que esta natureza exige que nenhuma das suas partes deva ser negligenciada.

VII.

Foi utilizado o conceito de autoconservação para reforçar, na primeira premissa, a necessidade de uma conservação total da natureza. Passaremos agora a estabelecer uma correlação necessária entre a concepção de "natureza" e a concepção de "bens", para consubstanciar a validade da segunda premissa.

Se na natureza "nada há além da razão, pode estar só na virtude o fim dos bens, mas se há também um corpo, tal explicação" – a restrição dos bens ao âmbito da virtude – "produzirá este resultado, o de abandonarmos tudo aquilo que possuíamos antes da explicação", i.e., "as coisas que são as primeiras da natureza", que constituem, necessariamente, os objetos da nossa experiência imediata, e que representam os elementos indispensáveis da própria reflexão.

Não há dúvida que o homem não é somente razão, mas também corpo. No entanto, os estóicos limitam os bens à virtude, negando "aquilo que possuímos antes da explicação". Desta maneira são vítimas de um terrível paradoxo: "Viver em conformidade com a natureza equivale [para eles] a separar-se da natureza".

VIII.

Tendo chegado com este paradoxo ao ápice da sua refutação, Cícero julga poder abandonar o terreno da lógica para passar para a psicologia, numa tentativa de explicar, no último parágrafo do nosso texto, o motivo do erro dos estóicos pela sedução exercida pelas perspectivas luminosas a que chega um pensamento, sedução que o pode levar a abandonar os próprios fundamentos dos quais se utilizou para chegar a vislumbrar estas mesmas perspectivas. Como exemplo, cita "certos filósofos", certamente referindo-se a Platão e aos primeiros acadêmicos, que chegaram a desprezar os sentidos que, por meio do estudo do mundo sensível, lhes tinham revelado o mundo das formas. No seu entusiasmo por esta esfera divina que tinham descoberto, chegaram a desprezar as percepções que, em primeira instância, possibilitaram esta visão. Assim "também estes [estóicos] porque, partindo da apetência das coisas" – da experiência imediata e direta dos valores – "contemplaram a beleza da virtude e desprezaram tudo que tinham visto, exceto a virtude".

Mas embora psicologicamente compreensível – talvez especialmente por essa razão – a desconsideração estóica dos bens exteriores à virtude permanece condenável de um ponto de vista objetivo, pois "subverte os fundamentos destas coisas belas e admiráveis" sem estar consciente disto. Pois "a natureza toda das coisas apetecíveis tão largamente se estende que se espraia desde as origens até os fins". Em nossas palavras, sem experiência imediata de valores não pode haver comportamento moral; sem escolha e recusa "daquelas coisas" não há referência ao todo, nem possibilidade de hierarquização de bens, de um bem supremo como causa final da virtude.

IX.

Existe uma possibilidade de defesa dos estóicos contra críticas tão arrasadoras como as que acabamos de comentar? Acredito que há. Apoiar-se-ia no monismo estóico que desarmaria a dualidade razão-corpo, tão explorada por Cícero e certamente não compreendida

44 ENSAIOS FILOSÓFICOS

plenamente no sentido dos filósofos estóicos. Sustentar-se-ia no conceito estóico de uma razão universal que determina todo e qualquer evento no cosmos, que engloba tudo e não conhece limitação alguma frente a corpos ou matéria. Com um tal conceito de razão não pode haver mais escolha ou recusa exterior da razão. Todo acontecimento teria um sentido racional e seria necessário num conexo cósmico racional, seria de acordo com a natureza. Mas um aprofundamento nestes argumentos passaria os confins do presente trabalho.

X.

Finalmente, umas anotações metodológicas.

Cícero inicia o seu argumento, imputando ao adversário uma tese à qual responderá precisamente com uma tese ostensivamente contrária. Se os estóicos negam bens exteriores à virtude, Cícero não somente os afirma, mas deles faz depender a possibilidade da própria virtude. Passando a refutar, em seguida, dois extremos opostos aos quais o estoicismo levou, sem que tivessem conseguido firmar-se na própria tradição da escola, Cícero lhes aponta com facilidade a absurdidade e fundamenta, assim, a sua própria tese, reforçando-a, fazendo-a a conclusão de duas premissas que formula em seguida, num silogismo invertido. Assim Cícero, com argumentos aparentemente tirados do estoicismo, mas nem sempre interpretados no espírito dos estóicos, lhes arma como armadilha um formidável paradoxo, afirmando que para eles "viver em conformidade com a natureza, equivale a separar-se da natureza".

Atingida a *reductio ad absurdum* da posição estóica, Cícero passa para o terreno da motivação psicológica e, mesmo aparentando simpatia com os estóicos, despoja a sua teoria dos últimos remanescentes de validade, pois uma opinião que se explica por fatores psicológicos jamais pode impor-se por razões objetivas.

O procedimento de Cícero, no presente texto, não é, pois, a construção precisa de uma análise filosófica. Utiliza argumentos e os maneja, sem que lhes falte rigor, de maneira que melhor demonstrem o seu formidável poder de convicção. Foi este que tornou Cícero o grande defensor de causas da sua época e lhe deu fama eterna.

5. O Leviatã e a Teoria da Representação, da Linguagem, do Desejo e do Estado

> *Que relações podem ser apontadas entre a psicologia do Leviatã, concebida igualmente como teoria da representação, da linguagem e do desejo, e a teoria hobbesiana do Estado!*[1].

COMO HOBBES RELACIONA O HOMEM COM O ESTADO

"Até aqui derivei os direitos do poder soberano e o dever dos súditos exclusivamente dos princípios da natureza", resume Hobbes nas primeiras duas partes do *Leviatã*, encontrando estes princípios na "natureza dos homens"[2]. Não há, pois, dúvida, para este pensador, de que os fenômenos da vida política são explicáveis a partir da compreensão da "natureza dos homens". Esta sua convicção, por sua vez, legitima o nosso esforço de derivar as particularidades da teoria política de Hobbes das suas concepções antropológicas e psicológicas.

Segundo Hobbes, o Estado, como corpo político, relaciona-se com o homem de três maneiras. Diz ele, na introdução ao *Leviatã*: "Na descrição da natureza deste homem artificial considerarei, em primeiro lugar, a matéria do mesmo e o artífice que, ambos, são o homem". O homem, portanto, é: 1. a matéria da causa pública; 2. o seu artífice; e 3. a sua forma geral, constituindo o corpo político, segundo o texto citado, um "homem artificial", o Estado.

Nas particularidades do homem como matéria, artífice e forma geral do Estado, encontraremos, pois, as principais virtudes e vícios desta teoria política que, muito mais completa que a obra de Maquiavel, é a

---

1. As citações referem-se à edição de Andrew Crooke, Londres, 1651.
2. Cap. XXXII, p. 195.

46 ENSAIOS FILOSÓFICOS

primeira tentativa científica e sistemática de explicar a realidade política no contexto de um conhecimento global do homem.

A CAUSA PÚBLICA E A NATUREZA DO HOMEM

O Homem Como Matéria do Corpo Político

Jamais haveria organização política entre os homens se estes não apresentassem certas propriedades que, de um lado, tornassem esta organização desejável e, de outro, os capacitassem a integrar-se nela. São estas particularidades específicas do ser humano que o tornam matéria da causa pública, matéria sobremaneira própria para tal forma.

A primeira condição para isto é a igualdade essencial de todos os homens como indivíduos. "A natureza fez os homens tão iguais, nas suas capacidades de corpo e mente, que mesmo encontrando-se, às vezes, um homem obviamente mais forte de corpo ou mais rápido de mente que o outro, quando se computa tudo, a diferença entre homem e homem não é tão considerável que um homem, apoiando-se nela, possa reclamar para si um benefício que outro não possa ambicionar também"[3]. É esta uma igualdade de desejos e capacidades que não encontramos justamente naqueles animais que naturalmente vivem em sociedade. Algumas abelhas nascem rainhas e outras trabalhadoras, estas fisicamente equipadas para prover o sustento e cuidar da defesa, aquelas para a procriação. Entre os homens não há diferenças tais que os destinem naturalmente para determinadas funções dentro da sociedade; portanto, o seu Estado é geralmente uma construção artificial que pressupõe a ação de um artífice e uma matéria que, embora possuindo propriedades que a qualificam para ser edificada numa causa pública, jamais a formaria sozinha.

A igualdade dos homens é, antes de mais nada, uma igualdade de desejos. Na psicologia de Hobbes a representação de um objeto é sempre a reação mecânica do nosso corpo, no cérebro ou no coração, a uma ação das coisas sobre os nosso sentidos que causa a sua percepção. Esta interferência de fora provoca um empenho (*endeavour*) que perdura ainda depois de cessada a interferência[4]. Este empenho vai sempre de encontro ou de recuo com relação ao estímulo que o causou e se caracteriza, portanto, ou como desejo ou como aversão. Conseqüentemente, toda percepção e toda representação de um ob-

---

3. Cap. XIII, p. 60.

4. "Qual pressão, por intermédio dos nervos e outras cordas e membranas do corpo continua adentro até o cérebro e o coração, causa ali uma contrapressão, ou empenho do coração para livrar-se: Este empenho dirigido para fora, parece alguma coisa de fora" (cap. I, p. 3). "Como vemos na água, embora cesse o vento, as ondas não cessam de rolar, até muito tempo depois, assim acontece naquele movimento que é provocado nas partes internas do homem, quando vê, sonha etc." (cap. II, p. 4).

jeto é acompanhada de desejo ou aversão que podem resultar numa ação global do organismo.

Como vemos, o desejo do homem é ligado diretamente à sua percepção, imaginação ou representação. Fatalmente, num mesmo mundo, onde os mesmos objetos são encontrados e percebidos, os desejos dos homens terão que coincidir e, se não houver interferência externa, dada a igualdade das capacidades em satisfazê-los, levarão inevitavelmente à briga. Diz Hobbes: "Desta igualdade de capacidades surge a igualdade na expectativa de conseguir os nosso fins. E, por esta razão, se dois homens desejarem a mesma coisa da qual, no entanto, não podem usufruir ambos, tornar-se-ão inimigos"[5]. Surge uma competição implacável entre todos e um estado de guerra permanente de todos contra todos, em que cada um, para sobreviver, tem que procurar a ruína dos outros.

É importante compreender nesta teoria dos desejos e nas suas implicações sobre o comportamento político do homem, o caráter eminentemente mecanicista. Como reações, os desejos, e como fatores de ação, os homens e as coisas não se distinguem por diferenças qualitativas. Os homens formam, com o seu mundo de objetos, um sistema único de ações e reações mecânicas, no qual várias unidades estão sujeitas aos mesmos impactos provocados pelos mesmos objetos e reagem também de forma absolutamente igual, embora com certas diferenças quantitativas. O choque contínuo entre estas reações é, pois, a conseqüência do próprio sistema enquanto não for artificialmente modificado.

A representação de um objeto é, como vimos, o remanescente de uma percepção sensível, movimento de reação a um movimento estimulante externo, reação esta que continua efetiva, mesmo depois que a sua causa cessou. O efeito associal da igualdade básica dos homens é aumentado pela sua capacidade de representar-se, na imaginação, não somente os objetos como reservados à sua disposição exclusiva, mas também a si próprios como dominando os objetos desejados e levando vantagem sobre os seus competidores. A representação imaginativa acrescenta, ao desejo de posse de certos objetos, o desejo do poder de conquistá-los e o desejo de glória, "isto é., "o quanto seria dado em troca do uso dos seus poderes"[6]. A sua natureza predispõe o homem a lutar contra os seus semelhantes não somente pelo choque das suas pretensões aos mesmos objetos, mas ainda pela sua ambição de possuir maior poder, de assegurá-los para si e de ver este poder reconhecido pelos outros. Simultaneamente, a representação imaginativa desta mesma predisposição da parte dos outros homens proporciona-lhe o eterno medo de perder, a qualquer momento, tudo que possui e que representa: Este medo, mais que qualquer outra coisa, torna o homem "matéria"

5. Cap. XIII, p. 61.
6. Cap. X, p. 42.

48 ENSAIOS FILOSÓFICOS

para a construção de uma causa pública, torna-o acessível aos maiores sacrifícios em favor da sua segurança pessoal.

O efeito associal da sua igualdade fundamental em geral e da igualdade dos seus desejos em particular é ainda aumentado pelo dom da linguagem que distingue os homens, na opinião de Hobbes, de todos os animais. A capacidade correlacionada de raciocinar faz com que os homens "se julguem mais sábios e mais capazes do que os restantes de governar o público [...] A arte das palavras, pela qual alguns homens podem representar a outros o que é bom na aparência de um mal e o mal na aparência de um bem"[7], aumenta a desconfiança geral, não somente por ser um instrumento poderoso de enganar, mas também por criar conceitos que, no estado natural de convivência dos homens, não possuem significação unívoca como "propriedade", "direito", "honra" etc. No entanto, a mesma capacidade de raciocinar possibilita, como veremos ao falar do homem como artífice da causa pública, "a visão da sua própria preservação e de uma vida mais satisfeita" numa associação artificial sob contrato mútuo numa sociedade civil, mediante renúncia consciente a conservar todas as liberdades que pertencem ao homem na sua condição natural.

A propriedade que, fundamentalmente, distingue os homens dos animais é o uso da palavra. Dela decorre a capacidade de raciocinar: "entendimento não sendo coisa diferente que concepção causada pela fala. E, portanto, se a fala é peculiar ao homem, então o entendimento lhe é peculiar também"[8]. Hobbes não deixa dúvida que esta diferença, que distingue o homem do animal, se manifesta, de modo significativo, na sua vida política: "Sem eles (nomes e combinações de nomes) não haveria entre os homens nem sociedade, nem contrato, nem paz, não mais que entre leões, ursos e lobos"[9]. Examinemos de que modo a linguagem produz tão profunda diferença no homem.

"O uso geral da linguagem é transformar o nosso discurso mental em discurso verbal; ou, a seqüência dos nossos pensamentos numa seqüência de palavras" (idem). O nosso "discurso mental" é uma seqüência de representações mentais e, como vimos, resultado direto das nossas sensações. "Mas como não temos imaginação do que não tivemos tido sensação antes, no seu todo ou em partes, assim não temos transição de uma imaginação a outra, de que não tivermos tido semelhante, antes, nos nossos sentidos"[10]. A seqüência dos nossos pensamentos é fundamentada, portanto, na seqüência das nossas experiências, embora possa ser modificada por desejos e intenções. Estes aumentam e aprofundam determinadas impressões que ou permanecem na nossa atenção ou a

7. Cap. XVII, p. 87.
8. Cap. IV, p. 17.
9. Cap. IV, p. 12.
10. Cap. III, p. 8.

O *LEVIATÃ* E A TEORIA DA REPRESENTAÇÃO, DA LINGUAGEM,... 49

ela voltam constantemente[11], fixando também certos meios que nos levam aos objetos desejados ou nos livram de outros temidos.

Decorrendo o discurso mental de uma experiência efetiva e sendo o discurso verbal nada mais que uma transposição do discurso mental, resulta que a linguagem, também, se baseia na experiência e permanece sujeita ao determinismo mecanicista que domina esta última. O mecanicismo que regula as relações entre os objetos, entre estes e os nossos órgãos de percepção, domina inclusive a nossa linguagem. O pensamento é algo de quantitativo, em que se efetuam processos aritméticos: É esta a definição hobbesiana do raciocínio:

> Quando um homem raciocina, não faz outra coisa que conceber uma soma total a partir da adição de partes; ou conceber o restante da subtração de uma soma de outra; o que, se for feito por palavras, é conceber a conseqüência dos nomes de todas as partes para o nome do todo e dos nomes de uma parte e de todo para o nome da outra parte[12].

Esta concepção da linguagem exerce efeitos imediatos sobre o raciocínio político dos homens: "Escritores sobre política somam pactuações para encontrar os deveres dos homens e juristas, leis e fatos para encontrar o que é certo e errado nos atos de homens privados"[13]. Isto, evidentemente, é possível somente se a realidade humana não difere da realidade física; no sentido em que aquela como esta representa "matéria" para um eventual construtor, podem ser articuladas de forma quantitativa e numérica, por se relacionarem as suas partes entre si como se relacionam, na realidade física, corpos e movimentos.

A feição quantitativa e determinista do conceito da linguagem em Hobbes traduz-se de modo flagrante na teoria da liberdade política. "Liberdade", diz Hobbes, "é ausência de oposição. (Com oposição quero dizer impedimento externo de movimento)[...] Um homem livre é aquele que não é impedido de fazer o que quer fazer nas coisas que, com as suas forças e com a sua inteligência, é capaz de fazer"[14]. Esta definição de liberdade, diretamente derivada da realidade mecânica, reduz o homem, matéria do "corpo político", a uma liberdade que não passa da momentânea liberdade de partículas físicas enquanto não encontram impedimento por ocorrências mecânicas externas, não reconhecendo na liberdade qualquer importância normativa para uma convivência política.

Outro característico geral da teoria hobbesiana da linguagem é o seu nominalismo. "Não havendo nada de universal no mundo a não ser nomes; pois as coisas nomeadas são, cada uma delas, individuais

---

11. Cap. III, p. 9.
12. Cap. V, p. 18.
13. Idem, ibidem.
14. Cap. XXI, p. 107 e 108.

50 ENSAIOS FILOSÓFICOS

e singulares"[15]. Correspondentemente no ensinamento político de Hobbes, nenhuma nação é mais que uma multiplicidade de indivíduos, artificialmente reunidos num corpo político por meio de um contrato. Que uma totalidade de elementos possa ser algo mais e algo diferente da sua mera soma aritmética, que uma nação possa ser mais que a soma de cidadãos acidentalmente sujeitos à mesma soberania, permanece inteiramente fora da sua cogitação.

Segundo Hobbes, a linguagem tem duas funções principais: Uma consiste na articulação e fixação daquilo que Hobbes chama "discurso mental": "Estabelecer marcas ou notas para a lembrança [...]. A outra função principal da expressão verbal é a comunicação entre os homens como meio de significarem (pela sua conexão e ordem), um ao outro o que concebem ou pensam de cada assunto; e, também, o que desejam, receiam ou de que têm outra paixão qualquer"[16].

A possibilidade de comunicação entre os indivíduos é uma condição indispensável da existência de qualquer sociedade: Não somente seria impossível conceber uma "cultura" sem a comunicação verbal de significados intersubjetivos, como também a própria organização política seria impensável sem uma linguagem falada. Hobbes afirma reiteradamente que um corpo político somente pode ser formado por convenção, e não há convenção sem comunicação verbal. Nenhuma organização política se mantém sem leis.

> Do fato de que a lei é uma ordem, e uma ordem consiste na declaração ou manifestação, por voz, escrita ou meio suficiente que lhe valha, da vontade daquele que comanda, podemos compreender que a ordem da causa pública é ordem somente para quem tiver os meios de tomar conhecimento dela. Não há lei para imbecis de natureza, crianças ou loucos, não mais do que para animais brutos[17].

Vemos, pois, que a função comunicativa é uma condição indispensável para que o homem possa tornar-se "matéria" de uma organização estatal.

Nem haverá, sem uso de comunicação verbal, "a manifestação do valor que atribuímo-nos mutuamente, o que comumente é chamado honrar e desonrar [...] o valor público que lhe é atribuído pela causa pública, é o que geralmente chamamos dignidade"[18]. A dignidade equivale a poder, como Hobbes explica neste mesmo capítulo X do *Leviatã*, e a recompensa pública de honras e dignidades, tanto como o castigo que por seu terror visa a demover outros de cometerem o mesmo crime, são meios de fortalecer o Estado imediatamente fundamentados na capacidade de comunicação verbal entre os súditos.

15. Cap. IV, p. 13
16. Cap. IV, p. 13
17. Cap. XXVI, p. 140
18. Cap. X, p. 42

O Homem Como Artífice da Causa Pública

Vimos quais as propriedades do homem pelas quais se torna "matéria" daquela ousada construção que é o Estado. Os homens são iguais nas suas paixões e nos seus desejos, nas suas pretensões ao poder, à posse e à glória; por conseguinte, encontram-se em permanente competição mortífera. Como na sua constituição física, são iguais também na sua constituição mental. Formam a base das suas experiências sensíveis, múltiplas representações que perfazem o seu discurso mental que, por uma distinção especificamente humana, pode ser transposto em discurso verbal que, por sua função comunicativa, possibilita a formulação de leis e a sua obediência, a prestação de honras e desonras públicas, o efeito terrificante das punições públicas e o estímulo das honrarias oficiais e das dignidades. Falta ainda a iniciativa decidida de tirar as conseqüências lógicas e práticas da sua constituição. E o homem as tira passando, assim, de "matéria" da causa pública para o seu "artífice".

Tratamos da linguagem na sua função comunicativa e apontamos o seu papel em transformar o homem numa virtual matéria da causa pública. A outra das duas funções principais da linguagem, o seu poder de articulação e fixação, lhe permitirá edificar racionalmente a sociedade civil.

Já observamos como a linguagem transforma o discurso mental em discurso verbal. A possibilidade de representarmos a realidade no discurso é, para Hobbes, o fundamento de toda investigação científica e de toda conquista técnica. "O discurso da mente", diz Hobbes, "quando regulado por um desígnio, nada mais é que procura, ou a faculdade de invenção que os latinos chamam *sagacitas* e *solertia*, a caça atrás das causas de algum efeito, presente ou passado, ou dos efeitos de uma causa passada ou presente"[19]. É somente pela articulação por meio da expressão verbal ou escrita, pela linguagem como marca (em oposição à linguagem como signo ou comunicação) que o nosso discurso mental se torna capaz de tais proezas, inteiramente além do alcance das faculdades animais. "Pois, além da sensação e dos pensamentos e da seqüência dos pensamentos, a mente do homem não possui outro movimento; mas com a ajuda da língua e do método as mesmas faculdades podem ser aperfeiçoadas a tal nível a distinguir os homens de todas as demais criaturas vivas"[20].

A sagacidade, seqüência de representações dirigida e articulada em conceitos racionais possibilita, também, a grande inversão política que é o Estado, único meio de livrar o homem das misérias eternas da guerra e do medo.

---

19. Cap. III, p. 9-10.
20. Idem, ibidem.

ENSAIOS FILOSÓFICOS

O entendimento, segundo Hobbes, estreitamente correlacionado com a estrutura da linguagem, possibilita-nos a descoberta de certas verdades da razão, "leis da natureza", como comumente são chamadas que, segundo o nosso autor, são "conclusões ou teoremas referentes àquilo que conduz à conservação e à defesa de si próprio; enquanto lei propriamente dita, é a palavra daquele que tem o comando"[21]. São ditames da razão como a verdade de que paz é melhor que a guerra, que "cada homem deveria aspirar à paz, na medida em que tem esperança de alcançá-la [...] lei fundamental da natureza". Para este fim deveria, se outros fizessem o mesmo, "alienar-se do seu direito a todas as coisas e ficar contente com tanta liberdade para com os outros homens, quanto permitiria aos outros homens para consigo"[22]. Esta é a segunda lei da natureza. Descobrirá ainda pelo discurso racional que "justiça, gratidão, modéstia, misericórdia e as demais leis da natureza são boas, isto quer dizer que são virtudes", por serem "caminho ou meios para a paz"[23].

Todas estas descobertas são possíveis somente devido às representações que o homem possui, consolidadas em símbolos lingüísticos que permitem repetir, decompor e recompor, apenas na mente, as experiências uma vez feitas das maneiras as mais diversas, e chegar, deste modo, a conhecimentos, cuja obtenção, por via direta, requereria inúmeras experiências novas.

Mas também em outro sentido a grande invenção política, a causa pública, se fundamenta numa representação. Como os conceitos representam objetos, assim o artífice da causa pública inventa uma pessoa que representa todos os súditos que se associam numa organização estatal. "Uma pessoa", define Hobbes, "é aquela cujas palavras ou ações são consideradas ou suas, ou representação das palavras ou das ações de outro homem, ou de qualquer outra coisa à qual são atribuídas, ou segundo a verdade ou por ficção"[24]. A pessoa cujas palavras ou ações representam um ou vários outros é, na terminologia de Hobbes, uma "pessoa artificial". A vontade daquela pessoa artificial que, como poder soberano – monarca ou assembléia – representa o Estado, é a essência da "lei", que uma vez formulada e proclamada, é obrigatória para todos os súditos. A lei é, pois, a representação da vontade de todos eles e jamais pode ser "injusta", tampouco quanto a minha própria vontade me pode fazer injustiça. Manipulando todos os seus súditos livremente, a força do Estado multiplica-se na proporção em que se juntam as forças individuais, e o Estado vem adquirindo tamanho poder que consegue impor a ordem e a paz, realização completamente inalcançável à ação individual.

21. Cap. xv, p. 80.
22. Cap. xiv, p. 64-65.
23. Cap. xv, p. 80.
24. Cap. xvi, p. 80.

A representação no plano da política assemelha-se, pois, à representação no plano da linguagem e possivelmente foi criada na sua imagem: Em ambos os casos o representante torna presente o representado; mas enquanto o discurso simbólico efetua somente uma manipulação imaginária do representado, a representação política proporciona uma disponibilidade real do representado e produz forças incomparavelmente maiores que a maior força individual.

Acabamos de examinar a função articuladora da linguagem humana, tanto na idealização do Estado quanto na caracterização das relações entre soberano e súditos como "representação". Mas indispensável para a edificação da causa pública é igualmente a função comunicativa da linguagem, cuja importância já frisamos em relação ao homem como matéria do corpo político. O contrato social que o artífice da causa pública tem que formular como base jurídica das relações de poder a serem estabelecidas no Estado, é um instrumento de entendimento mútuo. Ao pôr em termos intersubjetivos as experiências de convivência social que perfazem uma parte essencial do contrato, assim como ao apontar as conclusões a serem tiradas coletivamente, o artífice do corpo político se apóia justamente na função comunicativa da linguagem.

O Homem Como Forma da Causa Pública

Ao falar de "pessoa artificial" constituída pela representação política, já nos referimos ao homem como forma da causa pública; enquanto a representação como fator articulador do Estado decorre da capacidade de organização da inteligência humana, a representação como produto da invenção de homens, forma uma pessoa artificial ou, em outras palavras, um homem artificial, criado de homens por homens, para livrar os homens das condições insuportáveis de uma guerra interminável e de um medo constante.

Neste "homem artificial" que é o Estado, a soberania equivale a uma alma artificial, fonte de vida e de movimento para o corpo político. Os magistrados e os oficiais, do judiciário como do executivo se comparam às articulações dum corpo físico. Hobbes caracteriza e pormenoriza, na introdução ao *Leviatã*, a correspondência de partes do organismo humano com determinadas instituições políticas. Desta maneira o filósofo prova, examinando instituição política por instituição política e apontando-lhes a correspondência a determinada parte do corpo humano, que o Estado não é somente constituído de homens, idealizado e organizado por homens, mas é ainda formado à semelhança de um homem, tendo o homem por forma.

Para Hobbes, o corpo político, como todo corpo vivo, não difere essencialmente de uma máquina complexa e gigantesca. O pleno funcionamento de todas as suas engrenagens e peças é sinal de saúde; a doença equivale a um desarranjo mais ou menos grave no funciona-

54 ENSAIOS FILOSÓFICOS

mento do maquinismo cujo estrago definitivo significaria a sua morte. Esta somente se dá por forças externas superiores à capacidade de defesa da causa pública, ou, então, pela guerra civil que, destruindo a autoridade da soberania, reduz os súditos ao estado pré-civil em que se encontravam antes de se organizarem num corpo político.

O determinismo professado por Hobbes em todas as suas concepções filosóficas e científicas, inspirado, aliás, no exemplo de Galileu, expressa-se plenamente na visão deste homem robô, de proporções gigantescas, que é o Leviatã. Nele nenhuma peça, nenhuma rodinha, nenhuma engrenagem tem a mínima autonomia. Cada um tem que permanecer no seu movimento prescrito: O soberano, a alma do *Leviatã*, regula e movimenta tudo. O indivíduo, ínfima célula do corpo gigantesco, tem que obedecer cegamente como a sua similar no corpo humano. Disto não livra o cidadão a sua dignidade de ser, consciente e racional, que voluntariamente assumiu os compromissos do contrato social; este, uma vez celebrado, "confere todo o seu poder e toda a sua força a um homem, ou a uma assembléia de homens, que possa reduzir todas as suas vontades na pluralidade de vozes, a uma só vontade"[25].

Pois quando um ou mais indivíduos logram rebelar-se com êxito contra o papel que lhes é destinado no corpo político, este se torna doente, como o homem adoece quando um ou mais órgãos do seu corpo não cumprem mais a sua função silenciosa e despercebidamente. O capítulo XXIX do *Leviatã* contém uma lista impressionante de desarranjos funcionais dessa forma de homem que é o Estado: Instituições defeituosas que não conferem bastante poder ao soberano assemelham-se às enfermidades que procedem de uma procriação defeituosa; a circulação de doutrinas "subversivas", ao envenenamento; jamais uma simples célula pode ter razão contra o corpo a que pertence, jamais uma engrenagem contra o maquinismo de que faz parte. Portanto, o mecanicismo da concepção de Estado de Hobbes implica um absolutismo político radical que não pode deixar de encarar as aspirações do parlamento e a crescente independência da burguesia do seu tempo como sinal de decadência doentia, que bem pode ser sintoma de uma breve morte, daquele homem artificial imenso que é a Inglaterra.

VIRTUDES E VÍCIOS DA TEORIA POLÍTICA DE HOBBES

A tentativa, inédita nos dias de Hobbes, de enquadrar a investigação dos fatos políticos sistematicamente no conjunto dos conhecimentos da natureza humana e a abordagem da realidade política a partir de conhecimentos antropológicos e psicológicos, confere uma amplitude e um caráter científico sem precedentes ao ensinamento político de Hobbes. No entanto, as insuficiências da antropologia hobbesiana nos

25. Cap. XVII, p. 87.

O *LEVIATÃ* E A TEORIA DA REPRESENTAÇÃO, DA LINGUAGEM,... 55

apontarão também os vícios da sua teoria política, uma vez que esta é formulada como conclusão dedutiva daquela.

Não resta dúvida que toda teoria política se situa numa antropologia, compreendida, de um modo amplo, como conjunto das ciências do homem. Na medida em que o homem constitui uma realidade total e una, as diversas ciências que dele tratam a partir de pontos de vista diversos, devem apresentar determinadas analogias, que são muito importantes para uma compreensão global do fenômeno humano. Portanto, o relacionamento da política com a psicologia é perfeitamente legítimo na obra de Hobbes.

O que hoje não nos parece mais admissível, é querer deduzir as disciplinas antropológicas que investigam os fenômenos da existência coletiva do homem, como a sociologia, a política ou a economia, de outras ciências que se restringem ao estudo da sua existência individual, como as múltiplas formas de psicologia, anatomia e ontogenética. Os aspectos individuais da existência humana não são mais fundamentais que os aspectos coletivos, e tão unilateral seria simplesmente deduzir os fenômenos sociais da vida individual como a personalidade do ambiente social, embora influências recíprocas e analogias certamente possam ser apontadas.

Mas o nominalismo e o mecanicismo de Hobbes viciam a sua antropologia e as suas concepções da realidade orgânica em geral. Quem não admitir que uma totalidade pode ser algo mais e diferente que a soma aritmética das suas partes, jamais poderá compreender nem organismo nem sociedade.

O conceito de igualdade de Hobbes decorre de uma aplicação errônea de conceitos mecânicos e aritméticos, ou seja, de conceitos da física de Galileu, à realidade humana. Os indivíduos não são iguais como um grão de areia a outro, e o seu peso não se pode somar da mesma maneira. O poder de um grupo de homens não é igual à soma dos seus poderes individuais: Pode ser muito maior quando as capacidades se completam, numa iniciativa realmente sentida como comum a todos, como pode ser muito menor quando um interesse coletivo não se impõe a ambições naturalmente divergentes.

Se é verdade que os homens não se somam aritmeticamente para resultar num Estado, mas se completam no desempenho de funções exigidas por interesses comuns num convívio em determinadas condições históricas e ecológicas, a sociedade civil não se cria por previsão matemática, mas sempre já existe nas aspirações coletivas de uma convivência especificamente humana em que a linguagem, como meio de estruturação e de comunicação, transforma parte dos desejos e das paixões individuais, integrando-os nos interesses coletivos.

Vimos que não é o raciocínio político que cria o Estado civil, mas, ao contrário, este raciocínio sempre decorre de uma realidade social previamente dada. Nenhum Estado, portanto, se criou por um contrato social, racionalmente preconcebido e conscientemente adotado pela maioria. Jamais houve abdicação expressa dos seus direitos da parte dos súditos, no intuito de somá-los aos direitos do seu soberano, nem a cessação dos seus poderes para adicioná-los ao poder do monarca e obter dele a proteção contra toda violência, tanto da parte de invasores estrangeiros como da parte de concidadãos ansiosos de despojá-los dos seus bens. O absolutismo da teoria política de Hobbes baseia-se, pois, numa construção racional e artificial a partir de uma concepção mecânica e aritmética do homem como a sua matéria – matéria que não existe, construção planejada por um calculador racional, pelo homem como artífice da sua própria causa pública – artifício que jamais se exerceu; criação na imagem do homem individual concebido como máquina gigantesca que jamais foi criada.

A ousadia científica do projeto, de situar uma teoria política dentro do contexto geral de uma antropologia em substituição das explicações teológicas correntes na sua época, uma grande riqueza de observações agudas de fatos psicológicos, sociológicos e políticos, constituem as virtudes do *Leviatã*; um psicologismo unilateral e o mecanicismo, emprestado de uma física em ascensão e com crescente prestígio e indiscriminadamente imposto aos estudos dos fenômenos humanos, os vícios desta grande obra.

6. Idéia e Juízo

A IDÉIA COMO A PERCEPÇÃO
DE ENTENDIMENTO E O SEU USO NO JUÍZO

"Pois todas as maneiras de pensar que constatamos em nós, podem ser referidas a duas gerais, das quais uma consiste na apercepção de entendimento e a outra na decisão da vontade"[1]. Nestes termos, Descartes divide os processos da consciência em gêneros supremos: os processos receptivos de entendimentos e os atos da vontade.

O primeiro destes gêneros inclui a percepção e a imaginação; aquela produzida pela estimulação dos sentidos, esta semelhante àquela, mas menos viva e menos precisa, por não ser provocada por uma ação direta dos sentidos, mas "pelo curso fortuito dos espíritos" que já possuem determinadas impressões da experiência sensível[2]. A parte mais importante da apercepção do entendimento consiste, no entanto, na captação do meramente inteligível que intuímos sem qualquer apoio dos sentidos, numa intelecção pura.

Os atos da vontade, por sua vez, assumem inúmeras formas que vão dos desejos e das repulsas da nossa sensibilidade às duvidas, às afirmações e às negações do nosso esforço de conhecer[3].

---

1. René Descartes, *Principes de la Philosophie*, I, 32.
2. *Les Passions de L'Âme*, I, 26; Première Méditation, p. 162. Os números de páginas citados referem-se à Bibliothèque de la Pléiade, 1949.
3. R. Descartes, *Principes de la Philosophie*, I, 32.

58 ENSAIOS FILOSÓFICOS

Uma das muitas maneiras da vontade de decidir-se é a de julgar, de proferir juízos a respeito das coisas que nos são apresentadas pelo nosso entendimento. "Confesso", diz Descartes[4], "que não saberíamos julgar nada, se o nosso entendimento aí não interviesse; pois não há indício que a nossa alma se determina com relação a algo que o nosso entendimento não tivesse apercebido". Uma idéia é, pois, indispensável, não somente para proferir um juízo, mas para possibilitar, como motivo, todo e qualquer ato da nossa vontade.

Restringir-nos-emos, a seguir, ao uso que o juízo faz da idéia como apercepção do entendimento, desconsiderando a sua função nas demais formas de manifestação da vontade.

A NATUREZA DA IDÉIA

"Pelo termo 'idéia'" define Descartes "entendo aquela forma de cada um dos nossos pensamentos, por cuja percepção imediata obtemos o conhecimento destes mesmos pensamentos"[5]. Como já vimos, "pensamento" abrange, para Descartes, toda a receptividade do entendimento e qualquer ação da nossa vontade, enfim toda manifestação da consciência. Porém, o que distingue um entendimento de outro, uma manifestação da vontade de outra, é, antes de mais nada, aquilo de que um entendimento é entendimento, o objeto de que uma vontade é vontade. Todo pensamento é pensamento de algo e este "de algo" é a forma cuja percepção imediata constitui a idéia. O emprego incomum da palavra "forma" torna a definição citada difícil à primeira vista; mas no momento em que nos lembramos que "forma" aqui significa o que a consciência se representa, a sua "intenção" nos termos da fenomenologia moderna, a definição torna-se perfeitamente clara.

Conseqüentemente, toda idéia tem "realidade objetiva". A realidade do que é representado pela idéia existe também nela. "Por realidade objetiva de uma idéia entendo a entidade ou o ser da coisa representada pela idéia, na medida em que esta entidade existe na idéia [...]. Pois tudo que percebemos existir nos objetos da idéia, existe 'objetivamente' ou por representação nas próprias idéias"[6].

Da realidade objetiva temos que distinguir a realidade formal de uma idéia. Esta consiste unicamente na sua essência sem qualquer consideração se, e o quanto, ela representa de uma realidade externa. Uma terceira "realidade" das idéias é a realidade material, a sua realidade como modo de um pensamento. "Não ponho outra diferença entre a alma e as suas idéias do que a que existe entre um pedaço

4. Idem, I, 34.
5. Seconds Responses:, Raisons… disposées d'une façon géometrique: def. II.
6. Idem, def. III.

IDÉIA E JUÍZO 59

de cera e as figuras que pode receber", escreve Descartes ao padre Mesland (Leyde, 02/05/1644).

Com relação à sua realidade formal e material, não há nenhuma diferença entre o valor das idéias. "Se as idéias são consideradas somente na medida em que são determinados modos de pensar, não percebo nelas nenhuma diferença ou desigualdade. Mas considerando-as como imagens, das quais umas representam uma coisa e as outras uma outra"— i.e., com relação à sua realidade objetiva – "são muito diferentes umas das outras" (Terceira Meditação, p. 181).

As idéias dividem-se em três espécies: idéias inatas, idéias adventícias e idéias factícias (idem, p. 178). As idéias inatas parecem-me "nascidas comigo"; as idéias adventícias, "estranhas e chegadas de fora" e as idéias factícias se apresentam como "feitas e inventadas por mim mesmo". Esta classificação parece-me corresponder à classificação das maneiras de apercepção do entendimento, estabelecida no texto já citado[7]: "Conceber coisas puramente inteligíveis", "sentir" e "imaginar". As idéias factícias serão aquelas que provêm da imaginação e como tais não possuem autonomia. Só aparentemente têm uma fonte própria. Na verdade derivam de idéias inatas ou idéias adventícias que já existem na alma e que, por um movimento fortuito do espírito são combinadas de forma mais ou menos diferente daquela em que se originaram (Primeira Meditação).

Já a distinção entre idéias inatas e idéias adventícias apresenta-se profundamente ambígua em Descartes. No sentido próprio da palavra, idéias adventícias seriam idéias provindas da percepção dos sentidos.

Nestas idéias encontra-se muito pouco que concebo clara e distintamente: A saber a grandeza, ou melhor, a extensão em comprimento, largura e profundidade; a figura que é formada pelos fins e pelos limites dessa extensão; a posição que os corpos, diferentemente figurados, ocupam entre si e o movimento ou a mudança desta posição; ao que se pode adicionar [às idéias de] substância duração e número (Terceira Meditação, p. 184).

Ora, estas idéias não nos são fornecidas, propriamente, pelos dados sensoriais, mas são evocadas por ocasião da experiência sensível, são concebidas clara e distintamente à parte do que nos fornecem os sentidos. São chamadas de "naturezas simples" na XII.ª Regra, idéias que "são todas conhecidas por elas mesmas e jamais encerram algo de falso" (p. 50). À parte destas idéias simples, claras e distintas que são conhecidas por ocasião da experiência sensível, esta produz outras "que se dão ao contato", como luz, cores, sons, cheiros, sabores, calor e frio etc. Que "se encontram no meu pensamento com tanta obscuridade que ignoro até se são verdadeiras ou falsas ou somente aparentes" (Terceira Meditação, p. 184). São estas as idéias adventícias, propriamente ditas, produzidas especificamente pela percepção sensível.

7. Idem, *Principes de la Philosophie*, I, 32.

60 ENSAIOS FILOSÓFICOS

Num sentido mais amplo, todavia, todas as idéias parecem de certa forma adventícias. Pois a sua realidade objetiva é o efeito causado por entidades extraconscientes, nas quais "se encontra pelo menos tanta realidade formal quanto a idéia tem realidade objetiva" (idem, p. 182). Poderia pensar que a realidade objetiva das minhas idéias fosse causada por mim mesmo. Mas tenho idéias cuja realidade objetiva é tão vasta que a sua causa não pode residir em mim mesmo, de onde "segue necessariamente que não só no mundo". Isto acontece especialmente com a idéia de Deus.

Se, como efeitos de uma causa, como retratos e imagens de algo, todas as idéias parecem de certa maneira adventícias, a idéia de Deus é certamente uma "idéia inata" para Descartes. Este, no entanto, afirma reiteradamente que Deus pôs a sua idéia em mim. A idéia de Deus que, por sua realidade objetiva infinita, não posso ter produzido com as minhas possibilidades bem finitas, possuem toda a aparência de adventícia também.

Mas Descartes jamais chamaria a idéia de Deus ou outras idéias claras e distintas de idéias adventícias, termo que reserva para as idéias obscuras "que se dão ao contato" nas percepções sensíveis. A dificuldade de como uma idéia pode ser inata e, ao mesmo tempo, "retrato e imagem de algo" (idem, p. 183) é solucionada por Descartes com o recurso à idéia de um Deus que me criou com idéias verdadeiras. A veracidade divina é, pois, a garantia da veracidade das minhas idéias. Deus criou o mundo e a minha alma, mantendo-a, continua a criá-la a todo instante (idem, p. 189); produz as minhas idéias em conformidade com os objetos que também constituem a sua obra. Uma idéia que é gerada em mim no próprio ato em que sou criado, é uma idéia inata, mas em certo sentido é também adventícia. Encontramos aqui o paralelismo que constituiu o ponto de partida dos ocasionalistas (Malebranche, Geulincx e outros), e influiu sobre a doutrina da "harmonia preestabelecida" de Leibniz.

As idéias divergem, não somente pelo alcance da sua realidade objetiva, mas ainda pela força da sua evidência. As mais evidentes são "as coisas que concebemos mui clara e distintamente" (idem, p. 176). "As coisas podem ser arranjadas em diferentes séries, não, sem dúvida, na medida em que se relacionam a algum gênero do ser, como os filósofos as agruparam segundo as categorias, mas na medida em que o conhecimento de umas pode decorrer do conhecimento de outras"[8]. Note-se que quando Descartes fala de "coisas", geralmente refere-se a idéias, como neste texto, por exemplo.

É das idéias simples que derivam as idéias compostas, cuja evidência depende da dos seus componentes simples. Simplicidade e evidência das idéias são correlacionadas para Descartes: Para ele são simples

8. *Regras para a Direção do Espírito*, Regra VI, p. 21.

aquelas idéias cujo conhecimento é tão claro e distinto que o espírito não pode dividi-las num número maior, cujo conhecimento seja mais distinto"[9].

Do que acaba de ser dito, resulta claramente que se trata, nestes textos, de simplicidade cognitiva e não da simplicidade material dos objetos. As idéias simples, no entanto, correspondem a "naturezas verdadeiras e imutáveis". São, portanto, suficientes para nos proporcionar a verdade: "O que concebemos, clara e distintamente, pertencer à natureza ou à essência ou à forma imutável e verdadeira de qualquer coisa, isto pode ser afirmado como verdade daquela coisa"[10].

AS IDÉIAS SEGUNDO A SUA FUNÇÃO NO CONHECIMENTO

Se até aqui tratamos da idéia de um modo geral, passaremos agora a encarar as idéias segundo se distinguem por desempenhar funções diferentes no pensamento. Descartes fala geralmente de "noções", quando se refere a idéias que desempenham determinadas tarefas no conhecimento ou quando se trata de idéias que não são mais exprimíveis por um termo somente, mas necessitam de uma proposição toda, como por exemplo no caso dos axiomas. Contudo, uma idéia como o *cogito ergo sum* ou qualquer um dos axiomas é tão simples, tão clara e distinta, quanto uma idéia exprimível numa só palavra, como a idéia "triângulo". Descartes não parece fazer distinção rigorosa entre "idéia" e "noção" e a preferência no emprego entre uma e outra expressão parece ser que "idéia" se usa geralmente quando se trata de objetos claramente representáveis, de *choses*, enquanto "noção" é preferida quando se trata de idéias que representam funções, relações e objetos semelhantes.

A Regra VI distingue entre idéias absolutas e idéias relativas nos seguintes termos: "As coisas podem ser classificadas em séries diferentes, não, sem dúvida, segundo se relacionam com algum gênero do ser, assim como os filósofos as tem dividido em categorias, mas na medida que o conhecimento de umas podem decorrer do conhecimento de outras". Existem umas que parecem as mais fundamentais e que aparentemente não decorrem de nenhuma outra. Seriam idéias que só podem servir de sujeito no juízo. Nesta mesma Regra, define Descartes:

> Chamo de absoluto tudo que contém em si a natureza pura e simples daquilo de que se trata: Assim tudo que é considerado independente, causa, simples, universal, uno, igual, semelhante, direito e outra coisa deste gênero. Chamo-o o mais simples e o mais fácil, porque podemos servir-nos dele para resolver problemas [...]. O relativo, ao contrário, é aquilo que participa desta mesma natureza, ou pelo menos de alguma coisa dela, por meio do que pode ser ligado ao absoluto e dele ser deduzido segundo determinada ordem, mas que contém, além disso, outras coisas no seu conceito as quais

9. Idem, Regra XII, p. 49.
10. Primeiras Respostas, p. 246.

chamaria de relações: Assim é tudo que se chama dependente, efeito, composto, particular, múltiplo, desigual, dessemelhante, oblíquo etc. Estas coisas relativas afastam-se tanto mais das absolutas quanto mais relações deste tipo encerram, subordinadas umas às outras.

As idéias absolutas são, portanto, como "sujeitos absolutos" no raciocínio dedutivo e não são relacionadas a nada, enquanto todas as demais idéias se relacionam com elas. As idéias relativas, ao contrário, embora participando também no absoluto, contêm especificações que diversificam a multiplicidade dos objetos e estabelecem relações entre eles. De cada relação novas relações secundárias podem ser estabelecidas e destas novamente outras, de modo que o caráter relativo das idéias se acentua na medida em que se afastam das idéias absolutas.

As idéias absolutas, como caracterizadas aqui, parecem corresponder às "noções primitivas" das quais Descartes fala em duas cartas a Elisabeth[11]. Em ambos os casos verificamos o mesmo empenho de encontrar uma idéia que não contenha mais nenhum atributo que dele possa ser abstraído para chegarmos a uma substância última. A idéia de uma tal substância última me parece uma idéia absoluta ou uma noção primitiva, de acordo com as intenções do texto da Regra VI e do seguinte texto da carta a Elisabeth[12]: "Considero que há em nós determinadas idéias primitivas que são como originais, pelo padrão das quais formamos todos os nossos demais conhecimentos". Claramente aparece aqui o caráter funcional destas noções primitivas. Continua a carta:

Depois das [idéias] mais gerais de existência, de número de duração etc., que cabem a tudo que podemos conceber, encontramos para o corpo em particular somente a noção de extensão da qual se deduzem as [idéias] de figura e movimento; e para a alma, separadamente, temos somente a [idéia] de pensamento na qual se compreendem as [idéias] das percepções, do entendimento e das inclinações da vontade; finalmente, para o corpo e a alma juntos, temos somente aquela [idéia] da sua união, da qual depende a [idéia] da força que a alma tem de movimentar o corpo e do corpo de atuar sobre a alma, causando os seus sentimentos e as suas paixões.

Se estas noções primitivas se identificam com as idéias "absolutamente simples" da Regra VI, identidade sugerida pelo mesmo processo de abstração que resulta em ambas, então as idéias relativas que menos se afastam do absoluto, nos termos de Regra VI, seriam justamente as "noções mais gerais", mencionadas na carta a Elisabeth[13], idéias como existência, duração, número etc. "que são aplicáveis a tudo que podemos conceber". São, no entanto, ainda relações, atributos que podemos abstrair, e, portanto não são idéias absolutamente simples" ou "noções primitivas" que não são predicáveis, mas representam sujeitos absolutos.

11. Egmond-du-Hoef 21.05 e 28.06 de 1643.
12. Idem, 21/05/1643.
13. Idem, ibidem.

IDÉIA E JUÍZO 63

Afirma Descartes, na carta citada, que as noções primitivas funcionam como "originais", pelo padrão das quais formamos todos os nossos conhecimentos. Uma outra carta a Elisabeth[14] esclarece um pouco mais a influência que estas noções primitivas exercem sobre o nosso conhecimento:

> Constato uma grande diferença entre estas três espécies de noções no fato de que a alma se concebe somente pelo entendimento puro; o corpo, i.e., a extensão, as figuras e os movimentos podem conhecer-se também pelo entendimento somente, mas muito melhor pelo entendimento assistido pela imaginação; e finalmente, as coisas que pertencem à união da alma e do corpo conhecem-se somente obscuramente pelo entendimento só, nem mesmo pelo entendimento assistido pela imaginação; mas se conhecem bem claramente pelos sentidos.

Vemos, pois, como cada uma dessas noções primitivas estabelece uma maneira padrão de apercepção adequada para todas as outras idéias segundo se relacionam mais com uma ou outra das noções "originais", exercendo assim uma função ordenadora dentro da evidência em geral. "Considero, também, que toda a ciência dos homens consiste somente em distinguir bem entre estas noções", prossegue Descartes na primeira das cartas a Elisabeth citadas acima, pois na base desta distinção estabelecemos o procedimento adequado para cada objeto que submetemos à nossa investigação.

Uma vez efetuada esta classificação podemos passar a uma distinção entre "as coisas que, com relação ao nosso entendimento, são ditas simples" segundo "são ou puramente espirituais, ou puramente materiais ou mistas"[15]. Puramente espirituais são, conforme este texto, "aquelas que o entendimento conhece por uma luz inata e sem o recurso a nenhuma imagem corpórea". Como exemplos nos são dadas as idéias que nos representam "o que é o conhecimento, a dúvida, a ignorância, a ação da vontade que se pode chamar volição e outras coisas semelhantes". Estas conhecemos com tanta facilidade e com tanta naturalidade que para termos este conhecimento "nos é suficiente sermos dotados de razão".

Um segundo grupo de idéias simples é denominado de idéias simples "puramente materiais". Este encerra conceitos como figura, movimento, extensão e outros. O significado da idéia "extensão" neste contexto deve ser claramente distinguido da noção primitiva "extensão" de que falamos antes. A noção primitiva "extensão" refere-se à corporeidade em geral, cuja materialidade não é, neste nível, diferenciada da sua espacialidade. Como idéia simples "puramente material" extensão é mera espacialidade como um atributo, entre outros, de uma substância material.

14. Em 28/06/1643
15. Regra XII, p. 49

64 ENSAIOS FILOSÓFICOS

Há ainda as idéias simples mistas. Aqui, novamente, deve-se tomar cuidado de não confundir as idéias simples mistas, que se referem indiferentemente às coisas espirituais e corpóreas, com as idéias referentes a uma terceira noção primitiva, a de "união de corpo e alma", que se conhecem pelos sentidos. Ora, conceitos como "existência, duração, unidade" não se adquirem pela experiência sensível. Não são aplicáveis a um setor específico do real, mas sim a todos os setores indistintamente e são chamados "mistos" justamente por serem pertinentes tanto ao pensamento como aos corpos.

Às idéias mistas pertencem também os axiomas. "A esse grupo devem ser referidas também aquelas noções mistas que são como que ligações destinadas a unir outras naturezas simples entre elas e na evidência das quais se baseia a conclusão de todo raciocínio"[16]. Como exemplos o texto nos dá o famoso axioma "duas coisas iguais a uma terceira, são iguais entre si" e o seu contrário: "Duas coisas que não podem ser relacionadas da mesma maneira a uma terceira, têm também entre si alguma diferença".

Estamos falando, é claro, de axiomas ou noções comuns, assim chamadas porque cada um as encontra em seu próprio entendimento, noções "que não necessitam de prova para serem conhecidas"[17]. As noções comuns "exercem essa clareza do entendimento que lhes tem sido dado pela natureza" (idem), em que agem "como ligações destinadas a unir outras naturezas simples" e de garantir pela sua evidencia "a conclusão de todo raciocínio"[18].

Resumimos a tábua das noções simples segundo a sua função cognitiva. Como base de todos os nossos conhecimentos encontramos as noções primitivas (cartas a Elisabeth) ou absolutamente simples (Regra VI) das quais possuímos somente três: Pensamento, extensão ou corporeidade, e união de corpo e alma. Segue-se a estas noções um grupo chamado "as mais gerais"[19], que já são relativas, mas menos ainda se afastam das idéias absolutas por encerrarem o mínimo das relações. Este grupo é o das noções simples mistas (Regra XII) as quais pertencem, também, as noções comuns ou axiomas. Estas noções referem-se tanto às coisas espirituais como às coisas corporais, portanto a todas as coisas, sem exceção. Em nível próximo temos as idéias simples "puramente espirituais", que se relacionam exclusivamente ao pensamento, e as idéias simples "puramente materiais", que dizem respeito somente aos corpos (idem). Abaixo das idéias simples "puramente espirituais" e "puramente materiais", viriam "noções tão

16. Idem, p.50
17. Seconds Responses, Raisons… disposées d'une façon géometrique, 3ème demande.
18. Regra XII, p. 50
19. Carta a Elisabeth de 21/05/1643

IDÉIA E JUÍZO 65

claras em si mesmas que seriam obscurecidas se as definíssemos à maneira da Escola e que não se adquirem pelo estudo, mas nascem conosco"[20]. A estas pertencem, do lado do pensamento, por exemplo, o *penso portanto sou*, "a primeira e mais certa proposição que se apresenta a quem conduz os seus pensamentos pela ordem", o que, no entanto, não exclui que é necessário saber, preliminarmente, o que é pensamento, certeza, que para pensar é preciso ser[21] e outras coisas semelhantes. Do lado da extensão ou corporeidade pertencem a este nível "as essências que conhecemos clara e distintamente, assim como é a do triângulo ou de qualquer outra figura de geometria"[22].

Falta ainda em nosso quadro uma breve consideração da idéia que, no esquema cartesiano, tem a suprema função de garantir a veracidade de todas as outras, de salvaguardar o valor da evidência das intuições claras e distintas e com isto a validade de todos os juízos que nela se baseiam. É a idéia de Deus. A dúvida metódica de Descartes mostrou que tudo pode ser posto em dúvida, não, obviamente, como realidade meramente subjetiva e objeto da reflexão, mas como realidade objetiva e existência. Na evidência do próprio *Cogito* como verdade objetiva, "não se encontra nada mais que uma percepção clara e distinta do que conheço; a qual, na verdade, não seria suficiente para assegurar-me que ela é verdadeira, se jamais poderia acontecer que uma coisa que assim conceberia clara e distintamente pudesse ser encontrada falsa"[23]. Esta impossibilidade é mantida por Deus. A sua idéia não admite ser Ele enganador e, pelo fato que me proporciona uma intuição assim clara e distinta, ela deve ser verdadeira.

A veracidade da idéia de Deus é provada na Terceira Meditação por duas versões de um raciocínio "segundo efeitos" e na Quinta Meditação por uma prova ontológica. Sem poder entrar, no âmbito deste trabalho, em pormenores da argumentação e do mérito destas provas, quero frisar aqui que a idéia de Deus não representa outra coisa que a própria vivência cartesiana levada ao absoluto. É verdade que Descartes recusaria a procedência formal de um *raciocínio*, o qual levianamente concluiria a partir de atributos finitos que encontramos em nós, para a veracidade dos atributos infinitos que afirmamos em Deus. A Terceira Meditação (p.186) diz expressamente: "Não se deve imaginar que não concebo o infinito como uma idéia verdadeira, mas somente pela negação do que é infinito". Não é por um raciocínio, mas por uma *vivência* que Descartes constata uma realidade da qual identificamos alguns as-

20. *Principes de la Philosophie*, I, 10.
21. Nestes exemplos, "certeza" é uma "noção simples puramente espiritual" (Regra XII) e "para pensar é preciso ser" uma noção comum ou axioma, correspondendo ao terceiro axioma das Razões geométricas, Segundas Respostas. Pensamento é noção primitiva.
22. Quintas Respostas às quintas objeções, seção I.
23. Terceira Meditação, p. 176

66 ENSAIOS FILOSÓFICOS

pectos finitos com a nossa própria existência enquanto pensamento da idéia de Deus. Afora as limitações impostas pela minha subjetividade cognoscente, ao lado do semblante limitado que é o meu pensamento da idéia de Deus, há o seu ser objetivo em toda a sua plenitude. Assim, a evidência racional da minha intuição clara e distinta identifica-se com parte da sua razão objetiva da qual deriva a sua certeza.

O JUÍZO E O USO QUE FAZ DA IDÉIA

O mundo das idéias constitui uma disponibilidade inesgotável de evidências possíveis, mas não é ainda conhecimento propriamente dito. Lembramo-nos que a segunda definição das "Razões" (Segundas Respostas) reza: "pela percepção imediata da qual temos conhecimento destes mesmos pensamentos". É, pois, necessário que haja uma percepção imediata para ter conhecimento de um pensamento. Esta percepção imediata requer de nós que focalizemos uma idéia, isolando-a das demais para obter maior clareza. Este esforço que empreendemos para concentrar a nossa faculdade perceptiva numa idéia específica costumamos chamar "atenção".

A atenção é um esforço da nossa vontade que podemos empreender por nossa livre decisão o que podemos deixar fazer, se assim quisermos. "Não há nenhum esforço a empreender para conhecer aquelas naturezas simples, pois estas são bastante conhecidas por si, mas unicamente para separar uma das outras e, fixando a atenção nelas, ter a intuição de cada uma isoladamente"[24].

A atenção é necessária para tornar as nossas idéias claras e distintas. "Chamo claro aquele [conhecimento] que é presente e manifesto a um espírito atento"[25]. De outro lado é "distinto o [conhecimento] que é tão preciso e diferente de todos os outros que compreende em si somente o que aparece manifestamente a quem o considera como deve" (idem) i.e., a quem fixa nele a sua atenção. A clareza e a distinção que pertencem em grau tão elevado às idéias simples, transmitem-se ao nosso entendimento pela ação focalizante da atenção que as *Meditações* (e outros escritos de Descartes) nos recomendam reiteradas vezes quando recorrem à evidência da intuição.

Um conhecimento, claro e distinto pelo efeito concentrador da atenção, que é o único fator ativo na nossa percepção que, do resto, é mera afecção, pode servir de base para juízos indubitáveis. "Pois o conhecimento sobre o qual se pode estabelecer um juízo indubitável, deve ser não somente claro, mas também distinto" (idem). O juízo para Descartes é um julgamento, um ato em que concedemos ou recusamos

24. Regra XII, p.54
25. *Principes de la Philosophie*, I, 45.

IDÉIA E JUÍZO 67

assentimento a um conceito ou a uma relação lógica. Somente na base de idéias claras e distintas podemos julgar sem hesitar e sem duvidar.

É importante notar a diferença da compreensão cartesiana do juízo da concepção meramente formal da lógica tradicional. Esta se preocupa exclusivamente com o acerto formal das proposições, enquanto Descartes vê em cada juízo a implicação material que comporta e a atitude que o espírito nele assume perante uma dada evidência. Tampouco Descartes admitiria que um juízo pudesse ser sintético; que com uma representação mediata, criada pela síntese do entendimento, algo possa ser acrescido à representação imediata proporcionada pela intuição. O papel do juízo restringe-se para Descartes a dois pontos: 1. à explicitação dos elementos e da sua inter-relação do que já é dado preliminarmente na evidência e 2. à afirmação ou negação, ao assentimento ou à sua recusa, do que está sob julgamento.

Examinemos primeiro o juízo como explicitação.

O fato que, de uma idéia inata tiro uma conclusão que, na verdade, nela se encontrava implicitamente contida, mas que, no entanto, aí não teria percebido, como por exemplo, da idéia do triângulo em que os seus três ângulos são iguais a dois retos [...] é o mais perfeito de todos os modos de demonstração"[26].

Este tipo de raciocínio em que vários juízos explicitativos são ligados um ao outro, "não parece efetuar-se inteiramente ao mesmo tempo, mas implicar num determinado movimento do nosso espírito que infere uma coisa de outra"[27]. Um tal movimento de juízos é chamado dedução. Quando uma dedução é simples e clara, uma vez completada, "ela não designa mais nenhum movimento, mas o término de um movimento; e por essa razão acrescentamos que é vista por intuição" (idem). O movimento se restringe a um movimento da minha atenção que percorre o âmbito de uma idéia, mas o conteúdo dos juízos só aparentemente está sujeito a uma sucessão. Na verdade todos os juízos de uma demonstração clara e distinta apontam uma natureza imutável, a realidade objetiva absolutamente imóvel de uma idéia, cuja evidência sustenta a demonstração.

Quando uma explicitação não se relacionar com algo claro e distinto, os seus juízos componentes "não podem ser compreendidos na sua totalidade ao mesmo tempo pelo entendimento" (idem) por não se referirem a uma idéia simples, mas a uma idéia adventícia cujos elementos provêm da experiência sensível, proporcionados na sucessão temporal e combinados na memória. Portanto, "a sua certeza depende em certa medida da memória que deve guardar os juízos proferidos sobre cada um dos pontos enumerados para tirar deles todos um juízo único" (idem). Este tipo de explicitação consiste de enumeração na

26. Carta a Mersenne, Endegeest, 16/06/1641.
27. Regra XII, p.41

ENSAIOS FILOSÓFICOS

medida em que os elementos componentes de uma idéia composta são explicitados um por um pelos vários juízos e de indução na medida em que desta multiplicidade de juízos é tirado um juízo único.

Voltando à explicitação de uma idéia simples, clara e distinta, devemos ainda diferenciar três tipos de distinção que servem de base aos respectivos juízos. "Há distinções de três espécies, a saber, uma que é real, outra modal e uma outra que se costuma chamar distinção de razão e que se efetua pelo pensamento"[28]. A distinção real é a entre duas substâncias que constatamos quando "podemos conceber uma clara e distintamente sem pensar na outra" (idem). A distinção modal aparece de duas formas: Como distinção entre a substância e o seu modo (atributo) e como distinção entre dois atributos da mesma substância[29]. A distinção modal pode ser chamada também formal[30]. O terceiro tipo de distinção, a distinção de razão, é a distinção que efetuamos pelo pensamento de coisas que, na verdade, jamais podem ser separadas[31]. A distinção de razão é muito semelhante à razão modal, diferindo somente pelo fato de que a distinção modal pode ser feita sem tornar impossível a intuição do objeto sem o atributo que acabamos de abstrair, enquanto nenhuma idéia pode ser conhecida clara e distintamente sem aquilo de que a distinção de razão fez abstração.

São justamente as distinções de razão e certas distinções modais que fundamentam a ligação necessária entre idéias. Um juízo que exprime uma ligação necessária entre duas coisas obtém esta sua necessidade do fato de que uma das coisas "é implicada confusamente no conceito de uma outra, de modo que não podemos conceber uma das duas distintamente, se julgarmos que são separadas uma da outra"[32]. Todos os juízos necessários e indubitáveis baseiam-se, pois em determinados tipos de distinção efetuada numa idéia concebida clara e distintamente, caracterizando-se pois como dedutivos.

O outro papel do juízo consiste, para Descartes, na afirmação ou negação da realidade objetiva de uma idéia, em outras palavras na concessão ou na recusa do assentimento a uma idéia ou a uma relação entre idéias. Esta função sobrepõe-se à função explicitativa e, desde que a afirmação e negação são atos voluntários, os juízos são inteiramente sujeitos ao nosso livre arbítrio. "Desde que é uma ação da minha vontade de julgar ou de não julgar, é evidente que [o juízo] é em nosso poder", escreve Descartes a Clerselier[33]. Por isso posso suspender o juízo e evitar qualquer erro. Pois o erro encontra-se sempre no juízo e jamais na idéia concebida clara e distintamente, nem mesmo

28. *Principes de la Philosophie*, I, 60.
29. Idem, p. 61.
30. Primeiras Respostas, p. 249.
31. *Principes de la Philosophie*, I, 62.
32. Regra XII, p. 51
33. Resposta às Instâncias de Gassendi.

nas idéias confusas. "Não se deve recear também que a falsidade se possa encontrar nas afecções ou nas vontades, pois mesmo que possa desejar coisas ruins, ou mesmo tais que jamais tivessem existido, não é menos verdade que as desejo. Assim, restam somente os juízos com os quais devo tomar cuidado para não me enganar"[34]. Dependendo o juízo da minha livre vontade, posso julgar o que não entendo. Uma vez que a minha vontade é mais ampla e extensa que o meu entendimento, posso querer compreender o que não compreendo, posso julgar sobre algo que não entendo. "Sendo a vontade muito mais ampla e extensa do que o entendimento, não a contenho nestes mesmos limites, mas a estendo também às coisas que não entendo"[35].

Não nos é possível no escopo deste trabalho entrar nos pormenores da teoria cartesiana do erro. O que acabamos de dizer do erro serve exclusivamente para tornar clara, na filosofia de Descartes, a função do livre arbítrio no juízo. O juízo torna-se fonte de conhecimento seguro somente na condição de que a vontade se subordine à razão, jamais levando o juízo a terrenos que não são mais dominados pelo entendimento. A intenção de submeter-se à razão cria o "bom senso" ("a coisa melhor distribuída do mundo")[36]. "Bom senso é a capacidade de julgar bem e de distinguir o verdadeiro do falso" (idem) é a própria razão, na medida em que dirige os nossos juízos. De que maneira cada um consegue que a sua razão domine as vontades, os caminhos que levam a tal fim, constituem o método que, de acordo com o temperamento, não poderá ser o mesmo para todos. Diz Descartes: "Não é o meu propósito ensinar aqui o método que cada um deve seguir para bem conduzir a sua razão, mas somente fazer ver de que maneira eu tentei conduzir a minha"[37].

Sendo o "bom senso" comum a todos, o caminho para o progresso está aberto universalmente, tanto no sentido da verdade como no do Supremo Bem. Descartes inicia, com esta sua exigência de subordinação das vontades à razão, uma poderosa corrente no pensamento filosófico europeu que passou por Spinoza, Leibniz, Kant e Hegel até os nosso dias.

Tentamos mostrar como toda a argumentação cartesiana se orienta a partir de uma evidência ampla para aspectos mais restritos, garantidos pela intuição ou pela perspectiva inicial. A evidência mais ampla de todas, para Descartes, é a idéia de Deus e, portanto é ela que deve salvaguardar a argumentação toda, os juízos tanto quanto as idéias às quais se referem. Nestes juízos não estão inclusos somente os juízos teóricos das ciências e os especulativos das disciplinas

---

34. Terceira Meditação, p. 178
35. Quarta Meditação, p. 187
36. *Discours sur La Methode*, i.
37. Idem, p. 93.

metafísicas, mas, também, os juízos morais que, quando decorrentes de idéias claras e distintas, derivam da idéia de Deus as mesmas garantias.

A doutrina do bom senso e a soberania da razão no pensamento de Descartes precisam, para ficarem coerentes consigo mesmas, culminar na idéia de um absoluto racional que é tanto idéia como significação, na idéia de um Deus cuja essência implica necessariamente existência.

7. Liberdade Econômica e Liberdade Política

I.

Falaremos de liberdades civis, da liberdade de indivíduos e grupos dentro da sociedade, e não dos problemas do livre arbítrio. Estamos, pois, desobrigados de aventurar-nos no terreno sumamente difícil de uma possível coexistência de determinismo e liberdade pessoal, das condições e dos níveis em que um livre arbítrio se pode exercer.

Constatamos, na base de dados históricos e sociológicos, a existência de aspirações, individuais e coletivas, e procuraremos descobrir, em que condições e até que medida estas aspirações poderão se desenvolver livremente, na economia e na política, e qual a natureza dos impedimentos e das frustrações aos quais estão sujeitos.

II.

É muito duvidoso se jamais houve uma existência humana fora do contexto social. Muitas das propriedades essenciais, pelas quais o homem se distingue dos animais, antes de mais nada a faculdade de abstração e de raciocínio em termos significativos, jamais teriam podido se desenvolver numa existência solitária.

Mas a vida em sociedade não somente fundamenta a existência do homem como homem, mas também a molda, impondo inúmeras restrições à atuação individual. Nestas restrições, inerentes às relações do homem com a sociedade, é que encontraremos os problemas das liberdades civis.

III.

Foi um mérito incalculável o de Rousseau, de ter prestado ao pensamento político o serviço que Kant mais tarde ia prestar à gnoseologia: Delinear as condições universalmente válidas de uma possível legalidade legítima de coexistência social. Estas condições resumem-se no pleno acatamento, na vida social, das manifestações da vontade geral dos cidadãos em assembléia, representando esta vontade geral, indivisível e inalienável[1], a verdadeira soberania, da qual o "regente" ou o "governo" são meros órgãos executivos. Trata-se, portanto, de encontrar "uma forma de associação [...] pela qual cada um, unindo-se a todos, obedecesse, logo, somente a si mesmo, permanecendo tão livre quanto antes"[2].

Este "antes" refere-se ao "estado natural" do homem antes de constituir o "Contrato Social", "estado" que, provavelmente jamais houve, como o próprio Rousseau confessa no *Discurso sobre a Desigualdade dos Homens*, querendo que as suas afirmações sobre o "estado natural" do homem fossem compreendidas "unicamente como raciocínios hipotéticos e condicionais, mais apropriados para esclarecer a natureza das coisas do que para traçar a sua verdadeira origem". Precisamos conhecer o "estado natural" do homem, mesmo se jamais tivesse existido, para compreender as implicações exatas da sua existência em sociedade, para conhecer a essência e os efeitos da vida social. "O que o homem perde pelo Contrato Social é a liberdade natural e um direito ilimitado a tudo que o tenta e que pode alcançar; o que ganha é a liberdade civil e a propriedade de tudo que possui"[3].

O problema está, pois, claramente formulado: É a sociedade que institui e, ao mesmo tempo, limita as liberdades civis; é ela que transforma posse em propriedade e, simultaneamente a limita. Cabe-nos, pois, caracterizar a natureza e os limites da liberdade, tanto na economia como na política.

IV.

As liberdades civis, na sociedade, são caracterizadas, na sua extensão e na sua limitação, pelo legítimo exercício de direitos. Estes direitos definem amplitude e sentido da atuação individual de acordo com a lei, configuração concreta da vontade geral. Esta fórmula, elaborada por Rousseau, é mais precisa, mais ampla e, ao mesmo tempo, mais restritiva que a de John Stuart Mill, "que a única finalidade para a qual é lícito exercer poder sobre qualquer membro de uma comunidade

---

1. Jean-Jacques Rousseau, *Du Contrat Social*, II, caps.1 e 2
2. Idem, I, cap. 6.
3. Idem, I, cap. 8.

LIBERDADE ECONÔMICA E LIBERDADE POLÍTICA

civilizada, contra a vontade deste, é a de evitar prejuízos a outros"[4]. Pois ao princípio meramente negativo de Mill deve-se adicionar um critério regulador positivo dos direitos individuais, concretizando os interesses comuns de uma sociedade.

As tentativas de definir os direitos do homem, feitas desde a *Declaração Americana de Independência*, em 1776, até a *Declaração Universal dos Direitos do Homem*, aprovada pela Assembléia Geral da ONU, em 1948, não visam outra coisa a não ser estabelecer as liberdades fundamentais do homem na sua existência social.

É evidente que os direitos do homem envolvem um princípio de igualdade. Sem este, profundamente arraigado no conjunto das leis, não pode haver liberdade. Deve reinar "a igualdade porque a liberdade não pode subsistir sem ela"[5]. Os privilégios de poucos impossibilitam a liberdade numa sociedade, desde que liberdade civil significa o exercício de direitos legítimos. Privilégios não são direitos, pois se exercem por conta dos legítimos direitos dos não privilegiados. O desfrute de tais prerrogativas não pode ser considerado "liberdade civil" autêntica.

V.

No entanto, as condições universalmente válidas de uma possível legalidade legítima da convivência social, como formuladas por Rousseau, não representam mais que uma fundamentação de direito político; infelizmente, mesmo nas sociedades mais adiantadas, jamais exprimiam a realidade. Encontramos, de fato, uma luta universal pela sobrevivência, pelo poder, pela auto-afirmação de classes, definidas, antes de mais nada, em termos de participação na produção, mas também de agrupamentos em função de particularidades religiosas, étnicas, culturais etc. Esta é a realidade social em relação à qual os axiomas de direito político, tão legítimos e tão universalmente válidos que sejam, representam apenas normas, um permanente "dever ser" e uma constante exigência ideal.

Na realidade social há grupos mais fortes e grupos mais fracos. Privilégios que não podem ser mais chamados "direitos" são considerados, pelos grupos fortes, regalias normais, enquanto aqueles que se encontram afastados do poder, ambicionam a conquista dos seus direitos, cujo livre exercício é a liberdade que procuram. Nesta perspectiva a liberdade é a aspiração dos grupos sociais mais fracos, das minorias que nem sempre representam uma minoria no sentido numérico. À liberdade pretendida por uns opõe-se a "liberdade" defendida por outros, numa luta eminentemente interesseira, sem o mínimo

---

4. John Stuart Mill, *On Liberty*, cap. 1.
5. J.-J. Rousseau, op. cit., II, cap. 11.

esforço das partes de orientar-se por princípios racionais e objetivos que possam fazer justiça a ambos os lados.

Assim, nos regimes de opressão, a liberdade será somente de uns, podendo restringir-se nas tiranias a uma única pessoa, e a respectiva falta de liberdade poderá ser de uma maioria numérica até de todos menos um.

Temos que precaver-nos da ingenuidade, apontada com muito acerto pelos teóricos marxistas, de acreditar que uma igualdade de todos perante a lei, mesmo quando efetiva, implique, de fato, plena liberdade civil. Há em todas as sociedades "forças ocultas" de poder econômico, influência política etc. que, mesmo jamais transgredindo os preceitos jurídicos, podem de fato impedir uma verdadeira igualdade. Devemos, pois, distinguir claramente entre uma liberdade formal, que consiste na igualdade de todos perante a lei, e uma liberdade real de todos usufruírem plenamente dos seus direitos, liberdade esta que, mesmo formalmente garantida pela Constituição, é grandemente restringida por influências que se exercem na sociedade e não podem ser enquadradas na letra da lei.

VI.

O direito mais fundamental de um indivíduo é o da sua subsistência física que é proporcionada pela participação na produção e na riqueza nacionais. Ao livre exercício deste direito corresponderia, pois, a liberdade econômica, que se definiria como a liberdade de cada um de produzir e de possuir de acordo com as suas faculdades e as suas necessidades.

A aplicação desta definição à realidade social evidencia, imediatamente, como a liberdade econômica é problemática na maioria das sociedades. A proporção em que cada um participa na produção e na riqueza da comunidade não corresponde, na maioria dos casos, nem às faculdades e menos ainda às necessidades das pessoas. Tanto as possibilidades de participação na produção e nas riquezas de uma nação como as necessidades econômicas pretendidas são muito diferentes entre os indivíduos de classes diferentes. Esta desigualdade torna a liberdade econômica sobremaneira duvidosa, na medida em que se entende por liberdade econômica uma liberdade civil que se caracteriza pelo livre exercício dos direitos dos cidadãos, de serem todos iguais perante a lei.

VII.

Há diversos aspectos da liberdade econômica. Como toda liberdade, podemos compreendê-la como uma liberdade positiva enquanto visamos, num sentido positivo, ao livre exercício de certos direitos, caracterizando-a pelo direito que exercemos em nossa ação. É "liberdade para" ter propriedades, fazer contratos etc. Podemos compreendê-la, igualmente, como liberdade negativa quando visamos, num sentido negativo, à ausência de determinados fatores de coação que impedem o livre exercício dos nossos direitos, caracterizando este aspecto negativo da liberdade pela força coativa que se faz sentir. É "liberdade de" uma intervenção do Estado nos meus negócios, de impostos etc.

A liberdade econômica funda-se no direito básico do cidadão de participar na produção e nas riquezas de uma sociedade. Este direito implica, antes de mais nada, a liberdade de trabalho, a liberdade de cada um de escolher um ofício que lhe convém e do qual se promete o maior rendimento para si e para a sociedade. Evidentemente cada atividade exige determinadas qualificações das quais muitas só podem ser obtidas por meio de estudos dispendiosos, que ficam fora do alcance de inúmeras pessoas. Para garantir a liberdade de trabalho não basta, portanto, a lei facultar todas as ocupações a todos os cidadãos; para estabelecer uma real liberdade de trabalho torna-se necessária, da parte da sociedade, uma ajuda suficiente para possibilitar os estudos necessários aos interessados em ocupações que, sem isto, lhes permaneceriam vedadas para sempre.

Outra liberdade decorrente do direito fundamental de participação na produção nacional é a famosa "livre iniciativa". A liberdade da iniciativa particular sempre foi, e ainda é hoje, a meta principal do liberalismo econômico que nela vê não somente o exercício de um direito fundamental, mas também o mais poderoso dos estímulos de toda ação econômica em geral.

Um aspecto da liberdade econômica, estreitamente ligado ao último, é a assim chamada "liberdade de contrato", que corresponde ao direito de dois ou mais cidadãos de se associarem para algum empreendimento, para a exploração de alguma riqueza ou de um bem existente. Há muitos tipos de contratos que não se ligam à atividade econômica. Durante os tempos do *laissez faire*, a liberdade de contrato jamais foi compreendida como problema; a independência da conclusão de contratos de qualquer controle da parte da sociedade constituiu um fato.

Um quarto aspecto da liberdade econômica deriva do direito do cidadão de participar das riquezas da sociedade. Implica a liberdade de possuir e de usufruir. A propriedade é uma das instituições mais antigas e tida por uma das mais sagradas na sociedade. A sua violação constitui crime qualificado desde os tempos mais remotos.

Mas nem a propriedade escapa à regra universal de que todas as liberdades civis são relativas, jamais absolutas, que se moldam de acordo com o estatuto do cidadão na sociedade a que pertence, fonte e limitação, ao mesmo tempo, de todos os direitos e de todas as liberdades, pelo menos no "estado social" do homem.

Existem propriedades, por exemplo, os grandes feudos agrários e as grandes propriedades industriais, de que depende o bem estar de uma parcela apreciável da sociedade e que, por este fato, deixam de ser propriedade ou iniciativa de caráter puramente particular. A subordinação do direito de muitos ao direito de poucos já não pode ser considerada mais o fundamento de um legítimo exercício da liberdade.

Existem muitos setores em que o beneficiário de empreendimentos econômicos é o público em geral, como acontece, por exemplo, nos serviços de telefonia, de energia elétrica, dos transportes em geral etc. Abrir estes setores à livre iniciativa particular significa fazer depender o bem estar de inúmeras pessoas da livre iniciativa de alguns, o que importa, igualmente, na subordinação da liberdade de muitos à liberdade de poucos. Isto se torna problemático considerando-se a verdadeira natureza das liberdades civis, de que tratamos acima, desconsiderando inteiramente a eficiência ou ineficiência eventual destes serviços.

Também quanto à liberdade de contrato há, na sociedade civil, evidentes limitações da liberdade de uns pela liberdade de todos. A validade jurídica de um contrato pressupõe a voluntariedade da sua conclusão por todas as partes. Em que medida um contrato de trabalho, por exemplo, ou qualquer outro contrato entre partes de força econômica muito desigual, pode ser voluntário de ambos os lados, não é nada evidente. Em numerosos casos as conseqüências econômicas e sociais dos contratos não se restringem aos próprios contratantes, mas atingem vastas camadas da população, fato pelo qual a liberdade de contrato pode interferir em muitas outras liberdades de muitas pessoas e torna-se, assim, objeto de atenção justificada da sociedade.

VIII.

Todos os aspectos de liberdade econômica, enumerados acima, são aspectos positivos que apresentam uma "liberdade para" alguma coisa. Porém, há também aspectos negativos da liberdade econômica, "liberdade de" coação de fora. Esta coação, de acordo com a perspectiva social daquele que a sente, pode ser exercida pelo Estado como representante de toda a sociedade, por classes e agrupamentos e seus órgãos executivos, como sindicatos trabalhistas e patronais, ou por grupos ou pessoas particulares, donos de monopólios ou de grande poder econômico.

A liberdade econômica da intervenção burocrática do Estado, do domínio econômico de monopólios e magnatas, da imposição de sindicatos, todos estes aspectos da liberdade, aliás, amplamente discutidos, não podem ser tratados aqui pormenorizadamente. É interessante notar, porém, que muitos destes aspectos da liberdade econômica jamais podem coexistir. Quando temos "liberdade da" intervenção do

Estado, não teremos "liberdade da" opressão exercida por monopólios e magnatas; onde encontramos "liberdade da" intervenção dos sindicatos no mercado de mão-de-obra, não teremos a liberdade do operário da arbitrariedade do seu empregador onipotente. O próprio recolhimento de impostos limita uma liberdade econômica, mas sem este o Estado não poderia existir e, por conseguinte, não existiria a liberdade dos economicamente fracos das imposições dos fortes.

A liberdade econômica, como qualquer liberdade civil, jamais pode ser liberdade absoluta. Pois na sociedade civil, a liberdade absoluta para uns seria falta de liberdade para outros. Desconhecendo este axioma, os opositores da intervenção estatal na economia servem-se do argumento "liberdade", combatem o intervencionismo em defesa de uma liberdade particular irrestrita. Mas também os partidários da intervenção do Estado na economia argumentam com a liberdade, com uma liberdade restrita de todos contra a liberdade absoluta de uns poucos.

IX.

Por "política" entendemos com Max Weber (*Política como Vocação*) a luta "pela participação no poder ou para exercer influência na sua distribuição". Baseando-nos nesta definição, como caracterizaríamos a liberdade política?

Também aqui devemos distinguir entre liberdade positiva, "liberdade para" alguma coisa, e liberdade negativa, "liberdade de". Positivamente, a liberdade política consistiria, pois, na devida participação de cada cidadão no exercício do poder estatal; negativamente a liberdade política importaria numa proteção mais ou menos efetiva de uma dominação manipulada por outros, grupos ou indivíduos.

É talvez supérfluo repetir que também no caso da liberdade política não há liberdade absoluta. Uma liberdade política absoluta seria a liberdade do tirano, cujo governo, como Locke observa muito bem, "não se coaduna com a sociedade civil e, portanto, não pode ser considerado nenhuma forma de governo civil"[6]. Uma liberdade absoluta em que nenhuma dominação política influiria na ação de um indivíduo é concebível somente fora da sociedade civil, num estado natural de existência em que cada homem pudesse agir como lhe conviesse.

Entre os aspectos positivos da liberdade política o mais importante baseia-se no direito do cidadão de participar efetivamente do exercício do poder estatal. Nos modernos sistemas de representação esta participação é pretendida pelo voto. Todo cidadão maior de idade tem o direito de votar e de ser votado. Pelo voto participa da soberania, tornando-se o poder do Estado, o poder para cuja formação

6. John Locke, *Ensaios sobre o Governo Civil*, VII, 90.

78   ENSAIOS FILOSÓFICOS

contribuiu o seu próprio poder. Nas palavras clássicas de Rousseau, citadas acima, o cidadão, "unindo-se a todos, obedece, portanto, somente a si mesmo, permanecendo tão livre como antes" (no estado natural de existência humana).

Uma forma importante de liberdade política é também a de associação para fins políticos ou outros. Esta forma está intimamente ligada aos aspectos anteriormente mencionados de liberdade política. Pois em sociedades maiores o exercício do direito de voto somente é significativo se houver liberdade para a formação de partidos e a formulação de programas políticos, a serem confirmados ou rejeitados pelo voto popular. Evidentemente também esta forma de liberdade política tem a sua limitação, ditada por uma eventual ameaça à própria sobrevivência da sociedade e à sua independência de intromissões estranhas. A liberdade política não pode abrigar associações e programas que visam à destruição da própria sociedade. Isto não quer dizer, evidentemente, que não se pode legitimamente aspirar a uma mudança do sistema político reinante. Subversão é, pois, uma acusação que somente em poucos casos pode ser legitimamente feita a quem de fato quer destruir a sua própria comunidade política, ou submetê-la a potências estrangeiras.

Na liberdade de expressão e divulgação achamos outro aspecto importante da liberdade política, que também é inseparável dos outros já mencionados. É sujeita às mesmas restrições que acabamos de fazer com relação à liberdade de associação. A liberdade de voto e a liberdade de associação política, de formação de partidos, não têm sentido sem a liberdade de expressão e divulgação. A famosa liberdade de imprensa é um subaspecto da liberdade de expressão e divulgação.

A liberdade de opinião e de pensamento, aparentemente, não pertence à liberdade política, enquanto o pensamento não é exprimido e divulgado. Não há poder político que possa controlar ou reprimir o pensamento puro. A faculdade de pensar livremente escapa a qualquer jurisdição social, é uma prerrogativa individual do homem, um dos fundamentos de seu ser ontológico de indivíduo.

Ao lado dos aspectos positivos da liberdade política que mencionamos, há igualmente, no setor político, uma "liberdade de". A garantia contra a opressão pelas autoridades políticas estatais consiste na existência de um poder judicial independente que possa salvaguardar o respeito ao importante princípio da igualdade de todos perante a lei, manter a liberdade de não ser preso arbitrariamente e de uma restrição indevida da liberdade pessoal. Somente um poder judicial independente pode zelar, como se deve, pelas garantias constitucionais da liberdade do cidadão.

Para garantir que ocasionais detentores do poder estatal não possam transformar em lei os seus caprichos e os seus interesses particulares momentâneos, para assegurar, pois, a cada cidadão a liberdade da opressão política, impõe-se uma separação nítida também entre o poder executivo e o poder legislativo. A tripartição do poder estatal em executivo, legislativo e judiciário foi exigida já em 1748 por Montesquieu em *L'Esprit des Lois*.

Tratamos da liberdade econômica e da liberdade política no plano interno de uma comunidade política. É claro que existem ainda aspectos destas liberdades no plano internacional, em que a coexistência das nações formaria uma espécie de sociedade civil de nações em que povos inteiros corresponderiam aos indivíduos que perfazem uma sociedade civil.

Embora no plano internacional a convivência das nações se assemelhe a um estado natural bárbaro – antes do surgimento de sociedades civis, como caracterizado por Rousseau, em que só vale a liberdade pela própria força –, desde a Primeira Guerra Mundial a concepção de uma sociedade de nações ganhou ímpeto. Simultaneamente nascem conceitos de liberdade na esfera internacional, os quais, como as liberdades civis, admitem uma limitação das liberdades de cada parte, a favor de uma convivência civilizada no plano internacional. Surgem princípios como o da "autodeterminação dos povos", um princípio de liberdade política internacional baseado no direito de cada nação de determinar os seus próprios destinos. Começa-se a compreender um direito fundamental dos povos, o de desenvolver as suas economias e as suas riquezas nacionais como julgarem melhor. O livre exercício deste direito concretizará um conceito de liberdade econômica internacional. A estes aspectos positivos de liberdade econômica e política no nível internacional correspondem conceitos de uma "liberdade de", principalmente o de uma liberdade das nações fracas e subdesenvolvidas do imperialismo econômico e político das grandes potências.

XI.

Liberdade econômica e liberdade política são aspectos da liberdade civil do cidadão, proporcionada e regulada pela sociedade de que faz parte. Portanto, não é de estranhar a estreita interdependência em que se encontram estas duas formas de liberdade.

A falta de liberdade econômica dificilmente permitirá o gozo de liberdade política, pois o poder econômico atinge a própria sobrevivência física de uma pessoa; portanto, os que dominam economicamente em geral mandam também na política. Do mesmo modo, a liberdade econômica só pode florescer num mínimo de liberdade política. Pois a tirania não pode deixar de apoderar-se igualmente do domínio da esfera econômica pela sua importância decisiva para a sobrevivência, tanto de um indivíduo como de um sistema político. Portanto, o poder a que diz respeito a liberdade econômica é um poder que possui também dimensões políticas, assim como o poder político tem dimensões econômicas representadas pelos enormes recursos necessários para o financiamento de todas as suas atividades.

8. Liberdade e Liberalismo

CONCEITUAÇÃO DA LIBERDADE POLÍTICA

Há poucos conceitos de importância mais universal que o de liberdade. É fundamental na ética e no direito, de grande alcance na psicologia, sociologia, política, economia etc. Contudo, poucos conceitos, também, apresentam maiores dificuldades e implicações metafísicas mais complexas.

Locke, no seu *Segundo Tratado sobre o Governo Civil*, ocupa-se apenas superficialmente com os problemas do livre arbítrio e as condições da sua possibilidade. "Liberdade não é, portanto, o que Sir Robert Filmer nos diz", comenta Locke (§ 22), "uma liberdade para cada um fazer o que quer, de viver como lhe apraz e de não ter compromissos com qualquer lei que seja; mas a liberdade de homens sob um governo é ter uma regra constante e viver de acordo [...] e não ser sujeito à vontade inconstante, incerta, desconhecida e arbitrária de outro homem". Em outro lugar da mesma obra afirma (§ 63): "A liberdade do homem e, portanto, a liberdade de agir de acordo com a sua própria vontade, baseia-se no fato de ele possuir uma razão, capaz de instruí-lo sobre a lei segundo a qual se deve governar, e de fazê-lo conhecer a medida em que pode entregar-se à liberdade da sua própria vontade". Conseqüentemente, "nascemos livres na medida em que nascemos racionais" (§ 61).

Estas observações referentes à liberdade e sua relação com a razão não passam de indicações ocasionais no intuito de acentuar o caráter positivo da liberdade e da lei, na medida em que ambas servem àquilo que o homem inteligente há de considerar o seu verdadeiro bem. Não pretendem aprofundar-se nas implicações metafísicas da liberdade ou elucidar as condições de possibilidade do livre arbítrio que, afinal, é a pressuposição de toda capacidade humana de agir livremente.

Evidentemente, Locke julga ser perfeitamente legítimo, numa obra de filosofia política, investigar o problema da liberdade exclusivamente como fenômeno de convívio social dentro de uma sociedade civil.

Para efetuar esta redução do problema da liberdade aos seus aspectos políticos, temos que definir a liberdade política, reinante em determinada sociedade civil, como a totalidade das possibilidades abertas, por uma organização política, ao comportamento independente de indivíduos e grupos, inclusive e preeminentemente no que visa à própria constituição do poder estatal. A liberdade política decorre, pois, de uma inter-relação extremamente complexa entre o comportamento particular e o funcionamento da organização política. Desta definição conclui-se imediatamente que jamais a liberdade política pode ser absoluta; pois o seu caráter irrestrito romperia toda inter-relação entre o comportamento particular e a organização política que a funda por definição.

O CONCEITO DE LIBERDADE
POLÍTICA NO *SEGUNDO TRATADO*

> Liberdade do homem é não estar sujeito a qualquer outro poder legislativo, salvo aquele estabelecido por consentimento na cousa-comum; nem sujeito a qualquer outra vontade ou à restrição de qualquer lei, salvo àquela que o legislativo impõe, de acordo com a confiança nela depositada. Liberdade não é, pois, o que Sir Robert Filmer nos diz, "uma liberdade para cada um fazer o que quer, viver como lhe apraz, e não ter compromissos com qualquer lei que seja"; mas liberdade de homens sob um governo é ter uma regra permanente e viver de acordo, comum a cada um dessa sociedade e feita pelo legislativo nela erigido, uma liberdade de seguir a minha própria vontade em todas as coisas em que esta lei nada prescreve e de não estar sujeito à vontade inconstante, incerta, desconhecida e arbitrária de outro homem: Como liberdade, na natureza, é não estar sujeito a qualquer outra restrição salvo à lei da natureza (§ 22).

Como se apresenta a relação entre a organização política e o comportamento particular nesta definição? Antes de mais nada, Locke reconhece que ela exclui a possibilidade de uma liberdade absoluta que Sir Robert Filmer caracterizara com as palavras "liberdade para cada um fazer o que quer, viver como lhe apraz e não ter compromissos com qualquer lei que seja". Locke percebe claramente que uma tal liberdade sem limites não se coaduna com a própria existência de uma sociedade civil. Não seria concebível nem mesmo para uma vida na natureza. Pois mesmo no estado da natureza existe uma lei, a lei da natureza que, embora não formulada, não interpretada e não repre-

LIBERDADE E LIBERALISMO

sentada por ninguém, obriga a nossa razão, impondo-se pelo acerto prático dos seus preceitos.

Excluída a possibilidade de uma liberdade absoluta, liberdade política somente pode ser liberdade delimitada e criada por uma organização civil; delimitada, pois impede "a restrição e violência e o domínio pela disposição arbitrária de qualquer [outro] homem"; criada, pois permite "dispor e manejar, livremente como quer, a sua pessoa, as suas ações, posses e toda a sua propriedade dentro do âmbito que lhe concedem as leis sob as quais se encontra"(§ 57). As possibilidades da sua livre atuação são abertas ao indivíduo pelas leis da organização política, em cuja elaboração por um legislativo representativo os seus interesses são tomados em conta. Uma tal lei justa é pois o fundamento de toda liberdade. Ela cria mais que delimita. "A lei", afirma Locke, "não é tanto a limitação, quanto a direção de um agente livre e inteligente para o seu próprio bem"(§ 57).

A lei positiva especial é expressão do reconhecimento pela razão de determinadas regras, inerentes na ordem da natureza e já contidas nas leis da natureza, que somente guardam a lei positiva para a sua formulação unívoca, a sua interpretação clara e a sua execução rigorosa por um executivo legalmente instituído. A lei do Estado não tem – ou não precisava ter – nada de arbitrário, expressando exclusivamente o já estipulado, implicitamente, pela natureza. Assim se compreende a caracterização da liberdade no seu sentido mais amplo como possibilidade de atuar segundo os preceitos encontrados pela própria razão. Entre as poucas manifestações que encontramos no *Segundo Tratado* sobre a essência da liberdade, já citamos o belo texto do § 63: "A liberdade do homem, e, portanto, a liberdade de agir de acordo com a sua própria vontade, baseia-se no fato de ele possuir uma razão, capaz de instruí-lo sobre a lei segundo a qual se deve governar, e de fazê-lo conhecer em que medida pode abandonar-se à liberdade da sua própria vontade". O efeito libertador da razão, sem a qual permaneceríamos entregues à causalidade cega de forças determinantes, internas e externas, como mais tarde desenvolvido na filosofia ética de Kant, já encontra aqui uma significativa referência nas palavras "nascemos livres na medida em que nascemos racionais"(§ 61).

Estas considerações já nos iniciaram no papel preponderante efetuado pela razão na inter-relação complexa entre o comportamento particular e a organização estatal, em que se fundamenta toda liberdade política. É a razão que estabelece fins e meios de ação para ambos os pólos correlacionados, representando, assim, um fator de união entre eles. Cria a sua comensurabilidade, possibilita critérios e normas comuns a ambos os lados. Para possibilitar uma compreensão mais nítida do papel da razão prática na fundamentação da liberdade política no ensaio de Locke, examinemos mais de perto fins e meios de ação tanto de comportamento particular como da própria organização política.

84 ENSAIOS FILOSÓFICOS

"Poder político, pois, assumo ser o direito de fazer leis com penalidades capitais e, conseqüentemente, todas as penalidades menores, para a regulamentação e preservação da propriedade e de empregar a força da comunidade na execução de tais leis e na defesa da cousa-comum do prejuízo estrangeiro, e tudo isto exclusivamente para o bem comum" (§ 3). A finalidade da organização política, segundo este texto, é, pois o "bem comum" e este é entendido como "regulamentação e preservação da propriedade". Salvaguardar e incrementar as posses dos cidadãos é o domínio por excelência do Estado aos olhos de uma burguesia capitalista, à qual Locke pertencia, e que acabava de impor os seus pontos de vista ao rei e à aristocracia, representativos de um sistema de dominação política definitivamente vencido, na Inglaterra, com a revolução de 1688/1689.

Desta concepção de "bem comum" é fácil deduzir o que para Locke constitui a ambição de cada um. "Preservar e incrementar a propriedade somente pode significar o bem comum, se o gozo tranqüilo das suas posses é a felicidade do cidadão". Pois para Locke o Estado não é um organismo, um ente diferente da totalidade dos seus componentes, mas uma associação por contrato entre pessoas, e o bem comum não pode ser outra coisa que o bem de cada um; este consiste numa "vida confortável, segura e pacífica, de um junto ao outro, no usufruto seguro das suas propriedades e maior segurança contra qualquer um que não lhe pertence" [à comunidade] (§ 95).

Sendo o fim da organização política e a ambição do comportamento particular a preservação da propriedade, a liberdade política que, como vimos, se funda numa inter-relação complexa entre organização política e comportamento particular, necessariamente deve estar restrita à propriedade. Também é esta de fato a conclusão à qual Locke chega. Não há nada no tratado que se refira à liberdade de opinião e de expressão, nada sobre a liberdade religiosa. Mas numa passagem curiosa, Locke admite que há casos em que uma obediência absoluta se torna necessária, por exemplo, na disciplina militar, indispensável para o bom funcionamento do Estado. Contudo, tão amplos que possam ser os poderes dos oficiais, jamais podem atingir a propriedade dos comandados.

> Vemos que o sargento, que poderia ordenar ao soldado marchar contra a boca de um canhão ou agüentar numa brecha onde pereceria com quase toda certeza, não poderia comandar ao mesmo soldado dar-lhe um *penny* de seu dinheiro; nem o general, que pode condená-lo à morte por desertar o seu posto ou por não obedecer a ordens, mesmo as mais desesperadas, poderia, com todo o seu poder absoluto sobre vida e morte, dispor de um *farthing* da propriedade deste soldado (§ 139).

"Regulamentação e preservação da propriedade" são as finalidades da organização política à qual servem exército, justiça e todo o funcionalismo público. A liberdade que um tal Estado pode dar (e a única que um

LIBERDADE E LIBERALISMO 85

indivíduo pode querer) é, pois, a intocabilidade da propriedade à qual se subordinam as vidas dos próprios homens, como o texto citado exemplifica muito eloqüentemente com a disciplina militar. Do empobrecimento extraordinário da motivação de comportamento dos dois pólos, cuja inter-relação vimos constituir a liberdade política, resultou um empobrecimento também do próprio conceito da liberdade em Locke, que chegou a ser praticamente sinônimo de intocabilidade da propriedade.

Poder-se-ia objetar contra a nossa exposição que Locke quer ver o conceito "propriedade" compreendido da maneira mais ampla possível. No capítulo sobre a propriedade afirma (§ 27) que "todo homem tem uma propriedade na sua pessoa", propriedade, aliás, da qual Locke vai derivar todas as restantes propriedades (por intermédio do trabalho de aquisição que faz parte da própria pessoa); no mesmo sentido Locke comenta, ao falar do poder do homem de preservar a sua propriedade, que esta deve ser compreendida como "sua vida, sua liberdade e as suas posses" (§ 87). Num outro contexto (§ 173) encontramos um parêntese assegurando que "por 'ter propriedade' devo ser compreendido, aqui como em outros lugares, no sentido de referir-me àquela propriedade que os homens possuem nas suas pessoas tanto quanto nos seus bens". Estas advertências que estendem a compreensão do termo "propriedade" ao máximo, de modo a incluir a própria pessoa humana e a sua liberdade – justificando assim a conclusão à qual chegamos no parágrafo anterior – embora, talvez, não permitindo entender "propriedade" apenas no sentido de uma posse material, e o Estado como uma comunidade de capitalistas, levam-nos a conseqüências bem mais graves ainda: Se uma pessoa e a sua liberdade podem ser caracterizadas como "propriedade", não resta mais distinção alguma entre possuidor e possuído, tudo é possuído e nada mais possui. Ora, não se pode imaginar uma forma mais extrema de alienação do que esta em que a pessoa humana e a sua liberdade passam a ser algo "possuído", não se diferenciando mais o homem de um bem material, perfazendo ambos o mesmo papel no vasto maquinismo das relações sociais. A possibilidade de deduzir o direito de propriedade da propriedade que tenho da minha própria pessoa reconfirma esta interpretação.

A liberdade política, no *Segundo Tratado sobre o Governo Civil*, é uma liberdade exclusivamente de indivíduos porque a propriedade é preeminentemente individual, e o seu gozo sempre o é. São indivíduos que reclamam o seu direito à propriedade e à sua plena liberdade de ação econômica. Proprietários celebram o pacto que cria o Estado; conseqüentemente, somente o consentimento dos proprietários pode conservá-lo legítimo. "Portanto, onde quer que qualquer número de homens se junte numa única sociedade de maneira a, cada um, ceder o seu poder executivo [que possui] pela lei da natureza de ele renunciar em prol do público, ali, e somente ali, há sociedade política ou civil" (§ 89). Não encontramos referências a particularidades étnicas,

86 ENSAIOS FILOSÓFICOS

culturais, lingüísticas ou religiosas como motivos de associação política. Não se conhecem, na obra de Locke, aspirações coletivas que possam induzir a um convívio civil. A motivação para a fundação e a manutenção do Estado, relacionada com a preservação da propriedade particular, é exclusivamente individual; a liberdade por ele institucionalizada e almejada somente por indivíduos, também somente pode ser uma liberdade individual.

Importantíssimo para a preservação da liberdade política é a autolimitação da ação governamental aos domínios que lhe cabem. Estes são claramente circunscritos: "Homens se juntam em sociedades para que possuam a força unida de toda a sociedade para segurar e defender as suas propriedades, e para que tenham regras permanentes de delimitá-las, pelas quais cada um saiba o que é seu" (§ 135). É, portanto, a defesa militar contra inimigos externos, a repressão policial da apropriação indevida no plano interno (incluindo-se ataques à pessoa e à liberdade), e finalmente uma legislação civil regulamentando a propriedade. Em todos os outros terrenos a intervenção estatal seria condenável.

Sendo a liberdade individual, como o gozo da propriedade com o qual se vincula, o indivíduo deve estar em condições de indicar como os seus próprios interesses deveriam ser salvaguardados. Locke, portanto, acentua a exigência que cada "contratante" no pacto civil possa contribuir à constituição do poder político. Somente um sistema representativo pode, segundo Locke, assegurar a liberdade dos associados, que depende, como condição, da correspondência da orientação do legislativo com a razão de cada um. Esta somente pode resultar da participação dos governados no legislativo. Portanto, entre as possibilidades abertas pela sociedade civil ao comportamento particular, a de maiores conseqüências é a sua participação na constituição dos poderes estatais. Locke visualiza-a na eleição de representantes dos "proprietários" ao legislativo, supremo poder no Estado e com controle absoluto do poder executivo.

A TEORIA POLÍTICA DE LOCKE E O LIBERALISMO

É difícil encarar o liberalismo como um sistema coerente de filosofia política. Sob a sua bandeira formaram-se teorias das mais diversas, cujos traços comuns são a preocupação com a liberdade individual dos cidadãos, o reconhecimento do princípio da igualdade natural de todos os homens e o cuidado de evitar a sufocação dos direitos pessoais por uma excessiva prepotência do poder governamental. Não vejo ambigüidade nestes termos, como afirma André Lalande[1], mesmo que a liberdade individual somente possa ser protegida pela

---

1. André Lalande, *Vocabulaire technique et critique de la philosophie*, 1947.

LIBERDADE E LIBERALISMO

atuação estatal contra as ameaças de agrupamentos infra-estatais do tipo econômico, político, cultural ou religioso. O liberalismo jamais exigiu a eliminação completa da organização estatal (como o fez, e.g., o socialismo anarquista), mas procurou formas como, com um mínimo de intervenção da organização política, obter um máximo de liberdade pessoal. Locke diria que sem organização política não pode haver garantias para os bens e o bem-estar dos cidadãos. Portanto, um raciocínio engenhoso no intuito de preservar a sua liberdade natural e de protegê-la, levou o homem livre a idealizar o funcionamento da sociedade civil para garantir a sua liberdade pessoal, para atuar e intervir com este fim. A liberdade política é da mesma maneira impossível sob a tirania de um Estado hipertrofiado. A luta contra os poderes monolíticos do Estado mercantilista e a ditadura de consciência mantida pela Igreja inspiraram ambas estas exigências que, longe de se anularem mutuamente, apenas se controlam e delimitam.

O Estado moderno nasce sobre uma base autocrática; é no protesto de uma burguesia em rápida ascensão, contra o espírito de dominação no campo religioso ("Reforma"), no campo econômico (superação do mercantilismo) e no campo político (luta contra o absolutismo) que se formulam as primeiras doutrinas liberais.

Na primeira etapa deste desenvolvimento o papel predominante cabe à Inglaterra. Por um ato autocrático, Henrique VIII instituiu a Reforma por decreto e estabeleceu assim a independência da Igreja Anglicana de Roma. Uma vocação pela conquista dos mares e uma política marítima coerente e ativa asseguraram para a Inglaterra as vias do comércio internacional e um prodigioso crescimento da sua indústria. Como principal beneficiária, a burguesia inglesa conheceu um rápido e irresistível progresso e, na plena consciência da sua força, não quis contentar-se mais com o papel de subordinação que lhe tinha sido imposta pela estrutura política dominante.

O liberalismo político de Locke é, antes de mais nada, a expressão teórica do triunfo que a burguesia inglesa obteve em 1689. Uma justificação sentiu-se necessária para a destituição de um rei legalmente empossado, e para a chamada de outro monarca do continente. Como motivar as condições de submissão à soberania do Parlamento impostas previamente ao novo príncipe? Locke, para poder argumentar com a igualdade da burguesia frente à Corte e à aristocracia, advogou a liberdade e a igualdade de todos os homens perante a Lei da Natureza, citada na Europa contra uma pretensa legalidade estabelecida desde Cálicles[2], na era dos sofistas. Para justificar as posses dos capitalistas, Locke formula a sua teoria da constituição do valor econômico através do trabalho. Parece-me um fenômeno generalizado o recurso a preceitos universais e a argumentos válidos quando

---

2. Cf. Platão, *Górgias*, 483a-484d.

se formula uma "justificação" para determinadas condições sociais existentes. No entanto, a prevalência de interesses estreitos de uma classe, ou de parte de uma classe, priva estas idéias da sua coerência doutrinária e impede-as de constituir uma verdadeira filosofia política. Representam grande progresso, no seu tempo, e ainda repercutem hoje, conceitos de Locke como o da constituição do valor pelo trabalho, a exigência de representatividade para o poder político, o princípio da igualdade essencial de todos os homens. Se Locke teve o mérito indiscutível de formular algumas das normas fundamentais que devem orientar o convívio político dos homens, na medida em que este possa pretender ser realmente legítimo, teve também a inegável fraqueza de colocar estes mesmos princípios válidos a serviço de interesses restritos, não se dando bastante conta das contradições assim geradas.

A liberdade, por exemplo, ficou intoleravelmente restringida à intocabilidade da propriedade, porque era esta que interessava, naquele momento, às classes às quais Locke pertencia. A igualdade somente lhe servia de ponto de partida para a justificação da aquisição e, conseqüentemente, da posse de propriedades; no Estado civil, ela somente se aplica a um direito que todos têm formalmente, mas do qual poucos se podem valer: O direito de preservar e usufruir a propriedade. Jamais interessara a Locke estudar as relações entre igualdade e liberdade, estudo que lhe teria ensinado que um excesso de liberdade estrangula a igualdade, assim como uma igualdade absoluta acaba com a liberdade. A doutrina da criação do valor pelo trabalho atrai a sua atenção somente como justificação da apropriação; jamais tirou dela as conclusões que o proletário naturalmente tiraria, ou seja, uma participação justa no lucro da empresa. E ainda, atacando o direito de hereditariedade incondicional reclamada pela monarquia, jamais lhe ocorre que esta mesma hereditariedade, quando aplicada à propriedade particular, apresenta efeitos mais negativos ainda, i.e., arrasa a igualdade de todos, tão insistentemente proclamada.

A liberdade como intocabilidade da propriedade particular convence o nosso filósofo a advogar a maior discrição do governo para com o funcionamento da economia. Esta abstenção de intervir em assuntos econômicos foi formalizada por Adam Smith, na Inglaterra, e pelos fisiocratas franceses Quesnay e Turgot na forma de uma teoria que exigiu um radical *laissez-faire, laissez- passer*, regra encontrada não somente para garantir a economia contra intervenções indevidas, mas, também para incrementar a sua eficiência; pois pensava-se que, deixada às suas próprias leis, comércio e indústria conseguiriam melhores resultados.

A não-intervenção do Estado favoreceu a burguesia capitalista enquanto na luta pelo poder. Já não era mais do seu interesse quando com as rédeas do governo na mão. Os círculos produtores de cereais na Inglaterra combatiam a *Corn-Law*, que pretendia permitir a importação de trigo, e agiam contra todos os preceitos da liberdade de comércio pregados por um liberal como Robert Cobden. Uma vez no poder, a maioria dos burgueses estava contra a liberdade de associação dos operários e a favor da intervenção policial nos sindicatos. Da mesma maneira os descendentes dos proprietários que, segundo Locke, juntaram-se de livre e espontânea vontade para fundar uma sociedade civil para a proteção das suas posses, pronunciaram-se contra a libertação da sua maior e mais valiosa colônia, onde os pioneiros da colonização estavam querendo celebrar, por sua vez, um contrato social semelhante, para garantir as suas posses contra a exploração da potência colonizadora. A grande burguesia inglesa já não compreendia mais estas aspirações. O seu interesse coincidia agora com a exploração destes territórios ricos.

Assim, para salvar as suas normas mais consagradas, o liberalismo, numa segunda fase da sua evolução, teve que se voltar contra os seus próprios fundadores. Sob a inspiração de políticos como Charles James Fox e Gladstone, com uma teoria reformulada por Bentham e Mill, o liberalismo continuou a defender a livre empresa contra o capital monopolista e o direito dos povos contra o imperialismo inglês.

9. O Homem Livre

"O homem livre em nada pensa menos que na morte, e a sua sabedoria é uma meditação, não da morte, mas da vida"[1]. Esta proposição breve, mas extraordinariamente densa, levanta um grande número de problemas: Fala do homem livre, e temos que perguntar-nos em que sentido Spinoza, defensor de um determinismo rigoroso, pode chamar o homem "livre". Assevera que a sabedoria de homem livre é uma meditação; ora, não é evidente que o homem livre deve ser sábio, nem que esta sabedoria há de consistir em meditação. E, finalmente, Spinoza afirma na sentença citada que a meditação, que constitui a sabedoria do homem livre, deve ser uma meditação, não da morte, mas da vida.

O que é liberdade para Spinoza? Por que, no seu pensamento, liberdade se baseia em sabedoria? Por que motivo a sabedoria do homem livre deve ser uma meditação? Qual a razão por que esta meditação tem que visar à vida e não à morte? Somente respondendo a estas quatro perguntas, teremos compreendido a proposição spinozista. Veremos ainda que as soluções dadas aos quatro problemas implicam-se mutuamente, o que faz ressaltar ainda mais a unidade da proposição.

A cada um dos problemas levantados aqui por Spinoza, em outros tempos e por outros pensadores, foram dadas respostas diferentes, algumas das quais indicaremos brevemente. Constataremos que

---

1. Baruch Spinoza, *Ética* IV, prop. 67.

92 ENSAIOS FILOSÓFICOS

a posição que Spinoza assume com referência à validade dos critérios da razão no mundo objetivo implicará, necessariamente, em determinadas conclusões quanto às demais questões, ficando, assim, confirmada a interdependência essencial entre a comensurabilidade da razão com a realidade, e o modo de compreender a liberdade e a morte.

I.

Para Spinoza, o homem é parte integrante da natureza. A sua inteligência faz parte da inteligência infinita de Deus que é um dos dois únicos atributos divinos que o homem conhece. O corpo humano pertence, igualmente, à totalidade da natureza corporal, manifestação do outro atributo divino, do atributo da extensão. Mas os dois atributos pertencem à mesma substância. A toda idéia corresponde uma configuração espacial, e a todo objeto corresponde uma idéia. Em tese, portanto, toda a natureza deve ser inteligível e a inteligibilidade irrestrita do universo envolve um determinismo racional ilimitado. O homem, como parcela finita da substância infinita de Deus "na medida em que se concebe a si mesmo e ao seu corpo sob a forma da eternidade, necessariamente tem conhecimento de Deus, sabe que é em Deus e é concebível através d'Ele"[2]. Assim, pelo conhecimento que temos de nós mesmos, percebemos a necessidade das nossas reações como necessidade decorrente de leis universais. Uma vez que nós, também, somos natureza, esta necessidade não é algo que nos obriga de fora, mas que decorre da essência do nosso próprio ser. Ora, agir conforme a essência do nosso próprio ser é liberdade, portanto somos livres, enquanto conscientes. "O homem livre, i.e., aquele que vive exclusivamente conforme as exigências da razão, não é movido pelo medo da morte", reza a demonstração do teorema que nos serve de base nestas reflexões, e constitui, portanto, uma comprovação autêntica da nossa interpretação.

Spinoza é de opinião que aquele "que se concebe a si mesmo e ao seu corpo sob a forma da eternidade", o sábio, também é livre, i.e., "vive exclusivamente conforme a razão". Evidentemente esta sabedoria não será a de um pesquisador experimental que, no seu laboratório, estuda as leis da física, da química ou de outra "ciência", no sentido que damos à palavra hoje em dia. Uma tal sabedoria pareceria muito unilateral ao nosso filósofo para permitir uma visão de mundo *"sub specie aeternitatis"*. Unicamente a visualização do homem, integrado na totalidade de que faz parte, poderá lograr um tal efeito. Esta visualização, no entanto, somente pode ser fruto de uma meditação, meditação da natureza, meditação da substância de Deus nos

2. Idem, v, 30, demonstração.

seus dois atributos que conhecemos, meditação, portanto, do próprio ser e da sua vida que jamais cessa.

O homem não precisa pensar na morte, pois é imortal para Spinoza. A alma, idéia de cada homem, parte da idéia de Deus, jamais pode morrer, já que a morte só atinge ao acidental, à pessoa como indivíduo contingente. Portanto, "o homem livre, i.e., aquele que vive exclusivamente conforme as exigências da razão, não é movido pela morte".

II.

Liberdade, sabedoria, comensurabilidade de razão e vida, não se apresentam correlacionadas por acaso ou por um mero capricho do filósofo. Estes conceitos, conjuntamente, formam uma cosmovisão coerente. Isto acontece não somente na filosofia spinozista, mas também nos sistemas afins, como ainda naquelas filosofias em que premissas contrárias ou radicalmente diferentes das spinozistas serviram de ponto de partida para a reflexão.

Na Antigüidade temos o grande exemplo de um pensamento racionalista, monista e panteísta no estoicismo grego (bastante diferente do estoicismo romano, eclético e posterior). Dos primeiros estóicos diz Diógenes Laércio: "Viver conforme a razão torna-se, justamente, para eles, viver segundo a natureza"[3]. A aspiração da moral estóica é "viver segundo uma razão única e harmônica; pois é próprio de infelizes viver de modo incoerente", nas palavras que Estobeu atribuiu a Zenão[4]. "Somente o sábio é livre e os malvados são escravos: Pois a liberdade é uma maneira de agir de acordo com a maneira própria"[5]. Também no estoicismo clássico, o *logos*, a razão, dirige o universo. Viver em conformidade com ela é viver livremente, pois isto significa viver de acordo com a nossa própria razão que é parte da razão universal. É necessário, pois, meditar sobre a natureza, sobre o que nela vive, a fim de descobrir a razão universal e viver de conformidade com ela. No estoicismo grego jamais é exigido pensar na morte, muito ao contrário do que pregarão, mais tarde, os estóicos romanos. As concepções de razão como inerente à natureza, de liberdade como faculdade de viver de acordo com natureza e razão, a meditação da natureza, meditação da vida e jamais da morte, para compreender os caminhos da razão: Tudo isto corresponde estreitamente aos conceitos spinozistas e à sua inter-relação.

---

3. Diógenes Laércio, Livro VII, 86, apud Rodolfo Mondolfo, *O Pensamento Antigo*, São Paulo: Mestre Jou, p. 138.

4. Estobeu, *Éclogas* II, 76, 3, apud R. Mondolfo, op. cit., p. 139.

5. Diógenes Laércio, VII, 121, apud R. Mondolfo, op. cit., p. 150.

94 ENSAIOS FILOSÓFICOS

O paralelismo entre o pensamento spinozista e os argumentos estóicos também não é gratuito. Nos dois casos a comensurabilidade racional do mundo implica um conceito de liberdade que consiste na adaptação à ordem da natureza ou na identificação com ela. A conformidade de realidade e consciência e o entrosamento perfeito da ordem interna com a ordem externa levam a uma atitude de otimismo, coragem e afirmação da vida, deixando à morte meramente a incumbência de transformar, jamais de destruir ou acabar.

Sem pretender, neste trabalho, a uma enumeração completa, limitar-nos-emos a mais alguns exemplos da filosofia moderna que apresentam certa analogia com o pensamento spinozista. Para Leibniz este mundo é necessariamente o melhor possível, pois a onisciência divina jamais poderia ter ficado satisfeita com uma criação que poderia ter sido melhor. No melhor mundo possível tudo que acontece é previsto por Deus para o bem. A nossa liberdade individual não pode contrariar este planejamento universal, condição indispensável para a "harmonia preestabelecida", conceito fundamental da filosofia leibniziana. Para Leibniz, o livre arbítrio é possível pela existência, lado a lado, de dois tipos de necessidade: de uma liberdade absoluta, cuja falta de confirmação levaria a uma contradição; e de uma liberdade "hipotética" cuja realização, em tese, é tão possível quanto a sua não realização. Nestes casos podemos escolher livremente, embora o resultado da nossa escolha seja necessário no sentido que já foi previsto pela previdência divina, que não pode falhar. Também na filosofia de Leibniz a imortalidade das almas é uma conseqüência da indestrutibilidade das substâncias e a meditação do homem livre que cumpre a vontade divina por seu livre arbítrio, pressupõe consciência e conhecimento da situação e a sua sabedoria é, evidentemente, uma meditação da vida, dos fatos positivos e jamais uma meditação da morte ou do nada[6].

Quando Hegel afirma que "tudo que é real é racional e todo racional é real", ele se coloca, com uma fórmula radical, no mesmo plano dos outros filósofos que temos citado. O conceito de Hegel da liberdade tem tanta afinidade com o do estoicismo grego que Hegel chega a dizer que "como é conhecido, a liberdade da autoconsciência, ao entrar na história do espírito como manifestação consciente de si mesmo, chamava-se estoicismo"[7]. A morte é, para Hegel, "obra e ação da liberdade universal... pois o que é negado é um ponto não efetivado do 'EU' (*Selbst*) absolutamente livre; é uma morte sumamente fria e sem relevo, sem mais importância que a partição de um repolho ou um gole de água"[8]. O papel que em Spinoza tem *Deus sive*

---

6. Gottfried Leibniz, *Teodicéia*, I, 37; *Tratado Metafísico*, 35.
7. Georg Wilhelm Hegel, *Phäenomenologie des Geistes*, VI, B, Felix Meiner Verlag, p. 152.
8. Idem, III, p. 418.

O HOMEM LIVRE

Natura é assumido, na filosofia hegeliana, pelo "EU" (*Selbst*) absolutamente livre, pelo "Espirito Absoluto".

O marxismo aceita, da filosofia de Hegel, a comensurabilidade racional do mundo. A primeira lei do materialismo dialético, na formulação de Stalin, reza: "Contrariamente à metafísica, a dialética considera a natureza, não como um conjunto acidental de fenômenos, destacados uns dos outros, isolados e independentes uns dos outros, mas como um todo coerente em que os objetos, os fenômenos, são ligados entre si organicamente, dependentes uns dos outros e condicionando-se mutuamente". Também desta concepção resulta uma atitude positiva frente à vida, sendo a morte relativa unicamente ao indivíduo contingente, não atingindo, no entanto, as grandes causas históricas, na identificação com as quais o indivíduo adquire a sua consciência legítima de liberdade.

III.

Para compreender plenamente a interdependência da comensurabilidade racional do ser com as concepções de liberdade, sabedoria, imortalidade etc., examinaremos brevemente a posição oposta àquela que acabamos de discutir, i.e., a tese de uma completa incomensurabilidade do ser com as categorias da razão.

Esta posição remonta até os dias de Protágoras, antes, ainda, da era áurea da filosofia grega e jamais deixou de estar presente no pensamento filosófico e religioso. Representou a reação da Nova Academia e da escola cética ao dogmatismo estóico e, em seguida, na Idade Média, da fé incondicional, do *Credo quia absurdum est* contra as tendências racionalizantes da filosofia escolástica. A mesma posição Pascal defendeu contra os grandes racionalistas da sua época.

Nos últimos cem anos, tanto pensadores religiosos, como Kierkegaard, quanto filósofos ateístas, como Sartre e Camus, proclamaram a total refratariedade do real aos critérios da razão, talvez como certa desilusão com a onipotência da ciência, aceita sem a necessária crítica na era liberal.

Para Albert Camus, o homem vive num mundo absurdo que nenhum esforço da nossa razão pode tornar acessível às categorias do nosso entendimento.

> A ciência, também, chegada aos limites dos seus paradoxos, contenta-se em contemplar e desenhar a paisagem, sempre virgem, dos fenômenos [...] ora, se o absurdo aniquila as minhas possibilidades de uma liberdade eterna, restitui-me e exalta, ao contrário, a minha liberdade de ação. Essa privação de esperança e de futuro significa um crescimento da disponibilidade do homem[9].

9. Albert Camus, *Le Mythe de Sisyphe*, p. 129; p. 80.

96 ENSAIOS FILOSÓFICOS

É uma liberdade de angustia. "Não serei, jamais, livre novamente, de me perpetuar, mas escravo, eternamente sem esperança de revolução, sem recurso ao desdém. E quem, sem revolução e sem desdém, pode permanecer escravo?"[10].

Há três caminhos nesta situação angustiante:

a. o desespero e a liberdade do suicídio, pregada já 300 anos a.C. por Hegésias de Cirene e, em nossa era, admiravelmente descrita por Dostoiévski: "O homem, na sua qualidade tanto de acusador como de juiz, condena esta natureza que me fez nascer para sofrer, condena-a à extinção junto comigo"[11].

b. O segundo caminho consiste no "salto em todas as suas formas, na precipitação no divino ou no eterno, no abandono às ilusões do cotidiano ou da idéia"[12]. É o caminho do existencialista religioso, ou melhor, do existencialista crente, pois todo existencialista, mesmo o ateu é, de alguma maneira, religioso. É o caminho de Kierkegaard: "E somente a fé proporciona ao homem a valentia e a audácia necessárias de encarar, face a face, a morte e a loucura"[13].

c. Há, no entanto, um terceiro caminho, que consiste no desafio aberto ao absurdo, caminho do próprio Camus, de Sartre e, em geral, da linha ateísta do existencialismo. "O absurdo é a tensão mais extrema que ele (o homem absurdo) mantém constantemente a partir de um esforço solitário; pois sabe que nesta consciência e nesta revolta, dia a dia, testemunha a sua única verdade que é o desafio"[14]. Igualmente, para Sartre, a existência é escolha. Sendo o homem transcendência pura, a realidade do homem é um projeto permanente. Surge num mundo de existências brutas, num conjunto de condições materiais que definem uma época historicamente. "Assim, o homem nasce livre, responsável e sem desculpa"[15].

Não é a nossa pretensão esboçar o existencialismo, nem tratar dos filósofos existencialistas. Queremos, unicamente, mostrar as conseqüências, para concepções como liberdade, sabedoria e morte, do fato de pressupor-se uma incomensurabilidade radical entre a realidade e os critérios da razão. Vimos que desta posição resulta o conceito de uma liberdade incondicional e radical, independente de qualquer ordem estabelecida, um isolamento da consciência de qualquer base metafísica, que causa uma angústia próxima do insuportável, perante a qual o homem pode reagir de três maneiras: Suicidando-se, precipitando-se no

10. Idem, p. 81.
11. Dostoiévski apud A. Camus op. cit., p. 141.
12. Idem, p. 123.
13. Leon Chestov, *Kierkegaard y la Filosofia Existencial*, p. 26.
14. A. Camus, op. cit., p. 78-79.
15. Jean-Paul Sartre, apud Denis Huisman, L'Existentialisme en France, em *Tableau de la Philosophie Contemporaine*, p. 401.

irracional através da fé e, finalmente, aceitando o absurdo da situação para projetar um humanismo desafiante, ostensivamente independente de tudo que não pertence à decisão consciente do homem.

IV.

Mas tanto a perfeita comensurabilidade da natureza com os critérios da razão, como a professava Spinoza, como a posição radicalmente contrária, não fazem jus, a meu ver, à experiência humana. Não há dúvida que uma confiança ilimitada nos poderes da razão, de resolver todas as dificuldades e de iluminar todas as obscuridades, é, da sua parte, também irracional. Por motivos que muito bem poderiam ser analisados, esta fé inabalável nos resultados da pesquisa intelectual precede o conjunto de resultados que poderia justificá-la se, de todo, podem ser concebidos progressos tão completos da investigação racional para justificar uma tal confiança que equivale a uma extensão infinita do âmbito da razão. Do outro lado, como poderia se explicar a civilização humana com a sua técnica que não é concebível sem que a natureza obedecesse, pelo menos parcialmente, a princípios inteligíveis e formuláveis pelo homem? O próprio *Homo sapiens* seria inconcebível, no conjunto harmônico das suas funções vitais, se os elementos físicos que constituem a sua existência material fossem absolutamente refratários a toda configuração racional. Sou de opinião que o fato humano, tanto na sua dimensão individual quanto na sua dimensão social, como civilização e cultura, pressupõe certa medida de validade, também no mundo objetivo dos critérios da razão.

A comensurabilidade parcial da natureza com a razão representa uma terceira posição, assumida por pensadores no decorrer de toda a história da filosofia. Madeleine Frances, em anotação à proposição de nosso tema (na edição da Pleiade), afirma ter Spinoza frisado que "o homem livre pensa em nada menos que na morte e a sua sabedoria é uma meditação, não da morte, mas da vida", para contestar a opinião de Sócrates de que a filosofia é uma preparação para a morte, opinião esta que, além de longamente tratada no *Fedon* de Platão, é corroborada por uma observação irônica na comédia *As Nuvens*, de Aristófanes.

Esta preparação para a morte pela filosofia, como compreendida por Sócrates, é fundamentalmente diferente da concepção de uma vida face à morte, como a ensina o existencialismo. Sócrates argumenta que, durante a vida, a alma se encontra numa espécie de prisão tendo que encarar as realidades através do corpo, i.e., por meio dos sentidos. Uma percepção que assim se dá por meio de intermediários não justifica muita confiança, ao passo que a alma percebe por seus próprios meios o inteligível e o invisível, possuindo, assim, grau muito superior de certeza. Ensinando ao homem a utilizar, na medida do

98 ENSAIOS FILOSÓFICOS

possível, esta última modalidade de verificação já em vida, a filosofia prepara o homem para o momento em que a alma deixará essa "prisão" quando não perceberá mais nada por "intermediários" e tudo por seus "próprios meios". A morte, aqui, não pode ser "tomada como o absurdo o mais evidente"[16], mas, ao contrário, deve ser considerada a superação da parte incomensurável da realidade e a elevação da consciência ao puro inteligível.

Os três filósofos que representam o apogeu do pensamento grego, Sócrates, Platão e Aristóteles estão de acordo em pressupor uma comensurabilidade parcial do real com as categorias da razão. Para Sócrates havia, relativo a cada objeto de investigação, o conceito respectivo que cumpria depurar no diálogo filosófico; Platão procurava um mundo inteligível de Idéias, em eterna imutabilidade, atrás das aparências variáveis; e Aristóteles via na forma e na enteléquia o inteligível de fato, legítimos objetos da ciência, enquanto tudo que se transformava, jamais podia, na sua opinião, constituir objeto de conhecimento científico[17].

Com todas as grandes divergências que estas três grandes filosofias apresentam, parecem ainda concordar na sua afirmação de livre arbítrio. A liberdade não consiste, meramente, no assentimento que podemos dar ou recusar ao *logos* universal, a uma necessidade todo-poderosa que o sábio pode conhecer, mas na decisão muito concreta que temos de tomar a todo momento, entre o caminho a que nos leva o instinto cego nos conduzindo a uma realidade irracional e a satisfações materiais e grosseiras, e o outro caminho do supremo bem que nos é indicado por um conhecimento legítimo. O famoso racionalismo da ética socrática, que julga o erro moral causado por falta de conhecimento, é fundamentalmente diferente do racionalismo da ética spinozista, cujo determinismo radical não pode reconhecer um mal moral, muito menos ainda as suas causas, mas reduz toda falta ética a um mero estado de consciência. Para Sócrates existe o bem como existe o mal, entre os quais um entendimento adequado não somente pode muito bem distinguir, mas ainda levar a escolher o melhor. Para Spinoza o mal não existe a não ser na ilusão de uma alma mal esclarecida sobre as leis necessárias, segundo as quais tudo acontece.

Vemos, pois, que uma comensurabilidade parcial da realidade objetiva com as categorias da razão apresenta-nos a morte, não como um acontecimento sem maior importância como se afigura a um Spinoza ou Hegel, nem como uma barreira absurda frente a todas as aspirações ideais, do modo como a encara Camus, mas, nos exemplos da filosofia grega que examinamos, como uma possível passagem de extrema importância de um estado de encarnação que liga uma na-

16. A. Camus, op. cit., p. 82.
17. Aristóteles, *Analíticos Posteriores*, I, 2.

O HOMEM LIVRE

tureza inteligível a uma natureza irracional, para condições de uma pura espiritualidade, passagem esta que possui fortes conotações de redenção religiosa. O efeito de salvação que a morte exerce, depende do uso que fizemos da nossa liberdade nas condições em que nos comunicávamos tanto com as idéias eternas e inteligíveis como com as aparências transitórias e irracionais. A meditação do sábio, aqui, não visa tanto à vida concreta e material, quanto às verdades absolutas que transcendem as aparências e que, possivelmente, serão atingidas plenamente após a morte.

V.

Dados estes característicos, não é de admirar-se a profunda influência que o platonismo e o aristotelismo exerceram sobre o pensamento do cristianismo na Idade Média; a comensurabilidade parcial da criação, para utilizar um termo cristão, e da razão, era a atitude predominante da filosofia escolástica. As concepções da liberdade e da morte ligadas com esta posição entrosavam-se perfeitamente no pensamento cristão. Mesmo um Descartes que empreendeu aquela grande reforma do pensamento filosófico europeu, depurando-o dos dogmas eclesiásticos que o dominaram até então, manteve-se nessa mesma posição fundamental, admitindo duas realidades, a esfera espiritual em que tudo é inteligível, e a realidade dos corpos, dos quais só possuímos conhecimento mediato.

Parece-me que em nossos dias, ao lado do irracionalismo existencialista e do racionalismo marxista, a pressuposição de uma comensurabilidade parcial da razão com a realidade objetiva representa o caminho do meio, a posição de um pensamento científico que aprendeu a encarar criticamente as suas próprias possibilidades, sem cair nos extremos de uma confiança desmedida das possibilidades de penetração racional nem no agnosticismo existencialista. A pressuposição de uma comensurabilidade parcial nos permite pesquisar e criar, faculta uma liberdade que nos preserva a nossa dignidade de seres humanos, sem cair na angústia de uma liberdade incondicional, como a prega Sartre.

Finalmente, nestas bases, cercados do contingente e do acaso, num mundo de existências brutas e, mesmo assim perecíveis, mantemos em vista as grandes idéias que comoveram e orientaram a humanidade há milhares de anos; emprestando-lhes as metas, adquirimos a certeza que mesmo cessando a nossa existência contingente, permanecerão os nossos fins que sempre nos inspiraram uma meditação "não da morte, mas da vida".

10. A Causalidade em Hume e sua Fundamentação Gnoseológica

A.

Não é um mero capricho do homem a tentativa de desvendar as incertezas do futuro e prever, a partir de uma cuidadosa observação dos fatos, o que encontrará no seu caminho. É antes a condição para uma ação eficiente num ambiente alheio aos seus interesses. Pressupor bases reais para tal prevenção na relação efetiva entre os fatos não é uma conjetura qualquer; representa uma convicção que se tornou traço distintivo da espécie humana e que influiu, decisivamente, nos destinos do *Homo sapiens* sobre a terra. Foi Hume quem ensinou que "os homens têm que agir, raciocinar e acreditar, não obstante incapazes, mesmo pela mais árdua pesquisa, de satisfazer as suas exigências com relação aos fundamentos das suas operações, ou de eliminar as objeções que podem ser levantadas contra elas"[1].

A convicção de uma ligação fixa entre os fatos da natureza externa, e entre estes e a existência humana, profundamente arraigada na consciência dos homens, foi verificada pela pesquisa etnológica e pelos estudos históricos e pré-históricos em todas as sociedades, mesmo nas mais afastadas, no tempo e no espaço, da nossa própria civilização. Uma técnica rudimentar existe em todos os grupos e testemunha alguma interpretação causal de determinadas experiências. Práticas rituais,

---

1. David Hume, An Enquiry concerning Human Understanding, apud E. A. Burtt (ed.), *The English Philosophers from Bacon to Mill*, Nova York: The Modern Library, seção XII, I, p. 686.

102 ENSAIOS FILOSÓFICOS

costumes sociais e políticos, ligados à consciência coletiva das assim chamadas sociedades "primitivas", fundamentam-se numa concepção mágica das relações entre os fatos, não menos fixas que o nexo causal. Ambos permitem, igualmente, uma "técnica", a magia no segundo caso, que facilita a adaptação e a sobrevivência no meio de forças desumanas e perigosas. No fundo, parece sempre ser a necessidade vital de uma técnica que reclama ligações fixas entre os fatos.

À nossa percepção cabe a função mais importante no nosso sistema de orientação vital, e assim não seria de estranhar se acusasse diretamente determinadas ligações entre movimentos, evitando a demora de inferências e conclusões. E, realmente, experiências recentes provaram que percebemos diretamente as relações entre certos movimentos cuja constatação não depende de uma combinação posterior à sua apreensão pelos sentidos. Michotte mostrou experimentalmente que no encontro de dois conjuntos de estímulos visuais em movimento, uma mancha preta e uma mancha cinzenta que se chocam, por exemplo, não apreendemos somente uma mera sucessão de impressões, mas percebemos o próprio impacto e a transmissão do impulso[2].

Antes das tentativas de teorização gnoseológica, a ligação fixa entre os fatos da realidade não constituía problema algum.

B.

Tudo muda no momento em que introduzimos a distinção fatal entre sujeito cognoscente e o objeto conhecido, implicada pelo estudo teórico do conhecimento. Levanta-se imediatamente uma dificuldade formidável, a de determinar as condições da possibilidade de passar o abismo que agora separa a consciência subjetiva do mundo das realidades exteriores.

Mesmo reconhecida a validade gnoseológica da nossa experiência sensível – posição tradicionalmente assumida pelos pensadores empiristas ingleses – permanece problemático quais das nossas noções e idéias correspondem a alguma realidade, e em que medida esta correspondência merece crédito por basear-se na evidência dos sentidos. A famosa afirmação de Descartes, de que "o engano principal e mais comum que nisso se possa encontrar consiste em julgar que as idéias que estão em mim, são semelhantes ou conformes às coisas fora de mim"[3], teria sido aceita pacificamente também do outro lado do Canal da Mancha. Uma vez aberto o abismo entre subjetividade

---

2. Albert Michotte, *La perception de la causalité*, Publications Universitaires de Louvain, 1954.

3. René Descartes, *Méditations Metaphysiques,* III, Pleiade, 1949, p. 178.

A CAUSALIDADE EM HUME E SUA FUNDAMENTAÇÃO GNOSEOLÓGICA   103

e objetividade, tornou-se tendência comum, ao empirismo inglês e ao racionalismo do continente europeu, passar para o lado do sujeito cognoscente a evidência dos princípios de inter-relação entre os fenômenos.

É claro que uma tal subjetivização não se daria se tivéssemos um indício merecedor de confiança do próprio processo causal, se pudéssemos perceber pelos nossos sentidos a maneira pela qual uma causa produz o seu efeito. E mais, "por meio desta relação, unicamente, poderíamos transcender a evidência da nossa memória e dos nossos sentidos"[4]; poderíamos concluir a partir do que percebemos aquilo que não percebemos e, possivelmente, jamais poderemos perceber. Mas a existência do real não pode ser inferida pela razão e, para convencer-nos que a relação causal representa algo mais que uma mera sucessão no tempo, devemos descobrir, empiricamente, o que liga a causa com o seu efeito, algo como "potência", "força", "energia" ou como os filósofos queiram chamar este terceiro termo que é preciso para transformar a causa e o efeito, de mera sucessão temporal, numa relação real e necessária.

Infelizmente, justamente estes conceitos como potência, força etc., são idéias abstratas às quais não corresponde nenhuma impressão sensível. A ligação entre causa e efeito, a própria causalidade, jamais foi constatada empiricamente. Tivemos, apenas, impressões de acontecimentos sucessivos, jamais da causalidade.

Como surgiu então o conceito de causalidade, tão largamente difundido entre os homens? Como chegamos a ter idéias como "força", "energia" etc.?

"Esta idéia", argumenta Hume, "é uma idéia de reflexão que surge ao refletirmos sobre as operações da nossa própria mente e sobre o comando que é exercido pela vontade"[5]. Mas, em seguida, Hume prova que a nossa vontade não é o mesmo que uma força ou uma energia, no sentido substancial que os metafísicos costumam emprestar a estes termos. Jamais apercebemo-nos da nossa vontade como causalidade propriamente dita. A vontade aciona nervos, músculos, um "espírito animal", talvez, segundo a interpretação dos fisiologistas daquele tempo. Sempre se encontra no início de uma seqüência de eventos, da qual o movimento intencionado pela vontade é o último, permanecendo completamente desconhecidos para nós todos os restantes elos da cadeia. Jamais apreendemos como a vontade efetua um movimento do nosso corpo. Portanto, a vontade não é um poder que vemos causar algum efeito, e a analogia entre a vontade e conceitos como "poder", "força" e semelhantes não resiste à evidência.

4. D. Hume, op. cit., seção IV, p. 599.
5. Idem, seção VII, parte I, p. 623.

104 ENSAIOS FILOSÓFICOS

C.

Mostrou-se que, atacando o problema da causalidade do seu aspecto objetivo, não conseguimos avançar além da constatação da mera sucessão temporal de uma impressão ou de um conjunto de impressões que chamamos "causa" e de outras, que nos valem de efeito. Nenhuma potência, nenhuma energia podia ser verificada que evidenciasse o próprio processo causal. A ligação de causa e efeito permaneceu completamente inacessível aos nossos sentidos. O conceito de causalidade com toda a universalidade da sua aceitação tem, pois, origem somente subjetiva.

A repetição constante da mesma sucessão de impressões sensíveis idênticas produz, na nossa mente, uma associação das respectivas idéias. É a força desta associação que projetamos para fora e concebemos como "poder" ou "força". "Esta conexão", diz Hume, "que sentimos na mente, esta transição costumeira, pela imaginação, de um objeto ao seu seguinte é o sentimento ou a impressão da qual formamos a idéia de poder ou de conexão necessária"[6]. Em outras palavras, toda causalidade deriva, segundo Hume, da lei psicológica de associação das idéias.

É importante notar no texto que acabamos de citar que "a idéia de poder ou de conexão necessária" surge de um "sentimento", de algo que "sentimos na mente". Este sentimento é chamado *belief* por Hume, literalmente "crença", significando o crédito instintivo que damos à aparição de um fato que estamos acostumados a perceber depois de outro que acabamos de constatar. "[Este crédito instintivo] é uma operação da alma, ao encontrar-nos em determinada situação, tão inevitável quanto o sentimento de paixão amorosa ao recebermos benefícios, ou de ódio quando encontramos injúrias"[7].

É interessante dar-se conta de quanto, em Hume, o empirismo inglês distanciou-se do racionalismo dos seus primeiros grandes representantes. Todas as nossas conclusões científicas não se baseiam, segundo Hume, em operações da razão, mas num fator psíquico, numa expectativa instintiva. "*Belief* é uma experiência psíquica elementar, um estado que não pode ser reduzido a fatores mais fundamentais", afirma Alexander Mair[8]. É de um tal sentimento que tiramos as nossas informações referentes à natureza, posição já próxima à de Rousseau que diria uns anos mais tarde: "É no coração do homem que está o espetáculo da natureza; para vê-lo, é necessário senti-lo"[9].

Como experiência psíquica elementar, *belief* situa-se entre duas outras operações cognitivas fundamentais: A apercepção pelos nossos

6. Idem, seção VII, parte II, p. 630.
7. Idem, seção V, parte I, p. 612.
8. *Encyclopedia of Ethics and Religion*, verbete Belief.
9. Jean-Jacques Rousseau, *Émile*, III, Paris: Garnier, 1964, p. 187.

A CAUSALIDADE EM HUME E SUA FUNDAMENTAÇÃO GNOSEOLÓGICA 105

sentidos e as conclusões da nossa razão. A percepção sensível, embora necessitando interpretação e correção "pela consideração da natureza do meio, da distância do objeto e da disposição do órgão sensível"[10], proporciona dados fundamentais para os nossos conceitos científicos como para a nossa orientação na vida diária. O conhecimento, propriamente dito, proporcionado exclusivamente pela razão, pode abranger somente relações formais, análises e relacionamento formal das nossas idéias. Numa palavra, o conhecimento, propriamente dito, deve ser procurado exclusivamente nas ciências matemáticas e lógicas. "As ciências da quantidade e do número podem ser qualificadas, seguramente, como os únicos objetos de conhecimento e demonstração"[11].

Há convicções de intensidade muito diferente. Algumas se tornam quase certezas quando nos precedentes que lhes correspondem, jamais se notou uma exceção. Nunca se viu um homem viver eternamente e, portanto, a expectativa da morte é muito forte. Não há, para Hume, diferença essencial entre a expectativa da morte e a expectativa que resulta, por exemplo, da lei de gravidade. Somente Kant, no desafio ao pensamento de Hume, tentará estabelecer esta diferença na necessidade implicada por condições transcendentais do entendimento humano. Ao lado das expectativas mencionadas há crenças muito fracas, baseando-se unicamente em alguns poucos casos que as confirmam, entre muitos outros que não lhes dão apoio.

A força de uma expectativa é, portanto, proporcional ao número de casos em que o fato esperado se deu em condições idênticas, em comparação ao número total de casos em que poderiam ter se dado.

Vemos, pois, que *belief* não é nada mais que um estado de expectativa da reincidência, no futuro, de uma conjuntura de fatos que reiteradamente observamos no passado. Sugere-nos um grau de probabilidade com que determinados acontecimentos poderão repetir-se. Probabilidade, para Hume, é a sugestividade, em termos objetivos, de um *belief*, indicando em que medida podemos esperar a incidência de um fato; depende, portanto, de condições psíquicas e pessoais, ao contrário das concepções modernas de probabilidade, cujos critérios se baseiam exclusivamente em indícios objetivos. Para Hume, no entanto, "quando muitas verificações concorrem, aqui, a um único acontecimento, fortificam e confirmam este mesmo na imaginação, geram aquele sentimento que chamamos *belief* e dão ao seu objeto a preferência sobre o acontecimento contrário, que não é apoiado por um número igual de experiências e não ocorre tão freqüentemente à mente ao transferir o passado ao futuro".

Probabilidade resulta, pois, da projeção de um passado pessoal para o futuro.

10. D. Hume, op. cit., seção XII, parte I, p. 680.
11. Idem, seção XII, parte III, p. 688.

ENSAIOS FILOSÓFICOS

Acostumados a projetar o passado para o futuro, esperamos o acontecimento, em todas as nossas conclusões que se relacionam com um passado regular e uniforme, com a maior segurança, e não deixamos lugar a uma suposição contrária.

Este texto, que evidentemente se refere ao nexo causal, pertence ao capítulo que trata da possibilidade. A razão é óbvia: Toda causalidade não se baseia em outra coisa que num *belief*, numa expectativa instintiva da repetição de um evento que estamos acostumados a ver seguir outro que acabamos de constatar. Probabilidade é o máximo que *belief* pode oferecer. Como caso particular da probabilidade, a causalidade, baseada apenas num *belief*, depende de um mecanismo psíquico e, embora investida do mais alto grau de convicção que um tal "sentimento" comporta, jamais poderá pretender a algo como necessidade ou certeza absoluta e universal.

Embora de procedência psíquica, a convicção que acompanha as nossas expectativas não se dá de modo arbitrário. Por isso, *belief* deve ser distinguido rigorosamente de ficção; pois jamais podemos determinar livremente, à maneira como inventamos uma ficção, o grau de certeza que acompanha as nossas opiniões. Este depende de toda a nossa experiência anterior de que não somos os donos. "A diferença entre ficção e *belief* reside em algum sentimento ou sensação, ligados ao último e não à primeira, e que não dependem da vontade e nem podem ser comandados ao bel-prazer. Têm que ser excitados pela natureza, como todos os outros sentimentos, e terão que surgir da situação particular, na qual a mente se encontra em qualquer conjuntura específica"[12].

D.

A concepção de causalidade de Hume e a sua fundamentação gnoseológica é de uma coerência lapidar e parece uma das poucas posições epistemológicas fundamentais possíveis. A sua importância na história da filosofia foi decisiva: De um lado provocou a reação kantiana que pretendeu fundar a causalidade em condições transcendentais do entendimento humano. Do outro lado, o empirismo radical de Hume impôs-se ao positivismo. Influenciado por Hume, Comte negou a legitimidade de conceitos como "poder" e "energia", aconselhando uma modesta descrição dos fatos e do seu relacionamento espaço-temporal. Utilitarismo e pragmatismo também devem muito a Hume: Basearam os seus sistemas, antes de mais nada, nas funções a favor da adaptação e da sobrevivência que percepção, *belief* e conhecimento exercem, e desenvolveram ao máximo a doutrina de associação de idéias.

---

12. Idem, seção V, parte II, p. 613.

11. O Espetáculo da Natureza no Coração do Homem

É no coração do homem que está a vida do espetáculo da natureza. Para vê-lo é necessário senti-lo.

J.-J. ROUSSEAU[1]

A.

Possuímos todos o sentido da visão; quer isto dizer que todos sabemos ver? Acredito que não. Há muitos que não conseguem perceber a floresta por causa de tantas árvores.

Ver não consiste, exclusivamente, na constatação de fatos; é compreender um espetáculo, um conjunto de impressões que formam um todo significativo. O artista, para transmitir a sua mensagem, prepara um *analogon* material capaz de oferecer, pelo conjunto de impressões sensíveis causado, um espetáculo ao seu público. Mas antes de toda criação humana, o espetáculo é oferecido pela própria natureza, "nos céus que giram, no astro que nos ilumina; não somente em mim mesmo, mas na ovelha que berra, no pássaro que voa e na folha que o vento leva"[2].

Segundo a etimologia, "espetáculo", do latim *spectaculum*, prende-se originariamente ao sentido da visão física, mas bem cedo chegou a incluir no seu significado uma visão mental e, dessa maneira, a compreensão de todo um conjunto de impressões sensíveis, mesmo surgidas de sentidos diferentes. Nas apresentações cênicas, mais especificamente significadas pela palavra "espetáculo", somos submetidos a efeitos inclusive não visuais, como à música dos cantos e das danças, à expressividade e ao ritmo das poesias etc.

1. Jean-Jacques Rousseau, *Émile ou de l'éducation*, Paris: Garnier Frères, 1964, III, p. 187.
2. Idem, *Émile*, IV, Profession de Foi du Vicaire Savoyard, p. 332.

108 ENSAIOS FILOSÓFICOS

Mas toda a ordem admirável da natureza, toda a competência especializada do artista não resultariam num espetáculo, não fosse a capacidade do espectador de apreciá-lo. Portanto, a "vida" de todo espetáculo está no homem dotado de uma receptividade especial para o sentido de conjuntos.

Porém um espetáculo não é apenas a soma de traços perceptuais. Representa mais que uma síntese de pormenores, tão nitidamente se forem concebidos e tão rigorosamente se forem ajuntados pelo entendimento. A visão de conjunto possui a sua própria razão de ser, a sua própria "vida", que procuraríamos em vão em qualquer um dos seus componentes ou mesmo na sua soma correta. Este mesmo princípio vale para a realidade viva que nos cerca. Ensina-nos a citologia que jamais a mera junção de elementos anorgânicos resultará numa célula viva; a combinação de partes nunca dará um organismo.

Ora a inteligência, independentemente dos sentimentos, não faz mais, na opinião de Rousseau, do que justamente isto: Decompor para comparar e julgar as relações entre as partes e rejuntar ou agregar componentes de forma meramente mecânica; assim como os filósofos racionalistas da sua época "estudavam o universo para saber como era composto, como estudariam, por simples curiosidade, qualquer máquina que encontrassem", numa "filosofia que, por assim dizer, lhes permanece estranha"[3]. Portanto um raciocínio que é somente analítico ou sintético não pode captar o que, no espetáculo, há além dos traços perceptuais que o constituem.

As relações estabelecidas pelos juízos da nossa razão são produto de nosso intelecto. O vigário saboiano, sabendo "que a verdade se encontra nas coisas e não no meu espírito que as julga", chega a uma regra fundamental, "confirmada pela própria razão": "Devo confiar ao sentimento antes que à razão", pois "jamais é falso que sinta o que sinto" e "é o entendimento que julga relações que mistura os seus enganos à verdade das sensações que nos mostram unicamente objetos"[4].

Está, portanto, no sentimento a integridade do espetáculo e também a sua "vida". Sendo que no falso e no artificial não há vida, "é no coração do homem que está a vida do espetáculo da natureza". Pois o coração é o símbolo universal da nossa sensibilidade como a cabeça é o do nosso intelecto. "Para vê-lo" de verdade e não somente para constatar pelos olhos as suas feições visíveis, "é necessário senti-lo".

---

3. Idem, *Les Rêveries du Promeneur Solitaire*, Trosième Promenade, Paris: Garnier-Flammarion, Paris 1964, p. 59.
4. Idem, *Émile*, IV, Profession de Foi du Vicaire Savoyard, p. 427.

O ESPETÁCULO DA NATUREZA NO CORAÇÃO DO HOMEM 109

B.

Natureza – o latim *natura* – significava originalmente "nascimento", incluindo progressivamente tudo que nos seres nasce, segundo a evolução autônoma de cada um, perfazendo a sua constituição "inata". Esta já tinha sido a significação (φὺσιζ), e devemos a Aristóteles a primeira definição de "natureza"[5]: "A natureza é um princípio e causa de movimento e repouso naquilo em que se encontra primitivamente e por si, e não por acidente".

Há uma corrente de pensamento, ininterrupta até os nossos dias, que encara as transformações regulares e necessárias, a própria ordem da natureza, como algo de interior, de inerente às suas unidades. Outra tradição, igualmente antiga e igualmente, senão mais, operante ainda no presente momento, vê a necessidade da natureza na inter-relação mecânica entre as unidades. Pois já a escola de Demócrito chamava de natureza a interação mecânica entre os átomos e no fim do século XIX, com o domínio absoluto do mecanicismo, esta concepção de natureza triunfou, não somente nas ciências físicas, no seu terreno natural, mas mesmo nas ciências sociais e biológicas. Este triunfo foi de curta duração e hoje já vemos o pêndulo tender para o outro lado.

Compreendendo a necessidade das transformações naturais como inerentes a unidades, para uma explicação progressiva das forças que percebemos fora de uma unidade, temos que conceber unidades sempre mais amplas, até chegarmos à unidade suprema do universo. Do contrário, encontrando os acontecimentos naturais entre as unidades, na sua interação mecânica, para dar conta das transformações que encontramos dentro de uma unidade, teremos que proceder a uma divisão progressiva das unidades até chegarmos a algo de indivisível, ao átomo ou ao elétron.

Rousseau toma posição, decididamente, a favor da primeira concepção de natureza, aliás, a única que acompanha o sentido original da palavra:

> Que suposições absurdas de deduzir toda esta harmonia de um mecanismo cego da matéria em movimento ao acaso! Aqueles que negam a unidade de intenção que se manifesta nas relações entre todas as partes deste grande todo, bem podem encobrir os seus artifícios verbais por abstrações, combinações, princípios gerais e termos simbólicos; que quer que façam, me é impossível conceber um sistema de seres tão uniformemente ordenado, sem imaginar uma inteligência que o ordena[6].

Mesmo testemunhando esta harmonia universal uma suprema inteligência que ordenou e estruturou o mundo, este, a natureza, no sentido mais amplo da palavra, permanece a suprema configuração da realidade e as relações que lhe são eternamente inerentes têm caráter

5. Aristóteles, *Física* II.
6. J. -J. Rousseau , *Émile*, IV, Profession de Foi du Vicaire Savoyard, p. 334.

110 ENSAIOS FILOSÓFICOS

divino justamente por serem inatingíveis por qualquer capricho, mesmo de um pretenso Deus, que a revelação, obtida por homens eleitos, proclama ter presenciado nos milagres. "Se as verdades eternas", diz Rousseau pela boca do vigário saboiano, "que o meu espírito concebe pudessem sofrer qualquer abalo, não haveria mais nenhuma espécie de certeza para mim"[7].

Na natureza o homem ocupa um lugar privilegiado. Consciência e vontade permitem-lhe "dispor dos elementos por meio da sua arte" e "apropriar-se, pela contemplação, até das estrelas, das quais não se pode aproximar". "Posso sentir o que é ordem, beleza, virtude [...] posso amar o bem e fazê-lo"[8]. Uma voz inata, a voz da consciência, nos mostra o bem e o mal e nos permite uma escolha livre, mas responsável, das freqüentes contradições a que nos leva a ambigüidade da nossa constituição que, de um lado se funda no instinto de auto-conservação e de bem estar, do outro "na repugnância natural por ver perecer ou sofrer qualquer ser sensível e principalmente os nossos semelhantes"[9]. Somente o homem, pela faculdade do seu espírito de "quebrar as limitações que o encerram"[10] é capaz de "juntar o sentimento da existência comum ao da sua existência individual"[11] e chegar, desta forma, a uma visão global da natureza, que abrange tanto o mundo exterior como a realidade subjetiva.

A natureza é, portanto, um "todo" acima das separações fortuitas que a consciência estabelece entre subjetividade e objetividade. Bondade e justiça, ordem e beleza são percebidas em todo o universo, no universo objetivo e no universo subjetivo. As diversas hierarquias de valores juntam-se e completam-se na realidade humana como fora dela. "Não!" exclama Rousseau nas *Rêveries*[12], "jamais argumentações vãs destruirão a concordância que percebo entre a minha natureza imortal e a ordem física que vejo reinar ali!". Na *Nouvelle Héloise* Rousseau diz: "O bom não é outra coisa que o belo posto em ação", e ainda "os dois possuem uma raiz comum na natureza bem ordenada"[13].

Assim, a ordem moral e a ordem estética reduzem-se a uma só e as leis da natureza física lhe correspondem e a sustentam. Os mesmos princípios estruturam o ser nos espaços imensos do universo e o mundo interior do homem, também vasto e de dimensões imprevisíveis.

---

7. Idem, p. 371.

8. Idem, p. 336.

9. Idem, *Discurso sobre a Origem e os Fundamentos da Desigualdade entre os Homens*, Prefácio, p. 163, *Obras de Jean Jacques Rousseau*, v. 1, Porto Alegre: Globo, 1958.

10. Idem, *Émile*, IV, Profession de Foi du Vicaire Savoyard, p. 339.

11. Idem, p. 336.

12. Idem, *Les Rêveries du Promeneur Solitaire*, Trosième Promenade, p. 65.

13. Apud Pierre Burgelin, *La philosophie de l'existence de J. J. Rousseau*, Paris: Presses Universitaires de France, 1952, I, 12M.

O ESPETÁCULO DA NATUREZA NO CORAÇÃO DO HOMEM

A correspondência fundamental entre o humano e cósmico determina ao homem o seu lugar.

A tranqüila consciência de constituir uma parte indispensável, mesmo se ínfima, numa ordem transcendente, é satisfação de profundas aspirações religiosas, tão naturais ao homem como o seu amor à liberdade ou as suas reivindicações de justiça. A religiosidade universalmente humana que Rousseau sente e à qual dedica as mais belas e profundas passagens do seu *Vigário Saboiano* está em franca oposição às religiões reveladas e à estreiteza dogmática a que educam. Somente uma integração plena e consciente na natureza, submissão aos seus supremos desígnios, corresponde, no plano religioso, à sua exigência moral de obedecer ao mandado da natureza no homem. Redimir o homem é reintroduzi-lo na natureza, torná-la novamente o seu ambiente para o qual uma ordem universal e as suas próprias inclinações o destinaram.

Esta integração natural de "uma pequena parte de um grande todo, cujos limites nos escapam"[14] é muito vulnerável. O progresso da civilização e a intelectualização que em regra o acompanha, ameaçam, por sua abordagem analítica, a unidade do verdadeiro, do belo e do bom. "Tendo o estudo da filosofia e o progresso do raciocínio aperfeiçoado a gramática, excluíram também da língua aquele tom vivo e apaixonado que, a princípio, a tornaram tão cantante"[15]. E ainda: "A escrita que parece dever fixar a língua, é justamente o que a altera [...] substitui a expressão pela exatidão"[16]. Burgelin resume a desintegração da interdependência natural dos valores por meio de uma civilização racionalizante nas seguintes palavras: "Linguagem e filosofia são conjuntamente produtos de decomposição em ação recíproca e nociva uma sobre a outra. Mataram, juntas, o que era antes poesia e música para transformá-lo em palavras frias que não atuam mais sobre o homem inteiro, mas somente sobre o seu entendimento"[17]. Junto com a sua linguagem específica, expressão de uma linguagem viva, da realidade do homem, a civilização produz a desintegração de todo um mundo, dissociando a ordem estética da ética e ambas da ordem dos fatos, da ciência teórica que as deveria sustentar.

A natureza que em si encerra o verdadeiro, o belo e o bom não é somente a mais perfeita encarnação destes valores, tão sagrados ao homem, mas, ainda, o meio ambiente apropriado à alma como "parte de um todo, cujos limites nos escapam". Na natureza não se inspira somente Rousseau o político, o antropólogo, o poeta e o músico, mas

14. J. -J. Rousseau , *Émile*, IV, Profession de Foi du Vicaire Savoyard, p. 323.

15. Idem, *Ensaios sobre a Origem das Línguas*, *Obras de Jean Jacques Rousseau*, v. 2, Porto Alegre: Globo, 1958, XIX, p. 469.

16. Idem, p. 440.

17. P. Burgelin, op. cit., p. 46.

112 ENSAIOS FILOSÓFICOS

também Rousseau o homem de profunda religiosidade, com a sua alma em busca da redenção de uma solidão existencial, produzida pela desintegração, através de uma civilização racionalizante, de um mundo representativo de um conjunto inseparável de valores.

C.

Descartes dizia: *Cogito ergo sum* – penso, logo sou. Pois mesmo ao me enganar, penso. Mesmo quando duvido da minha existência, do meu próprio pensamento, penso. Não posso, pois, por o meu pensamento em dúvida.

Ora, para Rousseau, há muitos que sentem, regozijam-se e sofrem, sem que estas emoções sejam causadas ou mesmo acompanhadas por um pensamento. Cada um de nós já sentiu antes de pensar. Antes do ser que nos é desvendado pelo pensamento, há o existir que se manifesta no sentimento. "Existir, para nós, é sentir. A nossa sensibilidade, incontestavelmente, é anterior à nossa inteligência e temos tido sentimentos antes de idéias"[18].

O sentimento é anterior ao pensamento na ordem do tempo, pois, embora houvesse períodos em que todos sentíamos sem pensar, jamais passamos um momento em que pensamos sem sentir. É anterior na ordem de importância, pois o pensamento depende do sentimento, sem o qual o homem fica apenas com "o triste privilégio de enganar-se, de erro para erro, guiado por um entendimento sem regra e por uma razão sem princípio"[19]. A razão, por si só, não é capaz de se propor uma meta. Sozinha carece de conteúdo, podendo, exclusivamente, construir um sistema meramente formal.

Se para Rousseau sentir é existir, é no sentimento que deve ser buscado o conhecimento legítimo. Já vimos que o nosso autor nega à razão todo critério intrínseco de verdade, em oposição fundamental a Descartes e aos filósofos racionalistas. Nem permite confiar, para o fundamento último do nosso conhecimento, numa elaboração racional das nossas experiências empíricas, segundo nos ensinou Locke. É sempre o juízo racional que introduz o erro nas nossas impressões sensíveis, não porque o juízo é um ato da nossa vontade e como tal contém um elemento irracional, como pretendia Descartes, mas, ao contrário, justamente porque o juízo é racional e meramente formal, sem raiz nem nos fatos, nem na sua razão de ser[20].

Que é este sentimento de tamanha importância para o processo cognitivo? Deriva de duas fontes: De sensações que Kant, mais tarde, relacionaria com o senso interno, e de outras que pertenceriam a um

18. J.-J. Rousseau , *Émile*, IV, Profession de Foi du Vicaire Savoyard, p. 353.
19. Idem, p. 355.
20. Idem, p. 354.

O ESPETÁCULO DA NATUREZA NO CORAÇÃO DO HOMEM

senso externo. De um lado temos o sentimento das nossas impressões sensíveis, fornecidas pelos nossos sentidos em número de cinco. "Um sexto sentido chamado senso comum, menos porque é comum a todos os homens, que porque resulta do uso bem regulado dos outros sentidos e porque nos ensina a natureza das coisas pelo concurso de todas as suas aparências"[21], é um sentido ativo ao contrário dos outros cinco sentidos que são passivos e, exclusivamente, receptores de impressões. O sexto sentido proporciona-nos "sensações puramente internas" que "se chamam percepções ou idéias"[22]. Evidentemente estas "idéias" não são produto de um entendimento intelectual – sentido em que Rousseau geralmente usa o termo "idéia" – mas são representações sensíveis ou objetos que nos são dados por nossa experiência empírica.

A outra fonte, exclusivamente interna, dos nossos sentimentos consiste nas nossas paixões que, por sua vez, "têm a sua origem nas nossas necessidades e o seu progresso nos nossos conhecimentos"[23]. As necessidades mínimas do homem selvagem, jamais sublimadas por alguma civilização, resumem-se na alimentação, no repouso e na satisfação sexual; a única adversidade que receiam é a dor. Necessidades que devem ser procuradas e adversidades das quais é preciso fugir fundamentam o "amor de si" do homem. Num estado um pouco mais desenvolvido da evolução humana, essa lista será aumentada pela "procura do bem-estar", do lado positivo e pelo "horror da morte", do lado negativo. Todas estas necessidades e adversidades, com as quais a natureza investiu a existência humana, suscitam e alimentam o cuidado com a própria pessoa. Do outro lado, o homem "é sociável por natureza" ou, pelo menos, organizado para tornar-se assim. Conseqüentemente, possuímos outros sentimentos naturais e espontâneos que, contrastando com os do "amor de si", são altruístas e a favor de tudo aquilo com que convivemos.

Também neste conjunto puramente interno de sentimentos há um com função de regular e de estabelecer no meio das nossas paixões a ordem e a harmonia que reinam em toda a natureza. Trata-se do "impulso de consciência que nasce dessa ligação sentimental dupla consigo mesmo e com os nossos semelhantes"[24]. A consciência é o impulso moral por excelência e critério de verdade e de beleza, de justiça e de bondade, dada a inter-relação dos valores que Rousseau não se cansa de ensinar.

21. Idem, *Émile*, II, p. 174.
22. Idem, ibidem.
23. Idem, *Discurso sobre a Origem e os Fundamentos da Desigualdade entre os Homens*, op. cit., p. 174.
24. Idem, ibidem.

114 ENSAIOS FILOSÓFICOS

Os valores podem impor-se somente no seu conjunto. Toda separação resulta em destruição. Os valores morais sempre ocupam uma posição dominante na obra de Rousseau. "A verdade sagrada que o seu coração adora, não consiste em fatos indiferentes, nem em palavras inúteis. Justiça e verdade são, no seu espírito, dois termos sinônimos que toma, indiferentemente, um pelo outro"[25]. A ordem da natureza é a medida absoluta, tanto do belo como do justo. A consciência que nos ensina o que é justo decide também sobre o que é verdade, e os sentimentos que são de origem interna, surgidos de necessidades e paixões, dão colorido, sentido e significação aos sentimentos que provêm de sensações externas, i.e., às nossas experiências empíricas.

Depois que o sentimento criou, a razão relaciona. "Pela comparação removo-os [os objetos da minha sensação], transporto-os, por assim dizer, coloco-os um em cima do outro, para pronunciar-me sobre a sua diferença ou semelhança e sobre todas as suas relações em geral"[26]. Ser ativo e inteligente, sou capaz de dar sentido à palavra "é". Depois de sentir o meu "existo" e o existir do mundo, descubro o meu ser e o ser das coisas.

Rousseau distingue entre uma razão sensitiva e uma razão intelectual. A primeira é orientada, estritamente, pelo sentimento e pelas impressões do real que nele se reflete. Em seguida, ao estabelecermos relações entre objetos e representações, operamos por meio de juízos que se afastam daquilo que posso constatar pelas minhas sensações. Entramos no domínio da razão intelectual. Esta é algo nosso que nós introduzimos aos fatos, estranha à realidade da qual falam as nossas sensações.

Que se dê este ou aquele nome àquela força do meu espírito que aproxima e compara as minhas sensações; que se chame atenção, meditação, reflexão ou como se queira, sempre é verdade que ela está em mim e não nas coisas, que sou eu que a produzo, embora a produza somente na ocasião da impressão que os objetos me causam[27].

Torna-se, pois, indispensável estabelecer um controle contínuo, exercido por nossa consciência, a fim de somente "admitir como evidentes todos aqueles [conhecimentos] aos quais, na sinceridade do meu coração, não poderia recusar o meu assentimento[28]". Pois a minha consciência, a voz da sinceridade do meu coração assume a verdade de todas as impressões externas e internas que são a legítima manifestação da realidade.

25. Idem, *Les Rêveries du Promeneur Solitaire*, Quatrième Promenade, 1964, p. 83.
26. Idem, *Émile*, IV, Profession de Foi du Vicaire Savoyard, p. 326.
27. Idem, p. 327.
28. Idem, p. 324.

D.

Uma natureza, cujo espetáculo é acessível apenas ao coração; um conhecimento que se baseia exclusivamente no sentimento íntimo; e um homem condenado para toda a eternidade a uma solidão existencial irremediável?! Ou há uma comunicação possível, não obstante o caráter irracional da natureza e a subjetividade de todo conhecimento que vai além de aspectos puramente formais?

O próprio texto base destas considerações serve de lição à ingenuidade do mestre que acredita poder transmitir a uma criança a sua própria experiência de um nascer do sol ao qual acabam de assistir juntos. "Pura besteira", comenta Rousseau, "é no coração do homem que está a vida do espetáculo da natureza; para vê-lo, é necessário senti-lo"[29]. A criança jamais pode sentir o nascer do sol da maneira como o sente o adulto. "Precisa de uma experiência que não adquiriu, de sentimentos que não teve, para sentir a impressão composta que resulta simultaneamente de todas estas sensações"[30]. É a totalidade das vivências passadas que caracteriza toda experiência presente. Mesmo quando se trata de apreciar apenas uma vista, associam-se as mais variadas impressões passadas que completam a contemplação atual. Na integração do que experimentamos no passado ao que aprendemos a cada momento, na criação a partir destes dois elementos, numa nova totalidade experiencial, consiste, precisamente, o importantíssimo papel da imaginação na apreciação de um belo espetáculo da natureza. Nisto a imaginação não se restringe a uma mera reprodução de acontecimentos guardados na memória; re-elaborando as recordações num contexto inédito de impressões novas, a imaginação cria uma visão nova e original.

Um passado privativo que se impõe em todas as nossas experiências; uma imaginação pessoal que lhes imprime o cunho definitivo – estes fatores, além de impossibilitar a transmissão pura e simples de impressões do mestre para o pupilo inexperiente, não tornarão eles absurda toda pretensão de comunicar, a quem quer que seja, algo mais que elementos formais, isolados e banais?

Assim seria se não houvesse ao alcance de todos os homens uma fração da natureza, comum aos homens e se não fosse cada um "uma pequena parte de um grande todo, cujos limites nos escapam".

Esta realidade, comum a todos os homens, mantém-se intacta na profundidade do coração humano, não alcançada pela artificialização de uma civilização racionalizante. Somente a imaginação tem acesso a ela; pois, na medida em que a imaginação se afasta de uma realidade meramente formal e quantitativa, apreendida por "um entendimento

---

29. Idem, *Émile*, III, p. 187.
30. Idem, ibidem.

116 ENSAIOS FILOSÓFICOS

sem regra e uma razão sem princípio", aproxima-se, pela integração que efetua do verdadeiro com o belo e o bom, do passado com o presente, da única realidade legítima de uma "natureza bem ordenada", não mais sujeita ao relativismo do tempo. Por conseguinte, "quem nada imagina, sente apenas a si mesmo. Encontra-se sozinho no meio do gênero humano"[31]. Não conhecendo a natureza comum aos homens, encontrará no próximo nada mais que uma relação consigo mesmo: Enfrentará um pai, um irmão, um filho, jamais um homem.

A nossa civilização intelectualizante que se importa apenas com diferenças e "de-finições", esquecendo-se da esfera comum em que todos criamos raízes, constitui um perigo formidável para a autoconsciência natural do homem. Pode tornar o legitimamente humano totalmente desconhecido, e as pessoas individualmente alienadas. Assim, uma comunicação parecerá impossível, a não ser dentro de limites estreitos de um formalismo racional, de um significado convencional de sinais sonoros, das palavras.

As mais belas palavras jamais nos fornecerão o veículo de uma comunicação legítima, se restritas ao seu significado convencional. A língua, para ser expressiva, deve conter poesia, ritmo e melodia. Além de convencer, deve persuadir e comover. Isto lhe era natural nos tempos remotos em que nas verdadeiras democracias gregas, por exemplo, "a persuasão constituía uma força pública" enquanto hoje "a força pública substituiu a persuasão"[32]. "Tendo o estudo da filosofia e o progresso do raciocínio aperfeiçoado a gramática, excluíram também da língua aquele tom vivo e apaixonado que a princípio a tornara tão cantante"[33].

Somente as qualidades expressivas de uma linguagem podem evocar evidências passadas, estimular a imaginação reprodutiva e, simultaneamente, a produtiva, a criar nova visão unificante a partir de elementos evocados e, portanto, comunicados. É sempre a natureza humana, viva em todos os indivíduos, que garante a correspondência entre as minhas impressões e as do meu próximo. *Homo sum; humani nihil a me alienum puto* – "Sou homem; do humano nada considero alheio"[34].

"É, pois, no coração do homem que está o espetáculo da natureza", nos seus sentimentos, não desvirtuados por um racionalismo artificial, respeitada a natureza humana. O espetáculo da natureza externa vive, pois, na natureza humana. Em última análise trata-se de uma natureza somente. Somente esta suposição poderá fazer-nos

---

31. Idem, *Ensaios sobre a Origem das Línguas*, op. cit., IX, p. 446.
32. Idem, XX, p. 472.
33. Idem, XIX, p. 469.
34. Terêncio, *Heauton Timorumenos*, I, 1, 25, apud Georg Büchmann, *Geflüegelte Worte*, Berlim, 1903.

compreender, por que há esta "concordância que percebo entre a minha natureza imortal e a constituição deste mundo".

Longe de necessitar um longo recuo no tempo ou uma transposição para longínquos países, ainda não atingidos pela civilização, a natureza é o mais próximo ao homem. Uma vez despertada a sensibilidade adormecida do natural, encontramos a natureza no nosso íntimo e nela o reflexo de um universo que lhe é afim nas suas verdades, na sua beleza e na sua bondade.

12. Necessidade e Transcendentalidade

I.

Necessário é, segundo o "terceiro postulado do pensamento empírico", aquilo "cuja ligação com o real é determinado segundo condições gerais da experiência"[1]. Na explicação deste postulado, Kant deixa claro que tem em vista uma necessidade "material na existência, e não uma necessidade meramente formal e lógica de relação entre conceitos"[2]. O conceito "necessidade" pode, pois, referir-se unicamente a alguma ligação entre efeitos reais. Do outro lado, a definição acima não deixa dúvidas quanto ao fato de que sempre falamos de uma necessidade, como se afigura imanentemente na nossa consciência, pois a necessidade é uma determinação condicionada por nossa experiência e não por uma objetividade transcendente e alheia aos nossos modos de perceber.

Sendo "necessidade" uma maneira específica de conexão entre efeitos, "não é da existência das coisas (substâncias), mas de seu estado que, exclusivamente, podemos conhecer a necessidade e, em particular, a partir de outros estados que nos são dados na percepção, segundo leis empíricas da causalidade"[3]. Conseqüentemente, a necessidade, não obstante o seu caráter absoluto, não pode ser aplicada *a*

---

1. Immanuel Kant, *Crítica da Razão Pura*, Analítica Transcendental, Livro Segundo, seção 3, cap. IV, p. 249.
2. Idem, p. 259.
3. Idem, ibidem.

priori diretamente à realidade, mas sempre "com relação a uma outra existência já dada".

É interessante notar que Kant restringe a "necessidade" como forma modal de relações entre estados de objetos a um único tipo de relação, o que pertence à categoria da causalidade, embora da tábua das categorias ele faça constar três categorias de relação. Dentro do âmbito da causalidade, o conceito "necessidade" é novamente restrito a casos que se enquadram em "leis empíricas da causalidade", limitação ao genérico e universal de modo algum implicada pela essência do nexo causal. Segundo o "princípio da razão suficiente" formulado por Leibniz[4], a causalidade não se aplica somente a inter-relações genéricas, mas igualmente à ligação necessária entre casos individuais.

Estas restrições na definição kantiana de "necessidade" evidenciam que o nosso filósofo não se interessa particularmente por uma análise exaustiva da necessidade como categoria modal, mas pelo estudo de uma forma particular de relação, ou seja, a relação causal expressa pelas leis da natureza, como formuladas pelas ciências físicas da sua época.

A determinação necessária dos acontecimentos no mundo e na vida dos homens foi a principal preocupação nos primórdios do pensamento filosófico e permaneceu um dos tópicos mais importantes da meditação humana. Como princípio unitário que rege o universo, veio substituir os termos antropomórficos da teologia antiga. Nas famosas palavras de Anaximandro "De onde vem a geração dos seres, ali vai também a sua dissolução segundo uma lei necessária"[5], já reconhecemos claramente o conceito da necessidade que aqui ainda une sincreticamente uma significação jurídica derivada de uma legislação divina com uma significação causal, esta sugerida pelo trecho citado, aquela contida na continuação do fragmento: "pois devem pagar, um ao outro, punição e penitência pela injustiça, na ordem do tempo". Na doutrina aristotélica de "potência" e "ato" o conceito da necessidade ficou fora da dicotomia modal e permaneceu ligado a uma ordem cósmica global que determina o universo, seja a partir de um "primeiro motor" seja para uma "causa final". O determinismo rigoroso do estoicismo considerou, igualmente, a necessidade como enraizada num *logos* universal, e durante toda a filosofia medieval a tendência dominante era ver na necessidade a validade inescapável dos juízes da razão divina. Somente a revolução científica da era de Galileu e Newton transformou a necessidade degradando-a de um sentido cósmico para o de uma validade sem exceção de certas fórmulas exprimindo relações entre fatos observáveis. Esta concepção de necessidade, como

---

4. Gottfried Leibniz, *Monadologia*, § 32.
5. Simplício, *Física*, 24, 13, apud R. Mondolfo, *O Pensamento Antigo*, São Paulo: Mestre Jou, 1971, p. 41 e s.

NECESSIDADE E TRANSCENDENTALIDADE

inerente nas leis da natureza das ciências físicas, forneceu a Kant o modelo de uma necessidade positiva, cientificamente fundamentada e livre das contradições às quais toda especulação metafísica pré-kantiana tem levado inevitavelmente.

II.

A palavra "transcendental" deriva do verbo latino *transcendere*, que significa "transpassar". Enquanto "transcendente" em filosofia chegou a ser usado para tudo aquilo que transpassa a experiência, ou, mais tarde com o aparecimento da crítica epistemológica, o que transpassa a consciência que temos das nossas experiências, o uso de "transcendental" ficou reservado aos conceitos mais gerais. A filosofia escolástica falava de *transcendentalia* referindo-se a conceitos que passavam em generalidade os conceitos do gênero e mesmo de categorias. Albertus Magnus enumerava seis *transcendentalia*: *res*, *ens*, *verum*, *bonum*, *aliquid*, e *unum*. Spinoza usa o termo "transcendental" no mesmo sentido de noção mais geral, mencionando como exemplos *ens*, *res* e *aliquid*[6], e George Berkeley fala de *transcendental maxims*[7], referindo-se aos princípios mais gerais que regem todas as ciências e dos quais os princípios matemáticos formariam um caso particular.

Kant deu ao termo "transcendental" um significado completamente novo. Na *Crítica da Razão Pura* (Introdução, cap. VII), encontramos a seguinte definição: "Chamo transcendental todo conhecimento que não se ocupa, também, com objetos, mas com o modo de conhecer objetos, na medida em que este é tido possível *a priori*". O conceito "transcendental" na significação kantiana, jamais se refere a um objeto do conhecimento, seja ele material ou ideal, mas sempre visa a certos modos de conhecimento. Na grande variedade de processos cognitivos, "transcendental" é aplicável somente às cognições *a priori* e entre as muitas considerações que podemos tecer sobre o conhecer *a priori*, "transcendental", para Kant, é somente aquele conceito, juízo ou argumentação que estabelece a possibilidade de um conhecimento *a priori* de objetos que nos são dados na nossa experiência.

Uma "filosofia transcendental" representaria o sistema de todos os conceitos transcendentais, i.e., de todos os conceitos referentes à possibilidade de todo e qualquer conhecimento *a priori* de objetos que nos são dados na experiência. Constituiria uma ciência incluindo todo conhecimento analítico e sintético *a priori*. Kant, na *Crítica da Razão Pura*, escolhe, "para o começo", somente aquela parte da filosofia transcendental que trata dos "princípios da síntese *a priori*"

6. Baruch Spinoza, *Ética* II, 40, 1º escólio.
7. George Berkeley, *Principles of Human Knowledge*, § 118.

122 ENSAIOS FILOSÓFICOS

(Introdução, cap. ii). Portanto as investigações transcendentais dos "princípios da síntese *a priori* no nosso conhecimento são considerações sobre os fundamentos da possibilidade de relações necessárias entre os fatos da nossa experiência".

O nosso raciocínio definidor do termo "transcendental" levou-nos, pois, a uma espécie de inversão dos termos do nosso tema: Todo conceito transcendental, enquanto referido a alguma síntese *a priori*, condiciona uma necessidade.

III.

O próprio significado da palavra "transcendental" evoca o eterno problema da gnoseologia: Como podemos ter noções adequadas dos objetos da nossa experiência que transcendem a nossa consciência, restringindo-se o problema transcendental à possibilidade de termos noções adequadas *a priori* destes mesmos objetos.

"Se a intuição tivesse que se orientar pelo conjunto dos caracteres do objeto, não vejo como se poderia saber algo dele *a priori*"[8]. Não ter conhecimento *a priori* equivale a não ter conhecimento preciso, pois "a experiência jamais dá aos seus juízos uma universalidade verdadeira ou rigorosa, mas somente suposta e comparativa"[9]. O diagnóstico de Kant para todas as dificuldades que a metafísica, e a epistemologia em particular, encontrou, a sua explicação do triste fato de que nestas disciplinas jamais se conseguiu chegar a resultados definitivos que não fossem objetos de refutação por pensadores subseqüentes, consiste precisamente na impossibilidade da pretensão de colher as nossas verdades diretamente dos objetos.

O prefácio à segunda edição descreve a revolução que se deu nas matemáticas para, de considerações empíricas de universalidade meramente "suposta e comparativa", à maneira em que foram praticadas pelas culturas orientais, chegarem à matemática grega pura que descobriu que "para conhecer algo seguramente *a priori*, não precisava atribuir à coisa nada mais do que seguia necessariamente, do que, segundo o seu conceito, nela tinha colocado" (p. 25). A física passou por uma revolução semelhante, embora muito mais tarde, somente um século e meio antes da redação da *Crítica*. Então também os físicos compreenderam "que a razão entende somente o que ela mesma produz segundo o seu projeto" (p. 26).

Também a metafísica necessita, na opinião de Kant, de uma revolução correspondente para tornar-se ciência. Copérnico, "não progredindo bem na explicação dos movimentos celestes, ao supor que todo o exército dos astros gira ao redor do observador, experimentou

8. I. Kant, *Crítica da Razão Pura*, Prefácio à 2ª ed., p. 28.
9. Idem, Introdução, ii, p. 49.

NECESSIDADE E TRANSCENDENTALIDADE

se não sucederia melhor fazendo o observador girar e os astros ficarem em repouso" (p. 28). Da mesma maneira, na metafísica,

se a intuição tiver que se orientar pelo conjunto dos caracteres do objeto, não vejo como se poderia saber dele algo *a priori*; mas, se o objeto (como intento dos sentidos) se orientar pelo conjunto dos caracteres da nossa faculdade de intuir, então posso conceber esta possibilidade muito bem" (p. 28).

Abre-se assim, a perspectiva de uma metafísica da consciência, cujos objetos nos podem ser dados adequadamente. Uma das suas partes, a metafísica do conhecimento, terá por matéria as estruturas de todo conhecimento (exposição metafísica) e a maneira como estas estruturas possibilitam conhecimentos *a priori* (exposição transcendental).

Para Kant devem, portanto, ser abandonadas as tradicionais subdisciplinas da metafísica, a psicologia (doutrina da consciência como coisa em si = alma), a cosmologia e a teologia que se compõem de raciocínios que, embora surgindo necessariamente do uso da razão, necessariamente apresentarão contradições, como Kant demonstrará na segunda divisão da *Crítica da Razão Pura*, ou seja, na "Dialética Transcendental".

Tocamos aqui num ponto dos mais delicados do ensinamento de Kant. Qual é a relação do fenômeno, como imanente à nossa consciência, como "objeto orientado pelo conjunto dos caracteres da nossa faculdade de intuir", com a "coisa em si" que permanece transcendente? É esta "coisa em si" um mero apêndice sem qualquer importância e sem qualquer função na filosofia de Kant que pode ser descartada sem maior prejuízo? É, conseqüentemente, o fenômeno uma livre criação do nosso espírito, como ensinou a corrente idealista da filosofia alemã subseqüente?

A grande importância que a "coisa em si" tem na filosofia kantiana é patente na *Crítica da Razão Prática*[10] onde Kant afirma que "a causalidade segundo a lei da necessidade natural" deve ser atribuída "meramente ao fenômeno; à liberdade, ao contrário, a precisamente o mesmo ser como 'coisa em si mesma'" (p. 111). Toda a nossa experiência de liberdade baseia-se, pois, para Kant, numa experiência da "coisa em si", experiência de importância fundamental para a filosofia moral de nosso filósofo.

Mas mesmo na *Crítica da Razão Pura* Kant está longe de desclassificar a "coisa em si" para um mero nada. Um texto nos diz claramente[11], ao falar da segunda analogia: "Pois temos contato tão somente com as nossas representações; como serão as coisas em si mesmas [irrespectivamente das representações *por meio das quais*

---

10. Ver Parte Primeira, Livro 1, 3ª seção.
11. Ver Parte Segunda, 1ª divisão, Livro Segundo, Cap. II, 3ª seção, III, p. 227.

124 ENSAIOS FILOSÓFICOS

nos afetam] é inteiramente fora da esfera do nosso conhecimento". Aqui não permanece dúvida que para Kant as "coisas em si" *afetam* a nossa receptividade e, deste modo, ocasionam o fenômeno originando a sua constituição na nossa consciência. Coerente com esta posição, Kant pode dizer:

> O que sucede com os objetos em si e separados de toda esta receptividade da nossa sensibilidade, permanece inteiramente desconhecido para nós. Conhecemos nada mais que a nossa maneira de percebê-los, que nos é particular e que não cabe necessariamente a todo ser, embora, sim, a todo homem[12].

Fenômeno (*Erscheinung*) é, pois, o que das "coisas em si" se afigura na receptividade específica ao homem. O fenômeno é imanente ao âmbito da consciência humana, mas provocado por influencias estranhas, das quais jamais poderemos saber nada além do que se traduz, como fenômeno, à nossa receptividade especificamente humana.

Sendo todo fenômeno imanente à nossa consciência, condicionado pelas particularidades da nossa receptividade, não é somente possível, mas até necessário, que determinadas estruturas formais precedam toda experiência de fato. Podemos, portanto, legitimamente esperar certos característicos *a priori* em todo conhecimento empírico.

IV.

O princípio mais fundamental que estrutura toda a nossa experiência, empírica ou não, que forma a nossa intuição, a nossa representação e o nosso pensamento, é o princípio da unidade sintética transcendental da apercepção. Antes de mais nada é de grande importância deixar claro que, quando aqui falamos de apercepção ou consciência nos referimos à apercepção transcendental ou pura que, como consciência una e sempre idêntica a si mesmo, acompanha todos os atos conscientes e os faz meus. Como veículo de todas as determinações conferidas pelas minhas experiências, ela mesma é indeterminada, muito ao contrário da apercepção empírica ou consciência empírica, que é objeto do senso interno e é fenômeno como os objetos dos nossos sentidos. A apercepção empírica está sujeita ao contínuo fluxo do devir e das transformações, enquanto a apercepção transcendental é o puro e mero ser consciente inerente a toda experiência. "Deve ser uma condição que precede toda experiência e a torna possível."[13]

O princípio transcendental da unidade sintética da apercepção especifica que todas as nossas experiências como determinações su-

---

12. *Crítica da Razão Pura*, Parte Primeira, Estética Transcendental, 2ª seção, Observações Gerais, § 8, p. 95.

13. Idem, Parte Segunda, 1ª divisão, Livro Primeiro, cap. II, Dedução dos Conceitos Puros do Entendimento.

NECESSIDADE E TRANSCENDENTALIDADE 125

cessivas de uma única consciência, constituem apercepções unitárias; afirma mais que estas apercepções, por pertencerem a uma única consciência, afirma que podem ser ligadas entre si. A conexão na sucessão estende-se ao espaço, na medida em que os elementos constituintes provêm de uma experiência externa e, portanto, de uma coexistência.

O princípio da unidade sintética da apercepção é transcendental porque se reporta àquilo que, na nossa maneira de intuir, de representar e de pensar, fundamenta toda e qualquer síntese *a priori*. É, como confirma o parágrafo que segue aquele que contém o nosso tema, a condição transcendental última de toda síntese *a priori* e, conseqüentemente, de toda necessidade. Pois "toda afirmação pensada já na sua necessidade, é um juízo *a priori*"[14].

Chegamos ao resultado de que o princípio transcendental da unidade sintética da apercepção é a condição transcendental de toda necessidade. Resta examinar mais pormenorizadamente como se constituem, conforme este princípio, os objetos da nossa intuição com os seus modos de ser que entram em relações necessárias; de que forma, portanto, a causalidade, como uma das categorias de nosso entendimento, torna-se fator constitutivo de toda a nossa experiência.

V.

A própria multiplicidade de impressões que se constitui numa intuição é possível somente, segundo o ensinamento de Kant, devido à existência de uma sucessão de dados sensíveis que reunimos no tempo; "porque, contida num instante único, toda representação somente pode ser unidade absoluta"[15]. Para que vários elementos se possam unir numa única intuição, por exemplo os inúmeros pontos na intuição de uma linha, é preciso: 1. percorrer todos os pontos sucessivamente, traçando assim a linha; 2. unificar os pontos numa apreensão única. Este processo pelo qual uma representação é formada na intuição é chamado por Kant de "síntese transcendental da apreensão".

A síntese transcendental da apreensão está intimamente ligada com a faculdade que temos de imaginar objetos, reproduzindo apreensões já passadas e unindo-as com as presentes numa imagem única. Se, ao traçarmos uma linha, explica Kant, esquecemos no fim as partes que traçamos no começo, jamais chegaremos a conceber uma linha inteira. Não fica bem claro, nestes textos, onde acaba a síntese da apreensão e onde começa a síntese reprodutiva da imaginação. A síntese da apreensão parece de âmbito restrito enquanto a síntese da imaginação praticamente não tem limite na complexidade das suas combinações. A síntese reprodutiva da imaginação estabelece a unidade objetiva entre

14. Idem, Introdução, II, p. 49.
15. Idem, Dedução dos Conceitos Puros do Entendimento, 2ª seção, cap. 1, p. 708.

126 ENSAIOS FILOSÓFICOS

inúmeras afecções sucessivas da consciência. A faculdade transcendental da imaginação, como Kant caracteriza esta síntese reprodutiva, constitui os objetos do nosso conhecimento empírico tanto quanto do nosso conhecimento puro. Pois as formas da nossa receptividade sempre antecedem a própria experiência e jamais são modificados por ela. O que nelas se apreende, seja empiricamente, seja *a priori*, constitui-se sempre pelo mesmo modo de síntese que acabamos de mencionar[16].

Os conceitos são produzidos por uma terceira forma de síntese transcendental que, por sua vez, unifica as representações criadas pela faculdade transcendental da imaginação, ordenando e estruturando toda a extensão das nossas experiências. A síntese transcendental do reconhecimento dos casos afins no conceito unifica as representações segundo regras que são conceitos transcendentais do entendimento. Nela devemos ver a forma mais alta do princípio transcendental da unidade sintética da apercepção. Suas categorias moldam tanto a nossa própria experiência como os seus objetos, que se constituem como fenômenos dentro da nossa consciência e permanecem sujeitos aos característicos da nossa receptividade.

Resumindo, reiteramos que todas as formas de síntese transcendental aqui mencionadas fundamentam-se no princípio transcendental da unidade sintética da apercepção, condição transcendental, como vimos, de toda necessidade. Entendemos como, mais especificamente, este princípio poderoso se manifesta na síntese transcendental da apreensão e da imaginação que moldam as nossas intuições e representações, inclusive aquelas grandes representações formais *a priori*, o tempo e o espaço, "representações necessárias *a priori* que fundamentam toda intuição"[17]. Uma vez que a síntese da apercepção transcendental que condiciona todas as outras sínteses, é uma síntese temporal que unifica as afecções sucessivas da experiência, a representação formal do tempo é a mais fundamental, inclusive para a representação dos fenômenos da coexistência no espaço, mediante o "percurso" sucessivo dos dados empíricos fornecidos pelo senso externo, mas somente por intermédio do senso interno que transmite estes dados sucessivamente à nossa consciência, como vimos pelo exemplo mencionado da apreensão de uma linha pelo seu traçado.

Reconhecemos o mesmo princípio, da unidade sintética da apercepção na base da síntese transcendental de reconhecimento, no conceito pelo qual as representações que pertencem à mesma consciência são reunidas em conceitos e relacionadas entre si segundo determinadas regras ou conceitos do entendimento, que Kant denomina "categorias". A categoria relacional de causalidade tem importância especial para Kant, pois a ela aplica-se, preferencialmente, o conceito da ne-

16. Cf. Dedução dos Conceitos Puros do Entendimento, 2ª seção, cap. 2.
17. Idem, Estética Transcendental.

NECESSIDADE E TRANSCENDENTALIDADE

cessidade. O próprio raciocínio matemático, que também é necessário, não é, no entanto, nada mais que uma manipulação *a priori* das formas transcendentais das nossas representações empíricas, do tempo e do espaço, "sempre aplicável com toda a sua precisão aos objetos da experiência"[18]. A possibilidade de uma ligação com o real é o último critério da relevância do conceito da necessidade, cuja aplicação, por sua vez, é condicionada, não somente pela estruturação transcendental do próprio conhecimento, como também pela formação transcendental do seu objeto como fenômeno imanente à nossa consciência.

VI.

O pensamento kantiano sobre o condicionamento transcendental dos nossos juízos sintéticos *a priori* influenciou, de maneira poderosíssima, toda a filosofia posterior e tornou-se a epistemologia clássica com a qual todo pensador teve que ajustar contas. Não somente os seguidores, mas também os opositores da filosofia kantiana doravante não podiam prescindir de um profundo estudo, particularmente, da estética e da analítica transcendentais.

Em que medida as ciências e as matemáticas modernas ultrapassaram a doutrina de Kant, de que toda necessidade se apóia em condições transcendentais?

Hans Reichenbach pretende que a descoberta das geometrias não euclidianas forçou o físico a escolher entre as geometrias euclidianas e não euclidianas, não por uma decisão *a priori*, mas segundo a evidência empírica que aponta qual entre estas geometrias se adapta melhor à transcrição rigorosa dos fatos. "O poder da razão", diz este filósofo, "não deve ser procurado em regras que a razão dita à nossa imaginação, mas na habilidade de libertar-nos de todo tipo de regras, às quais temos sido condicionados pela experiência e pela tradição"[19]. Em outras palavras, Reichenbach sustenta que a filosofia deveria restringir-se a uma crítica metodológica dos procedimentos científicos e que jamais a razão poderia constituir, nem mesmo regulamentar, o nosso conhecimento da natureza, pois o estabelecimento dos seus fatos com o seu respectivo relacionamento deveria ser deixado inteiramente à experiência científica.

Mas o próprio Reichenbach admite que todas as geometrias, euclidianas ou não, são sistemas racionais de unificação *a priori*, indispensáveis para expressar rigorosamente os fatos empíricos, para possibilitar a dedução exata de todas as conseqüências implicadas e, portanto, para fundamentar uma verificação exaustiva. No método hi-

---

18. Idem, 1ª divisão, Livro Segundo, Analítica dos Princípios.

19. Hans Reichenbach, *The Rise of Scientific Philosphy*, University of California Press, 1956, p. 141.

128 ENSAIOS FILOSÓFICOS

potético-dedutivo no qual Reichenbach reconhece o método da ciência moderna (p. 100), a hipótese que representa a própria descoberta científica antes da sua verificação não é o resultado de um mero palpite. Para encontrá-la, a inteligência do próprio investigador examinou várias alternativas num plano imaginado previamente. Este plano não deixa de ser uma síntese *a priori* da imaginação reprodutiva, condição transcendental para toda inovação científica.

Continua válida a afirmação de Kant de que jamais lidamos com coisas em si, mas sempre com fenômenos que se constituem dentro da nossa consciência, e que os meios de tratar com o fenômeno são dados *a priori* na consciência do investigador, mesmo se as formas *a priori* da nossa intuição, o tempo e o espaço, e os conceitos transcendentais do nosso conhecimento, categorias como causalidade e necessidade, não correspondam mais àqueles que Kant descreveu na base do conhecimento científico dos seus dias, nem amanhã, muito provavelmente, corresponderão à maneira como os imaginamos hoje.

Kant continua válido também na sua exigência de que toda ciência rigorosa precisa verter os seus resultados numa linguagem matemática, o que implica numa síntese *a priori*, mesmo se esta síntese – como, por exemplo, na forma de uma geometria não euclidiana – seja radicalmente diferente daquela imaginada por ele.

Embora com métodos e resultados muito diferentes, por um lado, a moderna psicologia da percepção evoca, experimentalmente, certas suposições de Kant referentes à unidade sintética da apercepção. Mostra a psicologia da Gestalt como a estimulação retinal, por exemplo, resulta em objetos visuais mediante unificação sintética dos dados da percepção segundo determinados princípios organizadores, como se formam conceitos perceptuais:

De nenhuma maneira:
Diz Rudolf Arnheim[20], o uso da palavra "conceito" deveria sugerir que perceber é uma operação intelectual. O processo que acabamos de descrever deve ser considerado como ocorrendo dentro do aparelho visual. Mas o termo deveria indicar que há uma semelhança flagrante entre as atividades elementares dos sentidos e as superiores de pensar e raciocinar".

Concluímos, pois, que, embora superado em muitos dos seus pormenores, o pensamento epistemológico de Kant continua válido em algumas das suas posições mais fundamentais, e que o seu estudo continua altamente instrutivo para todos aqueles que se preocupam com os problemas fundamentais da gnoseologia.

20. Rudolf Arnheim, *Art and Visual Perception*, University of California Press, 1954, p. 31.

13. O Pensar e as Determinações Particulares do Ser

O pensar não é a essência, mas apenas uma determinação particular do ser; e há além dessa, muitas outras determinações do nosso ser.

KANT

Há inúmeros modos de compreender o ser, e cada compreensão o relaciona de maneira diferente ao pensar. Tentaremos mostrar como esta multiplicidade embaraçosa decorre de umas poucas opções do sujeito cognoscente de encarar o objeto conhecido.

O ser jamais se oferece diretamente aos nossos sentidos como coisa. Surge no nosso discurso, nas nossas afirmações e negações com relação ao que nos é ob-jeto, lançado contra nós como mundo. Conseqüentemente, o sentido do termo "ser" necessariamente depende de como nos situamos neste encontro.

Levando em conta esta estreita vinculação da palavra "ser" com o conhecimento, não nos admiramos ao verificar que a sua única significação universalmente aceita é encontrada justamente na lógica. Ali, "ser" é apenas a cópula pela qual afirmamos e negamos. "'Ser', aparentemente, não é um predicado real", diz Kant[1], "i.e., o conceito de algo que se poderia adicionar ao conceito de alguma coisa. É somente a posição de alguma coisa ou de certas determinações como tais. No uso lógico, é somente a cópula de um juízo". Que isto é correto, pelo menos na medida em que "ser" é restrito ao uso lógico, é ponto pacífico entre os pensadores desde Aristóteles. "Pois nem 'ser', nem 'não-ser', nem o particípio 'sendo' são significativos de fato algum", ensinava já o Pai da Lógica, "a não ser que algo lhes seja adicionado; pois por si só não indicam nada, mas implicam uma

---

1. Immanuel Kant, *Kritik der reinen Vernunf*, 2. ed., p. 626.

130 ENSAIOS FILOSÓFICOS

copulação, da qual não podemos formar nenhum conceito à parte das coisas copuladas"[2].

Surge agora a pergunta, se é necessário – e se for necessário, se seria lícito – atribuir ao termo "ser" um significado material, além do seu sentido meramente funcional no discurso lógico. Há uma tendência generalizada de responder a esta pergunta afirmativamente, pois "a significação cognitiva do lógico é possível somente se as determinações pela lei lógica forem, originalmente, determinações pela lei do real"[3]. Isto quer dizer que, se de fato pretendemos afirmar algo do real, a cópula deve possuir, também, um alcance material, deve corresponder a algo de comum nas mais diferentes coisas copuladas.

Por conseguinte não foi por acaso que aqueles filósofos que chegaram a um agnosticismo generalizado, atribuem, explícita ou implicitamente, meramente um sentido lógico ao ser. Pensamos no ceticismo clássico que "é a faculdade de opor aparências (ou fenômenos) e conceitos de todas as maneiras possíveis. Daí chegamos, por motivo da força igual das coisas e dos argumentos opostos, à suspensão de juízo"[4]. Os céticos, ao demonstrarem que a cópula estabelece juízos dos mais contraditórios, provaram a impossibilidade de atribuir alguma significação real ao termo "ser". Se, num outro exemplo, para os nominalistas a universalidade das palavras é mero *flatus vocis* (Roscelino), a cópula que estabelece a ligação entre elas possuirá menos realidade ainda. Portanto, um nominalismo conseqüente levará sempre ao agnosticismo.

Mas quem pode entregar-se ao agnosticismo, vendo ao seu redor a maravilhosa adaptação ao ambiente, de que o homem é capaz? A técnica e a ciência não somente conhecem a realidade, mas a transformam e moldam segundo as necessidades humanas e, a meu ver, provam, assim, que ao pensamento não se pode negar toda implicação real, e que, portanto, ao ser como cópula deve corresponder um ser com significação real. Portanto, todos os pensadores, excetuando-se somente os agnósticos, pressupõem, de algum modo, certa validade do termo "ser" que transcende o de uma simples função lógica.

Mas mesmo assim, o ser sempre se apresenta a nós refletindo a nossa relação com a realidade, a relação entre consciência e objeto. Todo ato de consciência, não somente o ato de pensar e de julgar, mas, igualmente, de querer e de desejar, de sentir e de perceber etc., estabelecem imediata e automaticamente uma polaridade entre o "eu" e o seu mundo. A possibilidade de alcançar a verdade que os escolás-

---

2. Aristóteles, *De Interpretatione*, 16b 24-26.
3. Nicolai Hartmann, *Der Aufbau der realen Welt*, [S.l.:s.n.] 1949, p. 184.
4. Sexto Empírico, *Esquisses Pyrrhoniennes*, Oeuvres choisies, Paris: Aubier, p. 158.

O PENSAR E AS DETERMINAÇÕES PARTICULARES DO SER   131

ticos definiram como *adequatio intellectus et rei* depende da oposição de *intellectus* e *res*. Faltando-nos um dos dois componentes essenciais da inter-relação cognitiva, não podemos falar mais de verdade, pelo menos no sentido de um conhecimento verdadeiro.

Já que um paralelismo ingênuo entre as estruturas do "eu" cognoscente e da objetividade conhecível é desmentido tanto pela experiência como pelo raciocínio e, portanto, jamais consegue constituir nem gnoseologia nem ontologia, restam-nos três modalidades da relação gnoseológica entre sujeito e objeto: a. prevalecem os processos objetivos e a consciência cognoscente deles também decorre (realismo); b. Prevalece a consciência que investe o objeto com as suas estruturas (idealismo); c. tanto a consciência conhecedora como o objeto conhecível decorrem de um terceiro que em si não é nem sujeito nem objeto (monismo).

Todos os grandes sistemas filosóficos da Antigüidade são de tipo realista. O homem sente-se parte integrante e dependente de uma ordem cósmica universal. O real que lhe corresponde pode ser único e uniforme como em Parmênides, dualista como na filosofia platônica ou múltiplo e pluriforme como nas filosofias de Empédocles e de Anaxágoras. A abordagem pode ser intelectualista (Aristóteles) ou sensualista (cirenáicos), a atitude frente o objeto pode ser empírica, apenas ocasionalmente assumida pelos filósofos antigos (por exemplo, a observação do percurso da lua e a previsão do eclipse atribuídas a Tales) ou racionalista, especialmente bem caracterizada entre grandes construtores de sistemas que imprimiram o seu cunho ao pensamento antigo. A importância gnoseológica da consciência subjetiva é descoberta pelos sofistas e exprime-se na fórmula clássica de Protágoras: "O homem é a medida de todas as coisas".

Contudo, um idealismo conseqüente em gnoseologia e ontologia permanece reservado ao pensamento moderno, estimulado pela demonstração cartesiana da certeza gnoseológica da autoconsciência. O monismo gnoseológico surge pela primeira vez no pensamento de Plotino e mais tarde em Spinoza. Para ambos, o valor objetivo da intuição fundamenta-se seguramente na procedência comum ao conhecedor e ao conhecido do "Uno Supremo" de Plotino ou do *Deus sive Natura* de Spinoza.

Resumindo, constatamos que as posições gnoseológicas fundamentais do realismo, idealismo e monismo, combinadas com um número restrito de modalidades de abordagem como intelectualismo e sensualismo, racionalismo e empirismo e com certas particularidades da concepção ontológica como unitarismo, dualismo e pluralismo, ou materialismo e imaterialismo, resultam num número de combinações calculável *a priori*. Talvez a computação sistemática de uma tábua de ontologias possíveis, com fundamento nas possíveis posições gnoseológicas de um sujeito gnoseológico com relação ao seu mundo

132 ENSAIOS FILOSÓFICOS

objeto, não seria sem interesse, mas passaria de longe o escopo desta dissertação.

Vimos, pois, com espanto, como a copulazinha "ser" inflou-se, de modo a constituir um vasto sistema de ontologias, espanto igualável ao do pescador das *Mil e Uma Noites* que, tendo pescado uma garrafa, ao destampá-la, viu dela desprender-se um espírito gigante e poderoso que chegou a cobrir a vasta superfície de mar, alcançando em altura as nuvens do céu. E tudo isto aconteceu porque nos vimos premidos, para assegurar algum sentido cognitivo ao nosso discurso lógico, a atribuir à cópula "ser" uma significação que transcendesse a de mera função lógica.

Não nos resta, contrariamente ao pescador lendário, nenhum subterfúgio para fazer "o espírito voltar à garrafa". O único meio que para isto teríamos seria restringir novamente o sentido do ser à mera função lógica de cópula, e isto nos custaria demasiadamente caro, o preço de toda possibilidade de um conhecimento efetivo de nosso mundo. Resta-nos, unicamente, escolher, entre as opções ontológicas, aquela que mais nos parece condizer com a situação atual do conhecimento científico e técnico, tanto nas ciências da natureza (*Naturwissen-schaften*) como, também, nas ciências do espírito (*Geisteswissen-schaften*) segundo a distinção de Wilhelm Dilthey[5].

Esta própria distinção já nos sugere que ser, no domínio das ciências da natureza, na física, por exemplo, não pode significar o mesmo como nas ciências do espírito, digamos nas ciências históricas. Forçosamente teremos que admitir o que Edmund Husserl chama de "regiões eidéticas"[6]. Nicolai Hartmann caracteriza esta pluralidade de "regiões eidéticas" como "estratos do ser". "O mundo não é biestrático", argumenta ele,

> é pelo menos, quadriestrático. Pois, evidentemente, naquilo que, sumariamente, se chama "natureza", há uma divisão clara entre o vivo e o morto, entre o orgânico e o anorgânico [...] e do mesmo modo, no que se chamava "espírito", evidencia-se uma diferença essencial decisiva entre os processos psíquicos e os domínios do conteúdo objetivo da vida espiritual em comum[7].

Diz Hartmann mais adiante, na mesma obra:

> Pois captar a unidade do mundo real somente pode significar captar este mundo segundo a sua construção e articulação. A unidade que tem não é uma unidade do uniforme, mas a unidade pela superposição e acumulação de múltiplos, bem diferentemente formados, e estes, por sua vez, são ordenados de tal maneira que os de tipo inferior e

---

5. Wilhelm Dilthey, *Introducción a las ciencias del espiritu*, Madrid: Revista de Occidente, 1956, cap. 2.

6. Edmund Husserl, *Ideas: General Introduction to Pure Phenomenology*, Londres: G. Allen & Unwin, § 2c.

7. N. Hartmann, op. cit., p. 189-190.

O PENSAR E AS DETERMINAÇÕES PARTICULARES DO SER   133

mais bruto também são os básicos que sustentam os outros; os superiores, no entanto, descansam e se elevam sobre eles[8].

Para Hartmann, as categorias que têm validade nos estratos inferiores retêm a sua validade também nos superiores; mas jamais o inverso pode ser afirmado, pois cada estrato introduz novas categorias próprias que o diferenciam dos inferiores.

A tese da pluriformidade do ser é sustentada hoje pela maioria dos pensadores contemporâneos. Cito apenas Sartre que diz: "A consciência nasce sustentada num ser que não é ela"[9] e Martin Heidegger que, no começo da sua obra *Sein und Zeit* indaga de que ser deve partir a procura pelo sentido do ser, admitindo desde o início a diferença entre um ser como *Dasein* e outro como *Vorhandensein*, nos quais são introduzidas, posteriormente, novas subdivisões.

Chegamos, assim, a uma primeira conclusão que, variando a significação do ser segundo a "região eidética" em que operamos, é impossível atribuir, universalmente, pensamento a todo ser. Pois, evidentemente, não o encontramos na natureza anorgânica nem nas formas inferiores da vida, regiões vastas de realidade. O pensar, portanto, não pode ser a essência do ser nem uma das suas determinações universais. Pertence, exclusivamente, à região do ser que nós somos. Somente com relação a este ser que nós somos podemos perguntar se o pensar dele constitui a essência ou apenas uma determinação particular.

Na medida em que admitimos o princípio de Hartmann de que nos estratos ônticos superiores, as categorias dos estratos inferiores continuam válidas, o pensar nem pode ser a essência do "ser que nós somos". Pois, como seres corpóreos, continuamos sujeitos às leis da física, como organismos, às categorias da biologia.

Queremos entender, em primeiro lugar, o "pensar" no sentido em que Descartes o compreendia.

Pelo nome de "pensamento", define este grande filósofo, "compreendo tudo que é em nós de tal maneira que dele temos conhecimento imediato. Assim, todas as operações da vontade, do entendimento, da imaginação e dos sentidos são pensamento. Mas juntei "imediato" para excluir as coisas que seguem e dependem dos nossos pensamentos: Por exemplo, o movimento voluntário tem, bem de verdade, a vontade por princípio, mas é, como tal, nenhum pensamento[10].

Entendido desta forma, o pensar assume uma importância decisiva para o ser que nós somos. Constitui, como consciência, justamente aquelas categorias pelas quais o ser humano se diferencia

8. Idem, p. 198.
9. J. P. Sartre, *L'Être et le Néant*, Paris: Gallimard, p. 28.
10. René Descartes, *Meditations*, Seconds Responses, Raisons...disposées d'une façon géométrique, déf. I.

ENSAIOS FILOSÓFICOS

radicalmente das outras formas inferiores do ser. Permite-nos, pela sua capacidade representativa, compreender e apreciar a realidade à distância, formar juízos e prever acontecimentos, o que é dado a nenhum outro ser.

Desde tempos muito remotos, e bem documentada pelo uso da palavra grega *logos*, os homens perceberam a ligação inseparável do pensamento com a sua expressão, a língua. Já Heráclito usa a palavra *logos* que significa inicialmente "palavra" no sentido de "razão". "Num único consiste a sabedoria", reza o fragmento n. 41, "conhecer a Razão que por meio de tudo regula tudo". Palavra e razão, pensamento e linguagem são, portanto, estreitamente correlacionados. Esta é novamente a opinião preponderante na lingüística moderna, definindo, por exemplo, E. Sapir, a língua como "atualização vocal da tendência de ver as realidades simbolicamente", tendência que aparentemente equivale ao pensar na compreensão do *cogito* cartesiano. Simultaneamente, Sapir afirma que "pensamento é praticamente impossível, num sentido sustentável, sem a organização simbólica fornecida pela língua"[11].

Portanto, por força das suas formas específicas de expressão na linguagem humana, o pensar eleva-se a um nível todo especial de comunicação, possibilitando a cultura como fenômeno inteiramente diferente dos processos psíquicos, orgânicos e anorgânicos das camadas inferiores do ser. E com a cultura surgem organização política racional, literatura, artes, ciências e filosofia.

Se, em segundo lugar, definirmos o "pensar" de maneira mais restritiva, como uso da razão, o pensar, em vez de ser a determinação que distingue o ser que nós somos de todos os outros tipos de ser, permanece ainda uma determinação do ser humano das mais importantes, uma determinação a cuja importância corresponde o peso da filosofia e das ciências no conjunto da nossa cultura em geral.

---

11. Edward Sapir, *Culture, Language and Personality*, University of California Press, 1960, p. 15.

14. Elementos Escatológicos na Filosofia da História de Marx

PROPÓSITO

É propósito deste trabalho não apenas constatar a existência de elementos escatológicos na filosofia da história de Marx, o que tem sido feito reiteradas vezes[1], mas mostrar as funções que tais característicos desempenham no pensamento deste autor; em outras palavras, cabe-nos evidenciar como o reconhecimento destes fatores pode contribuir positivamente para a compreensão da obra, e contribuir, também, para a solução de vários problemas que os textos de Marx colocam.

O procedimento que se impõe, consiste, pois, no seguinte:

1. Formular as principais características da escatologia clássica representada, a nosso ver, pela escatologia judaico-cristã da época

---

1. Pelos seguintes autores, entre outros: Max Scheler, *Vom Ewigen im Menschen,* Berna: Francke Verlag, 1954, p. 442-443; *Die Wissensformen und die Gesellschaft* (As Formas do Saber e a Sociedade), Leipzig: Der Neue Geist Verlag, 1926, p. 44-45, 88 e 207; Martin Buber, Pfade in Utopia, *Werke,* Bd. 1, Heidelberg, Lambert Schneider, 1962, p. 843-852; R. G. Collingwood, *The Idea of History,* Oxford: Clarendon Press, 1946, p. 52; Ernst Bloch, Diffenzierungen im Begriff Fortschritt, *Tübinger Einleitung in die Philosophie*, Frankfurt, 1963; Karl Löwith, *Weltgeschichte und Heilsgeschehen,* Stuttgart, 1957; Robert C. Tucker, *Philosophy and Myth in Karl Marx,* Cambridge: Cambridge University Press, 1961 (tradução brasileira: *Karl Marx: Filosofia e Mito*, Rio de Janeiro: Zahar, 1963); Maria Isaura Pereira de Queiroz, *O Messianismo no Brasil e no Mundo,* São Paulo: Dominus/EDUSP, 1965, p. 16.

136 ENSAIOS FILOSÓFICOS

compreendida entre a profecia bíblica e os textos do Novo Testamento. Esta nossa restrição a uns poucos testemunhos fundamentais da visão escatológica impõe-se pela vastidão da literatura pertinente, que encontramos em numerosas culturas e nas mais variadas épocas[2];

2. Demonstrar em seguida, pelos exemplos da filosofia da história de Hegel e de Marx, que característicos escatológicos, nos contextos em que se encontram, não constituem apenas fenômenos acidentais, mas representam uma conseqüência necessária da aplicação de determinados princípios, tidos como orientadores do desenvolvimento do sujeito, ou dos sujeitos, da história;

3. Destacar as principais estruturas que devem ser entendidas como escatológicas no pensamento histórico de Marx, e mostrar a sua função dentro da totalidade desta concepção de história.

OS PRINCIPAIS CARACTERÍSTICOS DA ESCATOLOGIA CLÁSSICA

Etimologia e Significados do Termo Escatologia

Literalmente, "escatologia" é "conhecimento das coisas últimas"[3]. Embora a palavra grega *escatos* signifique "extremo", tanto no sentido espacial como temporal, é particularmente neste último que a escatologia compreende o "derradeiro". Preocupa-se com o que aconteceu ou acontecerá nos confins do tempo vivencial, entendido individual ou coletivamente.

A identificação do *eschaton* com "realidades e valores últimos que são absoluta e incondicionalmente necessários", contrastando com "realidades e valores finitos, progressivamente relativizados pela razão", como a estabelece Ernst Troeltsch[4], parece-nos ampliar unilateralmente, para sua essência toda, um único dos característicos da escatologia, ou seja, a necessidade absoluta do advento

---

2. No mazdaísmo, no judaísmo e no cristianismo, no islamismo e mesmo na mitologia dos povos germânicos (Gerardus van der Leeuw, *Religion in Essence and Manifestation,* Londres: George Allen and Unwin, 1958), como no messianismo também no budismo na figura do "Maitreya" (R. G. Zwi Werblowski, Messiah, em *Encyclopedia Britannica)* e em muitas culturas assim chamadas primitivas. Diz Maria Isaura Pereira de Queiroz no livro acima citado: "os estudos etnológicos demonstraram, pois, a existência de crenças e figuras messiânicas em populações primitivas, independentemente do contato com os brancos" (p. 14).

3. A palavra "escatologia" compõe-se de *escato* (do grego *eschaton,* significando o extremo, o último) e de *logia* (do grego *logos,* palavra, razão, indicando, em inúmeros vocábulos compostos, determinado campo do saber, como em biologia, cosmologia, etiologia, etimologia, astrologia etc.). "Escatologia" significa, portanto, conhecimento do derradeiro.

4. Ernst Troeltsch, "Eschatologie" – "dogmatisch", *Die Religion in Geschichte und Gegenwart,* v. II, 1910.

ELEMENTOS ESCATOLÓGICOS NA FILOSOFIA DA HISTÓRIA DE MARX   137

das ocorrências derradeiras e o caráter absoluto dos princípios do desenvolvimento histórico em que toda escatologia se apóia. Mas nem todas as "realidades e valores últimos, que são absoluta e incondicionalmente necessários", são escatológicos! Correntes importantes do pensamento filosófico, religioso, moral e mesmo estético buscam o absoluto sem, somente por este fato, poderem ser qualificadas como escatológicas, restringindo-se o escatológico exclusivamente àquilo que se relaciona com acontecimentos concretos nos confins do tempo.

A era em que vivemos, confinada, como está, entre os seus extremos escatológicos, bem pode representar apenas um período entre muitos, no quadro de uma cosmologia periódica, segundo a qual o mundo sempre renasce, cresce, decai e morre eternamente de novo. Talvez a noção de um tempo circular tenha antecedido a nossa representação linear[5].

Realmente, o "derradeiro" refere-se, também, ao extremo passado, identificando-se em muitas mitologias com as condições primitivas, pré-históricas de uma vida feliz, pura e imaculada, donde emergiu, definitiva e irreversivelmente, o homem histórico imperfeito e sofredor.

Mas desde que o homem vive acomodado com o seu passado, que já faz parte da consciência do seu "Eu", o que realmente o ameaça, deslumbra e preocupa é o futuro. Conseqüentemente, é o *eschaton* do futuro que vai monopolizando a atenção do pensamento escatológico.

O futuro pode ser encarado do ponto de vista individual ou coletivo. O que espera o homem após a sua morte é a questão crucial, colocada pela escatologia individual. Na medida em que, depois da morte, recebemos uma recompensa por nossas ações em vida, confirma-se a validade dos ensinamentos religiosos e integra-se a escatologia individual na esfera exclusiva das religiões de redenção pessoal, impondo, se não a plena aceitação das doutrinas religiosas, pelo menos a realização dos seus valores fundamentais[6].

O mesmo não se pode afirmar com relação à escatologia coletiva com as suas fortes implicações sociais e políticas e o seu arraigamento em condições históricas concretas de insatisfação popular, oriunda de opressão, injustiça e exploração do homem pelo homem. Somente a escatologia coletiva pode servir de referência numa investigação dos elementos escatológicos na filosofia da história de Marx.

A esperança de uma derradeira ordem política e social pode restringir-se ao futuro do próprio povo. Neste caso, falamos de escatologia nacional. Vemo-la dominar na profecia do Velho Testamento, com algumas exceções muito importantes e significativas.

5. G. van der Leeuw, op. cit., p. 584.
6. E. Troeltsch, op. cit.

A perspectiva de uma convivência perfeita dos homens pode reunir todo o gênero humano, caso em que a escatologia é caracterizada como universal, igualmente exemplificada por certos textos da profecia bíblica, por certos escritos apócrifos e trechos do Novo Testamento.

Tanto a escatologia universal como a nacional preconizam: Ou um desenvolvimento necessário, determinado exclusivamente por forças naturais e sobre-humanas e revelado pelo *apocalipse*; ou um desenvolvimento histórico em que as aspirações e os atos dos homens decidem, em última instância, o curso dos acontecimentos. Finalmente, tanto a escatologia apocalíptica como a escatologia histórica combinam-se, em proporções infinitamente variáveis, no tipo mais difundido de escatologia coletiva, no *messianismo*, segundo o qual os fins da história serão atingidos, apenas, pela decisiva intervenção de um ungido de Deus, de um Messias[7]. O messianismo é hoje conhecido e estudado na tradição de muitos povos das Américas, da África e da Melanésia, que não têm a menor relação com as culturas antigas do Oriente Próximo onde esta forma de escatologia já existia muito antes, mesmo que os profetas do Velho Testamento lhe imprimissem a sua feição clássica[8].

Podemos, pois, resumir os múltiplos significados do conceito "escatologia" no seguinte esquema:

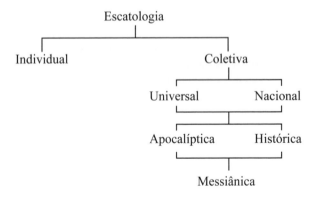

---

7. "Messias", do hebraico *Mashiakh,* literalmente "ungido". Deriva de um rito de consagração de reis que, em Israel, eram ungidos com óleo sagrado a fim de iniciá-los à sua posição (cf. I Sm 10:1 e 16:12-13).

8. M. I. P. de Queiroz, op. cit., p. 14.

ELEMENTOS ESCATOLÓGICOS NA FILOSOFIA DA HISTÓRIA DE MARX   139

Características Principais da Escatologia Clássica

Motivação na insatisfação política e social

Toda escatologia coletiva tem por ponto de partida a insatisfação política e social. O primeiro exemplo documentado que possuímos desta regra universal consiste no famoso papiro de Ipuwer[9] no qual um sacerdote, uns 2.000 anos antes de Cristo, descreve a desordem e a miséria sociais reinantes no Egito dos seus dias, traçando um quadro vivo das constantes violações das fronteiras por poderosos inimigos e da decadência moral, causada pela extrema pobreza do povo. Em condições tão desesperadoras, a única esperança é o surgimento de um rei salvador, "em cujo coração não existe o mal e que seja pastor de todos os homens".

Não somente no Egito, mas também na Babilônia antiga encontramos a idéia da realeza salvadora que livra a nação de todos os seus males econômicos, políticos, sociais, militares e morais. Numa tabuinha, anterior ao reinado do famoso Hamurabi, explica-se a miséria dos homens pelo fato de que os deuses celestes, inimigos dos homens, guardam nos céus os símbolos da realeza – o cetro, a tiara e o diadema – até que o poderoso Étana, montado numa águia, consegue raptar estes troféus e tornar-se, ele próprio, o rei salvador nas terras[10]. Há, também, na Biblioteca de Assurbanipal, na literatura dos *Omina*[11], uma carta de um vidente na qual prevê, para o seu monarca, um governo em que, além da prosperidade geral, das chuvas abundantes e das boas colheitas, "os anciãos saltam, as crianças cantam, as moças exultam de alegria, as mulheres concebem, dão à luz, fazem meninos e meninas, a reprodução vai bem; revivem os que eram doentes há muitos dias, saciam-se os esfomeados, os magros se tornam gordos e os nus cobrem-se de vestimentas"[12]. Conclui-se que em todo o Antigo Oriente é muito difundida a idéia messiânica de uma transformação radical e irreversível, operada por um rei escolhido, das condições sociais e políticas com as suas conotações morais.

Igualmente evidente é o motivo da insatisfação social e política, fonte de esperanças de salvação, na versão clássica da escatologia coletiva, criada pelos profetas do Velho Testamento. Entre os numerosos textos que poderiam servir aqui de documentação, uma famosa passagem de Daniel (12:1): "E haverá um tempo de miséria como igual não houve desde que se tornou povo até o presente tempo, e naquele tempo será salvo o teu povo". Este "tempo de miséria como

---

9. Papiro n. 344 do Museu de Leiden. Cf. J. H. Breastead, *Development of Religion and Thought in Ancient Egypt,* Holder & Stoughton, Londres, 1912, p. 211.

10. Charles F. Jean, *La Littérature des Babyloniens et des Assyriens*, Paris: Lib. Orientaliste Paul Geuthner,, 1924, p. 37-38.

11. Literatura constituída de oráculos redigidos por videntes.

12. C. F. Jean, op. cit., p. 258.

140 ENSAIOS FILOSÓFICOS

igual não houve" é vivamente descrito em muitos textos da literatura profética. Por exemplo:

> Pois eis que o Senhor, Deus dos Exércitos, tira de Jerusalém e de Judá o sustento e o bordão, todo sustento de pão e todo sustento de água; [tira] o valente e o guerreiro, o juiz e o profeta e o adivinho e o ancião; o capitão e o encantador perito. Dar-lhes-ei meninos para príncipes e caprichos infantis dominarão sobre eles. E o povo será oprimido, oprimirão uns aos outros, homem ao homem, próximo ao próximo. (Is 3:1-5)

Citando Hans Kohn[13], Maria Isaura Pereira de Queiroz caracteriza "todo fenômeno messiânico" "pela crença na vinda de um redentor *que porá fim à presente ordem das coisas,* universalmente ou para um só grupo, instituindo neste mundo uma nova ordem de justiça e de liberdade"[14].

A insatisfação com a ordem social e política existente é universalmente motivo de esperanças no advento de uma nova ordem, *não somente como se manifestam no "fenômeno messiânico", mas como aparecerem em toda escatologia coletiva.* Prova isto o próprio texto de Daniel, citado acima, o qual, como muitos outros textos proféticos, embora escatológico não é messiânico, e a vasta literatura apocalíptica[15] que também é escatológica, embora em muitos casos não mencione um redentor. De forma feliz, Gerardus Van der Leeuw acentua o relacionamento necessário de toda escatologia coletiva com determinadas condições políticas e sociais: "Mas jamais deveria [o milênio] ser separado da realidade histórica. O mundo sempre permanece mundo e sem o centro, formado pela história, não pode haver nem começo, nem fim"[16]. Em outras palavras: sem as condições reais, econômicas e sociais, políticas e morais de um presente histórico, nenhum *eschaton* é concebível, nem um derradeiro começo, nem um derradeiro fim.

A dialética da miséria

Existe, no entanto, um ritmo todo especial na intensidade da miséria material e espiritual, que fundamenta as expectativas escatológicas. Terá que ser atingido o degrau mais baixo de infelicidade para poder iniciar-se uma reviravolta radical a culminar no estado supremo da salvação. A exaltação da redenção final tem que ser antecedida por um período de degradação máxima. "Haverá um tempo de miséria como igual não houve, desde que se tornou povo, até o presente tempo, e naquele tempo será salvo o teu povo", reza eloqüentemente o texto

13. Ver "Messianism", em *Encyclopedia of Social Sciences.*
14. M. I. P. de Queiroz, op. cit., p. 10.
15. A literatura apocalíptica clássica consiste dos livros: parte de Daniel, os livros de Enoque, os escritos de Barukh, o segundo e terceiro livros de Esdras, o Apocalipse de Elias, de S. João e de S. Pedro.
16. G. van der Leeuw, op. cit., p. 587.

ELEMENTOS ESCATOLÓGICOS NA FILOSOFIA DA HISTÓRIA DE MARX   141

citado do livro de Daniel. Inúmeras outras passagens, principalmente entre os discursos dos profetas, poderiam ser indicadas para ilustrar o que queremos caracterizar como "dialética da miséria". Limitar-nos-emos a um texto correspondente do Novo Testamento que evidencia esta mesma estrutura característica da visão escatológica:

> Pois haverá, então, grande tribulação, tal como nunca houve, desde o princípio do mundo até agora, nem haverá jamais. Se não se abreviassem aqueles dias, ninguém seria salvo; mas por amor aos escolhidos, esses dias serão abreviados [...] Logo depois da tribulação daqueles dias, o sol escurecerá, a lua não dará a sua claridade, as estrelas cairão do céu e as potestades do céu serão abaladas. Então, aparecerá no céu o sinal do Filho do Homem. (Mt 24:21-23 e 29-30)

Todo este movimento rítmico é resumido nas poucas palavras do versículo e do Salmo 90: "Reduzes o homem ao pó e dizes: Retornem, filhos do homem", texto que sugere que esta estrutura da "dialética da miséria" não se restringe à escatologia coletiva, mas se estende igualmente à escatologia individual.

A transformação qualitativa

O homem e a sociedade que, segundo a "dialética da miséria", são "reduzidos ao pó" e chamados a se reerguerem para uma vida nova e perfeita, passam por uma transformação total e irreversível. Não se trata de uma melhoria gradativa, resultando em condições comensuráveis com as anteriormente existentes; não se trata, portanto, de uma transformação quantitativa, apreciável na base de grandezas já existentes anteriormente, mas de uma mudança radical da própria natureza do homem. O homem tornar-se-á bom e a maldade desaparecerá para sempre. "Não farão o mal, nem causarão destruição em todo o meu santo monte, pois a terra estará cheia do conhecimento de Deus, como as águas cobrem o mar" (Is 11:9). Justiça e paz reinarão entre os homens:

> Pois de Sião sairá a Lei e de Jerusalém a palavra de Deus. Fará justiça entre as nações e dará a sua lição a muitos povos; e forjarão as suas espadas em relhas de arado e as suas lanças em podadeiras, não levantará povo contra povo a espada, nem apreenderão mais a guerra. (Is 2:3-4)

Abundância em mantimentos e o pleno gozo das riquezas naturais tornarão o novo homem feliz para sempre. "Eles edificarão casas e nelas habitarão; plantarão vinhas e comerão o seu fruto. Não edificarão para que outrem habite; e não plantarão para que outrem coma" (Is 65: 21-22). Não haverá mais exploração do trabalho alheio e a justiça social reinará no convívio humano.

Tudo isto se torna possível exclusivamente devido à mudança radical que o homem sofreu, porque "também vos darei um coração novo e dentro de vós porei um espírito novo; tirarei da vossa carne

142 ENSAIOS FILOSÓFICOS

o coração de pedra e dar-vos-ei um coração de carne" (Ez 36: 26). Resultará um homem inteiramente novo e qualitativamente diferente, numa sociedade também completamente transformada, "remida pela Lei e pela justiça". (Is 1: 27)

A concomitância das transformações do homem, da sociedade e do cosmo

Uma mudança tão fundamental do homem e da sociedade não se pode restringir ao âmbito humano: Tem que atingir igualmente o mundo dos animais e a natureza em geral. Pois somente como princípios universais e cósmicos, impostos pela vontade todo-poderosa de um Deus único e de atuação infinita, o amor e a paz podem tornar-se plenamente efetivos. O homem pode desfrutar de plena segurança somente se

o lobo habitar com o cordeiro e o leopardo se deitar com o cabrito e o bezerro; o leãozinho e o animal cevado andarem juntos e um menino pequeno os conduzir; a vaca e o urso pastarem juntos e junto deitarem as suas crias e o leão comer palha como o boi; a criança do peito brincar sobre a toca da cobra e a criança desmamada meter a mão no buraco da víbora. (Is 11: 6-8)

Mesmo as esferas celestes serão atingidas pela transformação: "Deus criará céus novos e uma terra nova e não persistirão na memória as coisas passadas, nem serão mais lembradas" (Is 65: 17).

Somente num universo inteiramente transformado, pode uma humanidade completamente mudada levar uma vida totalmente nova, cujos princípios morais têm que regular o cosmo inanimado conjuntamente com toda a natureza viva, ficando, deste modo, excluída de antemão toda possibilidade de conflitos.

A verificação do absoluto na escatologia

Uma transformação tão radical do mundo todo não pode advir por acaso. Deve ter raízes profundas na própria estrutura do universo. Estas se exprimem na universalidade de alguns conceitos básicos: 1. o conceito de uma direção suprema, pela vontade de Deus, de tudo quanto acontece, tanto no âmbito humano como na natureza física; 2. o caráter moral da vontade divina: Deus dirige o mundo segundo critérios que são essencialmente morais; 3. como conseqüência dos primeiros dois conceitos básicos: Há uma história universal levada necessariamente a um fim último. Somente na base destes pressupostos torna-se necessário o advento do estado milenar, preconizado pelos visionários escatológicos. As suas esperanças podem salvar-se da gratuidade apenas pela admissão de um absoluto que garante a cosmovisão totalizante.

Muitas vezes, frente ao racionalismo sistemático da filosofia grega, esquece-se ou subestima-se um outro esforço de universalização que não é ontológico, mas moral, esforço representado pela busca profética do absoluto. A profecia bíblica estava à procura de critérios universais, não como decorrem da racionalização da nossa experiência da natureza, mas sim da generalização de uma experiência toda especial do dever-ser. Não a interpretação filosófica do mundo, mas a sua transformação. Para servir-me de uma famosa formulação de Marx[17], era o seu intuito a implantação de um sentido no real e, conseqüentemente, a sua superação como mero real. No monoteísmo do Velho Testamento, o real é rebaixado a uma criação do nada o que constituiu, em todos os tempos, um verdadeiro escândalo para o pensamento filosófico. Mas este rebaixamento aniquila "o ser das coisas para atingir o ser da vontade pura e da ação pura"[18]. O real torna-se aqui o insignificante e algo que não é real assume importância decisiva. Para Hegel, a busca profética do absoluto significa que "o espírito desce para dentro de si mesmo e compreende o princípio abstrato fundamental do espiritual. A natureza, que no Oriente é o primeiro e básico, é agora *abaixada à condição de criatura* e o espírito torna-se agora o primordial"[19].

Por esta modalidade profética de universalização, não é mais a realidade que se quer compreender, mas o devir como ato de criação – divina ou humana – estabelecida a comensurabilidade indispensável para a compreensão moral da história que, ela somente, possibilita a escatologia judaico-cristã e torna necessários os acontecimentos derradeiros.

Correlação das coisas derradeiras com as coisas presentes

Já frisamos[20], baseados numa observação de Van der Leeuw que, sem as condições reais, econômicas e sociais, políticas e morais de um presente histórico, nenhum *eschaton* seria concebível e que a escatologia, justamente por tratar das coisas derradeiras, dos acontecimentos nos confins do nosso tempo, tem que relacioná-los a algum presente, a este nosso tempo. Há, portanto, uma ligação necessária entre os estados iniciais e finais da nossa existência e o mundo presente. Somente em determinado sentido as coisas derradeiras que a escatologia preconiza constituem estados extra-históricos: No sentido em que, pelo radicalismo da transformação que representam perfazem uma cisão intransponível ao processo normal de desenvolvimento histórico. Em outro sentido, os *eschata* pertencem plenamente à história com a qual, e somente junto com a qual, constituem uma única estrutura de sentido histórico.

17. *Teses sobre Feuerbach*, tese n. 11.
18. Ernst Cassirer, *Philosophie der symbolischen Formen*, v. II, 2 ed., Bruno Cassirer (ed.), Oxford, p. 253.
19. Georg Wilhelm Hegel, *Vorlesungen über die Philosophie der Geschichte*, Stuttgart, 1961, p. 284.
20. Ver supra, p. 140.

144 ENSAIOS FILOSÓFICOS

Este, obviamente, pode tornar-se consciente no homem do presente de cuja ação decisiva pode depender, totalmente ou em parte, o próprio futuro. Deste modo, através da consciência do sentido da história, o pós-histórico pode tornar-se fator decisivo na própria história. O seu caráter transcendente pode transformar-se num poderoso estímulo imanente.

ESCATOLOGIA E GENERALIZAÇÃO HISTÓRICA

Na Escatologia Clássica

Como acabamos de ver[21], na escatologia clássica judaico-cristã, uma bem determinada modalidade de generalização produz uma cosmovisão coerente, que marca os limites inclusive das possibilidades que a história oferece e, conseqüentemente, fixa os confins escatológicos do tempo. O princípio de justiça na convivência humana, por exemplo, ou o princípio de solidariedade, uma vez plenamente realizados, não dão mais margem a qualquer progresso ulterior. Uma história, orientada para fins como estes pela suprema vontade de Deus, alcança a sua derradeira demarcação no momento em que tais objetivos tiverem sido plenamente atingidos.

Evidenciou-se, também, que na escatologia clássica os derradeiros objetivos da história se formulam em oposição a uma realidade profundamente condenável, da qual constituem uma crítica contundente. Contudo, esta mesma realidade condenável resulta da própria criação divina que adquire certa independência com relação ao seu criador, estabelecendo-se forte desnível entre criador e criatura e a possibilidade de uma crítica da criação em termos das verdadeiras intenções do criador. Não resta dúvida, no entanto, que segundo o conceito da escatologia clássica, reina, suprema, uma única vontade, cósmica e universal que, embora admita um dualismo provisório para introduzir entre os valores da ação humana o mais precioso do livre arbítrio, nem por isso exige a superação de todo mal pela aproximação da criatura ao criador e aos seus objetivos últimos. Desta forma, o que deve ser alcançado pela história é predeterminado primordialmente no próprio ato que criou o mundo e a sua ordem.

A Visão Hegeliana da História: A Unidade do Espírito e a sua Apoteose Final no "Saber Absoluto"

Durante séculos a Europa moderna focalizou a sua atenção nos fatos objetivos, desconsiderando totalmente o lado subjetivo pelo qual estes fatos são encarados. Mas o objeto apresenta-se de modos muito diferen-

21. Ver supra, p. 142-143.

ELEMENTOS ESCATOLÓGICOS NA FILOSOFIA DA HISTÓRIA DE MARX   145

tes, de acordo com o progresso do conhecimento, a partir da captação da mera aparência até a compreensão plena daquilo que é essencial. "A definição dialética define o movimento das coisas daquilo que elas não são para aquilo que elas são", ou seja, da sua aparência para a sua essência. Qualquer conceito, como resultado de todo um processo cognoscente, depende sempre da prática humana, mesmo sendo esta apenas uma prática filosófica ou científica. Assim, o homem chega a compreender o seu mundo "como um universo *histórico*, no qual os fatos estabelecidos são obras da prática histórica do homem. Essa prática (intelectual e material) é a realidade nos dados da experiência"[22]. Foi a obra de Hegel que abriu à filosofia européia este novo caminho do pensamento dialético, caminho que também Karl Marx iria seguir mais tarde.

Surge, portanto, a pergunta: Uma vez que a dialética desvela um universo histórico – sendo que toda história pressupõe a interpretabilidade da sucessão dos fatos segundo determinados sentidos – devemos, então, concluir que a dialética pressupõe alguma escatologia na medida em que prevê a plena realização destes mesmos sentidos? E, conseqüentemente, apresentam-se característicos escatológicos também num sistema rigorosamente monista como a filosofia hegeliana, em que a autoridade normativa é inerente à própria realidade, ao invés de enfrentar o mundo no conceito de um Deus transcendente, como acontece na escatologia clássica? Há, portanto, possibilidade de uma escatologia totalmente desvinculada de qualquer conotação teológica?

Numa única realidade que, sem poder receber impactos de fora, apenas se explicita nas suas múltiplas fases de desenvolvimento, toda transformação é autotransformação. A determinação, à qual esta transformação obedece, é autodeterminação. O espírito, a única realidade que Hegel admite, manifesta-se de dois modos: Na natureza que é espírito exteriorizado, "exteriorização eterna da sua *subsistência* e o movimento que o sujeito [o próprio espírito] produz". O outro modo de manifestação do espírito é a história "o devir consciente, devir que se explicita – o espírito exteriorizado no tempo"[23]. Nos dois modos da sua manifestação, o próprio espírito, a sua totalidade, é determinante. Somente que, no segundo caso, "o todo, embora não compreendido, é anterior aos seus movimentos", enquanto na natureza "os movimentos aparecem antes que o todo preenchido"[24].

Qual é, segundo Hegel, o sentido geral da autotransformação do espírito que representa a história universal? Do modo mais geral, esta

---

22. Herbert Marcuse, *Ideologia da Sociedade Industrial,* Rio de Janeiro: Zahar, 1967, p. 140.

23. G. W. Hegel, *Phänomenologie des Geistes,* 5ª ed., Leipzig: Felix Meiner Verlag, 1949, p. 563.

24. Idem, p. 558.

146 ENSAIOS FILOSÓFICOS

pode ser caracterizada como "representação do espírito na conquista, pelo trabalho, do conhecimento daquilo que é em si"[25]. "Deve ser dito do absoluto que é essencialmente *resultado*, que somente no *fim* chega a ser aquilo que é de verdade; e justamente nisto consiste a sua natureza de ser realidade, sujeito ou tornar-se-si-mesmo"[26]. Estas palavras indicam claramente que há um fim da autotransformação do espírito, o momento em que tiver chegado a ser plenamente "aquilo que é de verdade", o momento em que também a história universal há de findar, porque se cumpriu o sentido geral que a orientou.

Numa outra formulação, a história "é o progresso na consciência da liberdade que temos que entender na sua necessidade"[27]. Hegel define a liberdade como "o estar consigo mesmo" que "é uma particularidade do espírito [...] justamente isto é liberdade, pois quando for dependente, refiro-me a um outro que não eu"[28]. A autoconscientização do espírito é o reconhecimento progressivo de que todas as coisas que parecia perceber, tudo que lhe parecia objeto, realmente não passam de exteriorização de si próprio de modo que, progressivamente, não resta nada de que o espírito pudesse depender a não ser de si próprio. A consciência de liberdade torna-se total, portanto, na medida em que todo conhecimento se torna autoconhecimento. "Esta última configuração do espírito, o espírito que reveste o seu conteúdo completo e verdadeiro inclusive com a forma da subjetividade, realizando assim o seu conceito, como também, permanecendo por esta realização dentro do seu conceito [esta última configuração do espírito], é o saber absoluto"[29].

O próprio tempo, dimensão em que todo desenvolvimento histórico se desdobra, possui uma função somente enquanto a última fase, o saber absoluto, não tiver sido alcançada. No momento em que o espírito chegar a se compreender plenamente, não haverá mais tempo. Pois, segundo Hegel, "o tempo é o próprio conceito que [apenas] existe e se apresenta à consciência como intuição vazia"[30].

Faltam-lhe ainda os seus conteúdos que terão que ser fornecidos, durante todo o decorrer da história universal, pela trabalhosa conquista "do conhecimento do espírito daquilo que é em si". Durante este processo de autoconhecimento, a intuição vazia do tempo vem a ser preenchida gradativamente. "Portanto, o espírito aparece necessariamente no tempo e aparece no tempo durante todo o período em que ainda não tiver compreendido o seu conceito puro, isto é, enquanto não tiver aniquilado o tempo"[31].

25. Idem, *Vorlesungen über die Philosophie der Geschichte*, Stuttgart, 1961, p. 59.
26. Idem, *Phänomenologie des Geistes*, 5ª ed., Leipzig: Felix Meiner, 1949, p. 21.
27. Idem, *Vorlesungen über die Philosophie der Geschichte*, p. 61.
28. Idem, p. 59.
29. Idem, *Phänomenologie des Geistes*, p. 556.
30. Idem, p. 558.
31. Idem, ibidem.

ELEMENTOS ESCATOLÓGICOS NA FILOSOFIA DA HISTÓRIA DE MARX   147

A autocompreensão do espírito, no entanto, é um processo lógico, no qual, como em toda lógica, todos os passos são necessários. Jamais um conceito concretiza-se, preenche-se, ao acaso; assim também o conceito do espírito é compreensível apenas por meio de categorias inerentes à sua própria essência e, portanto, necessárias. Necessariamente há, pois, um fim na autotransformação do espírito, uma "última configuração do mesmo", no qual "reveste o seu conteúdo completo e verdadeiro inclusive com a forma da subjetividade". Necessariamente, portanto, o espírito atinge o "saber absoluto" e necessariamente nele o tempo é aniquilado – pode-se imaginar um limite escatológico mais radical do que o desaparecimento do próprio tempo? "Somente no *fim* o absoluto chega a ser aquilo que é de verdade", chega a ser inteiramente livre e como este processo de auto-explicitação é, como vimos, necessário, é somente no fim que necessidade e liberdade se fundem. Num monismo rigoroso, como o de Hegel, todos os desenvolvimentos possíveis são circunscritos pelo conceito da realidade única e, portanto, implicam num derradeiro limite, numa escatologia logicamente – ou na medida em que a lógica for dialética, *dialeticamente* – fixada e completamente independente de qualquer especulação teológica. A posição de uma realidade única exige a subsunção, sob um único conceito, da multiplicidade dos fenômenos, uma generalização radical, portanto, que, na medida em que é aplicada à evolução histórica, adquire necessariamente inegáveis característicos escatológicos.

Karl Marx: A Produção e os Seus Limites Escatológicos

Se também no caso de Marx tivermos que admitir a visão monista de uma realidade em evolução que se processa segundo determinada tendência irreversível, também nesta filosofia terão que aparecer fenômenos escatológicos quando os critérios que prescrevem o desenvolvimento da única realidade existente tiverem sido totalmente postos em prática.

Enfaticamente Marx proclama-se materialista e o caráter monista do seu pensamento parece-nos fora de dúvida. Concebe a realidade como material, opondo-se radicalmente à sua mistificação como "espírito" ou "consciência", da parte de Hegel. Contudo, o materialismo de Marx não é um materialismo mecanicista[32]. Concebe a realidade em constante movimento dialético numa relação entre homem e natureza. Toda compreensão unilateral desta relação carece de sentido: Não há homem sem natureza, nem natureza sem homem.

> Somente conhecemos uma única ciência, a ciência da história. A história pode ser encarada de dois aspectos [...] dividida em história da natureza e história dos homens.

32. Henri Lefèbvre, *Le matérialisme dialectique*, Paris: PUF, 1949.

148 ENSAIOS FILOSÓFICOS

Ambos os lados, no entanto, não podem ser separados; enquanto existirem homens, natureza e história dos homens condicionar-se-ão mutuamente[33].

"O homem é um ser da natureza, enquanto a natureza é um processo de humanização de si mesma"[34]. Esta relação dinâmica entre homem e natureza é a única realidade para Marx, realidade que se manifesta na produção.

A obra de Marx sofreu profundas transformações durante o seu amadurecimento. Assim, nas obras de juventude, esta realidade fundamental que é a produção, aparece ainda sob o impacto da antropologia feuerbachiana: O homem, num processo de autocriação, resulta do seu próprio trabalho e nele se afirma. Na sua *Crítica da Dialética e da Filosofia Geral de Hegel,* Marx acentua que

a grandeza da fenomenologia hegeliana e do seu resultado final... consiste em que Hegel compreende a autoprodução do homem como processo [...] em que, conseqüentemente, compreende o homem objetivo, o homem que é verdadeiro porque é real, como resultado do seu próprio trabalho[35].

Este mesmo processo é interpretado, nas obras de maturidade, como processo autocriador, não do homem, mas da civilização, de todo o complexo econômico-social-político. "Vimos", diz Marx em *O Capital,* "que o processo capitalista de produção constitui uma forma, historicamente determinada, do processo social de produção em geral. Este último é tanto o processo de produção das condições materiais de existência da vida humana" – fator "natureza" na relação natureza-homem – "como um processo que, movendo-se dentro de relações específicas, histórico-econômicas, de produção, produz e reproduz estas próprias relações de produção e com elas os agentes deste processo" – fator humano da relação –

as condições da sua existência material e as suas relações mútuas, i.e., a sua determinada forma econômica de sociedade. Pois a totalidade destas relações, nas quais se encontram os agentes da produção com a natureza e uns com os outros, esta totalidade é justamente a sociedade"

– nas obras de juventude, "o homem" – "encarada segundo a sua estrutura econômica"[36].

33. MEGA, 1. seção, v. 5, p. 567 (*A Ideologia Alemã*).
34. Jean-Yves Calvez, *O Pensamento de Karl Marx,* trad. de Agostinho Veloso, 2. ed., v. 2, Porto: Tavares Martins, 1966, p. 76.
35. *Pariser Manuskripte, 1844, Texte zu Methode und Praxis,* v. 2, Hamburgo: Rowolt Verlag, 1966, p. 113.
36. *Das Kapital* - Im Zusammenhang ausgewählt und eingeleitet von Benedikt Kautsky, Leipzig: Alfred Kroener Verlag, 1929; bd 3, sec. VII, cap. 48, p. 315 (Die trinitarische Formel).

ELEMENTOS ESCATOLÓGICOS NA FILOSOFIA DA HISTÓRIA DE MARX 149

Ora, esta totalidade desenvolve-se segundo critérios da razão, embora, entre as suas partes constituintes, "as forças produtivas da sociedade entrem em conflito com as relações existentes de produção"[37]. As forças produtivas crescem pela racionalização dos seus meios e dos seus métodos; a mesma tendência racionalizante cria a divisão de trabalho que institui a propriedade privada e a luta de classes. Estas relações de produção, inicialmente necessárias à racionalização do processo produtivo, acabam por embaraçá-lo até que, pela própria lógica da evolução econômica, social e política, se torne inevitável a sua eliminação completa através da revolução proletária. Deste modo, fundamenta-se a síntese final entre forças produtivas e relações de produção numa sociedade sem classes, com uma produção inteiramente socializada e racional.

Com a revolução proletária completada, portanto, um estágio será atingido, além do qual é impossível progredir. Necessariamente, pois, esta última fase do desenvolvimento econômico-social apresentará os característicos escatológicos, dos quais trataremos a seguir.

ELEMENTOS ESCATOLÓGICOS E A SUA FUNÇÃO NO PENSAMENTO DE MARX

História, Pré-história e Pós-história

Materialismo histórico e fim escatológico

1. O materialismo histórico

Marx critica Hegel que, na sua análise da história, parte de um sujeito

que somente vem se constituir como resultado; este resultado, o sujeito que se sabe autoconsciência absoluta, é, portanto, o *Deus, espírito absoluto, a idéia que se sabe e realiza*. O homem efetivo e a natureza efetiva transformam-se, simplesmente, em predicados, em símbolos deste homem escondido e irreal e desta natureza irreal[38].

Marx, ao contrário, pretende partir do homem real e da natureza material, não de um resultado imaginário, mas do processo em curso.

Toda a variada obra de Marx que compreende trabalhos sobre filosofia, economia, sociologia, política etc., os seus escritos "ideológicos" de juventude e as obras "científicas" da maturidade – trataremos mais adiante desta distinção e da sua validade – procedem da sua preocupação com a história e a ela revertem. Nas obras de juventude e nos escritos políticos isto é de evidência imediata. Mas mesmo em

---

37. Prefácio de *Zur Kritik der politischer Ökonomie*, p. 7, *Karl Marx und Friedrich Engels Werke*, bd. 13, Berlim: Dietz Verlag, 1961.

38. *Pariser Manuskripte,* 1844, op. cit., p. 123-124.

150 ENSAIOS FILOSÓFICOS

O Capital, na obra "científica" por excelência, que se propõe à análise das estruturas extremamente complexas da produção capitalista, estas não são aceitas como formas imutáveis. Marx critica acerbamente a economia política tradicional pela transformação de "característicos sociais do próprio trabalho em característicos objetivos dos produtos específicos do trabalho", e qualifica-a como "fetichismo". Determinada relação social entre os homens assume, naquelas obras, "a forma fantasmagórica de uma relação entre as coisas"[39]. Que estas relações são historicamente condicionadas e terão que ser substituídas por outras; que todas as estruturas complexas, analisadas em *O Capital*, não são definitivas, absolutas ou finais, é o ensinamento básico de toda a vida e obra de Marx. Com relação à presente economia capitalista, observa que "a centralização dos meios de produção e a socialização do trabalho atingem um estágio em que se tornam incompatíveis com as vestes capitalistas. São rompidas. Soa a hora para a propriedade privada capitalista. Os expropriadores são expropriados"[40].

Os testemunhos do próprio Marx e de Engels atestam o fato que, desde a redação da *Crítica da Filosofia do Direito de Hegel*, i.e., desde o ano de 1843, os conceitos fundamentais de Marx, referentes à história, se mantêm essencialmente inalterados. Relata o próprio Marx:

> O primeiro trabalho, empreendido para a solução das dúvidas que me assaltavam, foi uma revisão crítica da filosofia do direito de Hegel [...] A minha investigação desembocou no resultado que as relações jurídicas, assim como as formas do Estado, não podem ser compreendidas nem a partir de si mesmas, nem a partir do assim chamado desenvolvimento geral do espírito humano, mas que se fundamentam nas condições materiais de vida, cuja totalidade Hegel, segundo o exemplo dos ingleses e franceses do século XVIII, resumia no nome de "sociedade burguesa" e que, todavia, a anatomia da sociedade burguesa deveria ser procurada na economia política[41].

Engels confirma o mesmo:

> Marx [...] não tinha, apenas, chegado à mesma opinião, mas já tinha então [1844] generalizado a sua concepção no sentido de que, em geral, não é o Estado que condiciona e regula a sociedade burguesa, mas é a sociedade burguesa que condiciona e regula o Estado; que a política, bem como a sua história, deve ser explicada a partir das condições econômicas e do seu desenvolvimento, jamais o contrário[42].

Enquanto Engels, que no seu *Anti-Duehring* (1877-1878) criou o termo "materialismo dialético", queria ver aplicado este tipo de materialismo também nas ciências da natureza numa verdadeira

---

39. *Das Kapital*, ed, cit., v. I, cap. 1, seção IV, p. 50-51.
40. Idem, cap. 24, seção VII.
41. *Zur Kritik der politischer Ökonomie*, ed. cit., p. 7.
42. Zur Geschichte des Bundes der Kommunisten, citado como preâmbulo à edição de *Die Deutsche Ideologie,* Berlim: Dietz Verlag, 1957.

ELEMENTOS ESCATOLÓGICOS NA FILOSOFIA DA HISTÓRIA DE MARX   151

universalidade metafísica[43], Marx jamais nutriu pretensões natura-listas e sempre se ateve aos problemas do homem e da sociedade, assim como se afiguram na economia, na sociologia, na política e na história.

> Somente conhecemos uma única ciência, a ciência da história. A história pode ser encarada de dois lados [...] dividida em história da natureza e história dos homens. Ambos os lados, no entanto, não podem ser separados; enquanto existirem homens, natureza e história dos homens condicionar-se-ão mutuamente. A história da natureza, a assim chamada ciência natural, não nos interessa aqui[44].

"A transformação da natureza no homem", interpreta Iring Fetscher o materialismo de Marx, "não é o desenvolvimento do seu substrato biológico, mas o processo de humanização da natureza, e da sua própria natureza, pelo homem que trabalha"[45].

A concepção materialista da história, embora, segundo o próprio testemunho de Marx, concebida desde 1843, encontrou uma formu-lação clássica no prefácio à *Crítica da Economia Política* (1859).

As formulações anteriores[46], embora não atinjam o mesmo rigor e a mesma concisão, orientam-se exatamente no mesmo sentido. "Na produção social da sua vida", reza este texto famoso,

> os homens incorrem em determinadas relações que são necessárias e independentes da sua vontade, relações de produção que correspondem a determinado nível de de-senvolvimento das suas forças produtivas materiais. A totalidade destas relações de produção forma a estrutura econômica da sociedade, o fundamento real sobre o qual se ergue uma sobre-edificação jurídica e política e ao qual correspondem determinadas formas de consciência coletiva. O modo de produção da vida material condiciona o processo de vida social, política e intelectual em geral. Não é a consciência de homem que determina o seu ser, mas seu ser social que determina a sua consciência. Em de-terminado grau do seu desenvolvimento, as forças materiais de produção da sociedade entram em conflito com as relações existentes de produção, ou, o que apenas equivale a uma expressão jurídica da mesma coisa, com as relações de propriedade, nas quais funcionaram até então. De formas do desenvolvimento das forças de produção, estas relações transformam-se em grilhões das mesmas. Surge, então, uma época de revo-lução social.[47]

Esta concepção da história é fundamental em toda a obra de Marx. Nos escritos de juventude, raciocinando ainda em termos pre-

43. "Como ciência das leis gerais do Movimento e da Evolução da natureza, da sociedade humana e do pensamento", *Karl Marx und Friedrich Engels Werke,* bd. 20, p. 131.

44. MEGA, 1. seção, v. 5, p. 567, apud Iring Fetscher, *Karl Marx und der Marxis-mus,* Munique: Piper Verlag, 1967.

45. Idem, p. 136.

46. As mais importantes: Propriedade Privada e Comunismo, o terceiro dos *Ma-nuscritos de Paris*; A Ideologia em Geral, Particularmente a Alemã, de *A Ideologia Alemã* e o *Manifesto Comunista*.

47. Prefácio de *Zur Kritik der politischer Ökonomie*, ed. cit.

152 ENSAIOS FILOSÓFICOS

valentemente antropológicos, são "as forças materiais de produção" a base da autocriação do homem e, na maturidade, estas mesmas "forças materiais de produção" são responsáveis pela "totalidade destas relações nas quais se encontram os agentes da produção com a natureza e uns com os outros". Esta totalidade "é justamente a sociedade".

2. Universalização dos característicos do desenvolvimento

O progresso dos modos de produção até o seu estágio presente, a produção capitalista, e a crescente importância das revoluções políticas, causadas periodicamente pelo conflito entre as forças produtivas e as relações existentes de produção – os respectivos regimes de propriedade – obedecem a uma tendência de universalização, bem manifesta ao observador atento. Mostra-se tanto no desenvolvimento das forças de produção e dos meios de circulação na formação de classes sociais. A universalidade do processo capitalista de produção e da oposição correspondente entre proprietários e proletários representa a última fase de uma universalização progressiva que produzirá, necessariamente, a revolução proletária. Esta, de caráter total, é essencialmente diferente de todas as revoluções anteriores que foram apenas parciais e relativas à pretensão de grupos restritos. Portanto, a revolução proletária não modificará apenas o equilíbrio de poder entre as classes, mas eliminará inteiramente toda distinção entre classes. *A Ideologia Alemã* delineia claramente, nos fatos do desenvolvimento histórico, esta tendência a uma universalização crescente.

Quanto mais, no decurso deste desenvolvimento, se alargarem os vários círculos que atuam uns sobre os outros, quanto mais for eliminada a separação primitiva entre a existência das diversas nacionalidades, por métodos mais aperfeiçoados de produção e de circulação, pela divisão do trabalho entre as várias nações, provocada por evolução natural, tanto mais a história torna-se mundial; por exemplo, ao inventar-se, na Inglaterra, uma máquina que priva inúmeros operários do seu ganha-pão, na Índia e na China, modificando toda a maneira de viver nestes países, esta invenção torna-se um fato da história mundial [...] Disto segue-se que a transformação da história em história mundial não é apenas uma ação meramente abstrata de "autoconsciência" do espírito mundial ou de qualquer outro fantasma metafísico, mas um fato totalmente material, empiricamente comprovável, um fato de que todo indivíduo fornece a prova pelo modo como vai e vem, come e bebe e se veste[48].

A esta universalização dos modos de produção como base da transformação da história em história mundial corresponde a universalização das classes e dos seus antagonismos.

Cada classe nova, pois, que se coloca no lugar de outra que antes dela dominava, é forçada, já para atingir os seus fins, a apresentar o seu interesse como o interesse de toda a sociedade [...] toda classe nova corrobora, portanto, a sua dominação necessa-

48. *Die Deutsche Ideologie*, p. 44 e 45.

ELEMENTOS ESCATOLÓGICOS NA FILOSOFIA DA HISTÓRIA DE MARX 153

riamente numa base mais ampla que aquela que dominava antes, desenvolvendo-se, em seguida, como reação, uma oposição tanto mais aguda e profunda da parte da classe não dominante contra a classe ora dominante. É por causa de ambos os fatos que a luta travada contra esta nova classe dominante visa também a uma negação mais decidida, mais radical das condições sociais existentes, do que qualquer uma das classes, que anteriormente aspiraram à dominação, poderia ter ambicionado[49].

Esta universalização das forças de produção e de circulação, de um lado, e do antagonismo entre a classe dominante e a classe subjugada, do outro, tem que resultar em condições tendentes a desencadear uma transformação de característicos igualmente universais, uma revolução como jamais houve igual, e que jamais se poderá repetir, a revolução proletária, em que uma classe universal de explorados enfrentará um punhado de exploradores internacionais. "No desenvolvimento das forças de produção", diz um texto de *A Ideologia Alemã*,

um nível é alcançado em que forças de produção e meios de locomoção e transporte [*Verkehrsmittel*] são obtidos os quais, nas condições existentes, somente significam desastre, que não são mais forças de produção, mas de destruição (maquinaria e dinheiro) – e, concomitantemente, uma classe aparece para arcar com todos os encargos da sociedade, sem gozar das suas vantagens, e é empurrada para fora da sociedade, violentada no mais caracterizado antagonismo com todas as outras classes, uma classe que reúne a maioria de todos os membros da sociedade e da qual emana a convicção da necessidade de uma revolução fundamental, a convicção comunista [...][50].

Esta evolução é uma evolução mundial, estreitamente correlacionada com a transformação da história: De história nacional em história mundial:

A propósito, a massa de *meros* trabalhadores – força de trabalho que, por causa da concorrência, é divorciada em massa do capital e de qualquer satisfação, tão reduzida que for – e, portanto, a perda, já não mais temporária deste trabalho como fonte segura de existência, pressupõe o *mercado mundial*. O proletariado somente pode aparecer como fenômeno de uma *história mundial*, como também, o comunismo e o seu papel, essencialmente são possíveis somente no âmbito de uma história mundial, no âmbito de indivíduos, i.e., de indivíduos ligados diretamente à história mundial[51].

Conseqüentemente a revolução comunista que se aproxima é incomensurável com qualquer revolução anterior:

Todas as apropriações revolucionárias anteriores foram limitadas; indivíduos, cuja atividade própria se restringia a um mero instrumento de produção ou de locomoção e transporte, apropriaram-se deste seu instrumento de produção e lograram, por conseguinte, apenas uma nova limitação [...] No caso da apropriação pelos proletários, uma grande quantidade de instrumentos de produção há de ser submetida a cada indivíduo e a propriedade exercida por todos[52].

49. Idem, p. 46.
50. Idem, p. 69.
51. Idem, p. 33.
52. Idem, p. 68.

Assim, na filosofia da história de Marx, o fim da história apresenta-se como resultado necessário da tendência de universalização dos seus principais fatores atuantes. O fim da história, no entanto, não é o fim do homem, mas sim o fim de uma longa e penosa evolução que levou à sua plena afirmação; é antes a hora do seu aperfeiçoamento, a hora da completa efetivação de todas as suas possibilidades dentro de uma sociedade condigna.

As perspectivas que se abrem pelo marco escatológico

Normalmente os historiadores científicos partem de uma evidência presente, de algo que se lhes apresenta como evidência no presente, para daí tirarem conclusões com referência ao passado, segundo metodologia bem específica. Os fatos históricos relacionam-se, pois, com o presente do investigador. A história consiste numa perspectiva do passado a partir de um determinado presente. Com o decorrer dos tempos estas perspectivas variam, de conformidade com o prisma pelo qual o historiador examina o passado.

O rompimento da continuidade do tempo histórico pela escatologia introduz, na relatividade histórica, um novo quadro de referências com perspectivas fixas e imutáveis que não dependem mais da evidência do momento presente; impõe aos contornos sempre flutuantes da história perspectivas de validade absoluta. Tentaremos examinar como esta função é preenchida no pensamento histórico de Marx pelos elementos escatológicos nele existentes.

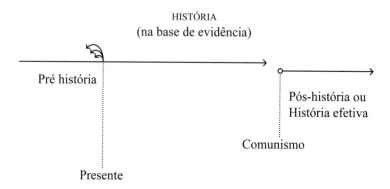

No fim do próprio prefácio à *Contribuição à Crítica da Economia Política*, a cisão que se dá na evolução da humanidade com o advento do comunismo é caracterizada em termos claramente escatológicos:

ELEMENTOS ESCATOLÓGICOS NA FILOSOFIA DA HISTÓRIA DE MARX   155

As relações burguesas de produção são a *última*[53] forma antagônica do processo social de produção, antagônica não no sentido de um antagonismo individual, mas no sentido de um antagonismo que surge das condições de vida social dos indivíduos; mas as forças de produção criam também as condições materiais para a solução deste antagonismo. Com esta formação social, portanto, encerra-se a *pré-história* da sociedade humana[54].

Esta perspectiva marxista de uma pré-história pressupõe a referência a uma cisão escatológica (o marco "0" no esquema acima), a qual, na sua qualidade de derradeiro fim é igualmente um começo absoluto de algo inteiramente novo, de uma história efetiva. Pois tudo quanto antecede o advento do comunismo "ainda não é a história *efetiva* do homem dado, mas ainda ato de criação"[55] do homem histórico do jovem Marx ou da sociedade humana do Marx maduro. A "história efetiva" basear-se-á em condições tão diferentes daquelas que nos são familiares, que esta "história efetiva" equivale aos nossos olhos a uma pós-história, nos pronunciamentos sobre a qual todo cuidado é pouco (ver esquema acima).

Contudo, Marx fala em inúmeros textos de "história" sem, aparentemente, se referir a uma "pré-história"; de história no sentido comum da palavra, que é reconstruída pelos especialistas na base de evidências. Não a caracterizou, coerentemente, como pré-história em vias de constituir os fundamentos de uma "história efetiva", num futuro mais ou menos distante e em condições sociais radicalmente diferentes. Ao referir-se, nos *Manuscritos*[56], ao comunismo como "enigma solucionado da história", reporta-se às mesmas épocas que outros textos qualificam como pré-históricas. Os extensos excursos sobre o conceito correto de história em *A Ideologia Alemã* e as palavras inflamadas no *Manifesto* que vê em toda história somente lutas de classes, certamente não cabem em relação a uma pré-história, e mesmo na célebre definição do materialismo histórico[57], aplica os seus conceitos à história e não a uma pré-história. Este último termo é introduzido somente ao querer-se chegar a uma conclusão de validade absoluta que se propõe transcender largamente todas as limitações inerentes a constatações históricas comuns.

Marx não nega, portanto, uma história que depende de evidências disponíveis ao investigador. Advoga, até, uma ciência histórica empírica, pela qual "as transformações nos modos econômicos da produção" devem ser "constatáveis fielmente à maneira das ciências naturais"[58]. Porém, ao generalizar a respeito destas mesmas transfor-

---

53. Grifo meu.
54. Prefácio de *Zur Kritik der politischer Ökonomie*, p. 7, Grifo meu.
55. *Pariser Manuskripte,* 1844, p. 110.
56. Idem, p. 76.
57. Prefácio de *Zur Kritik der politischer Ökonomie*.
58. Idem.

156 ENSAIOS FILOSÓFICOS

mações, ao tentar impor-lhes uma "teoria", cuja validade não pode depender de constatações apenas históricas, necessitou de um esquema absoluto e imutável que somente uma visão escatológica do desenvolvimento da sociedade humana pode impor à validade, sempre de novo posta em dúvida, dos fatos históricos. Esta é a razão pela qual o advento do comunismo teve que ser introduzido como marco divisório entre pré-história e história efetiva, entre o processo da criação do homem e da sua sociedade e outro que julga já poder partir da existência do homem ou da sociedade humana.

Dificuldades Lógicas de um "Fim de Processo"

Historicidade ou transcendência escatológica
da revolução proletária?

O papel escatológico desempenhado pelo advento do comunismo acarreta sérias dificuldades no esquema do materialismo histórico, realçadas por Jean-Yves Calvez[59]. Se este acontecimento se situar na história, propulsionada por uma interação dialética entre as forças e as relações de produção, "lá se vai a soberana originalidade que lhe atribuíram. Nem sequer resolve o enigma da totalidade da história que não conseguiu abranger e compreender em todo o seu desenvolvimento". Se o comunismo representar, ao contrário, o fim da história, "a que se reduz o materialismo histórico?". Não será ele posto fora de operação, no preciso momento em que a sociedade sem classes e a socialização da produção forem alcançadas?

O mesmo dilema apresenta-se em toda concepção escatológica da história, sempre que um esquema básico de conceitos universais predeterminantes do desenvolvimento do convívio humano[60] tiver que resultar necessária ou logicamente em certas condições finais. Como imaginar que este esquema básico de conceitos universais predeterminantes do desenvolvimento do convívio humano se aniquila a si mesmo ao produzir o estágio derradeiro da evolução? E, se continuar em vigor, das duas uma: Ou não produziu o resultado que logicamente dele era de se esperar, caiu então em contradição consigo mesmo; ou continua em vigor apesar de ter produzido o último estágio do desenvolvimento, tornando-se, doravante, sem sentido. Em relação à escatologia clássica a mesma dificuldade poderia ser formulada da seguinte maneira: Uma vez alcançada a era da convivência feliz e harmoniosa entre os homens, para a qual a direção divina, segundo os seus critérios absolutos, conduz o mundo, de que valerá, doravante, esta mesma providência divina?

---

59. *O Pensamento de Karl Marx*, p. 298 e 420-421.
60. Ver Escatologia e Genertalização Histórica, supra p. 144.

ELEMENTOS ESCATOLÓGICOS NA FILOSOFIA DA HISTÓRIA DE MARX   157

Permanecerá ela operante e, se assim for, qual a sua significação para um mundo em que não há mais mal algum no contato entre os seres?

A dificuldade revela-se como meramente lógica ao reconhecermos que o raciocínio histórico e o raciocínio escatológico pertencem a diferentes *tipos lógicos* de raciocínio. Tão bem fundamentada que a escatologia possa ser na argumentação histórica, jamais deve ser esquecido que o discurso histórico relaciona fatos da dinâmica social, enquanto o discurso escatológico tem a própria história como referência e é, portanto, um discurso de segundo grau, um discurso meta-histórico. No famoso texto, citado acima, do Prefácio à *Crítica da Economia Política,* o materialismo histórico, o relacionamento propulsor entre forças produtivas e relações de produção, pertence ao discurso histórico enquanto a observação de que os antagonismos sociais da sociedade burguesa serão os últimos – e as razões do porquê desta afirmação – pertence a um discurso sobre o discurso histórico, a um discurso de segundo grau, a um discurso meta-histórico. Bertrand Russell mostrou nos seus estudos sobre os tipos lógicos[61] que é ilegítimo o emprego de termos do discurso de um tipo no contexto de um discurso de outro tipo. Não se pode, portanto, indagar, dentro do contexto de uma argumentação escatológica que é meta-histórica pelo sentido do materialismo histórico, que é uma argumentação histórica. Se se cometer esta infração lógica, as contradições serão inevitáveis sem prejuízo, porém, da validade em si de cada discurso, do histórico e do meta-histórico.

A revolução proletária, pois, enquanto fazendo parte do contexto da história, obedece plenamente, para Marx, aos princípios formulados no materialismo histórico. Mas enquanto esta mesma revolução proletária tornar-se o marco escatológico entre a pré-história e a história efetiva, vem a ser incomensurável aos termos do materialismo histórico e sujeita a princípios de outro tipo.

Dificuldades do conceito de "ideologia"

Inicialmente, o conceito de "ideologia" foi tratado por Marx com bastante desprezo. Ainda em *A Ideologia Alemã*, ela é caracterizada como "formações nebulosas do cérebro do homem", como

sublimações necessárias do seu processo de vida material, empiricamente constatável e referido a condições materiais [...] A moral, a religião, a metafísica e demais ideologias e as formas de consciência que lhe correspondem, não continuam, numa tal abordagem, a ostentar uma aparência de autonomia. Não possuem história, não têm desenvolvimento; mas os homens que desenvolvem a sua produção material e o seu comércio material, modificam conjuntamente com esta sua realidade também o seu

---

61. Bertrand Russel, Mathematical Logic as base of the Theory of Types, em *American Journal of Mathematics,*1908; A. N. Whitehead & Bertrand Russell, *Principia Mathematica*, Cambridge: Cambridge University Press, 1925.

158 ENSAIOS FILOSÓFICOS

pensamento e os produtos do seu pensamento [...] Lá, onde acaba a especulação, na vida real, começa, portanto a ciência real, positiva, a representação da atividade prática, do processo prático de desenvolvimento do homem[62].

A ideologia é aqui um subproduto sem maior valor, uma especulação que deve ser completamente desmascarada por aquele que quer avançar até a ciência, ou seja, ao exame da vida real, das atividades práticas do homem, do processo prático do seu desenvolvimento.

Mais tarde, embora a distinção entre ideologia e ciência seja feita no mesmo sentido, a primeira recebe, já, um determinado status, uma certa dignidade. "A totalidade destes modos de produção", reza o "Prefácio" à *Crítica da Economia Política*, "forma a estrutura econômica da sociedade, a base real sobre a qual se ergue uma sobre-edificação jurídica e política que corresponde a determinadas formas de consciência coletiva". E mais adiante o mesmo texto diz:

No exame de tais transformações deve sempre ser feita a distinção entre as transformações materiais nas condições econômicas de produção, cientificamente constatáveis com precisão, e as formas jurídicas, políticas, religiosas, artísticas ou filosóficas, numa palavra as formas ideológicas, através das quais os homens adquirem consciência deste conflito e o disputam[63].

Interpretando Marx, Althusser reconhece "a lógica e o rigor próprio" de certas ideologias, nem nega o profundo arraigamento – pelo menos da ideologia marxista – na observação empírica dos fatos[64]. O que sobra, então, da diferença fundamental entre ideologia e ciência? Diz Althusser que "a função prática-social da ideologia prevalece sobre a sua função teórica", acontecendo justamente o contrário no caso da ciência. Georges Gurvitch faz Marx incluir entre as superestruturas ideológicas

todas as obras culturais como tais (direito, moral, estética, linguagem, conhecimento filosófico e científico) [...] Faz apenas uma exceção: conjuntamente com as ciências naturais exclui do domínio da ideologia a economia política, elevada pelo marxismo ao nível das ciências exatas"[65].

A excelência da "ciência" frente à ideologia fundamenta-se numa pretensa independência do cientista da consciência coletiva do seu tempo, uma vez que se atém, exclusivamente, às realidades objetivamente constatáveis da economia, "pois tampouco se julga o que um indivíduo é a partir do que ele próprio pensa, tampouco tais transfor-

62. *Die Deutsche Ideologie*, p. 23.
63. Prefácio de *Zur Kritik der politischer Ökonomie*.
64. Louis Althusser, *Pour Marx,* Paris, François Maspero, 1966, p. 238.
65. Georges Gurvitch, *Trois Chapitres d'Histoire de la Sociologie,* trad. castelhana de Horacio Crespo, Buenos Aires, Ediciones Galatea, 1959, p. 109.

ELEMENTOS ESCATOLÓGICOS NA FILOSOFIA DA HISTÓRIA DE MARX   159

mações podem ser julgadas a partir da consciência que delas resulta"[66]. A questão é se o próprio cientista – mesmo o pesquisador em ciências exatas – pode ser considerado independente de uma consciência coletiva contemporânea. Os métodos científicos que estruturam toda "constatação fiel de fatos", seja de uma realidade presente, seja a partir da evidência presente, de uma realidade passada, sempre permanecem sujeitos às limitações ditadas pelas condições de produção da época. Diz o próprio Marx: "O desenvolvimento desta ciência, em particular da ciência natural, está por sua vez, relacionado com a produção material"[67]. Esta possibilita o progresso científico, como o progresso das ciências e pela sua aplicação tecnológica, aumenta as forças produtivas.

Se os próprios fatos constatáveis da realidade socioeconômica não são imutáveis, mas sujeitos a uma evolução constante, muito mais o são considerações tão generalizadoras como as que querem estabelecer a diferença essencial entre "ciência" e "ideologia". Representam juízos reflexivos pertencentes a uma filosofia das ciências e, como "filosofia", segundo o próprio texto do "Prefácio" que acabamos de citar, enquadram-se na ideologia. Chegamos, pois, ao resultado que somente uma "ideologia" pode pronunciar-se sobre a diferença essencial entre ciência e ideologia, caindo com isto no paradoxo das afirmações que se incluem no âmbito da própria referência. Quando Epimênides, homem de Creta, afirma que todos os habitantes de Creta mentem, a sua afirmação torna-se absurda. Quando Marx deriva toda consciência coletiva do homem das suas condições materiais de produção, este mesmo pronunciamento também se insere nas manifestações da consciência coletiva, perdendo com isso qualquer validez absoluta. O relacionamento "científico" das ciências com as condições de produção torna este mesmo relacionamento referido, de validez limitada, uma "ideologia".

Levando em conta a perspectiva escatológica do pensamento de Marx, o problema muda radicalmente de aspecto. Do ponto de vista da revolução proletária, derradeiro fim da "pré-história" da sociedade humana, as produções ideológicas do passado podem ser examinadas criticamente sem o perigo de se afundar nos paradoxos da auto-referência. Pois a consciência coletiva surgida com a revolução proletária não é mais uma "ideologia" chamada a julgar ideologias! É a consciência coletiva do "homem socializado, dos produtores associados" que regulam "racionalmente este seu metabolismo com a natureza, submetem-no ao seu controle comum"[68]. É uma cons-

---

66. Prefácio de *Zur Kritik der politischer Ökonomie.*

67. *Grundrisse der Kritik der Politischen Ökonomie,* 1857/58, *Texte zu Methode und Praxis,* vol. 3, p. 209.

68. *Das Kapital,* ed. cit., bd 3, seção VII, cap. 48, p. 317.

160 ENSAIOS FILOSÓFICOS

ciência coletiva que não se modifica mais "com as transformações do fundamento econômico", pois "as forças produtivas materiais da sociedade" não podem entrar mais em contradição com "as relações existentes de produção ou, numa expressão jurídica, com as relações de propriedade"[69]. Ideologia tornou-se ciência e ciência ideologia ou, como Marx o colocou nos termos antropológicos das obras de juventude: "A ciência da natureza englobará, futuramente, a ciência do homem, assim como a ciência do homem vai englobar a ciência da natureza"[70]. Ou: "A essência *humana* existe somente para o homem *social* [...]. Somente aqui a sua existência *natural* tornou-se existência *humana,* e a natureza, para ele, homem. A *sociedade,* pois – e "sociedade" é o estágio final, o *eschaton* da comunidade de "homens socializados e de produtores associados que regulam racionalmente este seu metabolismo com a natureza" – é a completa unidade de essência de homem e natureza, a verdadeira ressurreição da natureza, o naturalismo realizado do homem e o humanismo realizado da natureza"[71]. Neste estágio do desenvolvimento humano a ideologia é, portanto, expressão legítima da natureza humana e, por conseguinte, ciência, ao passo que a ciência não passará de autoconsciência desta mesma natureza humana e, portanto, de ideologia.

A Experiência Humana da Escatologia

A Dialética da Miséria

O materialismo histórico concebe o processo da história num movimento dialético. Se definirmos "dialética" no sentido histórico do termo, como "realização da condição mais adequada da humanidade, pelo processo da história, não de forma retilínea e contínua, mas em progresso dialético, i.e., por meio de momentos negativos, de momentos que, considerados em si, no seu isolamento, contêm infelicidade, miséria, privação, portanto o "irracional", mas *como momentos do processo total,* desempenham, não obstante, uma função racional, necessária e congruente"[72], iremos constatar que em nenhum dos seus níveis de desenvolvimento o pensamento histórico de Marx deixou de ser dialético. Atribui-se, ao contrário, o mérito de ter livrado a dialética dos elementos de mistificação com os quais era mesclada desde que Hegel a tornou o método universal do seu pensar.

A mistificação que a dialética sofre nas mãos de Hegel, [escreve Marx por volta de 1872]. não impede de maneira alguma que ele tenha sido o primeiro a apresentar

69. Prefácio de *Zur Kritik der politischer Ökonomie.*
70. *Pariser Manuskripte,* p. 83-84.
71. Idem, p. 77.
72. Iring Fetscher, *Karl Marx und der Marxismus,* p. 49.

ELEMENTOS ESCATOLÓGICOS NA FILOSOFIA DA HISTÓRIA DE MARX   161

as suas formas gerais de movimento de modo total e consciente. Foi virada por ele de cabeça para o chão. É necessário pô-la do avesso para encontrar o núcleo racional na envoltura mística [...]. Na sua forma racional [evidentemente aquela procurada por Marx] é uma abominação para a burguesia e para os seus porta-vozes doutrinários, porque, ao lado da compreensão positiva do existente, encerra também a compreensão da sua negação, da sua destruição necessária, pois concebe qualquer forma criada, dentro do fluxo do movimento, portanto, também, como perecível, não se deixa intimidar por nada e é, essencialmente, crítica e revolucionária"[73].

O pensamento dialético, uma vez purificado das mistificações hegelianas, é um pensamento não mais exclusivamente interpretativo, mas um pensamento crítico, revolucionário que, nos termos da *XI Tese sobre Feuerbach* não quer apenas interpretar o mundo, mas modificá-lo. Dialéticos, neste sentido, são os textos dos *Manuscritos* que verberam a miséria do proletário e os efeitos negativos da propriedade privada; os textos de *A Ideologia Alemã* que descrevem as formas antagônicas do progresso social e econômico para a última das suas configurações, representada pelo processo capitalista de produção; dialética a visão da história que encontra a sua expressão em *O Capital* ao afirmar que

a maneira de apropriação resultante do modo capitalista de produção é a primeira negação da propriedade privada individual, fundada em trabalho próprio. Mas a produção capitalista cria, com a necessidade de um processo natural, a sua própria negação. É a negação da negação. Esta não restabelece a propriedade privada do trabalhador, mas sim a propriedade individual na base das conquistas da era capitalista; da cooperação e da propriedade comum da terra e dos meios de produção, produzidos pelo próprio trabalho[74].

Se o seu caráter dialético nem sempre é aparente na obra de Marx, é que esta se aprofunda largamente na análise categorial da realidade socioeconômica, mas apenas para, finalmente, recolocar os resultados obtidos no contexto de uma visão histórica englobante que, segundo acertada observação de Benedikt Kautsky[75], permanece sempre a preocupação central do seu pensamento.

Mas esta dialética de Marx não é apenas uma forma lógica do pensamento; identifica-se com a própria evolução da sociedade humana, com o seu caminho histórico coberto de sangue e de sofrimento. E o padecimento da humanidade cresce constantemente com o seu caminhar. Somente ao atingir os limites do insuportável, uma reviravolta final pode superá-lo definitivamente. Isto ressalta de inúmeros textos, por exemplo, em *A Ideologia Alemã,* citados acima para ilustrar a progressiva universalização dos antagonismos sociais e o progressivo radicalismo das revoluções que os superam. "O trabalhador moderno", diz um texto do *Manifesto Comunista,* "ao invés

73. Posfácio à 2ª edição de *Das Kapital* , ed. cit.
74. *Das Kapital,* ed. cit., bd 1, seção I, cap. 24, p. 390.
75. Prefácio a *Das Kapital* , ed. cit.

162 ENSAIOS FILOSÓFICOS

de subir com o progresso da indústria, afunda-se mais e mais, abaixo, mesmo, das condições da sua própria classe. Torna-se um desgraçado e a miséria cresce mais depressa que a população e a riqueza". E no *Capital*, na seção sobre "A Lei Geral da Acumulação Capitalista", Marx conclui: "A acumulação de riqueza num dos pólos é simultaneamente acumulação de miséria, tortura do trabalho, escravidão, ignorância, brutalização e degradação moral no pólo contrário, isto é, do lado da classe que produz o seu próprio produto como capital"[76].

É como se repetissem, em versão moderna, as palavras de Daniel citadas acima: "E haverá um tempo de miséria como igual não houve, desde que se tornou povo até o presente tempo, e neste tempo será salvo o teu povo". Pois a dialética marxista é, como a escatologia clássica, uma dialética da miséria.

O Papel Messiânico do Proletariado

O desenvolvimento escatológico, muitas vezes, focaliza-se num agente privilegiado, coletivo ou individual, cuja experiência trágica e cuja intervenção decisiva levam o curso dos acontecimentos ao seu fim. Se na escatologia clássica um tal agente foi encontrado na figura de um rei-salvador, de um messias redentor ou ainda num povo escolhido, na visão escatológica de Marx este agente somente podia ser o proletariado. Para este apontavam todas as condições históricas que fizeram a grande reviravolta parecer inevitável. O proletariado crescia com universalidade internacional em todas as sociedades modernas com consciência progressivamente mais nítida dos seus membros que, para valorizarem-se, individualmente, precisavam suspender o trabalho, condição da sua própria existência e, ao mesmo tempo, da sociedade toda como se afigurava até então[77]. Jamais houve uma classe, dentro da sociedade, cuja miséria crescesse tanto com o desenvolvimento da sociedade e da sua riqueza, jamais uma classe dotada com tamanha universalidade negativa que não pudesse mais ser caracterizada propriamente como "classe", que não alimentasse mais as aspirações de uma classe, mas os anseios fundamentais de toda a sociedade. As tendências à universalização, tanto dos antagonismos sociais como das respectivas revoluções que vieram corrigi-los, resultaram no aparecimento de uma classe

que tem que arcar com todos os encargos da sociedade, sem gozar das suas vantagens, que é empurrada para fora da sociedade, violentada no mais caracterizado antagonismo com todas as outras classes, uma classe que reúne a maioria de todos os membros da

76. *Das Kapital*, ed. cit., bd 1, seção IV, cap. 23, p. 368.
77. *Die Deutsche Ideologie*, p. 78.

ELEMENTOS ESCATOLÓGICOS NA FILOSOFIA DA HISTÓRIA DE MARX   163

sociedade e da qual emana a convicção da necessidade de uma revolução fundamental, a convicção comunista[78].

O papel messiânico do proletariado na revolução final não apenas tem a função lógica de referir as generalizações escatológicas a formações sociológicas concretas e, deste modo, ligar o raciocínio escatológico com a realidade histórica, relacionar uma linguagem meta-histórica com a história, mas adquiriu crescente importância vivencial na consciência das massas operárias. Na medida em que estas se convencem da transcendental importância da sua atuação histórica, recuperam o respeito de si próprias, tão duramente ferido pela humilhante sujeição sofrida. E mais ainda: O seu papel messiânico na salvação da sociedade estabelece um sentido às dores do proletariado, inscreve-o no contexto das linhas mestras que regem a história proporcionando-lhe, deste modo, uma integração da sua existência, aparentemente absurda, numa estrutura significativa dos acontecimentos, uma elevação religiosa, não obstante a mais incondicional convicção ateísta, e a mais combativa orientação anti-religiosa.

Contudo, a atuação messiânica do proletariado não deve ser compreendida simplesmente como acontecimento necessário. É, certamente, necessário "como desenvolvimento das formações socioeconômicas como processo de história natural"[79]. Mas é igualmente uma atuação consciente, fruto de um esforço intensivo de conscientização e esclarecimento, a exemplo do próprio *Manifesto Comunista*. O homem e a sociedade humana, como autocriação consciente, implicam, igualmente, numa livre autodeterminação. "Segundo o materialismo dialético", nas belas palavras de Henri Lefèbvre,

os homens podem e devem propor-se uma solução total. O homem não existe, metafisicamente, desde sempre. O jogo não é ganho. Os homens podem perder tudo. O traspassamento não é fatal. Mas é justamente desta forma que a questão do homem e do espírito assume uma significação trágica infinita e aqueles que pressentem esta significação abandonam o isolamento para entrar numa comunhão autenticamente espiritual[80].

A antítese entre necessidade e liberdade é característica de todo fenômeno messiânico, acentuando-se ora um, ora outro dos opostos. Um messias que não fosse amparado pela providência divina, pelas implicações inexoráveis de um esquema superior de desenvolvimento referidas ao momento histórico, não passaria de um aventureiro. Um desenvolvimento meramente necessário que dispensasse a intervenção do homem, a sua atuação consciente e livre, seria apenas um processo apocalíptico.

---

78. Ver *O Materialismo Histórico* supra, p. 149-152.
79. Prefácio à 1ª edição de *Das Kapital*, p. 4.
80. H. Lefèbvre, *Le matérialisme dialectique*, p. 97.

164 ENSAIOS FILOSÓFICOS

A Transformação Qualitativa

Enquanto que o definhamento do Estado e a superação da estratificação da sociedade em classes são característicos importantes das transformações efetuadas pelo advento do comunismo, não passam, no entanto, de característicos negativos. O aspecto de maior relevo consiste em algo totalmente positivo: Na transformação do homem e, com ele, do mundo. No fim do tempo histórico em que vivemos, com o completamento definitivo e universal da revolução proletária, o atual sujeito da história, o homem social em formação, libertado das suas alienações, será substituído por um homem livre dentro de uma sociedade livre, finalmente capaz de levar uma vida genuinamente humana.

Este homem novo não apenas produzirá mais e melhor, prolongará a sua vida e dela eliminará doenças graves e outros incidentes antes incontroláveis; a sua vida diferenciar-se-á da nossa qualitativamente: Perceberá o mundo de maneira diferente, criará uma nova arte e uma nova ciência e, o que é mais importante ainda, um novo estilo, uma nova moral de convivência social, na qual a concorrência e a inveja darão lugar à compreensão e à ajuda mútua. O relacionamento do homem com a natureza não permanecerá um relacionamento de proprietário e propriedade, mas, com sentidos reeducados e reorientados o homem apreciará a beleza e, interessando-se pela coisa sem interesses utilitários, tornar-se-á teórico no próprio sentido da palavra. Terá definitivamente passado o tempo em que "a propriedade privada tanto nos emburreceu, tanto nos tornou unilaterais que um objeto é *nosso* somente ao possuirmo-lo, i.e., ao existir para nós como capital ou quando imediatamente ocupado por nós, comido, bebido, trajado em nosso corpo, numa palavra, utilizado"[81].

No capitalismo, para Marx, a alienação não somente do homem, mas também do objeto atinge o seu máximo. Pois "a coisa, a realidade, o mundo sensível" não se constitui "apenas sob a forma de objeto ou de representação", mas "como atividade humana concreta, *praxis*, não subjetivamente"[82]. A verdade objetiva "não é uma questão da teoria, mas uma questão prática. Na *praxis* o homem deve demonstrar a verdade do seu pensamento, a sua realidade e o seu poder, a sua imanência ao mundo"[83].

Portanto, a objetividade não é para Marx, em declarada oposição ao materialismo mecanicista, um mero reflexo de algo exterior e estranho ao homem, mas algo que resulta da ação, da *praxis* humana.

81. *Pariser Manuskripte,* 1844, p. 79.
82. *Marx über Feuerbach (Teses sobre Feuerbach), Texte zu Methode und Praxis,* v. 2, p. 190 (tese n. 1).
83. Idem (tese n. 2).

ELEMENTOS ESCATOLÓGICOS NA FILOSOFIA DA HISTÓRIA DE MARX   165

Mas esta ação também não é, como o queria a filosofia idealista, apenas uma ação do pensamento abstrato, mas do trabalho concreto, constitutivo da realidade humana.

Esta posição epistemológica, original e fecunda, implica um processo contínuo de objetivação, no qual, sob o impacto da *praxis* humana, se constitui a realidade objetiva. A alienação atinge principalmente este processo de objetivação e resulta numa objetividade, num mundo completamente deteriorado. Tudo, inclusive o homem, se transforma num objeto estranho e desumano que pode ser apropriado apenas no sentido de um possuir ou de um ter, caso não puder ser consumido imediatamente. Uma vez desalienada a objetivação constitutiva do mundo, surgem os objetos que evocam o nosso senso estético e a nossa curiosidade objetiva, cientificamente desinteressada.

O preocupado, o necessitado não tem sensibilidade pelo mais belo espetáculo; o negociante de minérios só vê o valor da mercadoria, mas não a beleza, a natureza particular do minério; não tem sensibilidade mineralógica; portanto a objetivação da essência humana, tanto no sentido teórico como no prático, era indispensável, tanto para tornar *humana* a *sensibilidade* do homem, quanto para criar *o sentido humano* correspondente a toda a riqueza da substância humana e natural[84].

Uma vez libertado o processo da objetivação dos interesses desumanos de posse, estimulados pelo regime da propriedade privada, cria-se um mundo de "riqueza humana, desdobrada nos objetos", um mundo que solicita toda "a riqueza da sensibilidade humana subjetiva, um ouvido musical, um olho sensível à beleza das formas"[85], solicita "sentidos que se tornaram *teóricos* na sua *praxis,* que se relacionam com a coisa por causa da coisa"[86]. Assim, inicia-se "o desenvolvimento da força humana que vale como finalidade de si mesma, o verdadeiro domínio da liberdade"[87].

Na sociedade comunista, pois, derradeira e definitiva, verdadeiro *eschaton* do desenvolvimento social e econômico, nascerá a verdadeira arte, não mais desvirtuada pelos interesses de uma classe dominante e a ciência verdadeira que não é mais ideologia em que "os pensamentos da classe dominante são, em cada época, os pensamentos dominantes"[88]. As transformações da natureza que, na escatologia clássica, acompanham as transformações da sociedade e do homem encontram, também, o seu equivalente no pensamento marxista: Um processo desalienado de objetivação criará um novo mundo, um mundo de "riqueza humana, desdobrada nos objetos",

84. *Pariser Manuskripte,* 1844, ed. cit., p. 81-82.
85. Idem, p. 81.
86. Idem, p. 80.
87. *Das Kapital* , ed. cit., p. 317.
88. *Die Deutsche Ideologie*, ed. cit., p. 45.

ENSAIOS FILOSÓFICOS

uma natureza humanizada que não provocará mais "o conflito entre o homem e a natureza e o homem"[89].

Do auge da alienação humana que se exprime nas relações capitalistas de produção, nas quais o homem se transformou em mero objeto, em mercadoria pura e simples, o homem voltará, na sociedade comunista, "à apropriação real da essência humana pelo homem e para o homem"[90]. Com a superação positiva da propriedade privada será estabelecida uma sociedade no verdadeiro sentido da palavra, na qual cada um vive, não apenas para si, mas, também, para os outros, e, na medida em que vive para os outros, vive verdadeiramente para si. Haverá, portanto, uma modificação completa nas relações entre os indivíduos.

NOTA FINAL

Cremos ter demonstrado que, não obstante seu ateísmo combativo, a filosofia da história de Marx está profundamente influenciada por categorias de um pensamento escatológico que se evidencia claramente já nos escritos do Antigo Testamento, formas de pensar que fundamentam muitas das soluções propostas. Numa atitude tipicamente veterotestamentária Marx condena, na XI *Tese sobre Feuerbach*, a atitude dos filósofos que especulam sobre o mundo, clamando com voz de profeta para os que irão mudá-lo.

E não há dúvida que o marxismo trouxe grandes mudanças para uma boa parte da humanidade. Se, no entanto, estas mudanças realmente vieram estabelecer uma ordem social mais aproximada à sua última perfeição, onde a exploração do homem pelo homem de fato se teria tornado impossível; se estas mudanças pelo menos criaram aquela sociedade que o próprio Karl Marx entrevia ao escrever seus famosos textos, é uma dúvida que atormenta muitos espíritos do lado de cá e do lado de lá da "cortina de ferro" e cujo tratamento ultrapassa por muito os propósitos deste trabalho.

89. *Pariser Manuskripte,* 1844, ed. cit., p. 76.
90. Idem, p. 95.

15. Duas Definições de Liberdade

Entre as duas seguintes concepções de liberdade, qual lhe parece a mais conveniente: "Ser livre é poder escolher entre duas alternativas" (Jules Lequier), ou "Somos livres quando os nossos atos emanam da nossa personalidade inteira, quando a exprimem, quando eles têm com ela essa indefinível semelhança que às vezes se encontra entre a obra e o artista" (Henri Bergson)?

I.

Falando em liberdade, pensamos, antes de mais nada, em ausência de coação: Coação exercida pela causalidade de forças externas ou coação por dinamismos internos que agem sobre nós com a necessidade de uma causalidade psicológica. Portanto, foi com boa razão que Kant afirmou que o primeiro conceito da liberdade é negativo[1]. A heteronomia da nossa vontade e a conseqüente ausência de liberdade não se deve unicamente ao constrangimento, externo ou interno, mas também à ignorância dos característicos precisos das alternativas em jogo, do alcance exato das possibilidades que se apresentam à minha ação. A autonomia da nossa vontade requer certa consciência dos fins visados em qualquer escolha entre alternativas. É evidente que uma escolha, de olhos vendados, entre objetos que não são dados a perceber e cujas qualidades ignoro, não pode ser qualificada de livre.

1. Immanuel Kant, *Crítica da Razão Prática* I, l, § 6.

168 ENSAIOS FILOSÓFICOS

Portanto, ao lado de uma "liberdade de" há uma "liberdade para", uma liberdade de conceito positivo.

II.

Considerando estes dois aspectos da liberdade, a definição de Lequier é válida, porém bastante incompleta, faltando-lhe toda referência às condições que possibilitam uma escolha livre e à probabilidade de elas serem encontradas na realidade.

A definição de Bergson, do outro lado, é fruto de uma investigação exaustiva e original das possibilidades de uma ausência de coação, fruto de uma pesquisa crítica do âmbito de validade do princípio de causalidade, principal fonte da heteronomia da nossa vontade. Falta à definição de Bergson uma apreciação da consciência dos fins, do conceito positivo da liberdade; a não ser que o fim, oferecido por nossa liberdade, consista justamente na expressividade das nossas ações, na sua caracterização estética. Não é por acaso que na sua definição de liberdade Bergson se apóia na analogia da relação entre o artista e a sua obra.

III.

Embora liberdade não seja equivalente ao indeterminismo – o que será demonstrado mais adiante – o determinismo dogmático é o inimigo número um de todo conceito de liberdade. O grande mérito de Bergson é de ter esvaziado o determinismo dogmático por uma argumentação altamente convincente e, desta maneira, ter prestado uma grande contribuição para a fundamentação do conceito de liberdade.

No seu *Essai sur les Données Immédiates de la Conscience*, Bergson prova que o princípio de causalidade, principal base teórica do determinismo dogmático, encerra duas concepções contraditórias da duração. De um lado a causalidade é apresentada como um sistema de forças, físicas ou psíquicas, que se desenvolvem na duração, numa duração, pois, análoga à dos nossos processos conscientes, e cujo aspecto introspectivo, para assim dizer, se assemelharia à nossa sensação de esforço. Ora, para um tal esquema de "forças" o futuro existe somente como expectativa que pode ou não pode ser realizada de acordo com a contingência da situação. O resultado é uma causalidade *a posteriori*, resultante de um levantamento minucioso posterior de todos os fatores efetivos que contribuíram para o evento.

De outro lado temos a concepção da causalidade, a base de um conceito de tempo homogêneo, exprimível em termos matemáticos. Esta concepção pressupõe a preexistência de qualquer acontecimento futuro numa fórmula matemática presente, já que todos os momentos

DUAS DEFINIÇÕES DE LIBERDADE 169

da sucessão podem ser apreendidos desde já como os termos de uma série matemática.

Ora, qualquer uma destas hipóteses, por si só, salvaguarda a liberdade das nossas ações: A primeira leva a contingência aos próprios fenômenos da natureza; a segunda restringiria a determinação estrita aos fenômenos físicos, aos quais a concepção de um tempo homogêneo e matematicamente formulável pode ser aplicada, deixando, portanto, à nossa consciência, cujos fatos se desenrolam numa duração inteiramente heterogênea e matematicamente inapreensível, larga margem de autonomia. A combinação destas duas concepções, em si contraditórias, oferece grandes vantagens ao cientista permitindo, ao mesmo tempo, representar e abstrair matematicamente. De um ponto de vista de precisão epistemológica, no entanto, a combinação de duas concepções contraditórias em si, permanece inadmissível, pois leva-nos a conclusões falsas, e.g., à conclusão pela impossibilidade da liberdade de ação humana[2].

A liberdade é um fato da nossa experiência introspectiva. Os estados profundos da consciência, afirma Bergson, não têm nenhuma relação com o quantitativo. Eles se confundem de tal maneira que não é mais possível atribuir-lhes unidade ou pluralidade. A duração em que eles se desenvolvem, é uma duração cujos momentos não constituem uma multiplicidade numérica. Uma vez que a causalidade sempre pressupõe uma multiplicidade de termos, pelo menos os dois de causa e efeito, uma causalidade psíquica é impossível nestes estados profundos da nossa consciência, não somente no sentido que nenhuma causa psíquica ali pudesse causar um efeito determinado, mas ainda no sentido de que nenhuma causa externa, do mundo físico, pudesse originar ali um efeito unitário, quantitativamente determinável em termos matemáticos. A nossa experiência subjetiva de liberdade de consciência justificar-se-ia, pois, à luz de uma análise epistemológica rigorosa daquilo que às vezes, levianamente, designamos de causalidade[3].

A argumentação de Bergson retira do determinismo a sua terrível força de eliminar a liberdade das ações humanas. Mas será a liberdade, por isso, equivalente ao indeterminismo?

De maneira alguma. Não devemos crer que todos os atos que se originam do nosso eu, embora não sujeitos a um determinismo causal, fossem realmente livres. Os atos verdadeiramente livres são raros, afirma Bergson, justamente porque, de acordo com a sua definição de liberdade, eles devem emanar da totalidade da nossa personalidade. Qualquer ato que resulta somente das camadas superficiais do nosso ego, assimiladas como são à espacialidade quantitativa do meio físico

---

2. Henri Bergson, *Essai sur les Données Immédiates de la Conscience*, La durée réelle et la causalité, p. 161-162.

3. Idem, op. cit., Les deux aspects du moi, p. 102-103.

que nos cerca; ou qualquer ato que surge de uma comoção unilateral, de uma paixão incontrolada que, temporariamente, submeteria toda a nossa personalidade a uma expressividade que não lhe é própria, não deveria ser qualificado de livre.

Embora não sujeito ao determinismo causal, o ato livre está longe de ser indeterminado. Baseia-se num fator bem positivo, no da nossa livre vontade que, como positiva, é bem determinada: Na concepção de Bergson, esta determinação da livre vontade consiste na representação da nossa personalidade inteira, no fato de exprimi-la, "de ter com ela essa indefinível semelhança que, às vezes, se encontra entre a obra e o artista".

Ora, a ação não somente exprime o íntimo do seu autor, mas também lhe consegue o que deseja, do mais material e primitivo como, por exemplo, o alimento, ao mais sublime e espiritual como são as últimas aspirações da sua vida. Para uma ação, a qual a liberdade sempre se refere, não importa somente o que ela exprime, mas também o que ela consegue.

Por conseguinte, a definição de Bergson não escapa, por sua vez, de certa unilateralidade, definindo a liberdade unicamente em função de procedência e de expressão, negligenciando a de consecução e finalidade.

A ação livre como meio de consecução necessita, além da ausência de fatores coativos ou, exprimindo-me em outras palavras, além de poder estar de pleno acordo com a personalidade inteira, de um mínimo de consciência quanto ao valor das alternativas acessíveis. Além da sua expressividade estética a ação livre requer uma conotação moral.

A consciência axiológica classifica os valores quanto à sua preferibilidade. Embora muitos valores possam aparecer como equivalentes (são estes que criam sérias dificuldades morais), a maioria se apresenta claramente hierarquizada. Geralmente, quando dois valores são dados, podemos distinguir o superior do inferior. Este fato produz um novo princípio regulador da ação livre, o da preferência do valor mais alto com relação ao valor mais baixo. Foi um princípio da razão prática que induziu Sócrates a generalizar que somente por ignorância agimos mal. Pois jamais um homem livre, em plena consciência, preferiria o pior ao melhor, uma vez reconhecidos como tais.

O conhecimento dos valores e a conseqüente preferência do melhor ao pior tornam as nossas ações livres verdadeiramente boas e virtuosas. Nesta preferência há uma exigência normativa que permanece válida mesmo completamente desligada dos meus interesses, e mesmo contrariando as minhas aspirações pessoais. Assim se coloca o conceito do dever, que é um princípio regulador por excelência das nossas ações livres.

IV.

Aparentemente entramos numa nova contradição. O bergsoniano poderia dizer que nestes princípios reguladores da ação livre, principalmente pelo conceito do dever, surge uma nova forma de coação impedindo que os nossos atos emanem livremente da nossa personalidade inteira e representem a sua expressão fiel. Os seguidores de Kant ou de Scheler, por seu lado, afirmariam, com o mesmo direito, que o subjetivismo bergsoniano constitui uma nova forma de constrangimento do nosso livre arbítrio, pela força opaca e ignorante dos nossos estados emotivos que se originam na obscuridade da nossa personalidade profunda.

Mas a contradição é somente aparente. Pois o sistema axiológico em que nos orientamos é ao mesmo tempo subjetivo como objetivo, emocional e racional. Cada valor nasce de uma relação significativa entre a minha pessoa e um objeto do meu mundo. O valor é objetivo enquanto fundado numa relação *significativa*, significação esta que é comunicável, inteligível e socialmente condicionada como todo discurso. Mas enquanto originário de uma relação entre a minha pessoa e o meu mundo, o valor é eminentemente subjetivo e fortemente carregado de emoções.

A intelecção axiológica que orienta toda a minha atuação, enquanto subjetiva, não desvirtuará a minha liberdade como expressão fiel da minha personalidade; e, enquanto objetiva e inteligível, não constrangerá a liberdade da minha razão a favor de forças cegas e irracionais provindas de profundezas obscuras da minha personalidade.

Somos livres, pois, quando os nossos atos emanam da nossa personalidade inteira, satisfazendo, inclusive, os princípios morais da nossa razão que, obviamente, participam destacadamente da totalidade do nosso ser.

16. Formas e Sentido do Método Crítico de Nietzsche*

MÉTODO E PROPÓSITO DE UMA OBRA

Quando rumamos para determinado destino, é geralmente este que nos faz escolher o caminho a seguir. Nos empreendimentos intelectuais e artísticos, caminhos são os métodos. O grego *methodos* significava precisamente isto: "caminho para…".

Sendo o método comparável a um caminho, conscientemente escolhido para levar-nos a determinado fim, os característicos do método dependerão amplamente dos fins que por seu intermédio queremos atingir. Para compreender as formas e o sentido do método crítico de Nietzsche, devemos antes entender os propósitos fundamentais da sua obra que se apresenta nas mais diferentes feições, ora como aforismo, ora como poesia pura, ora como penetrante análise psicológica ou histórica.

Será possível reconhecer uma preocupação comum em tantos escritos diferentes? Parece-me que sim. Nietzsche a formulou como lema da sua última obra *Ecce Homo*, a única, aliás, em que fala de si próprio e em que se esforça por fazer o público entender a personalidade do autor. Lemos como subtítulo da obra a frase: "Como alguém se torna o que é". Viver de forma autêntica e ensiná-lo aos outros era a maior aspiração da obra de Nietzsche.

Este imperativo "Torna-te o que és" lembra-nos imediatamente do órfico "Conhece-te a ti mesmo!", a famosa divisa de Sócrates,

---

* No original consta a seguinte observação entre parêntesis, à guisa de subtítulo: Com atenção especial à crítica como semiologia, genealogia e psicologia.

grande antípoda do nosso filósofo. A profunda diferença entre os dois preceitos salta logo aos olhos: Para Nietzsche não é o conhecimento de si próprio que conta, mas a prática de uma vida autêntica.

Todo conhecimento possui valor somente na medida em que desempenha uma função na vida, em que a exalta e favorece. Este é o ensinamento da bela alegoria do "figo matador": É a árvore que, na sua tenra e vulnerável juventude, utiliza-se de outras árvores e arbustos para levantar-se do chão. No momento, porém, quando pode sustentar-se por força própria, estrangula e consome o que antes lhe tinha servido de suporte.

> Como o figo matador segue o seu destino, fazendo apodrecer o que apenas devia servir-lhe de suporte, assim a razão costuma agir com os filósofos: Qual a importância de uma filosofia qualquer na vida de um homem? Ou exalta o seu sentimento de poder; ou serve de meio para mascarar uma existência intolerável. Por trás do pensamento são os instintos que trabalham[1].

Mas Nietzsche viveu numa sociedade sofisticada, embriagada pelo sucesso das suas ciências e das suas técnicas, em que uma contínua despersonalização despojou a vida de toda a sua autenticidade. Parecia a Nietzsche que "a humanidade não está, por sua própria iniciativa, no caminho certo e de maneira alguma está sendo governada divinamente e nos seus mais sagrados conceitos de valor, atuam sedutores os instintos da negação, da corrupção e da decadência"[2].

A preocupação com o caminho certo da humanidade, com "o problema total da vida", com o "porquê" e o "para que" da existência humana, sente-se em toda a obra de Nietzsche. "A minha tarefa", assim começa o texto acima citado, é "de preparar um instante de suprema meditação para a humanidade, um grande meio-dia ao olhar para trás e para diante, ao escapar do domínio do acaso e dos sacerdotes e ao formular, pela primeira vez, a pergunta do 'porquê' e do 'para que' na sua totalidade".

"A pergunta do 'porquê' e do 'para que' na sua totalidade" é a pergunta pelo sentido da vida; esta jamais será respondida por teoria alguma, mas unicamente pela indicação de um conjunto de novos valores. A revolta de Nietzsche contra um racionalismo teorizante será plenamente partilhada pelos pensadores existencialistas do século XX. Poderiam ser suas as palavras de Nietzsche: "Profunda aversão de descansar de vez em qualquer teoria totalizante do mundo. Fascínio dum pensar paradoxal: Não se deixar privar do estímulo do caráter enigmático"[3].

---

1. Friedrich Nietzsche, *A Vontade de Potência*, XIII, § 54.
2. Idem, *Ecce Homo*, Aurora, § 2.
3. Idem, *A Vontade de Potência*, III, § 470.

FORMAS E SENTIDO DO MÉTODO CRÍTICO DE NIETZSCHE   175

Nenhuma filosofia da autenticidade pode deixar de partir de uma crítica do inautêntico na sociedade contemporânea. O imperativo "Torna-te o que és", bem ao contrário do "Conhece-te a ti mesmo" requer, antes de mais nada, uma demonstração impiedosa da falsidade do meu ser atual para que possa mudar e tornar-me o que verdadeiramente sou. Não basta o conhecimento teórico nem a introspecção abstrativa: Do lema de Nietzsche pode resultar somente a crítica dos valores básicos da inautenticidade. Daí a preponderância da crítica no conjunto dos escritos de Nietzsche.

Uma das particularidades desta obra que mais impressiona o leitor é a motivação e a exaltação religiosa do pensamento de Nietzsche. "A pergunta do 'porquê' e do 'para que' na sua totalidade", a pergunta pelo destino do homem na Terra, é a causa da inquietação que motivou todas as grandes revelações religiosas da história. Ressoa na pregação dos grandes profetas do Velho Testamento, na vida de Jesus, no ensinamento de Buda, enfim, na atuação de todos os gênios religiosos. Nietzsche pretende responder à pergunta pelo sentido da vida de maneira radicalmente diferente de todas as soluções encontradas até então. Mas a resposta ateísta não afeta o cunho religioso da pergunta, e este se faz sentir bem claramente no patos profético do seu estilo que atingiu o seu auge no *Zaratustra*.

O DISTANCIAMENTO CRÍTICO

A crítica é passível somente à distância:

Pensamentos sobre preconceitos morais, caso não devam ser preconceitos sobre preconceitos, requerem uma posição fora da moral, algum além do bem e do mal, para o qual é preciso subir, escalar, voar – e, no nosso caso, de toda maneira, um além do nosso bem e do nosso mal, uma liberdade de toda "Europa", esta compreendida como conjunto de juízos de valor despotizantes que passaram ao nosso sangue[4].

Este afastamento dos preconceitos, aceitos na sociedade em que vivemos, não é fácil, exige grandes sacrifícios e o abandono do que sempre nos era caro, a separação dos amigos e o suportar de uma solidão absoluta. Este distanciamento lembra a escalada de um pico muito alto que poucos, até o presente momento, tiveram a audácia de vencer. "O gelo está perto e a solidão é tremenda – mas com que calma todas as coisas repousam na luz! Como se respira livremente! Quantas coisas sentem-se em baixo! Filosofia como a vivi e compreendi é a permanência voluntária no gelo e nas altas montanhas"[5].

Unicamente à distância é possível distinguir entre a feição subjetiva que assumem os nossos interesses vitais, o manto moral e racional

4. Idem, *A Gaia Ciência*, § 380: O Viajante Fala.
5. Idem, *Ecce Homo*, Prefácio, § 3.

176 ENSAIOS FILOSÓFICOS

que vestem, e a sua apresentação nua e crua – distinção que será de capital importância para a psicologia de Nietzsche.

Mas quantos entre nós, homens, são capazes de alcançar tamanhas alturas? Quais são os requisitos para uma tal ousadia? Segundo o texto de Nietzsche ("O Viajante Fala") somente uma leveza particular, um peso específico bem pequeno permitirá um vôo tão ambicioso. Pois se trata de escapar ao presente para proporcionar aos olhos uma visão larga de milênios. Leveza importa no desligamento de muita coisa que nos oprime, civilizados de hoje, que nos embaraça e nos torna pesados. Quem quiser apreciar objetivamente os valores fundamentais da sua época, deve ter superado, no seu íntimo, não somente esta mesma época, mas também a oposição pessoal a ela, o desgosto e o sofrimento, causados pela falta de adaptação de espíritos requintados. Para julgá-la fria e objetivamente, devem ser vencidas não somente a aceitação simplista, mas também a fuga romântica da atualidade.

O nosso texto distingue entre dois aspectos de afastamento, estreitamente correlacionados entre si: A nossa libertação de inúmeros conceitos preconcebidos que subjugam o pensamento e os sentimentos da "Europa" contemporânea; esta desvinculação de tudo que é aceito por convenção livra-nos, por sua vez, da restrição do nosso discernimento ao presente momento de uma sucessão temporal infinita e abre-nos uma perspectiva de grandes períodos históricos. Esta clareza e nitidez da visão, "da calma com que todas as coisas repousam na luz" lembra a "calma cheia de sabedoria do Deus criador de formas"[6], Apolo, e este modo de ver parece-nos relacionado com a sensibilidade que na criação artística Nietzsche caracteriza como "apolínea".

Mas há um distanciamento em Nietzsche que é muito diferente daquele do qual "o viajante nos fala": Há um afastamento das próprias estruturas formais que constituem o nosso "eu" e asseguram a sua integração pacífica numa ordem racional e universal. Nietzsche, reiteradamente, proclama-se seguidor do filósofo Dionísio e as suas inclinações dionisíacas, na vida e na arte, imprimem, segundo o seu próprio testemunho[7], um cunho profundo à sua obra.

O que entende Nietzsche pelo dionisíaco? Em *A Origem da Tragédia do Espírito da Música*, sua primeira obra de importância, este conceito é definido em termos que permaneceram sempre válidos para o autor. A sensação dionisíaca é caracterizada como

o imenso horror que se apodera do homem ao desesperar-se, subitamente, das formas do conhecimento; da aparência, quando o principio da razão suficiente, em alguma das suas configurações, parece admitir exceção. Juntando a este horror a exaltação prazerosa que por ocasião desta mesma quebra do *principium individuationis*, surge

6. *A Origem da Tragédia*, Alfred Kröner Verlag, p. 54.
7. *Ecce Homo*, Prefácio, §2; *Crepúsculo dos Ídolos Deuses*, "O que Devo aos Antigos", §5.

do fundo mais íntimo do homem ou mesmo da natureza, avistamos a essência do dionisíaco.

O princípio da razão suficiente fundamenta não somente as estruturas do "eu" mas também as da objetividade. A exaltação dionisíaca dissolve-as e faz a subjetividade submergir no fluxo quente da vida.

O mergulho extático na plenitude da vida, este afastamento radical até das limitações pela própria subjetividade, representa um outro tipo de distanciamento, cuja compreensão é indispensável para captar a particularidade da crítica de Nietzsche. O distanciamento não nos leva somente às alturas onde, longe da estreiteza das tradições humanas, se abrem as grandes perspectivas; penetra também às profundezas infra-racionais, onde, no êxtase dionisíaco da vida plena e criadora, descobrem-se as ricas fontes das nossas experiências humanas em forma de vivências e visões inéditas.

A sensibilidade dionisíaca de Nietzsche proporciona-lhe momentos de inspiração suprema. Nestes momentos "é impossível ao homem dionisíaco não compreender qualquer sugestão; ele não perde nenhum sinal de afeto; dispõe do supremo grau de um instinto compreensivo e adivinhador, assim como possui, supremo grau, a arte de se comunicar"[8]. O método nasce na própria inspiração. Sem ser conscientemente concebido, cumpre perfeitamente as suas funções.

Vale a pena citar a maravilhosa passagem em que Nietzsche descreve a sua inspiração:

> Alguém terá, em fins do século XIX, uma noção clara daquilo que poetas de épocas vigorosas chamavam inspiração? Em caso contrário, vou descrevê-lo: Com o menor resto de superstição não se saberia recusar a impressão de ser apenas incarnação, embocadura, apenas médium de forças ultrapoderosas. A noção de revelação traduz, simplesmente, uma situação real, no sentido em que, de repente, com estranha segurança e precisão, algo se torna visível, audível, alguma coisa que comove e abala profundamente. Ouve-se sem procurar; aceita-se sem perguntar quem dá. Um pensamento ilumina-se como um raio, com necessidade, sem hesitação quanto à forma – jamais tive escolha[9].

Não pode haver dúvida que um tal modo de apreender transforma profundamente o próprio conhecimento. Para Nietzsche o verdadeiro saber é sempre vivência.

> Quando alguma vez o doutor Heinrich von Stein se queixou seriamente de não ter compreendido nenhuma palavra do meu *Zaratustra*, repliquei-lhe que isto era normal: Seis sentenças desta obra compreendidas, i.e., vividas, elevariam a um nível de mortais mais alto que o alcançável por homens modernos[10].

---

8. *Crepúsculo dos Deuses*, Vagações de um Anacrônico, § 10.
9. *Ecce Homo*, Zarathustra § 3.
10. Idem, Por que Escrevo Livros tão Bons, § l.

178 ENSAIOS FILOSÓFICOS

Tais textos de Nietzsche requerem mais que uma mera intelecção racional, necessitam de uma vivência correspondente para serem compreendidos adequadamente. A preocupação principal da obra de Nietzsche, o imperativo "Torna-te o que és", não pode ser satisfeita exclusivamente por uma demonstração lógica. Impõe-se um estilo evocativo que estimula no leitor vivências semelhantes às do próprio autor. As poesias e, antes de mais nada, os aforismos que perfazem a maior parte dos escritos de Nietzsche, destacam-se justamente pelo seu poder evocativo.

A PSICOLOGIA DE NIETZSCHE COMO ANTIMORAL

Nenhum filósofo da autenticidade – já o expusemos na primeira parte deste trabalho – pode deixar de partir de uma crítica do inautêntico que o rodeia. Necessita, pois, de um estudo do pensamento e do comportamento dos homens, para poder distinguir as suas verdadeiras intenções dos pretextos atrás dos quais as procuraram esconder. Com isto já ingressou no terreno da psicologia.

Nietzsche tem perfeita consciência do caráter psicológico da sua obra. "Que dos meus escritos fala um psicólogo que não tem seu igual, é, talvez, a primeira conclusão a que chega um leitor bom – um leitor como o mereço, quem me lê como os bons filólogos liam o seu Horácio"[11].

Como Nietzsche o indica neste texto, não se trata aqui de uma psicologia comum. Normalmente entendemos por psicologia uma ciência sistemática que investiga a consciência humana, descreve as suas estruturas e explica as relações entre os fenômenos especificamente psíquicos. Nietzsche, no entanto, não admite conceitos como "alma", "ego" ou outros que se refiram a estruturas psíquicas fixas. O "ego" segundo o nosso autor, "longe de ser algo de positivo e imutável", não passa de 'uma impostura sublime, de um ideal' [...] a Circe da humanidade, a moral, falsificou toda *psychologica* ao deitá-la por terra – moralizou-a"[12]. E ainda, "O sujeito não passa de ficção: Não existe o 'ego' de que se fala ao criticar o egoísmo"[13].

Não existe para Nietzsche uma autonomia dos fenômenos psíquicos. A psicologia, no seu entender, não passa de uma maneira de redução de estruturas racionais e normativas à realidade fisiológica do corpo.

Ponto de partida do corpo e da fisiologia: Por quê? Adquirimos uma noção exata da feição da nossa unidade-sujeito, ou seja, como dirigentes na testa de uma comunidade (não como "almas" ou "forças vitais"); igualmente da dependência destes dirigentes

11. Idem, § 5.
12. Idem, ibidem.
13. *A Vontade de Potência*, II, "Da infamação das assim chamadas qualidades ruins" § 370.

dos dirigidos e das condições da hierarquia e da divisão do trabalho como maneira de sustentar tanto os particulares como o todo[14].

Para Nietzsche a unidade-sujeito não é constituída por uma "alma", mas por um conjunto de forças, das quais uma dirige e as outras são dirigidas, formando-se assim um equilíbrio mais ou menos estável, uma hierarquia entre as vontades constitutivas e uma distribuição das funções que preenchem as atividades vitais da unidade.

Todas as forças, mesmo as forças mecânicas, podem ser compreendidas como "vontades" e estas, por sua vez, como modalidades da vontade do poder.

> É necessário arriscar a hipótese que em todo lugar onde percebemos "efeitos", atua vontade sobre vontade e que todo acontecimento mecânico, na medida em que nele atua uma força, é força de vontade, efeito de vontade. Posto, finalmente, que seja possível explicar toda a nossa vida afetiva como configuração e ramificação de uma só forma fundamental da vontade, i.e,. da vontade do poder, como é a minha tese [...] teríamos o direito de determinar toda força efetiva, univocamente, como vontade do poder[15].

Estes textos esclarecem bem o sentido da psicologia de Nietzsche como redução de todas as estruturas psíquicas a forças fisiológicas. Na medida em que esta redução implica uma materialização do psíquico envolve, igualmente, uma espiritualização do fisiológico e mesmo do mecânico.

Se a psicologia de Nietzsche reduz os sistemas teóricos à realidade fisiológica do corpo, obriga, concomitantemente, as estruturas normativas a recuar aos únicos valores válidos em fisiologia: o sadio e o mórbido, o que favorece e desenvolve a vida e o que a prejudica e restringe[16]. A psicologia importa, portanto, também numa reavaliação de todos os valores e numa destruição radical da moral vigente. Não há dúvida que uma tal psicologia é um instrumento muito poderoso de crítica e se presta admiravelmente bem aos propósitos de denunciar o inautêntico e, respondendo "a pergunta do 'porquê' e do 'para que' na sua totalidade", descobrir o caminho para um autêntico "tornar-se o que é". É largamente admitido que o inautêntico jamais se poderia firmar sem a proteção da moral. Contra ela não há arma mais eficiente que esta psicologia antimoral. Fornece uma maneira científica de desmascarar a moral e de mostrar, como "nos mais sagrados conceitos de valor atuam, sedutores, os instintos da negação, da corrupção e da decadência".

O fundamento de toda a psicologia de Nietzsche é, pois, o pressuposto que além da justificação oficial de uma verdade ou de um conjunto

---

14. *A Vontade de Potência*, III, § 492.
15. *Além do Bem e do Mal*, § 36.
16. O valor de "nobreza" também se enquadra aí, como abandono de toda mesquinhez a favor de um serviço, e se necessário for, sacrifício irrestrito à vida.

180 ENSAIOS FILOSÓFICOS

de valores – geralmente obtida por raciocínios ou deduções lógicas – há outros motivos, relacionados diretamente com a existência física da pessoa. A origem das verdades e dos valores racionais é sempre ambígua. Esta ambigüidade encoberta oferece à psicologia a possibilidade de uma reinterpretação que possa tornar conscientes as verdadeiras razões não admitidas e, conjuntamente, uma nova valorização em detrimento dos valores que se provaram falsos. Não há como não reconhecer nestas premissas muitas das teses fundamentais da psicanálise.

Em *A Vontade de Potência* (§ 363) encontramos uma linda caracterização desta ambigüidade motivacional nas criações mais sublimes da nossa cultura.

> Os homens somente começam a verificar que a música é a linguagem figurada das paixões. Mais tarde apreender-se-á a discernir atrás de uma música o conjunto dos instintos de um músico. Certamente este jamais pensaria trair-se assim. É por isso que as suas confissões são inocentes, ao contrário de todas as obras literárias. Mas esta inocência existe, também, nos grandes filósofos. Eles não se dão conta que falam de si mesmos e imaginam que se trata da verdade [...] O filósofo é apenas uma espécie de oportunidade e possibilidade que permite ao instinto exprimir-se.

Como já tivemos oportunidade de afirmar, a psicologia de Nietzsche, como método de desmascaramento da moral, é comparável a um diagnóstico médico que se propõe reinterpretar uma síndrome e esclarecer a sua verdadeira significação. Nietzsche, o especialista em males da moral, procura alcançar este fim de duas maneiras, aliás universalmente aplicáveis em medicina: Por meio de uma sintomatologia que tenta a reinterpretação por meio da análise de sintomas significativos; ou então pelo histórico do caso, que permitirá descobrir tendências de um desenvolvimento que somente aparecem na sucessão temporal e escapam à análise semiológica.

A SEMIOLOGIA COMO DESMASCARAMENTO
DE RAZÕES FALSAS

O método semiológico caracteriza-se como maneira de reinterpretação das nossas construções racionais, teóricas e normativas. Leva-nos a reconhecer em tais estruturas racionais a significação verdadeira que instintos, em geral condenáveis, esconderam atrás de inúmeros pretextos. Tentaremos exemplificar e examinar este modo de procedimento com a ajuda do texto intitulado "Com Relação à Psicologia da Metafísica"[17].

"Este mundo é aparente: portanto há um mundo verdadeiro; este mundo é condicionado: portanto há um mundo incondicionado; este mundo é contraditório: portanto há um mundo sem contradições;

---

17. *A Vontade de Potência*, § 579.

este mundo está em transformação: portanto há um mundo do ser". Assim Nietzsche apresenta-nos o modo tradicional de argumentar em metafísica. A lógica neste raciocínio consiste no fato de que os conceitos "aparente", "condicionado", "contraditório" e "em transformação" são correlacionados com os seus respectivos contrários, "verdadeiros", "incondicionado", "sem contradições" e "imutável". Não poderíamos falar de "aparência" sem ter noção do que significa "verdade". A compreensão de um conceito "A" pressupõe a compreensão do seu contrário, o conceito "B". Inadmissível, no entanto, é concluir dos conceitos para a existência, como era a prática tradicional da metafísica de que lembramos o exemplo clássico, a prova ontológica da existência de Deus, da autoria de Anselmo de Canterbury.

Mas Nietzsche não quer apenas refutar os argumentos dos metafísicos. Pretende mostrar os motivos interesseiros que se escondem por trás de raciocínios aparentemente lógicos. O método semiológico procura reconhecer nas estruturas lógicas "sintomas" de paixões e desejos, os quais, para se afirmar sem se expor, servem-se da camuflagem de construções lógicas. Em seguida passa a examinar o valor da motivação descoberta, seu caráter sadio ou mórbido.

No nosso texto Nietzsche aponta como, na conclusão aparentemente lógica da existência de um mundo verdadeiro, sem contradições e duradouro, se ocultam "desejos que um tal mundo exista; simultaneamente exprime-se o ódio contra um mundo que faz sofrer na imaginação de um outro de maior valor; o ressentimento dos metafísicos contra a realidade aqui se revela criador".

Mesmo os resultados de um raciocínio formalmente correto não têm, necessariamente, uma origem racional. Sua verdadeira gênese é geralmente encontrada na esfera dos interesses pessoais. A profunda fé que temos nas nossas deduções lógicas se funda, geralmente, no interesse pessoal que temos nos seus resultados. A correção formal de um argumento e o seu interesse vital são comumente confundidos. "A gente morre se não concluir segundo este argumento; mas isto não prova nada com relação à sua verdade".

Mas a tarefa que Nietzsche atribui à análise semiológica não está terminada ainda. Resta estabelecer que valor devemos conferir às motivações que acabamos de encontrar, ao ódio de um mundo que faz sofrer e ao desejo de um mundo sem dor. Ora, desejo e ódio em si não possuem ainda valor: São condenáveis quando nascem do ressentimento e bons quando pertencem à vida, servem à vida e se sacrificam à vida. Nietzsche afirma no nosso texto que "homens valentes e construtivos jamais concebem o prazer e a dor como questões últimas de valor – são circunstâncias secundárias; é necessário *querer* os dois, se se quer *alcançar* algo. Exprime-se alguma coisa de cansado e mórbido nos metafísicos e religiosos ao colocarem problemas de prazer e de dor em primeiro plano". Sendo o predomínio da preocupação

182   ENSAIOS FILOSÓFICOS

com o prazer e a dor sinal de morbidez e cansaço, o desejo e o ódio por causa de tais afecções também o são, e, como motivos da metafísica, privam esta disciplina de todo valor real. A falsidade das suas pretensões torna-se clara pelo fato de que "a própria moral não tem importância para eles (os metafísicos) a não ser na medida em que é condição essencial da supressão da dor".

Vimos como a análise semiológica em psicologia desvenda a verdadeira motivação sob as razões aparentes; como estas verdadeiras motivações sempre se relacionam com a vida; como merecem uma valorização inteiramente nova, segundo favorecem ou restringem o impulso da vida. A multiplicidade de níveis possíveis, na interpretação de verdades e valores, explicam as inúmeras contradições aparentes nos textos de Nietzsche que vexaram muitos dos seus leitores e comentadores. Como exemplo, Nietzsche refere-se ao cristianismo nos seguintes termos: "Considero o cristianismo a mentira mais ominosa da sedução que surgiu até agora, a grande mentira não santa"[18]. Acusa a pregação apostólica pelo grave fato de que a ela "não importa que algo seja verdadeiro, mas como impressiona – falta absoluta de honestidade intelectual"[19]. Do outro lado, Nietzsche afirma que foi o senso de veracidade, cultivado pelo cristianismo, que deu origem ao ceticismo moderno e ao niilismo. Esta última afirmação não contradiz as anteriores? Mas as contradições unem-se num mesmo texto que, à primeira vista, parece paradoxal: "O senso de veracidade, altamente cultivado pelo cristianismo, fica com nojo da falsidade e desonestidade de toda interpretação cristã do mundo e da história"[20]. Como pode o cristianismo, com uma interpretação falsa e desonesta do mundo e da história, cultivar tão intensamente o senso da veracidade? Levando-se em conta a multiplicidade dos níveis de interpretação, a solução se torna óbvia: O senso de veracidade é cultivado no nível consciente de uma teoria racional de valores, no rigor de um pensamento aparentemente objetivo. No momento, porém, em que se aponta, atrás de todo este mundo de verdades e valores, aparentemente coerentes e independentes de todo subjetivismo, uma motivação psicofisiológica jamais suspeitada, aparece a mentira no fundo da verdade, e a sedução por trás do valor.

A GENEALOGIA COMO DESCOBERTA DA VERDADEIRA MOTIVAÇÃO

A análise semiológica é limitada aos indícios que os "sintomas", dados no presente momento, oferecem ao observador. No entanto, as

18. *Vontade de Potência*, II, § 200.
19. Idem, § 172.
20. Idem, I, A Respeito do Plano, § 1, 2.

FORMAS E SENTIDO DO MÉTODO CRÍTICO DE NIETZSCHE 183

tendências manifestadas e desenvolvidas sucessivamente no decorrer do período de uma evolução, evidenciam-se exclusivamente no estudo da gênese dum caso qualquer, na investigação do histórico de um caso. Somente no tempo revelam-se as inclinações, apresentam-se as vontades reais que se traem nas pregações de uma moral convencional ou sob um princípio aparentemente objetivo e racional. Na base das motivações reais que descobrimos, podemos reavaliar o valor das estruturas sob investigação. É indispensável que a análise semiológica seja completada por um levantamento genealógico, do mesmo modo como o clínico necessita do histórico de um caso junto com uma arguta análise sintomatológica.

Para exemplificar e descrever o funcionamento da pesquisa genealógica nos escritos de Nietzsche, utilizaremos o texto "Origem do Conhecimento", contido em *A Gaia Ciência* (§ 110). Aqui Nietzsche procura criticar o conhecimento humano mostrando de que modo conceitos fundamentais como "coisa", "matéria", "corpo", "igualdade" etc. derivam a sua importância não do fato de serem conceitos verdadeiros, mas da sua utilidade para a vida. "Quem os encontrava ou os recebia de herança, lutava com mais êxito por si e por sua descendência". Esta é a razão por que tais conceitos chegaram a constituir uma disponibilidade permanente de crenças e preconceitos que existiam entre os homens muito antes da verdade, "aquela forma menos eficaz de todas as formas do conhecimento".

Em que consiste, pois, esta conquista tardia da humanidade que chamamos "verdade"? Não proclama o nosso filósofo em inúmeros textos a relatividade de toda verdade? "Verdade é aquela espécie de erro, sem a qual determinada espécie de seres vivos não poderia viver", diz Nietzsche, e conclui: "O valor para a vida decide em última instância"[21].

A genealogia do conhecimento responde a esta pergunta mostrando não somente em que momento nasce a procura da verdade mas, também, como ela se caracteriza.

> Aquela honestidade mais refinada e aquele ceticismo sempre tiveram a sua origem onde duas sentenças contrárias pareciam aplicáveis à vida [...] e também ali, onde sentenças novas, embora não úteis à vida, pelo menos não se mostraram perniciosas, como expressões de um instinto lúdico intelectual, inocente e feliz como todo jogo [...] Desde aquele momento não somente a fé e a convicção, mas também a negação, a desconfiança, a contradição se tornaram poder, todos os instintos "maus" eram subordinados ao conhecimento e postos ao seu serviço e obtiveram o brilho do permitido, do honrado e do útil e finalmente o olhar e a inocência do bom[22].

O conhecimento e a procura da verdade consistem, portanto, na própria crítica, na possibilidade de opor às convicções tradicionais sentenças

21. Idem, III, § 493, p. 375.
22. *A Gaia Ciência*, § 110.

184 ENSAIOS FILOSÓFICOS

contrárias que também eram compatíveis com o fortalecimento da vida, ou que pelo menos não lhe eram prejudiciais. Esta oposição aos enganos enraizados era um poderoso princípio de progresso e, por isso, de indiscutível importância para a vida, para a qual estagnar significa decair.

Uma verdade que não seja crítica, uma verdade que consista de enunciados definitivos e inalteráveis, não somente jamais foi encontrada, mas será para sempre uma ilusão. Pois "falta a unidade transcendente na multiplicidade do acontecer: O caráter da existência não é 'verdadeiro', é falso"[23]. Neste caso chegamos ao paradoxo aparente que a procura da verdade é a procura do falso. Mas a crítica não é uma procura do falso e, como acabamos de ver no nosso exemplo de estudo genealógico do conhecimento, não é nesta mesma crítica que devemos reconhecer a única procura válida da verdade? Somente ela assegura progresso à humanidade, jamais uma sistematização de um ser que nunca se dá como sistema. O amor à verdade equivale, para Nietzsche, a uma "profunda aversão de descansar de vez em qualquer teoria totalizante do mundo". Longe de deixar-se desanimar pelas contradições que inevitavelmente surgem para quem se recusa a aprisionar a vida e o ser numa teoria, experimenta o "fascínio dum pensar paradoxal"; o caráter enigmático do real lhe é um estímulo permanente enquanto aquele que se crê de posse da "verdade" seguramente já descansa no erro.

O estudo crítico da origem do conhecimento já nos levou a resultados surpreendentes: O que comumente chamamos de conhecimento revelou-se uma adesão interesseira a princípios úteis à nossa autoconservação; os instintos moralmente condenados como maus provaram ser legítimos promotores da "verdade". Embora de mérito indiscutível, o que chamamos convencionalmente de conhecimento, perdeu, pela nova iluminação que a genealogia nietzschiana lhe proporcionou, o seu halo de validade absoluta e desinteressada. Mesmo no caso dos "filósofos de exceção", dos eleatas, que insistiram nas contradições apresentadas pelas verdades tradicionais, estes pensadores jamais puderam escapar à íntima relação entre conhecimento e vida. A sua conclusão de que a multiplicidade do ser, o devir e o movimento, não podem existir nem ser pensados, logo teve que levá-los a um desvirtuamento correspondente da vida e do homem, atribuindo-lhe virtudes falsas como a imperturbabilidade e a impersonalidade do sábio por eles idealizado. Como "pensadores de exceção", como os eleatas puderam permitir-se uma incompreensão tão grave da vida e dos homens? Também as suas teorias foram concebidas por motivos inerentes à vida, por sua vontade de um poder sossegado e de possessão não perturbada. Por isso, "o desenvolvimento mais refinado da sinceridade e do ceticismo finalmente tornou impossíveis também estas personalidades; também a sua vida

23. *A Vontade de Potência*, I, § 12-A.

e as suas conclusões evidenciaram-se como dependentes de desejos e enganos fundamentais antiqüíssimos".

"O pensador" – evidentemente Nietzsche inclui-se nesta categoria – "é o ser em que o instinto da verdade e aqueles enganos conservadores da vida travam o seu primeiro combate, depois que também o instinto da verdade provou ser uma potência conservadora da vida". Esta luta é de tremenda importância, pois coloca o problema fundamental com relação às condições da vida: Requerem elas a conservação daqueles enganos "incorporados" desde tempos imemoriais, ou será que permitem a sua revisão pelo instinto da verdade? Na luta que se processa no íntimo do filósofo esta pergunta será, pela primeira vez, respondida experimentalmente. A verdade – sempre no sentido indicado acima – depois de assumir o seu papel no desenvolvimento humano, permanecerá verdade ou terá perdido o seu caráter pela sua elevação ao status de um bem moral, pela sua própria institucionalização? "Em que medida a verdade suporta a sua 'incorporação'? Este é o problema; esta é a experiência".

Vemos, neste exemplo, como a genealogia do conhecimento modifica, profundamente, não somente a significação dos conceitos "conhecimento" e "verdade", mas altera o valor que atribuímos aos motivos que nos induzem a investigar e a compreender. Para o senso comum a finalidade de todo conhecimento é a verdade. A genealogia do conhecimento mostrou-nos que de fato o conhecimento serve à conservação da vida. Conclui-se daí que os axiomas e todas as outras intuições fundamentais não se apóiam em verdades que nos são dadas *a priori*, mas na sua função de possibilitar a vida. A genealogia do conhecimento operou, portanto, a redução que constatamos característica para toda a psicologia de Nietzsche: A redução de estruturas que pareciam autônomas e possuidoras de valor intrínseco a uma dependência de realidades fisiológicas da vida. Não existe nenhuma verdade absoluta que se mantivesse afastada de todos os interesses vitais e que permanecesse inalterada para sempre.

Além da redução das formas de conhecimento à dependência de necessidades fisiológicas, a genealogia efetuou também uma reavaliação dos valores (*Umwertung der Werte*) dos motivos que nos levam ao conhecimento. Justamente os instintos comumente tidos por negativos, como os instintos de desconfiança, de negação e de contradição, em relação a tudo que se institucionalizou em nossa civilização, são os que levam o nosso conhecimento ao progresso. As antigas "tábuas de valores" em que tais instintos eram caracterizados como maus, serão substituídas agora por novas "tábuas de valores" que os reconhecerão como bons. Do outro lado, as operações lógicas, que eram consideradas como as expressões mais puras da abnegação do ego e de objetividade, se vêem rebaixadas a meros instrumentos de interesses, estes muitas vezes mesquinhos.

MÉRITOS DE UM MÉTODO ANTI-SISTEMA

Nada justifica a opinião muito difundida de que somente um pensamento sistemático pudesse ter método, de que somente uma construção teórica pudesse merecer o nome "filosofia". Neste caso, a história da filosofia perderia alguns dos seus maiores vultos: Pascal, Kierkegaard e Nietzsche. Cada um destes gênios desenvolveu, pelo preço de árduas lutas, a sua visão específica do ser, do conhecimento e da vida humana, claramente definida e defendida nas suas respectivas obras. Cada um elaborou o seu próprio método.

Nietzsche preocupou-se bastante com o seu método como, também, com o seu estilo. Quem poderia duvidar que o método de Nietzsche provou ser de extrema fertilidade? Pois mesmo esquecendo-nos, por um momento, do enriquecimento que este método proporcionou à própria obra, não se pode ignorar a poderosa influência que exerceu na metodologia da psicologia moderna (principalmente da psicanálise), na metodologia da fenomenologia histórica e sociológica e, *last but not least*, da própria filosofia. O método é um caminho, jamais um fim. O que procura evidenciar, provar ou expressar, não precisa ser, por sua vez, metódico ou sistemático.

Portanto, não acertam os que percebem na filosofia de Nietzsche apenas uma improvisação genial: Nietzsche é coerente no seu pensamento e as suas contradições são apenas aparentes. Tampouco é admissível estruturalizar a filosofia de Nietzsche ou imputar um sistema filosófico justamente àquele que ensinou que "falta a unidade transcendente na multiplicidade do acontecer" e que, conseqüentemente, todas as sistematizações são fadadas a falhar.

O método psicológico de Nietzsche sempre se ocupa com casos concretos, sempre se atém a uma pluralidade de configurações específicas e particulares. As suas investigações são aventuras do conhecimento de grande alcance; os poemas e os aforismos em que estão vazados, formas literárias de grande poder de concentração e precisão que, justamente por sua força evocativa, se prestam admiravelmente a transmitir as próprias vivências do filósofo, o que uma prosa expositora jamais conseguiria. Embora desafiando toda sistematização racional totalizante que acabaria com a sua verdade, estas vivências são inteiramente coerentes com o filósofo Nietzsche, ou seja, com determinada posição fundamental perante o ser, a vida e a verdade que jamais será por ele abandonada.

17. A Concepção da Filosofia como Ciência Rigorosa: Edmund Husserl

A alta abstração da filosofia de Hegel que, no sentido de uma conceptualização teórica, representou um ápice na história da filosofia européia, resultou num reexame universalmente empreendido do verdadeiro objetivo da filosofia. Os resultados foram os mais diversos: Uns chegaram a negar qualquer propósito à filosofia, reconhecendo somente a pesquisa empírica da realidade, inclusive da realidade existencial do homem. Por razões diametralmente opostas o historicismo materialista de Marx e o agnosticismo existencialista de Kierkegaard acabaram por rejeitar a utilidade da filosofia, em polêmica direta com o pensamento de Hegel. Outros exigiram uma orientação radicalmente nova da filosofia, como Feuerbach e, mais tarde, Bergson.

Nesta discussão generalizada da importância da filosofia no conjunto das disciplinas do pensamento moderno, deve ser situada a tentativa de Edmund Husserl de rearticular a filosofia como ciência rigorosa, pois somente desta forma teria, na opinião do autor, funções específicas a preencher numa era que, como era científica, substituiu um período de especulações teóricas.

Desde os seus primeiros passos, nos tempos pré-socráticos, a filosofia se propõe a corresponder aos profundos desejos de conhecimento, característicos ao homem em todas as épocas, num esforço racional de desvendar os mistérios da realidade e criar dela uma representação sistemática e inteligível. Mas esta realidade não é somente, talvez nem primeiramente, uma realidade de significação teórica.

ENSAIOS FILOSÓFICOS

Temos, também, experiências de obras de arte e de outros valores estéticos. Temos, não menos, experiências de valores éticos, relativos à nossa própria conduta moral ou referentes a uma percepção aguda da dos outros; e, do mesmo modo, experiências de bens, de utilidades práticas ou qualidades técnicas [...] Portanto, o homem de experiência universal ou, como diríamos, o homem culto, não tem somente uma experiência do mundo, mas, também, uma experiência ou "formação" religiosa estética, ética, política, prática, técnica etc.[1]

Contudo, também essas formas de experiência demandam elucidação racional. Somente uma ciência geral, que se mantém acima da limitação das especializações das ciências modernas, conseguirá satisfazer estas exigências, uma ciência aplicável a todos os domínios, sem prejuízo da sua possibilidade de especializar-se onde for necessário. Uma tal disciplina só pode ser a filosofia.

Outra razão pela qual uma filosofia científica se torna indispensável é a antiqüíssima aspiração da humanidade a um conhecimento puro e absoluto[2]. "Puro" seria um conhecimento sem elementos estranhos, como opiniões convencionais, conjecturas etc.; absoluto, um conhecimento adquirido de maneira a não deixar possibilidade de dúvida quanto às suas afirmações. Tanto a pureza de um conhecimento como a sua qualidade de ser absoluto podem somente ser salvaguardadas pela crítica gnoseológica pertinente ao pensamento filosófico. As próprias ciências naturais, matemáticas e sociais não visam a este fim, nem se encontram aparelhadas para efetuar uma crítica epistemológica dos fundamentos cognitivos em que se apóiam.

Se por todos estes argumentos compreendemos a necessidade de uma filosofia, não é menos patente que esta filosofia deve ser de cunho científico, deve ser uma ciência rigorosa. Pois de outra maneira não encontraremos verdades filosóficas objetivas que resistam às mudanças históricas. Ninguém pode, razoavelmente, pôr em dúvida a verdade objetiva ou, pelo menos, a probabilidade objetivamente fundada dos teoremas da matemática e das leis da natureza. Aqui não há lugar para "opiniões", "maneiras de ver" ou "pontos de vista" pessoais. Na medida em que posições pessoais ainda são admitidas em alguma "ciência", esta não é ainda ciência no sentido preciso da palavra. Para obter valor científico, a filosofia tem que constituir-se como ciência de rigor. Não pode ser uma *Weltanschauung*, uma simples totalização de opiniões e atitudes pessoais. Tem que representar, ao contrário, um conhecimento coletivo e universalmente válido.

Se a necessidade de uma filosofia científica deve ser admitida, devido às suas tarefas múltiplas dentro da consciência do gênero humano, fato é que a filosofia até o presente momento não chegou ainda a corresponder a esta exigência. Os esforços críticos e metodológicos

---

1. Edmund Husserl, *La Philosophie comme Science Rigoureuse*, Paris: PUF, p. 108
2. Idem, p. 52.

do pensamento filosófico lograram, como único fruto maduro "fundar, na sua independência, tanto as ciências naturais e do espírito, como as disciplinas novas da matemática pura. À filosofia, mesmo no sentido especial que começava a destacar-se, faltava, como antes, o caráter de ciência rigorosa"[3]. Os seus objetivos, muito mais precisos após o desligamento, na forma de ciências naturais, da tradicional filosofia natural, não encontraram formulação científica; nem era possível elaborar métodos específicos, enquanto "a significação precisa dos problemas filosóficos não tivesse alcançado elucidação científica"[4]. Faziam falta, como antes, dados objetivos, verificáveis por todos, indispensáveis para fundamentar qualquer ciência de rigor; elementos correspondentes aos fatos empíricos nas ciências físicas e aos objetos matemáticos, insofismavelmente a salvo de arbitrariedades subjetivas. Portanto, continuava ausente o sentido invariável em que estes dados pudessem ser interpretados por uma equipe de pesquisadores que se completassem e não se contradissessem mutuamente.

Não se baseando em dados objetivamente estabelecidos, a filosofia não pode ser ensinada de modo unívoco. Não se pode aprender a filosofia, mas unicamente o filosofar. Esta citação de Kant prova, para Husserl, o caráter pouco científico da filosofia e, ao mesmo tempo, a urgência da filosofia tornar-se ciência rigorosa. Pois a disciplina mais universal, fundamental para todas as outras ciências e indispensável à orientação do homem no mundo, não pode renunciar a um ensino metódico e sistemático.

Quais são, para Husserl, os característicos de uma ciência de rigor?

O primeiro requisito é que se baseie em dados objetivos entre os quais relações objetivas possam ser estabelecidas. Ninguém pode deixar de se convencer da objetividade dos fatos em que se apóia a lei da gravidade. Qualquer pessoa pode ser levada, pela observação, a admiti-los e a concluir pela procedência da referida lei. Os fatos não admitem opiniões divergentes. O mesmo vale para as relações aritméticas, as configurações geométricas e os postulados matemáticos em geral, embora a natureza do ato de constatação dos fatos nas disciplinas matemáticas seja inteiramente diferente do ato de verificação empírica nas ciências naturais. Como vimos, Husserl critica a filosofia por não possuir uma objetividade equivalente.

A segunda exigência que se faz a uma ciência rigorosa é a elaboração dum método adequado ao tratamento dos fatos cuja investigação é pretendida. É evidente que um método excelente aos fins da astronomia não é aplicável à biologia. É a particularidade dos fatos como os quais uma ciência tem que arcar que determina o método melhor e mais eficiente que deve variar de ciência para ciência, sempre satisfa-

3. Idem, ibidem.
4. Idem, ibidem.

190 ENSAIOS FILOSÓFICOS

zendo, no entanto, às demandas da razão, i.e., de uma lógica formal e material. Não havendo objetividade dos fatos, dos quais a filosofia tem que tratar, não pode surgir um método preciso e específico, não pode, como vimos Husserl dizer acima, haver progresso num sentido único.

Um terceiro característico de uma ciência de rigor é encontrado por Husserl na continuidade acumulativa dos esforços de uma pluralidade de pesquisadores. Sendo os fatos a estudar objetivos e verificáveis por todos os observadores, tendo-se, por conseguinte, encontrado o método adequado para manipular os dados, alcançamos um conhecimento que pertence à coletividade, do qual cada um pode participar, e se tiver o preparo necessário, ampliar e melhorar os seus resultados. Na filosofia, não havendo esta objetividade de dados e método, cada pensador parte de outra formulação dos problemas e aspira a outros fins e tem, conseqüentemente, que elaborar o seu próprio sistema. O surgimento de sistemas fechados é, portanto, um sinal seguro de que não se trata de conhecimento cientificamente rigoroso, como o exige Husserl.

Um quarto distintivo de uma ciência rigorosa é a ausência de afirmações dogmáticas e a possibilidade de verificação dos resultados. Isto é perfeitamente possível nas ciências da natureza, através de uma observação dos fatos, e na matemática, pelo controle da procedência dos resultados. Nada de semelhante pode existir na filosofia, onde nem os próprios fatos fundamentais são univocamente estabelecidos.

E, finalmente, exige-se de uma ciência de rigor a ausência de qualquer preconceito e prejulgamento, obediência irrestrita aos fatos. Como podemos esperar esta "pureza" da filosofia numa fase em que ainda não conseguiu estabelecer objetivamente os fatos a serem pesquisados, nem formular rigorosamente os seus problemas? Não lhe faltarão, necessariamente, os critérios para distinguir entre uma simples conjetura e uma constatação legítima?

No entanto, todas as ciências rigorosas já se encontravam no estágio em que a filosofia ainda se acha. As especulações da "filosofia natural", da psicologia medieval e clássica, da cosmologia eram, conforme Husserl, estados pré-científicos das ciências físicas, da psicologia moderna e da astronomia, estado em que a filosofia ainda permanece. Mas nada impede que também a filosofia possa passar da fase pré-científica para a fase científica. É precisamente esta a grande contribuição que Husserl quer ter dado à filosofia, não de ter encontrado leis e verdades inéditas, mas de ter encontrado o caminho seguro desta passagem.

Para Husserl, a filosofia como ciência rigorosa torna-se realidade através da "compreensão fenomenológica das essências"[5]. Resumimos, a seguir, como esta maneira de atacar os problemas filo-

5. Idem, p. 125.

sóficos satisfaz, de certo modo, todas as exigências que fazemos com relação a uma ciência de rigor.

As ciências físicas encontram a sua sustentação na observação e na experiência empírica, em outras palavras, na percepção. Esta nos fornece os dados objetivos que investigamos e que não dependem de opinião, de maneira de ver, de atitudes pessoais ou de qualquer fator subjetivo no observador, mas que, em condições idênticas, são os mesmos para quem quisesse verificá-los.

Mas toda aparência física singular na sua contingência espaço-temporal revela, entre as qualidades variáveis e casuais, propriedades que, imutavelmente, pertencem ao objeto, manifestam determinações essenciais. Estas perfazem novos dados, não menos objetivos que o percepto. Se, por exemplo, percebermos uma bola, entendemos que esta pode ser preta, branca, azul; pesada ou leve; dura ou mole; sempre é uma bola. Podemos, em outras palavras, tirar desta bola, em nossa imaginação, um grande número de qualidades contingentes, sem que deixe de ser bola. Mas logo que tentamos negar à nossa bola a qualidade de ser esférica, deixará de ser bola. Todas as propriedades que podemos negar a um objeto sem que este acabe de ser objeto do mesmo gênero, são propriedades contingentes; aquelas que não podemos abstrair sem destruir a própria coisa, pertencem à essência. A essência como fundamento imutável da possibilidade de variar é descoberta na impossibilidade de certas alterações. Adquirimos o conhecimento da essência, perscrutando as propriedades de nosso objeto, verificando quais são dispensáveis ao seu conceito e quais não[6]. A intuição destas essências, por exemplo, pelo método de "variação" utilizado no exemplo acima, representa um procedimento tão objetivo como a percepção pelos sentidos. A essência, o *eidos* na terminologia de Husserl, é verificável por qualquer um. O discernimento das propriedades essenciais de determinado objeto permite tão pouca "opinião", "maneira de ver", como a própria experiência empírica.

Desvenda-se com o *eidos* husserliano um mundo inteiramente novo. Não somente que todos os objetos materiais e ideais possuem o seu *eidos*; também existem determinações eidéticas comuns a todas as essências pertencentes à mesma "região". Assim, as essências da geometria formam uma região com certas particularidades em comum; como, ainda, as essências do mundo físico que perfazem outra região "eidética" ou as essências dos objetos investigados por estudos histórico-sociais etc. Assim, torna-se necessária, não somente uma pesquisa das essências e das suas inter-relações, como, também, estudos eidéticos das propriedades comuns a toda uma região eidética. Necessita-se, pois, um estudo das regiões eidéticas, i.e., de uma eidética regional.

---

6. Idem, *Investigações Lógicas*, II, 3ª investigação, cap. 1.

192 ENSAIOS FILOSÓFICOS

Se a ciência eidética é inteiramente independente de toda ciência de fato, o mesmo não acontece com as próprias ciências de fato. "Nenhuma ciência de fato, plenamente desenvolvida, poderia subsistir sem contar com elementos de conhecimento eidético, i.e., independentemente de ciências eidéticas formais ou materiais"[7].

O mesmo procedimento, no entanto, podemos aplicar não somente aos objetos, como também aos atos de consciência, em que estes objetos são dados. Posso abstrair de um ato de consciência todas aquelas propriedades que são contingentes, pela negação das quais o ato não deixa de ser o mesmo: As condições psicológicas e ambientais nas quais executo o ato; o objeto particular e as condições específicas em que o objeto é dado. Tudo isto não é essencial e a sua negação deixa o ato incólume. Afastando tudo que pertence ao mundo, físico no que se refere ao objeto, psicológico com referência ao próprio ato, pratico a "redução" fenomenológica de meu ato de consciência; destacando a essência dos meus atos, atinjo a "consciência pura".

A consciência sempre é intencional, i.e., dirigida a um objeto transcendente que, como tal, não pertence à consciência. Em todos os atos há uma relação essencial entre o ato, propriamente dito, e o seu correlato intencionado. A essência do ato como tal é denominada de *noesis*; o necessário correlato de ato puro, não como objeto transcendente, fora da consciência, mas como representação imanente dentro da consciência à qual o ato se dirige, é denominado *noema*.

A concepção da "consciência pura", desvelada perante os nossos olhos pelo processo da "redução fenomenológica", representa a parte central da construção husserliana. De um ponto de vista gnoseológico, os dados da "consciência pura" têm valor cognitivo indiscutível, pois são todos "imanentes", dados pela intuição fenomenológica de forma direta, inequívoca e objetiva, independente de "opiniões", "pontos de vista" e influências pessoais.

Em sua subdivisão em "noética" e "noemática", os estudos fenomenológicos da "consciência pura" abrangem a totalidade do conhecimento humano e são, assim, de caráter tão universal como o era o âmbito de qualquer filosofia especulativa do passado. A constatação dos fatos segue a um procedimento metódico, próprio à filosofia e inteiramente independente da atuação das ciências empíricas. Os dados são objetivos e permitem contínua verificação.

O método fenomenológico é mais um procedimento para averiguar e fixar fatos, do que para estabelecer relações entre eles. Um tal método, no entanto, permite a colocação de bases firmes, sobre as quais estaria reservado ao futuro progredir na pesquisa, ininterruptamente, com referência sempre aos mesmos dados fundamentais, à maneira do que se dá nas outras ciências de rigor. O método fenome-

7. Idem, *Idéias*, I, § 8.

A CONCEPÇÃO DA FILOSOFIA COMO CIÊNCIA RIGOROSA: EDMUND HUSSERL 193

nológico, no cuidado sistemático que aplica à discriminação dos dados "eidéticos" exclui liminarmente a subsistência de prejulgamentos e preconceitos.

A compreensão fenomenológica das essências não constitui um sistema filosófico fechado, mas um campo aberto para novas pesquisas de gerações futuras de filósofos. Longe de restringir-se a comentar ou explicar um sistema existente, as investigações de futuros filósofos podem aumentar o conjunto de conhecimentos eidéticos sem qualquer limite previsível. Apresenta a compreensão fenomenológica das essências, assim, todos os característicos de uma ciência de rigor, exigidos nas críticas husserlianas da filosofia. Como ciência que não depende de nenhuma outra, enquanto todas as outras necessariamente têm que incluir parte das suas verificações, sem o que nem poderiam chegar a formular as suas leis e os seus princípios (ver acima), a filosofia fenomenológica apresenta-se de fato como ciência mestre, superior a todas as outras ciências.

O majestoso esboço da filosofia como ciência de rigor certamente teve influência poderosa na história da filosofia, na elaboração de uma axiologia metódica (Scheller) e de novas formulações de uma teoria do conhecimento e de uma ontologia fenomenologicamente fundamentadas (Nicolai Hartmann, Heidegger). Bem além dos limites da própria filosofia, o método fenomenológico incorporou-se na metodologia das ciências sociais, trazendo ricos benefícios.

Contudo, o sonho de Husserl não se realizou. Não surgiu, ao lado, ou melhor, acima da física, da química, da psicologia e de outras ciências rigorosas, uma ciência-mestre rigorosa, a filosofia, cujos métodos fossem universalmente reconhecidos como válidos e cujos resultados não pudessem ser mais postos em dúvida, ressalvando-se as modificações implicadas por um ininterrupto progresso das investigações.

As duas correntes mais influentes do pensamento moderno, não obstante as suas divergências fundamentais, concordam na rejeição total das idéias de Husserl. Na doutrina existencialista não há essência que não fosse existência, pelo menos no âmbito da experiência humana e em todo o campo vasto da realidade histórico-social, a essência não pode ser abstraída da existência. Nas tendências historicistas, nas quais se destaca o pensamento marxista, a futilidade do conceito de essências fixas e imutáveis é proclamada com a mesma ênfase. A consciência humana com todas as suas manifestações, inclusive o conjunto das ciências rigorosas, é tida como condicionada pela história e sujeita a uma transformação contínua.

Contrariamente ao que pensava Husserl há, conforme estas correntes de pensamento, necessidade de escolas e sistemas com todo o seu caráter passageiro, pois uma filosofia como ciência rigorosa que possa resistir às mudanças históricas e fundamentar definitivamente todas as outras ciências, não passa de uma utopia.

18. O Efeito Redentor da "Redução Fenomenológica"

REDUÇÃO FENOMENOLÓGICA
E DÚVIDA CARTESIANA

Em todos os tempos, a filosofia esbarra com a verificação de que as nossas experiências nos enganam. Não nos dão certezas, nem sobre nós mesmos, nem sobre o mundo em que vivemos. Edmund Husserl dedica toda sua paixão de filósofo ao intuito de introduzir elementos de certeza no nosso conhecimento; salvá-lo das suas incoerências e das suas imperfeições e proporcionar-lhe uma base inatacável que o possa tornar um saber absolutamente válido é a missão filosófica da sua vida. Uma filosofia desprovida da calma segurança com a qual as ciências apresentam os resultados das suas pesquisas, cansada de reiteradas desilusões espera, finalmente, transformar-se numa filosofia verdadeiramente científica, numa "filosofia como ciência exata", como se intitula um dos trabalhos do nosso filósofo. Uma vez alcançado isto, as próprias ciências acabarão por apoiar-se nestes conhecimentos fundamentais e transformar-se-ão em disciplinas conscientes da sua base epistemológica.

Nestes objetivos, Husserl encontra-se com Descartes que, uns trezentos anos antes exclamara:

> Arquimedes, para deslocar o globo terrestre do seu lugar e transportá-lo para uma posição diferente, não pediu mais do que um ponto fixo e seguro. Da mesma forma teria eu razão de nutrir elevadas esperanças, se fosse o bastante feliz de encontrar apenas uma coisa que fosse certa e indubitável.

196 ENSAIOS FILOSÓFICOS

Husserl constatou grandes afinidades entre o seu próprio método de "redução fenomenológica" e a "dúvida metódica" de Descartes, tanto no que se refere aos objetivos comuns – de encontrar uma base absolutamente segura que pudesse fundamentar o seu filosofar – como no seu procedimento de suspender todo juízo em assuntos que, no pensamento cotidiano, passam por conhecimento, tanto do mundo como da própria pessoa. Descartes se propôs a duvidar metodicamente de tudo que não oferecesse certeza absoluta; Husserl resolve "colocar em parênteses" o conteúdo de toda experiência concreta, dependente como é de um condicionamento subjetivo e objetivo, alheio à sua verdade. Isto abrange, necessariamente, o teor empírico de todos os nossos atos conscientes, inclusive o sujeito empírico do próprio "cogito" cartesiano.

Há, portanto, diferenças importantes entre os dois pensadores. Julgava Descartes ter assegurado no seu "cogito" o conhecimento de uma fração da realidade, de algo que fosse indubitável, ponto de partida para conclusões sobre a realidade toda. A própria dúvida somente pode surgir pela imperfeição da "coisa que pensa" e pelas restrições às quais está sujeita. O "cogito" não garante apenas a certeza da "coisa que pensa", de uma fração mínima da realidade, mas igualmente a certeza da sua finitude que, por sua vez, garante uma transcendência, pois não se pode conceber o limite sem um "além". Para Husserl, ao contrário, o "eu" do "cogito" deve ser "transcendental", i.e., independente de qualquer experiência empírica. Identificá-lo com um "pedacinho de realidade" equivale a devolvê-lo ao duvidoso mundo dos objetos empíricos e perder o significado correto da "virada transcendental" que se produziu com a dúvida metódica. Contrariamente a Descartes, o realista, Husserl adota uma filosofia transcendental, para a qual "o objeto da consciência, na sua identidade, não se introduz de fora, mas nela está contida como significado (*Sinn*) e isto como efeito (*Leistung*) intencional da síntese da consciência".

DA CONSTITUIÇÃO DO MUNDO COMO INTENCIONALIDADE

É na intencionalidade dos nossos atos conscientes que se constitui, para Husserl, toda objetividade. Todos os objetos do universo físico são por nós apreendidos apenas como "significados" inerentes aos nossos atos de percepção. Mas como podemos, nestas condições, aperceber-nos do mundo social que é para nós pelo menos tão "real" como o mundo físico?

Husserl tenta mostrar, como a pessoa do "outro", assim como o meu "eu" empírico ou psicofísico, se manifestam na intencionalidade dos nossos atos sempre como corpo (*Leib*), através de um comportamento todo particular e sempre coerente que indica "por apresentação" um cunho "psíquico" que deve ser sempre de novo verificável na experiência concreta. No momento em que isto não ocorre, a percepção do "outro" revela-se ilusória. Desta forma constituem-se na nossa "subjetividade primordial", além do nosso próprio "eu psicofísico" uma pluralidade de "outros eus" os quais, no seu conjunto, perfazem uma "intersubjetividade transcendental" em que aparecem "significados" de um tipo totalmente diferente que formam uma esfera própria, uma "realidade" social objetiva; objetiva, sim, pois nada, nesta construção, depende de uma vontade subjetiva. Neste mundo enfrentamos "todos os problemas da faticidade contingente, da morte, do destino, problemas do sentido da história etc.".

Em última análise, como Husserl mostra nas *Meditações Cartesianas*, todo este mundo objetivo se constitui sobre o fundamento da "subjetividade transcendental", dentro de uma consciência que o contém como conjunto de significados, e não a partir de introdução de elementos de fora. A "subjetividade transcendental", que deve ser distinguida rigorosamente do "eu psicofísico", contém todas as possibilidades essenciais de uma constituição objetiva que resulta na constituição da minha própria pessoa, na "intersubjetividade" do mundo social e do universo físico.

DA "SUBJETIVIDADE TRANSCENDENTAL" COMO "TERCEIRA REALIDADE"

Desta forma a "subjetividade transcendental" assume, na fenomenologia husserliana, funções de "Terceira Realidade", exercidas no sistema cartesiano pelo próprio conceito de um Deus, perfeito e infinito, que garante a existência objetiva tanto da "coisa que pensa", na sua finitude como daquilo que a transcende e é pensado. No pensamento de Husserl a "subjetividade transcendental", não obstante "subjetividade", integra objeto e sujeito num único contexto e permite, se não um entrosamento existencial, pelo menos uma integração cognitiva que fundamenta um conhecimento apoiado em bases últimas. Nos próprios termos de Husserl

o efeito *redentor* deste método fundamental e indubitavelmente válido de determinar sentidos originários, consiste em libertar-nos das limitações de significação da atitude natural, quer dizer, de toda abordagem relativa. Sem reflexão gnoseológica o homem e, particularmente, o pesquisador em ciências físicas, não nota esta limitação, não nota que todos os resultados por ele alcançados são marcados com determinado índice que indica o seu significado apenas relativo. [O cientista] não se dá conta que a atitude natural não é a única possível e que deixa em aberto perspectivas, nas quais a consciência, como constituinte da natureza, aparece como absoluta, relativa de outro lado, toda a natureza, devido à correlação essencial entre constituinte e constituído.

198 ENSAIOS FILOSÓFICOS

Um panorama altamente confortador abre-se, desta forma, aos nossos olhos fascinados: As contradições inerentes ao conhecimento do Senso Comum são eliminadas numa imensa paisagem de verdades apodícticas que se estende à nossa vista. A filosofia transformou-se numa ciência exata que se equipara com a matemática e com a lógica, sem, no entanto, permanecer restrita ao meramente formal e quantitativo. A inquietude do pensamento filosófico, a sua "perdição" nos paradoxos da abordagem natural, cedeu à calma segurança do fenomenólogo, descobridor, pelo método da "redução fenomenológica", do chão firme oferecido pelas estruturas da "subjetividade transcendental". A atitude natural do cientista, que toma por absoluto o que é apenas relativo à consciência transcendental, destrói todo fundamento que pudesse relacionar, de forma inteligível, o conhecido com o conhecedor.

Husserl encarava a "fenomenologia" como disciplina nova, na qual a maior parte das pesquisas haveria de ser empreendida ainda e inúmeros fatos esperavam a descoberta. Contudo, julgava bem fundamentados os alicerces da nova filosofia científica, tornando-a invulnerável ao tipo de dúvidas que assolam as próprias bases do pensamento do Senso Comum. Conseqüentemente, a "Fenomenologia" redime o pensamento filosófico da sua "perdição cognitiva", que se afigura na conscientização da insuficiência de todo conhecimento comum pela falta de fundamentos seguros, tanto no pensamento vulgar como nos artifícios mais sofisticados da ciência contemporânea.

A fim de assegurar a validade absoluta das suas conclusões, Husserl teve que se restringir à investigação das estruturas apriorísticas da intencionalidade de uma "subjetividade transcendental", ao invés de pretender atingir uma suposta "realidade em si" que, de acordo com a *Crítica* de Kant, julgava além do alcance do entendimento humano. Em compensação, é grande "o efeito 'redentor' deste método fundamental", "redenção" que, embora restrita à área do conhecimento, apresenta nitidamente as estruturas fundamentais de consciência religiosa.

Reencontramos, de fato, na "Fenomenologia" de Husserl, embora com significação exclusivamente cognitiva, os três traços essenciais que apontamos na consciência religiosa: O reconhecimento da falta de um fundamento seguro de todo saber filosófico que não se apóia na "redução fenomenológica" equivale, no pensamento de Husserl, a uma nítida consciência de "perdição cognitiva". Esta consciência de "perdição cognitiva", por sua vez, motiva os esforços da "Fenomenologia" para efetuar a "redenção" do pensamento filosófico pelo método de "redução fenomenológica" e pela reorientação das próprias investigações filosóficas em direção ao estudo das estruturas de uma "subjetividade transcendental". Finalmente, as funções de

"Terceira Realidade" são evidentes na própria "subjetividade transcendental" que integra no seu fundo de validade absoluta as relatividades de uma realidade polarizada em realidade subjetiva e realidade objetiva. Instaura em ambas um novo significado que não pode ser mais atingido pela dúvida, à qual nenhum conhecimento empírico consegue escapar.

19. Bertrand Russel:
A Crítica do "Senso Comum"
pela Análise Lógica

Surge a filosofia a partir de "determinados problemas que certas pessoas" – os filósofos – "acham interessantes e que não pertencem, pelo menos atualmente, a nenhuma das ciências especializadas. Estes problemas são todos de molde a levantar dúvidas com respeito àquilo que, comumente, passa por conhecimento". Com esta colocação, Bertrand Russel enquadra-se na grande tradição cartesiana dos pensadores modernos que constroem a sua filosofia numa crítica ao Senso Comum.

Enquanto Heidegger critica o Senso Comum por motivo da formalização excessiva da sua linguagem, Russel encontra seu principal defeito justamente numa formalização deficiente. Opiniões pessoais e pensamentos individuais não podem ser submetidos a um rigoroso exame lógico, antes de serem formalizados, expressos em palavras faladas ou escritas. Pois somente na sua expressão lingüística o pensamento atinge uma objetividade tal que se torna suscetível a um exame lógico. "Devemos distinguir entre pensar corretamente e falar corretamente. O primeiro é assunto individual, o segundo um fato social". E ainda, "conhecimento significa asserção de uma configuração verdadeira de palavras". Pois a palavra isolada, embora testemunhando determinado conhecimento, não afirma nada a respeito de uma conjuntura realmente existente. Somente uma configuração de palavras pode corresponder a uma configuração de fatos e acontecimentos, assinalar ao pormenor a sua posição dentro do conjunto, afirmar algo, não como particularidade isolada que necessariamente não passa de abstração, mas com referência a um contexto real. Somente a sentença pode ser considerada verdadeira ou falsa e, por extensão, as nossas crenças apenas podem ser julgadas verdadeiras ou falsas na medida em que se encontram expressas em sentenças.

Um levantamento crítico daquilo que o Senso Comum nos oferece, constitui o primeiro passo da filosofia. Partimos do conhecimento notório que nos fornecem os dados iniciais. "No decorrer do nosso exame os dados se mostram complexos, um tanto vagos e amplamente interdependentes do ponto de vista lógico. Pela análise os reduzimos a proposições que serão simples e precisas, na medida do possível, e os dispomos numa ordem de cadeias dedutivas, na qual determinadas proposições iniciais constituem a garantia lógica para todo o resto". Estas "premissas" já não são mais apenas "dados", muito embora derivem de dados.

São mais simples, mais precisas e menos infestadas de redundância lógica. Uma vez completado o trabalho da análise lógica, serão totalmente livres de redundância lógica, totalmente precisas e tão simples quanto compatíveis, do ponto de vista lógico, com a sua função de levar ao conjunto de conhecimentos em questão.

O belo texto citado nos dá, com a maior precisão, uma síntese muito reduzida do procedimento da análise lógica, crítica formal que a filosofia aplica às crenças do Senso Comum. Proporciona ao nosso conhecimento não apenas precisão científica e validade lógica, mas ainda uma indicação segura do grau de certeza que, a cada passo do caminho, pode ser atribuído a cada convicção resultante.

O OBJETO

Pela crítica formal ao Senso Comum, noções fundamentais como "objeto", "espaço", "tempo" e "causalidade" passam por uma transformação profunda. Ingenuamente o Senso Comum tem a existência de "coisas" como certa. A análise lógica deve averiguar quais as bases lógicas desta certeza, "em que medida podemos conhecer qualquer realidade que independe de nós mesmos". No fundo é o problema colocado pela "dúvida cartesiana". Russel tenta reduzi-lo à questão se temos razões lógicas suficientes para assumir a existência de objetos, mesmo quando estes não são efetivamente percebidos, o que vai contra o famoso princípio de Berkeley, *esse est percepti*, que restringe toda realidade física às impressões sensoriais no momento em que se produzem. A análise lógica de Russel identifica, na ordem sucessiva destas impressões, configurações que, nas perspectivas que seguem, correspondem-se mutuamente e desta forma possibilitam uma definição da "coisa momentânea", independentemente de cada uma das impressões, o que equivale a conferir uma identidade lógica ao objeto, também nos instantes em que não é percebido. Afirma um texto que, pela semelhança de perspectivas vizinhas, muitos objetos de uma [perspectiva] podem ser relacionados com objetos de outra [perspectiva], i.e., com objetos análogos. Dado um objeto numa das perspectivas, é só formar o sistema de todos os objetos com ele correlacionados em todas as perspectivas [para que] este sistema possa ser identificado com a "coisa momentânea" do Senso Comum. Um aspecto de uma coisa, portanto, "é um membro do sistema de aspectos que é a coisa naquele momento".

Desta forma ganhamos, sem necessidade de qualquer recurso à metafísica e permanecendo no âmbito dos dados do Senso Comum, uma identidade lógica do objeto que nos torna independentes de impressões sensíveis isoladas. Ganhamos a possibilidade lógica de pensar um objeto, relacionando os seus vários aspectos com os do mesmo ou de outros objetos e assegurando, desta forma, uma validade lógica às afirmações do Senso Comum sobre o mundo exterior. Contudo, Russel não quer que esqueçamos que esta objetividade "é apenas uma construção lógica, ao passo que todos os seus aspectos são reais".

TEMPO E ESPAÇO

Assim como a análise lógica consegue "redimir" o "objeto" do Senso Comum por meio de um sintoma de aspectos da sensação, Russel "redime" o conceito do tempo das contradições decorrentes da perspectividade perceptual, definindo o instante temporal através de um sistema de eventos, novamente permanecendo, portanto, nos estritos limites dos dados empíricos e sem abandonar o chão firme da lógica. O instante temporal será, pois, o sistema de eventos cujos membros são todos (parcial ou totalmente) simultâneos, enquanto nenhum evento fora do sistema é simultâneo com todos eles. O mesmo procedimento, embora com complexidade crescente, é utilizado para "redimir" o espaço pela definição do "ponto", e o contínuo espaço-temporal da Teoria da Relatividade pela definição do "ponto-instante".

Vemos, portanto, a filosofia submetendo o Senso Comum a uma crítica formal, "redimir" o nosso pensamento de confusões e ambigüidades, relacionados com as noções fundamentais do Senso Comum, como "coisa", "tempo", "espaço" e "causa" (omitimos a análise do conceito "causa" por sua complexidade), noções que são completamente reconstruídas pela análise lógica. Preconceitos antropomórficos e místicos que infestavam estas noções são eliminados e, graças ao trabalho crítico da análise lógica, conseguimos definir os planos em que os fatos se relacionam entre si e conosco. A *dimensão lógica* que, de um lado, estrutura o nosso pensamento e, do outro, é aplicável ao objeto da nossa pesquisa, seja nas ciências físicas, seja nas ciências psicológicas, desempenha funções de "Terceira Realidade", sem poder ser concebida, propriamente, como "realidade". Fornece-nos os meios de superar o abismo epistemológico entre a realidade da

204 ENSAIOS FILOSÓFICOS

nossa consciência e a realidade do fato objetivo, "redimindo" o nosso conhecimento da sua "perdição cognitiva".

DESMATERIALIZAÇÃO DO MUNDO

Independentemente da crítica formal que Russel faz ao Senso Comum, as recentes descobertas nas ciências forçam o nosso filósofo a um outro tipo de crítica que não é mais apenas formal, mas profundamente substancial, substituindo noções básicas com as quais diariamente operamos mesmo nas ciências, e modificando materialmente a visão do mundo, à qual o Senso Comum estava acostumado há muito tempo.

Do maior impacto filosófico reveste-se a tendência das ciências físicas e astrofísicas modernas para desmaterializar o mundo. "O ponto principal, para o filósofo, é o desaparecimento da matéria como 'coisa'. Tem sido substituída por emanações [que procedem] de determinada localidade – o tipo de freqüentações que caracterizam os salões assombrados por aparições em contos de fantasmas". Forte incentivo para esta tendência deve ser procurado nas modernas teorias do átomo. "Principalmente devido a dois físicos alemães, Heisenberge e Schrödinger, os últimos remanescentes do átomo sólido dissolveram-se e a matéria tornou-se tão espírita quanto qualquer um dos fenômenos numa sessão espiritista". A idéia que nós fazemos comumente, como se ali houvesse

uma minúscula bolota, o elétron ou o próton, equivale a uma intrusão ilegítima de noções do Senso Comum, derivadas do sentido do toque. Por tudo quanto sabemos, o átomo pode consistir exclusivamente das radiações que dele são emitidas. É inútil argumentar que radiações não podem ser emitidas pelo nada. Sabemos que de fato são emitidas e não se tornam mais inteligíveis pela suposição de que são emitidas por uma bolotinha.

Outro motivo muito poderoso para a desmaterialização do mundo é fornecido pela Teoria da Relatividade. Servindo-se de um único contínuo quadridimensional no lugar dos dois contínuos independentes do tempo e do espaço, a Teoria da Relatividade reduz corpos e forças a traçados do contínuo quadridimensional. Há apenas "acontecimentos" determinados pelas características da região específica do contínuo espaço-temporal, segundo cursos chamados "geodésicos". Segundo Whitehead, Descartes encarou o espaço como extensão da matéria, uma das suas propriedades, portanto; Einstein inverteu esta concepção e fez da matéria uma propriedade do espaço, do contínuo espaço-temporal: "Não é o Sol que faz a Terra girar, mas a natureza do 'espaço-tempo' na região onde a Terra se encontra [...]. O que realmente teremos que colocar no lugar de 'força' são 'leis de correlação'. Vemos, portanto, que a Teoria da Relatividade desmaterializa o universo de forma ainda mais radical do que a teoria atômica".

MONISMO NEUTRO

Uma vez que nenhum conhecimento do mundo exterior seria possível não estivessem os nossos dados perceptuais baseados numa correlação entre fatos, físicos e fisiológicos,

de fato, tudo quanto podemos observar diretamente do mundo físico acontece dentro das nossas cabeças e consiste em acontecimentos "mentais", num sentido, pelo menos, da palavra "mental". É um dado para a física e para a psicologia, da mesma forma, e tem que ser considerado tanto como físico quanto como mental. Não há nada na física que prove que o caráter intrínseco do mundo físico difere, neste ou naquele sentido, do mundo mental.

O desenvolvimento dessas considerações "nos levará à conclusão de que a distinção entre mente e matéria é ilusória". Desta forma, "numa ciência completa" – que substituirá a atual ciência do Senso Comum – "a palavra 'mente' e a palavra 'matéria' desapareceriam por completo". Segundo este "monismo neutro", a única realidade é a de "eventos", independentemente de serem encarados do ponto de vista da física ou da psicologia.

A crítica substancial, inspirada nas recentes descobertas das ciências, se lança de forma muito mais radical do que a crítica lógica formal à destruição, que é simultaneamente reorganização e ulterior "redenção" do discurso do Senso Comum. Muito mais evidente se torna a inclusão dos atos cognitivos e dos fatos cognoscíveis numa mesma categoria de "acontecimentos", fazendo com que ambas, a realidade subjetiva e a realidade objetiva, se enquadrem numa "Terceira Realidade", libertando a consciência humana do seu isolamento. Atrás das múltiplas facetas enganadoras do discurso do Senso Comum, atrás de noções como "matéria", "força", "mente", "consciência" etc. abre-se agora uma realidade única, uma "Terceira Realidade", que engloba a realidade subjetiva e a realidade objetiva, fornecendo um contexto universal, antes de mais nada, para o conhecimento, mas também para que uma subjetividade consciente se possa enquadrar numa ordem geral e, desta forma, encontrar o sentido da sua vida.

A filosofia de Bertrand Russel não é, portanto, apenas um diagnóstico da "perdição" do pensamento do Senso Comum, mas é também a indicação de um caminho para a sua "redenção". Não é filosofia da religião, mas ostenta claramente estruturas de consciência religiosa em filosofia.

20. Pensamento Cristão e Realismo

É possível dizer com Gilson[1] que todo pensador cristão é realista, senão por definição, ao menos por uma espécie de vocação?

I.

A dedicação à filosofia não é menos a vocação de determinado tipo de pessoas do que de outras a inclinação à arte, à política ou às ciências. É a paixão do filósofo penetrar racionalmente no que aparece absurdo em nossa existência; é conseqüência de uma preferência entre valores, como, aliás, tudo a que visamos com entusiasmo.

É a vocação do filósofo elucidar o mundo pela razão. Mas o mundo de pensador cristão é muito diferente daquele do filósofo grego. No mundo medieval, a realidade mais em evidência é a realidade da fé cristã, realidade, aliás, repleta de mistérios.

A vocação filosófica do pensador medieval há de consistir, portanto, na compreensão intelectual da fé; na medida em que esta assume preeminência na realidade existencial dos povos cristãos da Idade Média, a ocupação com os assuntos da fé torna-se o tema preferencial da filosofia medieval.

Mas a fé não é um objeto de investigação entre outros. Reivindica para si uma luz própria, divina, a única que possui a verdade autêntica. Assim, o seu dogmatismo há de chocar-se com a pretensão filo-

---

1. Étienne Gilson, *L'Esprit de la Philosophie Médiévale*.

208 ENSAIOS FILOSÓFICOS

sófica de objetividade. Surge pois o problema de como se afigura a relação justa entre a fé e a razão.

Isto é, de fato, o objeto principal da pesquisa filosófica dos escolásticos, lado ao lado com a investigação do próprio mundo da fé, do mundo existencial de uma cultura cristã medieval. Tais reflexões devem ater-se aos limites traçados pelos dogmas da Igreja que determina o grau permissível de penetração da filosofia no seu território privativo.

Neste reino autônomo o mandamento supremo é o *Noli me tangere* (João 20:17). Inúmeras vezes a autoridade eclesiástica expulsou dos seus domínios aqueles que, com excessiva curiosidade, apalpavam em demasia os objetos da sua soberania. Fixemos, pois: A espécie de vocação, natural ao filósofo cristão da Idade Média, consiste: a. Na compreensão filosófica de um mundo em que a fé cristã era uma realidade preponderante; b. No estabelecimento adequado das relações entre fé e razão.

II.

Como se relaciona esta espécie de vocação dos pensadores escolásticos com o "realismo"?

Para podermos responder a esta pergunta, devemos, antes de mais nada, passar em revista o que, na filosofia medieval, se entendia por realismo. Veremos, então, que o sentido em que Gilson usa o termo na afirmação que nos serve de tema, está inteiramente alheio a todo o pensamento medieval autêntico e poderia ser aplicado unicamente a Guilherme de Occam e alguns dos seus contemporâneos que, no século XIV representavam a dissolução do pensamento escolástico.

Encontramos no pensamento medieval, antes de mais nada, o realismo conceitual dos assim chamados "universalistas", equivalente a um idealismo do tipo platônico, um idealismo material ou empírico na terminologia de Kant[2]. O universalismo na Idade Média, baseado fundamentalmente nos ensinamentos de Santo Agostinho, é defendido por pensadores muito prestigiosos como Guilherme de Champeaux, Santo Anselmo de Canterbury, a escola de Chartres e, mais tarde, no século XIII, por membros dos mais influentes da ordem franciscana, como São Boaventura, Mateus de Aquasparta, Roger de Marston etc.

Os universalistas reconheceram nos conceitos universais, nas espécies e nos gêneros, não somente uma validade lógica, mas sim uma realidade existente. Os conceitos universais emanam das formas eternas que subsistem no intelecto divino. Com a realidade dos universais, as coisas particulares e materiais empalidecem e não guar-

---

2. Immanuel Kant, *Kritik der reinen Vernunft*, 2. Teil, 2. Abteilung, 2. Buch, 6. Abschn.

PENSAMENTO CRISTÃO E REALISMO

dam mais que uma realidade relativa. Mateus de Aquasparta afirma que, para adquirir conhecimento, não necessitamos da existência real dos objetos particulares. Pois a inteligência ativa pode abstrair, pela sua luz, o universal do particular, as espécies inteligíveis das espécies sensíveis, as essências das coisas existentes. Os primeiros não dependem dos segundos; portanto, é nas idéias que a realidade se revela. A realidade da existência reduz-se, em última instância, ao realismo dos conceitos, e o resultado é um idealismo do tipo platônico.

A oposição "nominalista" contra este raciocínio foi forçada sempre para o segundo plano. Roscelino, que declarou os universais meros *flatus vocis*, foi obrigado a abjurar as suas teses pelo Concílio de Soissons (1092) e mesmo um pensador moderado como Abelardo, para quem os universais não eram nem realidades metafísicas nem, tampouco, meras palavras, mas relações de fato apontáveis entre as unidades (sermonismo ou conceitualismo) e quem, durante toda a sua vida reconheceu e proclamou a supremacia da teologia frente à filosofia, sofreu permanente perseguição da parte de seu adversário, São Bernardo de Clairvaux.

Uma forma inteiramente diferente de "realismo" surgiu sob o impacto dos escritos de Aristóteles, nas raras obras acessíveis aos escolásticos nos dias de Roscelino e Berenger de Tours. O pensamento aristotélico, na sua estrita oposição ao idealismo platônico, já tinha estimulado estas primeiras formas de "nominalismo". A disponibilidade de quase todas as obras de Aristóteles conhecidas hoje, na era de São Tomás e Santo Alberto Magno, inspiram o sistema monumental do pensamento tomista que se mantém hostil, também, ao universalismo, embora jamais professando um "nominalismo" extremo como Guilherme de Occam. O realismo tomista é o realismo dos dados sensíveis da nossa experiência que, no entanto, não nega a possibilidade de conhecer-se conceitos universais, que não têm existência em separado, mas são encontrados exclusivamente nas coisas particulares.

III

Em toda a filosofia representativa da Idade Média cristã encontramos, pois, estes dois conceitos de "realismo": O realismo conceitual dos universalistas, que equivale a um idealismo material do tipo platônico, e o realismo empírico do tomismo e das tendências nominalistas que se estendem de Roscelino, no século XI, até Occam, no século XIV, incluindo o grande adversário de São Tomás, João Duns Scotus.

Nenhuma destas concepções de realismo corresponde à de Gilson, aplicada à vocação do pensador cristão[3]. Este significado de realismo é contrastado com o "antropocentrismo em que se compraz o idea-

3. É. Gilson, op. cit., cap. XII.

210 ENSAIOS FILOSÓFICOS

lismo dos nossos contemporâneos" (p. 245). É, portanto, o realismo que se opõe à limitação das nossas possibilidades de conhecimento ao imanente, àquilo que se encontra no nosso próprio intelecto. Ora, para os pensadores escolásticos, uma distinção entre idealismo e realismo nestes termos, somente se tornaria possível nos dias de Pedro Aureoli, Guilherme de Occam, Nicola d'Autrecourt e outros pensadores do século XIV. Nesta época o pensamento escolástico já estava em dissolução. Seria, portanto, temerário atribuir justamente a estes filósofos a vocação específica de um pensador cristão.

IV.

Como o subjetivismo da distinção gnoseológica entre realismo e idealismo é alheio ao pensamento genuinamente cristão, ressalta plenamente numa comparação da demonstração que Agostinho faz para refutar o negativismo dos acadêmicos, evidenciando a impossibilidade de negar os próprios sentimentos de amor, os próprios pensamentos e até a própria existência com o *cogito* cartesiano da Segunda Meditação, embora os dois raciocínios apresentem uma semelhança impressionante.

Diz Agostinho[4]: "Nem temo, nestas coisas verdadeiras, as sutilezas dos acadêmicos que me poderiam dizer: mesmo nisto poderias enganar-te. Pois se posso me enganar, devo ser; que quem não é jamais pode se enganar". Descartes, na sua *Segunda Meditação*, diz por sua vez. "A proposição 'Eu sou, Eu existo' é necessariamente verdade, todas as vezes que a pronuncio eu a concebo no meu espírito".

Contudo, Agostinho, embora provando deste modo original e irrefutável a existência, o pensamento e os sentimentos de amor da sua própria pessoa, jamais cogitou em fundamentar assim a possibilidade de todo conhecimento, ou em restringir todo conhecimento seguro ao terreno da imanência consciente. Jamais pôde ocorrer-lhe que a existência da criação e do seu Criador necessitasse de uma confirmação pela consciência subjetiva do homem.

Como podia ter sido diferente? Se Agostinho tivesse tido a disposição de pôr em dúvida a criação e o Criador, já não teria vivido mais num mundo cristão, já não subsistiria aquela vocação específica do pensador cristão medieval, de elucidar filosoficamente um mundo de fé.

Só há, portanto, possibilidade de uma espécie de vocação filosófica cristã na base de um realismo indiscutível do mundo criado e do Criador. Este realismo somente pode ser, como vimos acima, ou um realismo conceitual (= idealismo material) ou um realismo material do tipo aristotélico. Jamais podia ter sido um realismo gnoseológico que pressupõe a colocação em dúvida da possibilidade

4. Santo Agostinho, *De civitate Dei*, XI, 26.

de conhecimento de qualquer objeto transcendente à imanência em nossa consciência.

V.

Vimos no início deste trabalho, como a vocação do pensador cristão leva, necessariamente, à colocação do problema da relação entre fé e razão. Ora, esta relação pode ser encarada somente de um número limitado de maneiras possíveis.

A razão pode ser compreendida como maneira válida de explicar os fatos da fé, podendo, deste modo, levar a uma visão mais ampla e mais completa da própria fé. Esta foi a posição da maioria dos pensadores cristãos. Foi adotada por filósofos tão diferentes entre sim como eram Santo Anselmo e São Tomás. Nenhum dos dois, no entanto, jamais colocou no mesmo nível os processos do conhecimento racional e os caminhos da revelação, que permaneceram radicalmente distintos e incomensuráveis.

Outrossim, a razão pode ser considerada de relativa inutilidade no conhecimento das coisas divinas, e o seu exercício ser restrito às sete artes liberais que não tinham importância fundamental na formação da *Weltanschauung* do homem da Idade Média. Para a solução dos problemas primordiais a razão é um auxiliar desprezível e a fé torna-se o único meio de um conhecimento válido, fruto de uma vida dedicada, austera e ativa. Tal era, por exemplo, a posição de São Bernardo de Clairvaux.

Uma terceira posição possível é a equivalência dos meios de conhecimento através da fé e da razão. Esta tinha sido a atitude do gnosticismo e, neste sentido, exerceu-se a influência do plotinismo por intermédio de Dionísio Areopagita, sentida, principalmente, nas obras de João Duns Scotus que inspiraram muitos pensadores durante toda a Idade Média.

Embora amplamente adotado pela filosofia árabe, este ponto de vista somente podia ser adotado com reservas pelo pensamento cristão medieval por causa do perigo que oferecia de esvaziar o dogmatismo da fé cristã, fundado em larga escala em elementos irracionais.

VI.

Há, no entanto, uma quarta posição possível; a de que o conhecimento racional seria o único válido, e que a intuição religiosa poderia ser reconhecida somente na medida em que acompanha a investigação racional. Esta atitude, praticamente, elimina a fé, pois uma fé condicionada ao conhecimento racional não é mais fé.

Num mundo privado de fé não há mais vocação para o pensador cristão. Este tem que ceder a vez para uma vocação puramente teórica, a do filósofo empírico e crítico. É esta a posição adotada por uma parte dos últimos escolásticos (Occam e outros pensadores seus contemporâneos) que, para todos os efeitos, deixaram de ser filósofos cristãos no sentido medieval e se tornaram os primeiros pensadores críticos na aceitação moderna do termo.

No momento, pois, quando o problema do realismo gnoseológico se coloca, não há mais vocação de pensador cristão. Este, enquanto fiel a esta vocação, jamais pode ser "realista por definição" no sentido em que o "realismo" é compreendido por Gilson na afirmação citada pelo tema, i.e., no sentido gnoseológico, mas um filósofo cristão medieval pode ser declarado "realista" por nós, numa significação bastante duvidosa emprestada pelas soluções encontradas por uma geração cuja vocação filosófica já é inteiramente diferente.

21. Autenticidade e Conceitos Fundamentais da Ciência

> *Os movimentos autênticos das ciências ocorrem nas revisões mais ou menos radicais e conscientes de seus conceitos fundamentais*
>
> HEIDEGGER

A.

Todas as ciências possuem conceitos que, não podendo ser derivados de outros, servem como fundamento para todo um sistema de deriváveis, cuja articulação constitui a estrutura específica de determinada ciência. Tais conceitos são, por exemplo, na geometria "ponto" e "distância", na física clássica "força" e "massa", na biologia "organismo". Mas existem, também, conceitos que são fundamentais para todo o pensamento científico no seu conjunto e destes, exclusivamente, nos ocuparemos aqui.

Desde a lógica de Aristóteles sabe-se que a correção formal de todo raciocínio depende do princípio de contradição, o princípio que, segundo Aristóteles, é necessário compreender "para quem quiser conhecer qualquer coisa que seja". Aristóteles define-o como segue: "É impossível que uma mesma coisa convenha e não convenha, ao mesmo tempo, à mesma coisa, sob a mesma relação"[1]. O mesmo princípio é caracterizado por Kant como "o princípio geral plenamente suficiente para todo conhecimento analítico"[2]. Ora, o conceito fundamental do princípio da contradição, de que é apenas uma formulação negativa, é *o conceito da identidade daquilo a que se refere uma expressão lógica*, seja ela conceito ou proposição. Este conceito, além

---

1. *Metafísica*, 3, 1005, apud Rodolfo Mondolfo, *O Pensamento Antigo*, II, p. 22.
2. Immanuel Kant, *Kritik der reinen Vernunft*.

214 ENSAIOS FILOSÓFICOS

de "ser suficiente para todo conhecimento analítico", é de grande alcance epistemológico e pode ser considerado, portanto, um conceito fundamental para todo pensamento científico.

Kant, pelo "supremo princípio de todos os juízos sintéticos", indica-nos onde procurar outro princípio fundamental das ciências. Para que exista a possibilidade de juízos sintéticos *a priori*, Kant acha necessário "que todo objeto esteja sujeito às condições necessárias da unidade sintética do múltiplo da intuição numa experiência possível"[3], em outras palavras, que toda a objetividade seja condicionada pelas formas de unificação da apercepção pura de um "Eu" transcendental. Este condicionamento sustenta, para Kant, todo um sistema de princípios fundamentais do entendimento puro (*Grundsätze des reinen Verstandes*) que se resume nas doze categorias, "conceitos puros do entendimento". Abstraindo do "supremo princípio de todos os juízos sintéticos" a noção de um condicionamento da objetividade por parte de um "Eu" transcendental, noção que representa uma particularidade do pensamento kantiano, ficaremos com *a disposição categorial da objetividade,* conceito fundamental em que se apóia toda possível legitimidade de juízos científicos universais e necessários, e a *adequatio intellectus et rei*, tradicional critério da verdade objetiva.

B.

Kant negaria, sem dúvida, a possibilidade de modificação dos conceitos fundamentais que moldam o pensamento científico. Dependem do "Eu" transcendental, cuja apercepção pura jamais pode ser objeto, por ser a própria condição, independentemente de toda determinação espaço-temporal, de toda fenomenalidade. Dando-se a mudança somente no espaço e no tempo, a apercepção pura do "Eu" transcendental não pode mudar.

Este imobilismo das formas do entendimento não pode ser mais aceito hoje. A descoberta da possibilidade de geometrias não euclidianas por Lobatschewski, já em 1826, de geometrias que são tão coerentes e sem contradição como a de Euclides, prova que nenhuma geometria passa de um sistema dedutivo, baseado em determinados axiomas que podem ser diferentes dos euclidianos. Sendo todas as geometrias igualmente válidas, nenhuma pode pretender representar, com exclusão das outras, uma forma *a priori* da experiência humana. E, se todas tivessem esta pretensão ao mesmo tempo, então a forma *a priori* do senso externo seria auto-contraditória e, portanto, inexistente. Isto implica que os juízos geométricos não são juízos sintéticos *a priori*.

Outro ataque contra o caráter sintético dos juízos matemáticos, agora no que se refere à aritmética, veio da parte de Boole e de Frege

3. Idem.

AUTENTICIDADE E CONCEITOS FUNDAMENTAIS DA CIÊNCIA   215

que conseguiram demonstrar que o número, e com ele toda a aritmética, pode ser traçado a origens lógicas. Para Kant, o número era o "esquema" do "conceito puro" da quantidade, esquema que, por pertencer tanto à sensibilidade empírica como ao entendimento puro, podia garantir a aplicação deste àquele, no âmbito das categorias da quantidade. Comprovando-se o caráter puramente lógico do número, toda esta construção cai por terra. "As matemáticas, embora apresentem conhecimentos *a priori* de proposições necessárias e universais, não consistem, como Kant supunha, de juízos sintéticos, mas exclusivamente de juízos analíticos, com outras palavras, de tautologias"[4].

O espaço euclidiano e a sucessão linear, uniforme e irreversível, como Kant caracterizava o tempo, não são formas *a priori* de toda experiência sensível, mas, entre outras concepções de espaço e tempo, instrumentos de formalização. A ciência contemporânea utiliza diversas geometrias simultaneamente: a macrofísica continua a operar com a geometria euclidiana e com os conceitos da mecânica clássica; a teoria da relatividade foi formalizada por meio da geometria de Riemann, adaptada a um contínuo quadridimensional, unindo o tempo como quarta dimensão às três dimensões do espaço.

Qualquer que seja, aliás, a sua orientação filosófica, os epistemólogos, a partir do começo do século, são levados a sublinhar a pluralidade dos níveis formais do pensamento científico de maneira tal que o projeto de uma análise transcendental se acha modificado profundamente[5].

Se, de fato, toda a estrutura transcendental do entendimento que Kant descreveu, não passa de uma maneira particular de formalizar experiências científicas em determinado nível da pesquisa, enquanto verificações em outros níveis requerem uma formalização em moldes inteiramente diferentes, não se compreende por que estas maneiras diferentes de formalização devam ser imutáveis, impossibilitadas de acompanhar, como linguagens, as necessidades de expressão, diferentes em cada época. "A contribuição mais significativa para uma epistemologia surgida da atitude de Kant, é a dos neopositivistas com o desenvolvimento extraordinário da sua análise lingüística do conhecimento"[6]. A estrutura transcendental do conhecimento e da objetividade que Kant ensinava, ficou substituída por uma estrutura lingüística que, como a própria estrutura transcendental kantiana, não serve apenas à comunicação e à identificação intersubjetiva de uma experiência, mas à representação do próprio objeto frente ao pesquisador.

4. Alfred Jules Ayer, *Language, Truth and Logic*, New York: Dover Publications, p. 84.

5. Gilles-Gaston Granger, *Pensée formelle et sciences de l'homme*, Paris: Aubier, 1960, p. 18.

6. Idem, p. 13.

216 ENSAIOS FILOSÓFICOS

A palavra desempenha, ali, o papel de mediador, não somente sob o aspecto banal de uma mediação entre sujeitos – mediação de que a arte de persuadir quer fazer uma manipulação do outro – mas entre sujeito e o mundo de objetos que a percepção nos dá, e que a linguagem científica contribui a tornar manipulável[7].

Os nossos conceitos fundamentais passam a referir-se a essa linguagem e a modificar-se conjuntamente com ela.

Do ponto de vista da epistemologia genética de Piaget, o desenvolvimento das formas de conhecimento e, com elas, o desenvolvimento dos seus conceitos fundamentais, deve ser admitido "por método". Pois o método da epistemologia genética exige que todo conhecimento seja considerado "sob o aspecto do seu desenvolvimento no tempo, i.e., como processo contínuo de que jamais se consegue atingir nem o começo, nem o fim"[8]. Diz ainda Piaget:

A atitude antigenética sempre volta a postular a existência de um fator virtual préformante no ponto de partida do conhecimento atual. Ora, o método especificamente genético consiste, ao contrário, em não considerar o virtual e o possível, a não ser como criação, ininterruptamente continuada, da ação atual e real[9].

Conseqüentemente, o próprio conhecimento científico em evolução molda continuamente os seus conceitos fundamentais, jamais viceversa.

C.

Ninguém negará que há progresso nas ciências. Mas a evolução do pensamento científico está longe de ser constante e uniforme. Existem momentos decisivos na história das ciências em que a sua visão muda radical e profundamente e há períodos em que as ciências crescem sem que este crescimento produza modificações profundas na maneira de encarar o mundo. Os primeiros serão "movimentos autênticos das ciências" e o segundos não passarão de fases de elaboração e ampliação de um conhecimento basicamente já existente.

Movimentos autênticos nas ciências são extremamente raros. Somente dois momentos na história mais recente da civilização ocidental possuem todos os característicos de uma verdadeira revolução científica: O surgimento do empirismo científico formalizado pelas matemáticas, simbolizado pelos grandes nomes de Galileu e Newton e a formulação das teorias dos *quanta* por Planck, e da relatividade por Einstein no começo deste século.

Foi Galileu quem, no seu trabalho sobre dinâmica, combinou pela primeira vez, consciente e sistematicamente, a observação empírica

7. Idem, p. 23.
8. Jean Piaget, *Introduction à l'épistémologie génétique*, Paris: PUF, 1950, p. 13.
9. Idem, p. 34.

AUTENTICIDADE E CONCEITOS FUNDAMENTAIS DA CIÊNCIA

e a indução com a dedução matemática, controlada, novamente, pela experiência. Inaugura-se, assim, um método de pesquisa física que se tornou modelo para toda a investigação científica. Cai definitivamente a procura metafísica de causas, eficientes ou finais. "Ver para prever, estudar o que existe, para concluir daí o que virá, segundo *o dogma da invariabilidade das leis naturais*"[10], dirá duzentos anos mais tarde Auguste Comte para caracterizar o espírito positivo que é o mesmo espírito que criou a ciência de Galileu e Newton. Formula Comte:

> Em uma palavra, a revolução fundamental que caracteriza a virilidade da nossa inteligência, consiste essencialmente na substituição, em todo lugar, da inacessível determinação por causas propriamente ditas, pela simples procura de leis, i.e. de relações constantes que existem entre os fenômenos observados[11].

Outro "movimento autêntico" na história das ciências afirma-se no começo deste século. Observações relativas ao espectro levaram Planck à sua teoria de que a radiação é emitida em porções ou *quanta*, enquanto Bohr e outros imaginaram modelos do átomo, nos quais a dinâmica de Galileu e Newton não era mais aplicável e teve que ser substituída por uma nova ciência, a mecânica ondulatória. As concepções newtonianas de espaço e tempo absolutos, concepções que possibilitaram a teoria geral da gravitação do grande sábio, que tinham substituído o respectivo ensinamento aristotélico e dominado a mecânica e astronomia por mais de duzentos anos, caíram, por sua vez, ante a teoria da relatividade de Einstein. Tempo e espaço tornaram-se relativos a um determinado sistema de referência, e o fenômeno da gravitação chegou a decorrer da curvatura diferencial de um contínuo quadridimensional que substitui o tempo e as três dimensões do espaço convencional.

Tentarei mostrar que a diferença entre estes "movimentos autênticos" e a evolução gradual do período intermediário, consiste justamente em que os primeiros são acompanhados por uma alteração radical dos conceitos fundamentais do pensamento científico enquanto no desenvolvimento normal das ciências esta mudança não se efetua.

No que diz respeito ao nosso segundo conceito fundamental, caracterizado como "disposição categorial da objetividade", é fácil verificar que a consolidação das ciências nos dias de Galileu e Newton é acompanhada pela afirmação do "dogma da invariabilidade das leis naturais", segundo a expressão feliz de Auguste Comte. A disposição categorial da objetividade assume as feições de uma estrutura fixa e invariável que inspiram Kant na sua concepção de um esquema transcendental que informa tanto o entendimento como a objetividade.

---

10. Auguste Comte, *Discours sur l'esprit positif*, Paris: Garnier, p. 42.
11. Idem, p. 33-34.

218 ENSAIOS FILOSÓFICOS

O mais que uma ciência empírica se aproxima ao estágio racional, ao estágio de uma ciência "exata", nomológica, i.e., o mais que a sua estrutura é ordenada na base de princípios eidéticos bem desenvolvidos, maior será o aumento, em amplitude e poder, daqueles serviços práticos que são os frutos de um tal conhecimento. Em apoio podemos apelar ao desenvolvimento das ciências racionais da natureza, das ciências físicas. A sua grandeza começa, na era moderna, precisamente a partir do momento em que a geometria, que já tinha sido desenvolvida a um alto nível de perfeição no mundo antigo, em moldes puramente eidéticos (nos seus elementos essenciais pela escola de Platão), foi tornada operante para o método físico, de repente e em grande escala[12].

Na sua última obra, Husserl caracteriza, de modo ainda mais geral, esta matematização do conhecimento.

Por meio da matemática pura e da arte prática de medir, pode-se encontrar, para tudo que é extensional no universo dos corpos, uma previsão inteiramente nova, isto quer dizer que se pode, a partir de fenômenos estruturais dados e medidos, calcular, com segurança absoluta, novas percepções de formas desconhecidas e inacessíveis a uma medição direta[13].

Em outras palavras, a novidade revolucionária da nova ciência de Galileu consiste justamente na sua implicação para um conceito fundamental de todo o pensamento científico: A disposição categorial da objetividade chega a transformar-se numa estrutura fixa e invariável, que se torna fecunda especialmente nas suas categorias de quantidade.

O positivismo de Auguste Comte faz uso do "dogma da invariabilidade das leis naturais" para dele derivar uma visão totalizante do espírito positivo. Toda uma estrutura de leis, leis que exprimem fenômenos e leis que relacionam outras leis, não significa outra coisa que uma construção racional de fenômenos observáveis em múltiplos conhecimentos especializados que se completam, finalmente numa "hierarquia invariável, ao mesmo tempo histórica e dogmática, tanto científica como lógica, das seis ciências fundamentais"[14]. Esta ordem traduz "a concepção da idéia de uma totalidade do ser, infinito e racional, com uma ciência racional e sistemática que a domina"[15].

Husserl frisa com boa razão que a inovação da era de Galileu e Newton não consiste somente na matematização das relações, i.e., no estabelecimento de estruturas fixas, racionalmente concebíveis da realidade segundo a nova interpretação do nosso segundo conceito fundamental, mas também na determinação inequívoca da identidade do objeto examinado, através de uma idealização progressiva dos dados sensíveis. Assim, torna-se particularmente interessante o papel desempenhado no desenvolvimento da ciência newtoniana pelo nosso pri-

12. Edmund Husserl, *Ideas*, London: George Allen & Unwin, 1942, p. 65.
13. E. Husserl, *Die Krisis der europäischen Wissenschaften und die transzendentale Phänomenologie, Husserliana*, v. VI, p. 31.
14. A. Comte, op. cit., p. 244.
15. E. Husserl, *Die Krisis...*, p. 19.

AUTENTICIDADE E CONCEITOS FUNDAMENTAIS DA CIÊNCIA

meiro conceito fundamental, o da identidade daquilo a que se refere uma expressão lógica, seja ela conceito ou proposição. Husserl aponta na *Krisis* que no pensamento convencional e no empirismo primário a identidade do significado permanece subjetiva. Nada me garante que o objeto que se apresenta vermelho para mim, possua o mesmo vermelho para o meu próximo. Ao contrário, há fortes indícios de que não haja, de fato, uma verdadeira identidade daquilo que um mesmo conceito significa para diferentes consciências. Para Husserl

a arte de medir descobre a possibilidade de escolher, para medida, determinadas formas empíricas *standard* de corpos rígidos, concretos e universalmente disponíveis, e, por meio das relações existentes (respectivamente a serem encontradas) entre estas e outras configurações corpóreas, determinar de modo intersubjetivo e inequívoco, para todos os efeitos, estas outras configurações[16].

Assim, esta arte de medir, idealizada e levada à universalidade teórica no raciocínio geométrico, não somente cria uma disposição categorial fixa e invariável da objetividade, que permite um conhecimento universal e necessário, mas fornece, também, uma identidade determinada e inequívoca ao próprio objeto do pensamento científico.

Husserl observa que estrutura e identidade no pensamento científico da época, iniciada por Galileu e Newton, referem-se exclusivamente à objetividade como confrontada com o sujeito cognoscente, deixando este último inteiramente fora de consideração. Esquece-se, segundo Husserl, que

enquanto o sábio em ciências naturais se interessa e se empenha assim de maneira objetiva, nem por isso funciona para ele, de outro lado, o subjetivamente relativo, não, porém, como entreato sem importância, mas como, para toda prova objetiva, o que funda, em última análise, a validade de todo ser teórico e lógico, i.e., como fonte de evidência, de comprovação. As escalas observadas, linhas de fração marcadas etc., são utilizadas como realidades e não como ilusões [da percepção], portanto o realmente existente no mundo vital como [dado] válido é [sempre] premissa[17].

E ainda, "deve ser plenamente esclarecido e levado à evidência definitiva [a maneira] como toda evidência de realizações objetivamente lógicas [...] possuem as suas fontes ocultas de motivação na vida [que é], afinal realizadora [...] O objetivo em si, de fato, jamais é experienciável"[18]. Para Husserl uma interpretação tão unilateral da disposição categorial da objetividade que, de forma alguma toma em consideração o papel importantíssimo da vivência subjetiva – ou, em termos propriamente husserlianos, uma atenção unilateral ao *noema* com o esquecimento total da *noesis* introduz o germe da crise, desde

16. Idem, p. 25.
17. Idem, p. 129.
18. Idem, p. 131.

220 ENSAIOS FILOSÓFICOS

o primeiro momento, no vigoroso "movimento autêntico" das ciências de Galileu e Newton.

Depois de um longo período de consolidação as ciências e os seus conceitos fundamentais sofrem uma nova alteração violenta com a vitória do "movimento autêntico das ciências" que se dá no início do século XX. Uma mudança radical na interpretação do nosso primeiro conceito fundamental consiste em que a identidade daquilo a que se refere uma expressão da ciência nova não é mais interpretada como identidade individual, mas sim como identidade coletiva. Diz Husserl:

> A física nova é o início de um conhecimento individual-típico da natureza, contudo de feição matemática que define, na física dos *quanta*, os átomos como entidades individual-típicas que, no em-si da natureza, precedem ao ser dos seus elementos constitutivos, determinando inclusive o ser e a especificidade destes últimos.

Encontramos, em outras ciências, muitas formas análogas a este conhecimento individual-típico na física. Na biologia, por exemplo, o "holismo" de J. C. Smuts e de J. S. Haldane procura explicar a realidade biológica não como construção mecânica a partir das partes componentes, mas como complexo orgânico em que o todo dá sentido e significado aos elementos. Na psicologia animal o mundo-ambiente (*Umwelt*), na sua unidade existencial com o ser vivo, fornece a explicação do comportamento animal[19]. Seguindo a inspiração de W. Dilthey, Max Weber introduz na pesquisa sociológica o conceito heurístico de "tipo ideal", pois o comportamento recíproco com as suas formas típicas como burocracia, feudalismo, capitalismo etc., não pode ser compreendido nos acontecimentos individuais constituintes. Sem, de longe, esgotar a lista, mencionamos ainda a tipologia psicológica de E. Spranger e a antropologia psiquiátrica de um E. Kretschmer com a sua teoria dos tipos de constituição física do homem e dos seus reflexos na vida psíquica.

Para todas estas tentativas científicas, a identidade do objeto da investigação não é mais a identidade de um determinado elemento, mas a identidade individual-típica de complexos fenomênicos. "A ciência não se importa com a natureza íntima de qualquer um dos termos que usa", diz Sir William Cecil Dampier, "mas somente com as suas relações mútuas. Conclui-se daí que qualquer série de termos com uma série de relações mútuas é equivalente a qualquer outra série de termos com as mesmas relações mútuas"[20]. A ciência tornou-se uma ciência de proposições e deixou de ser uma ciência de conceitos.

Assim chegamos a constatar que a revolução das ciências neste século é acompanhada por uma profunda revisão também do outro con-

19. J. V. Uexküll, *Umwelt und Innenwelt der Tiere*, 1909.
20. Sir William Cecil Dampier, *A History of Science and its Relations with Philosophy and Religion*, Cambridge University Press, 1943, p. 467.

ceito fundamental da disposição categorial da objetividade. Pois uma ciência de proposições é uma linguagem. "Todo pensamento científico fecundo é precisamente um esforço para construir uma linguagem, cuja sintaxe tenha autenticamente o poder de instruir-nos sobre as relações objetivas" generaliza Granger[21]. Uma ciência em que "qualquer série de termos com uma série de relações mútuas é equivalente a qualquer outra série de termos com as mesmas relações mútuas" já requer uma lógica muito diferente da lógica clássica, que partia da identidade individual de cada objeto correspondente a cada conceito e de uma estrutura categorial fixa e imutável entre determinados elementos da objetividade. Já não se pode mais satisfazer uma lógica de conceitos que pretende determinar as relações a partir dos conceitos, mas exige-se uma lógica de relações que determina o significado dos conceitos a partir da referência da proposição. Pois a disposição categorial da objetividade se confunde agora com a sintaxe da linguagem científica.

A profunda modificação que os conceitos fundamentais sofreram, juntamente com as próprias ciências neste último dos seus "movimentos autênticos", não permite mais esperar que, "por uma regularidade causal universal, tudo que coexiste, tenha direta ou indiretamente uma correlação, pela qual o mundo não é somente uma totalidade, mas uma totalidade unitária, um todo (embora infinito)"[22]. Hoje não se pode mais pretender chegar a uma totalidade objetiva única, independente da subjetividade. Os níveis extremamente diferentes de formalização que hoje coexistem nas ciências não a admitem mais. A totalização terá que voltar-se para a própria linguagem, pois, como vimos, toda ciência é discurso, embora em níveis bastante heterogêneos.

A natureza simbólica das entidades da física é reconhecida universalmente e o esquema da física é formulado, atualmente, de tal forma que torna por pouco evidente o fato de ser um aspecto parcial de algo mais amplo. O problema do mundo científico é parte de um problema mais vasto, o problema da experiência toda[23].

Granger também encara na ação a base de toda experiência e de toda linguagem, e exclusivamente nela é possível encontrar-se o que é comum a todas as ciências. "Uma teoria das decisões" diz Granger,

opõe-se a uma simples teoria de causas [...] pois ela, de um lado, faz intervir simultaneamente, um complexo aleatório e um *optimum*, e articula, de outro lado, um aparelho de informação e um aparelho de ação. A objetivação destas duas noções, aliás carregadas de significação vívida, caracteriza a fase atual da ciência[24].

21. Idem, p. 37.
22. E. Husserl, *Die Krisis...*, p. 29.
23. S. W. C. Dampier, op. cit., p. 488.
24. Idem, p. 104.

222 ENSAIOS FILOSÓFICOS

Vemos, portanto, corrigido o objetivismo unilateral que Husserl critica nos propósitos da ciência de Galileu e Newton, e satisfeita a sua exigência de que se reconheça que toda evidência objetiva possui fontes encobertas na vida. As ciências não se encontram mais num esforço comum de elucidar uma suposta estrutura objetiva do mundo, mas sim no seu empenho de elaborar uma estrutura lingüística adequada, própria ao pensamento científico e criar, assim, uma das formas mais relevantes e fecundas já dadas à experiência humana.

D.

Assim sendo, fútil seria perguntar se as revisões dos conceitos fundamentais precedem e enriquecem os movimentos autênticos das ciências ou se acontece justamente o contrário. Como dois aspectos correlacionados, a revisão dos conceitos e os movimentos autênticos das ciências constituem somente um único processo que não se estende somente às ciências e à filosofia mas a toda criação intelectual, e destacadamente às artes.

A nova mentalidade que criará a ciência de Galileu e Newton já se expressa com bastante antecedência nas artes do Renascimento. Mais de cem anos antes de Galileu vemos o gênio de Leonardo da Vinci estudar, com relação aos problemas da pintura, as leis da ótica, da anatomia do corpo humano e do aparelho visual em particular. Contudo, Leonardo não foi uma aparição solitária. Junto com ele, ou mesmo antes, Alberti e Brunellesco aplicaram os seus profundos conhecimentos matemáticos à arquitetura. A geometria perspectívica e a anatomia foram utilizadas na pintura já por Piero della Francesca e Botticelli antes de Leonardo, e por Dürer na mesma época. A arte e os grandes artistas do Renascimento – inúmeros nomes poderiam ainda ser citados de personalidades não menos importantes – já se entregaram ao fascínio de captar os fatos da natureza por meio de expressões geométricas, e a ciência de Galileu apenas leva ao triunfo uma nova concepção da natureza que já tinha sido desenvolvida, antes de mais nada, no empenho de grandes artistas para dominar a natureza por meio da sua arte.

No século XIX os pioneiros de um futuro movimento autêntico das ciências, foram os grandes matemáticos e lógicos. No entanto, com o surgimento da pintura impressionista, já três decênios antes das grandes descobertas de Planck e Einstein, inicia-se uma progressiva libertação da pintura dos seus vínculos com o objeto, movimento que culmina com a arte abstrata. Também na arte, portanto, podemos observar a mesma reinterpretação de conceitos fundamentais que vimos efetuar-se conjuntamente com a profunda transformação das ciências. Poderíamos literalmente aplicar às artes as palavras acima citadas que Sir William Dampier formulou com referência às ciências: "As artes não se importam mais com a natureza íntima dos objetos que retratam, mas somente com as suas relações mútuas". Também a arte deixa de ser uma arte de objetos para tornar-se uma arte de relações. E mesmo estas relações não pretendem mais espelhar determinadas relações na natureza, não querem mais traduzir uma disposição categorial fixa e imutável da objetividade, mas se propõem a formar uma linguagem artística em que cada termo adquire a sua significação através da significação de toda a obra.

22. Heidegger: "Redenção" pela Volta às Origens

A preocupação da filosofia contemporânea, na obra de grande número dos seus expoentes mais representativos, consiste na fundamentação do conhecimento. Para estabelecer uma base segura em que todas as nossas certezas se possam apoiar, Senso Comum e Linguagem Popular são revisados num esforço crítico que nada fica devendo ao que a "dúvida metódica" cumpria na sua época, embora fins e métodos do empreendimento filosófico necessariamente tivessem mudado profundamente. A fenomenologia de Husserl propõe-se a criar alicerces seguros para uma linguagem científica. Encontra-se neste propósito com filosofias, de outro modo tão diferentes, como as de Bertrand Russel ou de Rudolph Carnap.

Na tentativa de superar as contradições do Senso Comum, a reforma do próprio discurso, o debate filosófico dos meios de expressão, do simbolismo lingüístico, lógico e científico, tornaram-se tópicos dos mais correntes em filosofia, e o grande número de trabalhos publicados sobre estes problemas dá amplo testemunho da importância que esta temática adquire para os filósofos da nossa época.

Embora longe do pensamento neopositivista e afastado das preocupações com a linguagem científica, jamais o problema da expressão no discurso humano foi colocado mais radicalmente que na obra de Martin Heidegger. Mostrou este pensador como a linguagem pode manter o homem para sempre distante da verdade ou colocá-lo diretamente no contexto do "Ser", segundo a forma em que é compreendida e manejada; e é este tema que, segundo afirmações do próprio filósofo,

226 ENSAIOS FILOSÓFICOS

domina toda a sua obra desde o seu trabalho de habilitação sobre *A Doutrina das Categorias e dos Significados de Duns Scotus*, de 1915.

Heidegger colocou-se, conscientemente, entre os demolidores do Senso Comum e das suas estruturas lingüísticas, com um radicalismo que certamente não fica atrás do de Descartes e de Husserl. Segundo as suas próprias palavras, "a penetração ontológica em direção das origens não resulta em algo que poderia se valer de 'truísmos ônticos' para o Senso Comum, mas a ela revela-se justamente a questionabilidade de tudo quanto se entende por si mesmo".

É brutal a maneira pela qual Heidegger verbera a total incapacidade da linguagem do Senso Comum de servir a fins filosóficos:

> O fato particular que o termo "ser" não passa de palavra vazia, de bruma que se dispersa, gostaríamos de inserir no fato mais amplo que muitas palavras, e justamente as mais essenciais, se encontram nas mesmas condições: que de um modo geral a linguagem é gasta e esgotada, isto sim, de comunicação, mas [um meio] que não tem dono, franqueado como é ao uso indiscriminado que tão pouco compromete, quanto um meio de transporte público, um bonde, aberto a cada um para entrar e sair. Sem ser impedido e, o que é mais grave, sem correr o menor risco, cada qual fala e escreve na língua como quer.

Mas não se trata apenas do sentido das palavras que necessita de uma total revisão; a própria gramática deve ser libertada de uma lógica que a violenta e lhe impõe categorias que, ao invés de se orientarem pela verdade do *Dasein* como "Ser-no-Mundo", obedecem a princípios apenas contextuais e formais do próprio discurso.

No entanto,

> a tarefa de libertar a gramática da lógica necessita, preliminarmente, de uma compreensão positiva da estrutura fundamental e apriorística do "discurso" [Rede] como "existencial", pois esta [libertação] não pode ser obtida posteriormente por melhorias ou por complementos daquilo que é aceito por tradição [...].

Assim, seguindo a recusa radical da linguagem tradicional por Heidegger, tentaremos, tão resumidamente possível, caracterizar a origem autêntica e a verdadeira essência da expressão lingüística.

DASEIN

Heidegger mostra que

> os existenciais mais importantes que constituem o "ser" do *Dasein*, [que constituem] a sua abertura como "Ser-no-Mundo", são "disposição" [*Befindlichkeit* – a disposição psíquica e material em que o "ser" humano se encontra] e "compreensão" [*Verstehen*] [...] A base existencial-ontológica da língua é o "discurso" [Rede] [...] O "discurso" surge concomitantemente com a "disposição" e com a "compreensão". Compreensibilidade já é "discurso", sempre já articulado, mesmo antes da interpretação apropriadora que o torna disponível para a aplicação na teoria ou na prática... O meu próprio *Dasein* como "Ser-no-Mundo" é, portanto, sempre também "discurso". Os significados da com-

preensibilidade adquirem palavras; estas crescem aos significados. Jamais acontece que formações verbais são posteriormente ou artificialmente investidos com significados.

"Discurso" é um termo muito amplo neste contexto. Abrange todas as maneiras possíveis de manifestação do meu "ser", além da língua falada e escrita, os gestos e sinais, o "escutar" (*Hören*) e o "silenciar" (*Schweigen*).

A "participação" (*Mitteilung* no sentido de "comunicação") jamais é algo parecido ao transporte de vivências do interior de um sujeito para o interior de outro. Nos próprios "existenciais" constitutivos do *Dasein*, na "disposição" e na "compressão" há co-existência implícita de uma multiplicidade de unidades de consciência, coexistência "partilhada" explicitamente no "discurso".

Se o "discurso", como origem da língua falada e escrita, é parte essencial do *Dasein* como "Ser-no-Mundo", a formalização "do discurso" deveria depender da formalização do próprio *Dasein*, jamais de aspectos unilateralmente pertencentes ao "discurso" e restritos a ele. Todas as suas categorias deveriam surgir a partir dos momentos concretos do *Dasein*, momentos que o meu "Ser-no-Mundo" pronuncia individualmente. Neste caso a língua não seria mais um instrumento sem dono; não seria mais comparável a um veículo, franqueado a todo mundo para nele entrar e sair. Toda expressão seria um acontecimento, com os perigos e responsabilidades que cada evento de uma vida autêntica traz consigo. "O acontecimento é dizente", observa Heidegger numa das suas obras posteriores. "Conseqüentemente, a língua fala da maneira que o acontecimento se desvela ou esconde".

DECAÍDA

O que acontece quando a linguagem se formaliza? Segundo a terminologia dos escritos posteriores, ao formalizar-se, a linguagem é apropriada pelo *Gestell* (*Ge-stell*, intraduzível, significa algo como "colocação metódica"). Na medida em que desafia o homem a dispor de tudo, inclusive de si mesmo, como disponibilidade técnica, enquadra-o no pensar calculista de uma linguagem modificada. O *Gestell* (a "colocação metódica") como técnica moderna, coloca à disposição do homem uma língua formalizada, uma maneira de informação, pela qual o indivíduo é incorporado num todo técnico calculista e, passo a passo, perde a sua "língua natural". Eis o processo que leva à língua que hoje falamos, aquele instrumento sem dono e sem personalidade que não compromete e não obriga a nada, que serve à nossa informação como o bonde serve ao nosso transporte.

Isto, no entanto, priva o homem de toda possibilidade de uma compreensão autêntica de si próprio e do seu relacionamento com

228 ENSAIOS FILOSÓFICOS

o "Ser" que fundamenta tudo. O entendimento *perde-se* em estruturas fixas e formais, em que o subjetivo e o objetivo não são mais compreensíveis no seu verdadeiro relacionamento mútuo, em que ambos não são mais reconhecíveis como articulações do "Ser" que se desvela. A formalização decorrente do *Gestell* traz a Perdição, tanto cognitiva, da inteligência humana nas distâncias abismais entre sujeito e objeto, como existencial, tornando o homem um solitário, jogado, como se fosse, em infinitas contingências. O homem é condenado a viver num mundo de inautenticidade, constituído pelo Senso Comum através da "fofoca" (*Gerede*), da "curiosidade" (*Neugier*) e da "ambigüidade" (*Zweideutigkeit*).

REDENÇÃO

Nesta conjuntura, é a missão do filósofo caminhar de volta toda esta trilha até penetrar, de novo, nas origens. Nesta vereda, muita coisa que se "entendia por si mesma" volta a ser profundamente problemática e, justamente aquilo que o Senso Comum julga absurdo, torna-se evidente – por exemplo, a unidade horizontal das "ec-stases temporais", o fato que o meu passado não antecede o meu presente, nem este o meu futuro. Todas estas "ec-stases temporais" coexistem como "disposição" (passado) do *Dasein*, como "decaída" (presente) e como "compreensão" (futuro) na qual o *Dasein*, na sua "preocupação" (*Sorge*) se projeta. Com esta viagem de retorno efetua-se uma crítica contundente das estruturas mais fundamentais do Senso Comum e se processa uma radical "revalorização" de todos os valores, atrás da qual se vislumbra a sombra inquietante de Nietzsche, o mais brutal demolidor do Senso Comum no campo moral. O que mais valia no conhecimento, para os pensadores tradicionais, a "questão da essência" das coisas, é agora tachado por Heidegger, como "a pergunta menos essencial que é possível colocar". A verdade não é mais um característico da proposição correta, formulada por um sujeito a respeito de um objeto, assumindo validade não se sabe em que esfera – na da subjetividade, da objetividade ou em ambas? – "mas a verdade é o desvelamento do Ser a um ente [à pessoa humana] que é essencialmente abertura". O que caracteriza o ser humano é precisamente esta abertura. "Eis por que o homem 'é' da maneira da 'ec-sistência'. Pois 'ec-sistência' significa 'ex-posição'".

Como acabamos de ver, os estudos empreendidos por Heidegger, da linguagem como aspecto primordial do *Dasein*, realçam por sua vez as estruturas da Perdição do pensamento nos moldes do Senso Comum, assim como a Redenção que o retorno às origens pode proporcionar. Do Ser provêm todos os "entes", o sujeito e o seu mundo. No Ser não encontramos a dicotomia de subjetividade e objetividade; na visão do Ser se desfaz o isolamento cognitivo que separa o cognoscente do conhecido. O Ser desempenha autênticas funções de Terceira Realidade ao anular a polarização "subjetividade-objetividade" do discurso do Senso Comum.

Seria um grave equívoco concluir, por este motivo, que o pensamento de Heidegger pode ser caracterizado como "religioso" no sentido tradicional da palavra. Heidegger demonstra que "fé" religiosa jamais pode fazer parte orgânica de um pensamento filosófico. Admite claramente que jamais se decidirá pelo teísmo.

> O pensar que aponta em direção da verdade do Ser, como aquilo que deve ser pensado, não pode ser teísta e, tampouco, ateísta. E isto não por causa de uma atitude de indiferença, mas por respeito aos limites que são impostos ao pensar como pensar.

A filosofia de Heidegger apresenta, no entanto, estruturas que temos apontado no estudo da consciência religiosa. Evidencia Heidegger, no conhecimento do Senso Comum, os característicos de uma consciência cognitivamente "perdida"; procura numa totalidade a superação desta "perdição" ou, em outras palavras, visa à "redenção" do conhecimento pelo encontro de uma "Terceira Realidade" que como "Ser" reúne as realidades polarizadas da subjetividade e da objetividade, desempenhando, desta forma, funções da libertação de uma dicotomização alienante. A "redenção" do conhecimento que a filosofia busca é bem outra coisa que a redenção religiosa da alma humana, não obstante ambas as "redenções" apresentaram estruturas comuns.

23. Wittgenstein e o Círculo de Viena

Entre os filósofos modernos que profundamente se preocuparam com a linguagem, Ludwig Wittgenstein ocupa uma posição de destaque. "Toda filosofia é crítica da linguagem", afirma este filósofo, pois a filosofia estuda o pensamento e não pode haver pensamento sem articulação. "O pensamento é proposição significativa". É pela análise lógica da última que estudamos o primeiro.

Como crítica da linguagem, a filosofia é essencialmente lógica. Esta não é, para Wittgenstein, uma *investigação analítica* que, por dedução, deriva certas leis de uma base axiomática, mas *método descritivo* da "forma lógica", como exibida na proposição verdadeira. Uma proposição é verdadeira quando espelha os fatos, quando a cada elemento do discurso, a cada nome, corresponde um objeto do mundo. Cada "proposição elementar" deve corresponder a uma vinculação simples de objetos, a um "estado de coisas" (*Sachverhalt*); cada proposição complexa, a um relacionamento entre "estados de coisas" ou seus compostos, a "fatos" (*Tatsachen*). Na vinculação dos elementos do discurso encontramos a sua estrutura, e na possibilidade de uma correspondência entre estruturas do discurso e estruturas de "fatos" achamos uma forma de afiguração, capaz de estruturar simultaneamente afigurado e afigurante, o "fato" e a proposição.

Nesta concepção figurativa da lógica (*Abbildtheorie*) que Wittgenstein propõe no seu *Tractatus Logico-Philosophicus*, a figuração lógica pode afigurar todos os "estados de coisas" e "fatos" que ocorrem no mundo. A própria forma da afiguração, no entanto, jamais

232 ENSAIOS FILOSÓFICOS

pode ser afigurada numa proposição; esta apenas se *exibe*. A proposição pode afigurar a realidade inteira; não pode, porém, afigurar o que ela deve ter em comum com a realidade para poder afigurá-la, a *forma lógica*. Para este fim teríamos que colocar o nosso discurso fora da lógica o que equivaleria a um salto para fora do mundo. Todos os signos do discurso substituem um elemento da realidade; "meu pensamento basilar", no entanto, "é que a lógica dos fatos não se deixa substituir como se fosse 'fato'".

O INDIZÍVEL

"Posso apenas *nomear* objetos; os signos os substituem. Posso apenas falar deles; não posso, porém, *enunciá-los*! Uma proposição pode apenas dizer *como* uma coisa é, jamais *o que* ela é". O "o que" das coisas permanece, para Wittgenstein, como a "coisa em si" para Kant, algo de inefável, necessário apenas logicamente para conferir subsistência aos "estados de coisas" e aos "fatos" e, conseqüentemente, às "proposições elementares" e "complexas". Para Wittgenstein, o "o que" do mundo é o "místico". As ciências devem contentar-se com o seu "como".

Não é possível, portanto, formar proposições significativas do "o que" do mundo, tarefa tradicional da metafísica. E sempre que alguém quisesse dizer algo a respeito, seria obrigação da filosofia "demonstrar que não conferiu denotação a certos signos das suas proposições". É igualmente impossível falar do "eu filosófico" ou "sujeito metafísico" que formula as proposições; pois este "eu" não pertence ao mundo, mas a sua capacidade de formular proposições significativas estabelece os limites do mundo. Como os conceitos metafísicos, todos os conceitos da psicologia filosófica são, portanto, pseudoconceitos. Desta forma a filosofia *salva* o discurso dos vícios que o levam necessariamente à *perdição*. Salva-o, porém, de maneira totalmente inédita: Demonstrando o absurdo dos próprios problemas filosóficos. *O papel da filosofia é superar a si mesma*, papel de uma escada que deve ser jogada fora depois de nos possibilitar a escalada do muro.

Vimos que é acidental tudo que é denotado pelo discurso. Os "estados de coisas" e os "fatos" que perfazem o mundo são totalmente acidentais. No discurso se pode expressar somente o que é inteiramente acidental. Por ser transcendental, a própria "forma lógica" jamais pode ser expressa; mostra-se apenas. Mas também o conceito de "valor", fundamental em ética, jamais pode significar algo de acidental, jamais ser aplicado a "fatos". Tornando-se acidental, o valor deixaria de ser valor. "Por isso não pode haver proposições de ética"; a ética é transcendental, não existindo, a esse respeito, qualquer diferença entre ética e estética, outra disciplina baseada em valores.

WITTGENSTEIN E O CÍRCULO DE VIENA   233

Este argumento não invalida, de forma alguma, os juízos éticos e estéticos; pois, como Wittgenstein afirma claramente, "o mundo dos felizes é diferente do mundo dos infelizes". Esta diferença somente não se encontra nos fatos, mas na sua apreciação, numa atividade e não numa cognição. "Sentimos", afirma ainda o filósofo que, "mesmo se todas as possíveis questões científicas fossem respondidas, os nossos problemas vitais nem teriam sido toldados". Pois uma distância insuperável separa os problemas do conhecimento dos problemas vitais.

A FORMA LÓGICA

Mediando entre o discurso e a realidade, a "forma lógica" estabelece o valor de verdade do primeiro e a cognoscibilidade da segunda. Confusões antigas e profundamente arraigadas no Senso Comum, todas produzidas, de alguma forma, pela subjetivização do objetivo e pela objetivização do subjetivo, são eliminadas pelo isolamento rigoroso, ao qual a "forma lógica" submete o mundo objetivo. Preservando a realidade dos "fatos" de toda interferência subjetiva, a "forma lógica" abre um abismo entre subjetividade e objetividade, justamente para conseguir a *redenção cognitiva do discurso da sua perdição natural*, "redenção" que, nas filosofias por nós analisadas em artigos anteriores, é alcançada pela reunião dos pólos opostos da dicotomia "eu-mundo" por meio de uma "Terceira Realidade" englobante.

A solução do problema gnoseológico, como proposta por Wittgenstein, tem de pagar o preço de uma separação abismal entre o relacionamento gnoseológico e o relacionamento existencial com o mundo. Tendo que atribuir às assim chamadas disciplinas normativas uma validade fora do discurso denotativo, torna-se indispensável a introdução de um domínio do "místico", cujo impacto sobre o homem não deixa margem a dúvidas e que "se mostra" continuamente no discurso. É o misticismo que, em última instância, tem de suprir o que falta à "forma lógica" em poder unificador de "Terceira Realidade", a capacidade, em outras palavras, de fechar a fenda que ela mesma aprofundou entre relacionamento cognitivo e relacionamento existencial com o mundo.

CÍRCULO DE VIENA

O *Tractatus Logico-Philosophicus* de Wittgenstein não abriu apenas uma nova visão na análise lógica da linguagem, mas, pelo que deixou de fazer na sistematização e elaboração metódica do novo pensamento, estabeleceu um amplo programa de pesquisas para os seguidores. O Círculo de Viena, aceitando o desafio, tentou preencher todas as lacunas deixadas pelo mestre.

234 ENSAIOS FILOSÓFICOS

O expoente mais influente do grupo, Rudolf Carnap, chegou bem cedo a desconsiderar a advertência de Wittgenstein de que a "forma lógica" não podia ser expressa no discurso, mas apenas mostrada. Ao admitir uma "metalíngua" na qual a sintaxe lógica da língua pudesse ser adequadamente descrita, o estudo sintático adquire a sua formulação lingüística completa, à semelhança das demais disciplinas científicas.

Na apresentação de Carnap verifica-se logo que a nossa linguagem contém proposições que não podem ser verificadas, porque seu significado se encontra além de qualquer experiência possível. Tais são as proposições da metafísica, assim como as proposições das ditas disciplinas normativas, com exceção, agora, da lógica. Valores não podem ser empiricamente verificados; sujeitos à experiência, não seriam mais valores. Portanto as sentenças da ética e da estética não têm denotação. Podem ser encaradas apenas como expressões de motivos subjetivos – como expressões são fatos verificáveis – mas não como sentenças significativas de uma realidade objetiva. Conseqüentemente, a linguagem tem duas funções: Uma função representativa que, em proposições de ciência, as faz denotar os "fatos" da realidade física; e uma função expressiva que faz a proposição enunciar alguma vivência íntima daquele que a pronuncia. É apenas esta função que as sentenças da metafísica, da estética e da ética podem exercer. É especificamente tarefa da análise lógico-sintática eliminar as confusões entre estas duas funções da linguagem, apontando claramente a função que cada uma das suas sentenças preenche, desmascarando dessa forma a pretensa função representativa de muitas sentenças que possuem apenas função expressiva.

MODO FORMAL

No entanto, mesmo proposições filosóficas, que não pertencem à metafísica, à ética ou à estética, na medida em que utilizam termos como "possibilidade", "necessidade", "causalidade" etc., são sentenças que denotam "pseudo-objetos", pois atribuem qualidades sintáticas do discurso não ao próprio discurso, mas a um pretenso objeto inexistente. Carnap caracteriza este modo de falar como "modo material da linguagem", modo "alterado", o qual, para adquirir um significado, tem que ser traduzido para o "modo formal", modo das proposições sintáticas correspondentes. Quando dizemos, por exemplo: "A tem 3 livros e B tem 2 livros, é *impossível*, portanto, que A e B juntos tenham sete livros"; seria mais correto falar: "As sentenças 'A tem 3 livros' e 'B tem 2 livros' e 'A e B juntos têm 7 livros' são *contraditórias*". Na tradução para o modo formal que acabamos de empreender, a expressão modal "impossível" desapareceu, dando lugar ao termo sintático "contraditório". Segundo Carnap, as categorias da modalidade, como

WITTGENSTEIN E O CÍRCULO DE VIENA

todas as demais categorias kantianas, pertencem apenas na aparência
ao modo material da linguagem e, traduzidas para o "modo formal",
revelam-se como sintáticas.

É considerável a purificação que a filosofia de Carnap efetua na
linguagem científica e no discurso filosófico. *Redime-os* de vícios profundamente arraigados: da confusão da função representativa com a
função apenas expressiva; do "modo material" da linguagem com o
seu "modo formal". Todos estes vícios têm a sua razão profunda na
polarização da consciência em consciência da subjetividade e consciência da objetividade.

TESE FISICALISTA

Portanto, Carnap não pode se deter aí. *A própria dicotomia da realidade em realidade subjetiva e realidade objetiva deve ser, finalmente,
superada.* Sendo a psicologia, para o nosso filósofo, uma ciência que,
como todas as demais, opera com base em hipóteses empiricamente
verificáveis, e não havendo razão, por conseguinte, para estabelecer
uma distinção essencial entre a observação empírica em psicologia
e a observação empírica nas ciências físicas, todas aptas, exclusivamente, para utilizar experiências físicas, a "tese do fisicalismo" de
Otto Neurath se impõe, com a sua afirmação que "para qualquer propriedade psicológica existe uma propriedade física correspondente,
de tal maneira que uma equivalência universal deva ser assumida
como válida" ou, em tradução para o "modo formal" da linguagem:
"Para cada sentença psicológica há uma sentença física correspondente, de tal forma que as duas sejam eqüipolentes" – exprimam o
mesmo sentido – "segundo determinadas leis que devem ser consideradas válidas".

A "tese do fisicalismo" importa na dissolução da "função expressiva" da língua na sua "função representativa"; do universo de valores e motivações que o Senso Comum relaciona com a alma humana
no correspondente comportamento físico e fisiológico. A "sintaxe lógica" torna-se a única forma de análise do discurso significativo e o
único meio de julgar a sua validade. Desta forma a "sintaxe lógica"
produz uma autêntica reunião dos pólos de subjetividade e objetividade no mundo e no discurso. Transforma-se em estrutura única da
realidade, assumindo, portanto, as funções de "Terceira Realidade"
que, ao purificar o discurso científico, *redime* o pensamento humano
das contradições em que se perdia o Senso Comum que, continuamente, objetiva o subjetivo e subjetiva o objetivo, dada a sua dicotomização em realidades polarizadas.

24. A Abstração Reflexionante: Piaget

Vimos, em artigos anteriores, a filosofia criticar os esquemas do Senso Comum, cujas proposições, justamente as mais evidentes, submetem rigorosamente à análise lógica; do outro lado verificamos como o pensamento examinado faz parte, também, da realidade individual e social do pensador e não pode ser compreendido apenas por meio de uma lógica imutável. A explicação das mudanças que incessantemente transformam o indivíduo e a sociedade exige os recursos do método dialético. Coloca-se, assim, o problema, de como estes dois lados da indagação humana – o raciocínio analítico e o método dialético – se relacionam entre si; de como conseguem juntos criar a síntese que se apresenta concretamente nas filosofias de cada época.

Para Jean Piaget a solução deste problema pode ser encontrada na origem comum do raciocínio analítico e do método dialético: Ambos nascem da ação. Mesmo os conhecimentos lógicos e matemáticos crescem com a eficiência da ação humana. Nada nos impede, argumenta Piaget, de considerar – para fundamentar um método genético de investigação do pensamento formal – o desenvolvimento da lógica e da matemática, como de todo saber humano, "como um processo contínuo, do qual jamais será alcançado nem começo nem fim". Podemos estudar este processo adotando "dois métodos distintos, mas combináveis entre si": "O primeiro consiste em seguir a filiação das estruturas" ou, em outras palavras, em traçar-lhes a história; o segundo, "em recorrer a estágios mais elementares do desenvolvimento ontogenético", em outras palavras, ao testemunho que nos presta a

238 ENSAIOS FILOSÓFICOS

psicologia infantil, campo em que Piaget é autoridade mundialmente reconhecida. Desta forma se vislumbra uma nova teoria do conhecimento a partir da compreensão da sua gênese, uma "epistemologia genética" que pode ser constituída, na opinião de Piaget, "na base de uma íntima colaboração entre métodos histórico-críticos e psicogenéticos".

"O relacionamento entre o fato psicológico do desenvolvimento e a norma lógica intemporal" pode ser compreendido a partir da interligação entre pensamento e ação, de um lado, e entre o possível e o real do outro. "Do ponto de vista da análise genética, a ação precede o pensamento", consistindo este último na interiorização de atos que permite uma composição sempre mais rica e mais coerente da atuação externa no plano da mera representação. Todo pensamento apóia-se, de alguma forma, numa ação precedente.

Este relacionamento entre a ação e o pensamento leva, diretamente, à segunda vinculação que acabamos de mencionar: Ao sondar a realidade, o pensamento descobre as suas possibilidades, não como propriedades de uma realidade imutável, mas como opções de um sujeito que se abrem no contato com o meio-ambiente. "O método genético se distingue, pois, por considerar o virtual e o possível como criação incessante e contínua da ação efetiva e real". Mas se esta última, como toda transformação, se enquadra na dimensão do tempo, "o mundo das possibilidades, incessantemente aberto pela ação, oferece, ao contrário, esta característica notável de ser intemporal". O conjunto das possibilidades constitui não uma seqüência, mas uma simultaneidade bem caracterizada e depende, essencialmente, do encadeamento lógico.

Mas, como compreender esta colocação de Piaget, sem incorrer numa temível contradição? Se o possível for intemporal, como pode ser condicionado por uma ação real que se dá no tempo? Não pode ser "criada", pois assim se tornaria temporal. A própria ação efetiva, por sua vez, não pode deixar de se identificar com uma das muitas possibilidades que se apresentam nesse mundo intemporal, a possibilidade que se tornou realidade, enquanto as demais permaneceram mera virtualidade. Para evitar estas dificuldades, o termo "criado" empregado por Piaget neste contexto, somente pode ser interpretado como equivalente a "aberto", "descoberto" ou "desvelado". O mundo do possível não pode depender da ação diferentemente do modo que, para Kant, o mundo da estética transcendental e o da lógica transcendental "dependem" da experiência empírica. Este é o começo indiscutível de todo conhecimento, mas apenas por ocasionar o encontro com o mundo intemporal das possibilidades que lhe é "transcendental", constituindo condição de possibilidade da própria ação, assim como da situação ambiental a que se reporta e dos objetivos a que visa.

A ABSTRAÇÃO REFLEXIONANTE: PIAGET

Para Piaget, "toda série genética tende a determinados estados de equilíbrio, efetuando a junção do real temporal com o lógico intemporal", estados que correspondem às totalizações em que resulta o processo dialético. A interdependência entre o real e o possível que caracteriza cada estado de equilíbrio, é a explicação da fusão da transformação dialética com a permanência lógica e normativa. Este casamento, no entanto, jamais é perfeito. Sobram sempre contradições que podem, quando conscientizadas, desencadear novos processos dialéticos – novas séries genéticas, como diria Piaget – à procura de novas totalizações ou equilíbrios, em que uma "permanência lógica" e normativa, diferente e mais ampla, mas sempre intemporal na sua validade formal, substituirá a antiga que se mostrará por demais restrita e, portanto, inadequada.

DOIS APRIORIS

A "epistemologia genética" nota que o pensamento formal se relaciona com os seus conteúdos empíricos exatamente como se relaciona a ação com os objetos que visa. Os esquemas da ação formam, portanto, "uma espécie de *a priori* frente à experiência", da mesma forma como o pensamento formal lógico-matemático constitui um *a priori* frente aos conteúdos aos quais é aplicado. "Toda ação visa, em primeiro lugar, a adaptar o objeto sobre o qual atua a um esquema de adaptações" já constituído em ações anteriores. "Em segundo lugar, a ação é, também, uma acomodação ao objeto. Ora, esta 'adaptação' e esta 'acomodação' são indissociáveis uma da outra". Nelas reaparece, novamente, a polarização efetuada pelo ato humano em sujeito atuante e objeto visado. Na práxis vimos integrar-se o *a priori* do esquema da atuação, que se cristaliza do lado do sujeito atuante, e o *a priori* lógico-matemático da objetividade visada.

As verdades da lógica e da matemática são encontradas, portanto, na interiorização da práxis do homem, desprendendo-se, por polarização, como *a priori* da objetividade, dos esquemas apriorísticos do comportamento como tal. Este segundo *a priori* é abstraído da própria ação, *a priori* de diretrizes e regras utilizáveis na elaboração de novas atuações em moldes mais maleáveis, mais reversíveis e mais equilibrados do que as anteriores.

A "abstração reflexionante", como chamaremos a abstração a partir da própria ação, é necessariamente construtiva, tirando de um esquema de atuação em nível inferior os elementos que garantirão uma nova orientação das operações em nível superior. Em outras palavras, a "abstração reflexionante" progride através de reconstruções que ultrapassam as construções anteriores, integrando-as.

Sem violar a autonomia do raciocínio lógico-matemático, Piaget caracteriza-o como formalização da objetividade intencional da ação,

240 ENSAIOS FILOSÓFICOS

formalização de um mundo que se opõe, por polarização, ao sujeito atuante, cuja ação é pensada por meio de "abstração reflexionante", no sentido restrito do termo. No seu significado amplo, "abstração reflexionante" seria a interiorização da atividade humana na sua totalidade, como práxis, englobando o subjetivo e o objetivo, portanto base comum do conhecimento objetivo e da sua formalização lógico-matemática, e do conhecimento humano; conhecimento de sujeitos atuantes e dos esquemas *a priori* do seu comportamento. Desta forma a "epistemologia genética" integra o *a priori* do raciocínio lógico-matemático e o *a priori* da "abstração reflexionante", no seu sentido restrito, na "abstração reflexionante" no seu sentido amplo, na esquematização de toda a práxis humana.

A "abstração reflexionante" revela-se conceito básico da "epistemologia genética" de Piaget ao conseguir o que se provou fora do alcance de qualquer outro conceito metodológico: colocar em plena evidência a interdependência entre o movimento dialético e a intemporalidade das estruturas lógico-matemáticas.

DICOTOMIA E INTEGRAÇÃO

A "abstração reflexionante" coloca em plena luz, como acabamos de ver, as tensões e os conflitos criados pelo efeito polarizante da intencionalidade de toda atividade humana. Mas ela nos leva, igualmente, a reconhecer a tendência à unidade e à estruturação que se nota em todo comportamento humano. Quer se trate da nossa percepção empírica ou do nosso raciocínio, das manifestações do nosso egoísmo ou da nossa sociabilidade, de intuições estéticas ou religiosas; quer se trate da articulação da personalidade individual ou de "padrões de cultura", o nosso comportamento sempre se apresenta estruturado, tendendo, num constante movimento dialético, a estruturas melhores, ou seja, mais estáveis. Mesmo a própria polarização, que vimos efetuada pelo ato consciente, pressupõe uma dimensão de referência para os pólos, um eixo em que estes se constituem. E quando esta dimensão de referência se substancializar em entidade capaz de englobar as realidades polarizadas de subjetividade e de objetividade, ela se torna "Terceira Realidade" com funções *redentoras* da solidão que afeta a subjetividade, da sua *perdição* existencial e cognitiva.

Todos estes aspectos contidos na "abstração reflexionante" aplicada à totalidade da práxis humana, estão sendo emocionalmente verificados, vividos na consciência religiosa, desde tempos imemoriais. A polaridade "eu-mundo" é sentida como isolamento existencial da consciência subjetiva, como *perdição* do homem. As tensões dessa dicotomia que estimulam sempre novas reações são experimentadas como anseios de *redenção*. Do outro lado, a estruturação inerente a toda práxis leva a totalizações que *redimem*, pois assumem funções de "Terceira Realidade" ao integrar e situar as duas realidades polarizadas num contexto mais amplo, capaz de propiciar sentido à vida humana.

Aonde pode a filosofia levar, se não a "abstrações reflexionantes"? O pensamento filosófico critica, como vimos, a cosmovisão do Senso Comum, apontando-lhe contradições que, fundamentalmente, se originam na dicotomia "sujeito-objeto", dificuldades que se apresentam tanto no exame da realidade externa, da natureza, quanto no estudo da realidade interna, da autoconsciência. A "abstração reflexionante", no seu sentido mais amplo, praticada sobre a práxis humana toda, evidencia as estruturas da atuação humana em geral, em que se situam tanto a objetividade quanto a subjetividade – estruturas que, como "sistemas filosóficos", se apresentam como "Terceira Realidade", pela sua função de integrar e conciliar as duas realidades conflitantes.

25. A Temporalidade do Ser: Sartre, Merleau-Ponty

Não somos temporais pelo fato de sermos espontâneos e de, enquanto consciências, nos arrancarmos a nós próprios, mas pelo contrário, o tempo é o fundamento e a medida da nossa espontaneidade, o poder de ir além e de nadificar que nos habita, que é (idêntico a) nós mesmos e que nos é, ela própria, dada com a temporalidade e com a vida[1].

MERLEAU-PONTY

I.

No início da citação, Merleau-Ponty refuta a teoria da temporalidade de Sartre para, em seguida, formular a sua própria tese. Somos temporais pelo fato de sermos espontâneos, diria Sartre. Presente, passado e futuro brotam desta espontaneidade ou do "Por-si". Para Sartre o "Por-si" é pura espontaneidade, consciência, o poder de ir além e de nadificar, em confronto com o "Em-si", o mero ser na sua imutabilidade.

"O presente é", nas palavras de Sartre, "o não-ser presentificante do Por-si". O "Por-si" somente pode ser presentificante porque "o Por-si não tem ser, porque o seu ser é sempre a distância". Ser presente significa ser a distância da coisa que se presencia; portanto "o Por-si se constitui fora, a partir da coisa, como negação dessa coisa"[2].

Como o presente surge no "Por-si", assim também o passado e o futuro. Na definição de Sartre "o passado se dá como 'Por-si' que se tornou 'Em-si'"(Idem, p. 163). "O passado é o 'Em-si' que sou enquanto ultrapassado" (Idem, p.162). O passado é, portanto, uma espontaneidade que não é mais espontânea que, tendo enveredado inapelavelmente numa das alternativas, tornou-se fato, "contingência invulnerável do 'Em-si'" (Idem, p. 162).

---

1. Maurice Merleau-Ponty, *Phénoménologie de la Perception*, Paris: Gallimard, 1945, p. 589.
2. Jean-Paul Sartre, *L'Être et le Néant*, Paris: Gallimard, 1943, p. 167.

244 ENSAIOS FILOSÓFICOS

"O futuro é a ausência que o arranca [o "Por-si"] enquanto ausência ao 'Em-si' da presença" (p. 170). Como vimos, o "Por-si" é presença e negação à coisa, ao "Em-si", e é justamente o que falta a este "Em-si", a sua ausência, que arranca esta presença para o futuro.

Resumindo podemos afirmar, portanto, que todos os modos da temporalidade constituem "a infra-estrutura do ser que é a sua própria nadificação, i.e., o modo de ser próprio ao 'Ser-por-si'" (Idem, p. 188). "Somos temporais", diria Sartre nas palavras de Merleau-Ponty, "pelo fato de sermos espontâneos, de, enquanto consciências, nos arrancarmos a nós próprios", isto é, "de irmos além e de nadificar" como consciências aquilo que presenciamos.

A esta concepção de Sartre, Merleau-Ponty opõe a sua que simplesmente inverte os termos. "Não somos temporais pelo fato de sermos espontâneos", mas somos espontâneos por sermos temporais. "O tempo é o fundamento e a medida da nossa espontaneidade". Com esta formulação Merleau-Ponty segue a concepção bergsoniana. "Quanto mais estudarmos a natureza do tempo", diz Bergson[3], "mais entenderemos que duração significa invenção, a criação de formas, a elaboração contínua do absolutamente novo". Nesta "elaboração do absolutamente novo" consiste a liberdade que toda duração necessariamente implica. Pois "mais e mais indeterminada é, também, mais e mais livre a atividade à qual estas formas servem de veículo"[4].

Se toda duração é invenção, é obvio que a duração de um infusório não pode ser igual à de um ser humano. Portanto, a duração de cada organismo não é somente o fundamento, mas também a medida da sua liberdade, "dada com a sua temporalidade [específica] e a sua vida". Mais e mais complexo que é um organismo, mais e mais se esquiva de uma simples determinação causal e mais e mais livre se torna a sua atividade.

A própria aparência fenomênica da temporalidade – ambos Sartre, na Introdução ao *L'Être et le Néant* (*O Ser e o Nada*) e Merleau-Ponty, na *Phénoménologie de la Perception* (*Fenomenologia da Percepção*), reconhecem no fenômeno o único objeto de uma investigação possível, e na fenomenologia o único método válido – é utilizada por Merleau-Ponty como argumento contra a prioridade da espontaneidade que constituiria a própria temporalidade. "É visível que não sou o autor do tempo, não mais que das pulsações do meu coração. Não sou eu que tomo a iniciativa da temporalização; não escolhi nascer e, uma vez nascido, o tempo vaza através de mim o que quer que faça"[5].

Não obstante as suas implicações práticas de longo alcance, por exemplo, no direito penal, na educação etc., o problema de livre arbí-

---

3. Henri Bergson, *Creative Evolution*, New York: Modern Library, p. 14.
4. Idem, p. 140.
5. M. Merleau-Ponty, op. cit., p. 488.

A TEMPORALIDADE DO SER: SARTRE, MERLEAU- PONTY 245

trio parece subtrair-se aos argumentos comuns de ordem física, biológica ou psicológica. Foge, aparentemente, ao raciocínio indutivo e a uma eficiente verificação empírica, apoiando-se em razões de princípio que a maioria dos pensadores encontra na metafísica ou mais especificamente na antologia.

Raciocínios metafísicos muitas vezes levam a posições extremas. A liberdade para Sartre, por exemplo, deve ser absoluta: "Duas soluções e duas somente são possíveis: Ou o homem é inteiramente determinado (o que é inadmissível, porque uma consciência determinada, i.e., ligada a motivações externas, torna-se pura exterioridade e deixa de ser consciência) ou, então, o homem é inteiramente livre"[6]. Percebemos que o argumento de Sartre a favor de uma liberdade absoluta do homem apóia-se numa ontologia do "Por-si", da consciência que presencia o "Em-si", as estruturas imutáveis do ser mundano. Falo propositadamente de uma ontologia do "Por-si", do nada em confronto com o ser que Sartre descreve pormenorizadamente. "A consciência é consciência de alguma coisa; isto significa que a transcendência é estrutura constitutiva da consciência, i.e., a consciência nasce apoiada num ser que não é ela" (idem, p. 28).

O "Por-si" não tem ser, porque o seu ser é sempre à distância [...] o "Por-si" constitui-se fora, a partir da coisa como negação desta coisa [...] cada vez que abordamos o estudo da realidade humana de um ponto de vista novo, encontramos o par indissolúvel, o "Ser" e o "Nada"[7].

O "Nada", sendo nada, evidentemente não limita a liberdade que ele mesmo engendra. Nada pode restringir o nada na sua nadificação!

Esta liberdade que surge do "Nada" e permanece no "Nada" é uma liberdade real? A meu ver, a teoria da liberdade de Sartre, tão fascinante numa era de escravização pelos padrões das grandes organizações e técnicas de persuasão, numa época em que a alienação cresce em ritmo assustador, sofre de uma grande fraqueza justamente pela sua fundamentação numa ontologia do "Nada". O "Nada" como conceito ontológico, parece-me ambíguo: Ou o "Nada" é de fato nada de que nada se pode predicar, de que é impossível toda e qualquer expressão ou representação, ou o "Nada" é de alguma maneira discernível, objeto de afirmações válidas, neste caso o "Nada" não é um nada ontológico, mas um ser também, embora um ser essencialmente diferente do ser mundano. Se Sartre diz: "O 'Por-si' não tem ser, porque *o seu ser* é sempre à distância", ele simultaneamente nega e afirma o ser do "Por-si", querendo implicar que o ser do "Por-si" não é ser no sentido do ser mundano, mas também é "ser" embora numa aceitação radicalmente diferente do termo, é ser à distância de que

6. J.-P. Sartre, op. cit., p. 518.
7. Idem, p. 167.

246 ENSAIOS FILOSÓFICOS

muitas afirmações podem ser feitas e cuja designação como "Nada" é ontologicamente ambígua. Um "Nada" que possui uma função positiva, podemos dizer mesmo de decisiva importância para a constituição do mundo fenomenal, ontologicamente é tudo menos nada.

Se o nada que fundamenta a liberdade comporta determinadas atribuições, a liberdade que dele nasce não pode ser uma liberdade absoluta. Se o "Por-si" é ser à distância, a sua liberdade é uma "liberdade de campo", argumenta Merleau-Ponty contra o caráter absoluto da liberdade que Sartre afirma. "A nossa liberdade não elimina a nossa situação, mas se engrena sobre ela"[8]. "O conceito de 'situação' exclui a liberdade absoluta na origem dos nossos engajamentos"[9]. E esse "ser em situação" é um conceito muito caro também a Sartre, que já no *L'Être et le Néant* se encontra implicado quando se diz que o "Por-si" se constitui "a partir da coisa".

II.

O texto que nos serve de ponto de partida parece-me exagerar a importância da questão, se somos temporais pelo fato de sermos espontâneos, ou se somos espontâneos pelo fato de sermos temporais. Espontaneidade e temporalidade são características da nossa condição como seres humanos. É esta que temos que compreender para captar simultaneamente a nossa espontaneidade e a nossa temporalidade. Ambas estas atribuições essenciais demonstram que a existência humana não pode ser compreendida como estrutura fixa, mas tem que ser encarada como um devir contínuo. Com esta afirmação concordariam todos os pensadores que acabamos de citar, tanto Bergson, como Sartre e Merleau-Ponty.

Qual é o método mais adequado para entender este devir? Uma análise ontológica?

Desde os seus primórdios o devir perturbou a análise ontológica por implicar o conceito do "nada", do "não-ser" que, ontologicamente, é indigerível. "Pois isto jamais pode ser demonstrado: que o 'não-ser' é. Afasta, portanto, o teu pensamento deste caminho de investigação"[10]. Do mesmo modo, "Por isso a Deusa da Justiça não soltou nem o vir-a-ser nem o perecer das suas amarras, mas os confinou"[11]. Assim advertiu solenemente o pai da ontologia. Conclui: O não-ser não é. Todo devir pressupõe o não ser: Logo, o devir não é. O seu grande adversário, Heráclito, aceita a afirmação fundamental

8. M. Merleau-Ponty, op. cit., p. 505.

9. Idem, p. 518.

10. Parmênides, fr. 7, em Wilhelm Capelle, *Die Vorsokratiker*, Alfred Kroner Verlag, 1935.

11. Idem, fr. 8, § 2

que o devir pressupõe o não ser. Mas argumentando, contrariamente a Parmênides que tudo é devir, infere que não há ser nos moldes imutáveis e indivisíveis de Parmênides.

A profunda dificuldade da ontologia de pensar, como coexistentes, o ser e o nada, o real e o possível, o atual e o virtual, *actus* e "potência", desaparece no momento em que tomamos por ponto de partida uma fenomenologia do devir. A orientação das próprias ciências modernas indica-nos este caminho. A física atômica, a biologia evolucionista e a psicologia de estados de consciência disso são exemplos significativos. Igualmente a filosofia moderna (bastam os três pensadores citados acima para provar esta afirmação) tende a ser filosofia do devir, contrariamente aos sistemas medievais ou às filosofias clássicas européias.

Uma fenomenologia do devir mostra-nos o ser e o não ser como momentos que se desdobram na dialética do vir-a-ser, do qual ambos são meramente aspectos. Não o tempo, não a espontaneidade, não o ser e não o nada representam a realidade básica que enfrentamos, mas a unidade fundamental do devir que compreende todos estes momentos e os une.

A liberdade é um modo de determinação do devir, e não de indeterminação como muitas vezes erroneamente se assume. Liberdade pode surgir somente numa decisão, como modo de determinação da escolha entre alternativas, como modo de determinação *sui generis*. Se concentrarmo-nos numa fenomenologia do devir, nos seus modos de determinação, devemos encontrar a liberdade ou constatar a sua impossibilidade.

Encontramos o devir em diferentes níveis, cada um dos quais apresenta uma modalidade específica de determinação. Assim, no nível mais baixo dos processos físicos reina a causalidade, a passagem automática e necessária, em condições idênticas, das mesmas causas para os mesmos efeitos. No nível imediatamente superior, na esfera do orgânico vegetativo, encontramos, além da causalidade, uma nova modalidade de determinação que poderíamos chamar de estimulacional. A resposta dada por um organismo, mesmo pelo mais baixo ser vivo, não é mais um nexo fixo e sempre idêntico entre causa e efeito, mas uma reação em função da autoconservação do ser vivo.

A introdução de fatores supracausais no processo não anula a necessidade causal, mas pode muito bem dirigir o processo, evitar o em-si inevitável e produzir o que, sem interferência, jamais teria sido produzido no processo causal [...] cada um [dos estratos ontológicos superiores] possui as suas formas específicas e superiores de determinação; elas obedecem à lei da liberdade categorial, sendo que, embora não anulando a determinação inferior, dela dispõem de maneira autônoma, aduzindo, assim, determinantes novas[12].

Vemos, pois, que a determinação específica de cada nível aparece como liberdade com relação à determinação no nível imediatamente

---

12. Nicolai Hartmann, *Philosophie der Natur*, Berlim: Walter de Gruyter & Co., 1950, p. 337.

248 ENSAIOS FILOSÓFICOS

inferior. Assim, o que chamamos de liberdade biológica é o modo de determinação do devir, próprio ao nível biológico, como "livre" *das* rigorosas determinações da causalidade e "livre" *para* reestruturá-las em superestruturas específicas.

Da mesma forma podemos constatar uma superestruturação dos organismos que possuem um sistema nervoso com relação aos que não o têm. As sensações fundamentam uma reação motivacional que, longe de funcionar somente a favor do equilíbrio vegetativo do próprio organismo, visa ao contentamento das sensações, procura o prazer e foge à dor e ao desgosto. Encontramo-nos aqui já no nível mais baixo que Max Scheler indica na sua hierarquia dos valores: No nível dos valores do agradável e do desagradável. A determinação pelo agradável e pelo desagradável[13] não anula a determinação por estímulo e reação no nível biológico, nem a de causa e efeito no nível físico, mas aparece como uma nova liberdade, a liberdade da motivação com relação às formas mais rigorosas de determinação nos níveis inferiores, das quais "dispõe de maneira autônoma, aduzindo, assim, determinantes novas".

A passagem mais decisiva de nível atingimos com o dom de abstração, reservado exclusivamente ao ser humano. A faculdade de abstrair representações das experiências de fato e de torná-las símbolos manipuláveis, independentemente da ocasião em que surgiram, possibilitou ao homem romper as cadeias da natureza e submetê-la à formação pela cultura. A livre manipulação de símbolos leva ao pensamento que caracteriza o modo especificamente humano de determinar o seu devir. O agrupamento das representações permite-nos encarar uma multiplicidade de alternativas com as suas respectivas conseqüências, e permite uma escolha refletida entre elas.

Encontramos, pois, neste nosso projeto de uma fenomenologia de devir, a liberdade categorial e específica a cada nível com relação aos níveis inferiores, e a liberdade como decisão refletida no nível das representações livremente manejadas pelo pensamento do homem na sua esfera específica sociocultural. Distinguir entre as diferentes formas de manifestação desta liberdade básica do homem, fazer as distinções entre liberdade moral, liberdade política, liberdade individual e liberdade coletiva, excederia o escopo deste trabalho.

III.

Temporalidade, espontaneidade e nada, conceitos que levam a contradições intransponíveis quando tratados em estruturas ontológicas rígidas que jamais podem captar o devir, obtêm o seu devido lugar

13. Cf. Max Scheler, *Der Formalismus in der Ethik und die materiale Wertethik*, Berna: Francke Verlag, 1954, p. 125).

numa fenomenologia eidética do devir. A própria superestruturação possível das modalidades inferiores de determinação permite, em última análise, a liberdade de escolha em nível consciente. Implica, no entanto, também uma limitação necessária das alternativas disponíveis em cada situação e exclui uma liberdade absoluta.

Pode-se, porém, pensar num nível infinitamente superior de determinação do devir em que todas as modalidades inferiores de determinação seriam anuladas em vez de superestruturadas; em que a situação não exerceria mais papel restritivo, pois as alternativas seriam livremente criadas do nada. Este nível da criação *ex nihilo* evidentemente excederia as possibilidades do homem. A criação de um ser do nada é um ato essencialmente divino.

Sartre violou este limite intransponível entre o humano e o divino pelo tratamento ambíguo que dispensou ao conceito do "nada". De duas uma: Ou o "nada" é de fato o nada de que nada se pode predicar, e neste caso só um Deus nele pode edificar a liberdade, criar opções concretas e visualizar projetos realizáveis. Se, de outro lado o "nada" de algum modo se torna discernível, o "nada" se torna um dado, mesmo se não for um dado objetivo do mundo e, como dado, passa a pertencer à situação. Logo, não oferece mais uma liberdade ilimitada.

26. Hesped* para Sartre

Com Sartre a humanidade perdeu uma personalidade excepcionalmente completa, em que uma fina sensibilidade artística, uma rica criatividade imaginativa, se associava à genial capacidade filosófica de análise racional. E mais: em Sartre o pensador e o artista complementavam-se mutuamente; ele pensava como artista e criava como pensador, o que deu à sua obra um cunho único e inconfundível. Esta obra é toda ela um cântico dos cânticos à liberdade humana. Muitos filósofos têm escrito longas páginas sobre as dificuldades relacionadas ao conceito da liberdade. Como pode a liberdade ser pensada num mundo determinista;

determinista, seja no sentido da previdência universal dum Deus onipotente e onisciente que sabe e determina de antemão cada letra que creio livremente escrever nestas linhas. Pois se for livre no que estou fazendo, Deus não pode ter nem ciência dos meus futuros atos, nem influência decisiva sobre o que vou fazer. Determinista, igualmente, no sentido duma determinação casual que, segundo o pensamento cientificista, rege todas as minhas atitudes e manifestações.

Sartre era por demais criador, grande romancista e dramaturgo, para não sentir e acreditar no seu próprio dom de livre criação. Descobriu em si mesmo a total indeterminação do "imaginário", ao qual, como filósofo, dedicara tantas belas páginas, aquela rara capacidade que possuía de criar fora da realidade, na pura imaginação, um

---

*. Em hebraico, "necrológio". (N. da E.)

252 ENSAIOS FILOSÓFICOS

mundo que é essencialmente inexistente e se coloca, como um "nada" ao lado do "ser". (Lembram-se da sua principal obra filosófica intitulada *O Ser e o Nada*?). Ora, não apenas na poesia, na literatura, nas artes plásticas e na música cria-se o imaginário: também na crítica da sociedade criam os grandes visionários em teoria política e filosofia social um mundo como ele deveria ser, contrastando com este mundo existente, tão cruel e injusto. Neste terreno Sartre, o ateísta, encontrou-se com os profetas da era clássica do povo judeu e com seus grandes pensadores de todas as épocas. Como eles, Sartre enfrentou, durante toda a sua vida, a luta dos oprimidos contra os seus opressores, dos injustiçados contra os que utilizam dos meios de repressão a favor dos seus próprios interesses. A liberdade de criar, a liberdade de pensar e de falar, a liberdade de lutar por uma sociedade melhor era para Sartre algo de precioso e insubstituível. Daí sua solidariedade com os perseguidos do mundo, entre os quais os judeus ocupavam um lugar de destaque. Sartre sentia profunda simpatia para com os judeus e a causa do sionismo, particularmente o sionismo socialista. Saudou a fundação de um Estado de Israel independente como um acontecimento de grande importância histórica, "que dará força de lei às aspirações e aos esforços dos judeus em todo o mundo".

Mas Sartre não era apenas o grande artista ao filosofar e ao descobrir em si mesmo o "imaginário"; permanecia, igualmente, o grande filósofo ao criar artisticamente, como romancista e dramaturgo. O mundo que ele nos apresenta na sua obra literária reflete as suas principais análises filosóficas do homem e do mundo. Seu pensamento jamais se enclausurou no abstrato, como acontece, infelizmente, com o pensamento de muitos filósofos. Mas um pensamento, que quer transformar a vida, é o ideal que domina, também, as reflexões dos grandes pensadores judaicos, a partir dos profetas bíblicos até as obras contemporâneas de um Buber, de um Kaplan e outros.

Tanto para Sartre como para o judaísmo, o homem carrega ampla responsabilidade pela sua vida e pelo seu mundo. Da mesma forma como os maiores expoentes do judaísmo, Sartre sempre condenou o comodismo barato de uma teologia que empurra para um Deus todo-poderoso toda a responsabilidade por este mundo em que vivemos, assim como jamais aceitou o pragmatismo irresponsável de uma concepção cientificista que atribui todos os males do mundo a uma necessidade casual, universal e imutável, como ela é estudada pelas ciências.

"O homem define-se pelo seu projeto", afirmava Sartre. Como é próxima a sua mensagem ao que, em outros termos, a *Torá* nos ensina: "Chamo hoje por testemunhas o céu e a terra: eu te propus a vida ou a morte, a benção ou a maldição! Escolhe, pois, a vida, para que vivas tu e a tua posteridade".

27. Totalização Dialética e "Terceira Realidade"

As filosofias idealistas pós-kantianas encararam a consciência como única realidade. Suas investigações filosóficas do "ser", suas ontologias, se baseiam, portanto, exclusivamente na reflexão. Dentro desta posição fundamental coube, no entanto, a Hegel a descoberta do movimento dialético que é desenvolvimento e desdobramento do conceito. O conceito e o próprio pensamento, de um lado, e o "ser" do outro, se identificam, ambos sujeitos a uma constante evolução dialética. Uma objetividade separada da subjetividade, uma natureza a ser compreendida "de fora" não passam, para Hegel, de meras "abstrações", de "alienações" do espírito.

Portanto, a própria dialética não é somente um método entre outros aplicáveis à realidade, mas a dialética se confunde com o próprio processo real. Enquanto para Kant a contradição existia apenas como conflito lógico, para Hegel ela envolve a plena realidade, a essência do Absoluto.

A necessidade de uma antítese para cada tese, real tanto quanto lógica, condiciona a ascensão de ambas para a síntese. O fato de que de uma constatação o espírito vai àquela que lhe é oposta, o desaparecimento dos momentos da consciência uns nos outros, o incessante movimento de substituições, torna a consciência continuamente insatisfeita consigo mesma. Mas o aspecto negativo desta insatisfação não pode ser separado do seu aspecto positivo, pois representa um estado sobre o qual o espírito tem que triunfar sempre de novo para tornar-se consciência mais completa.

No fundo, também a filosofia hegeliana é uma crítica dos esquemas convencionais do pensamento do Senso Comum, da mesma forma como os exemplos de filosofias que discutimos anteriormente. Coloca-se à *Fenomenologia do Espírito* a tarefa de oferecer à consciência comum uma escada para a escalada até o ponto de vista filosófico. Este, para Hegel, não consiste numa *compreensão coerente e unitária do mundo e do lugar que nele ocupa o homem, mas na formação sistemática de uma idéia totalizante do homem e do lugar que nele ocupa o mundo.* Na *Fenomenologia do Espírito* de Hegel, a consciência individual atinge o nível de um conhecimento absoluto na apropriação de toda a experiência da espécie por uma compreensão autêntica da história. Chegará desta maneira a uma visão que encerra o objetivo e o subjetivo numa unidade em que todas as contradições da polaridade "eu-mundo" serão simultaneamente superadas e conservadas (*aufgehoben*).

Na sua evolução dialética, a consciência filosófica sente, como a consciência religiosa, a "dor que é privilégio das naturezas vivas". Como subjetividade colocada fora da totalidade pela "abstração" e pela "alienação", ela sente profundamente a sua *perdição*, existencial e cognitiva, ansiando *salvar-se* no "Saber Absoluto" e na sua realidade, no "Espírito Absoluto" que exerce todas as funções de "Terceira Realidade", como caracterizadas nos nossos artigos II e III*. Para Hegel "religião", o último estágio do Espírito antes de alcançar o "Saber Absoluto", é a recuperação da "alienação", a "conciliação" pela compreensão, filosoficamente correta, dos conteúdos da consciência, a "redenção" no autoconhecimento completo do Espírito Absoluto que é "Terceira Realidade", cognitiva como existencial, ao superar e conservar (*aufheben*) as realidades alienadas e conflitantes da consciência subjetiva e da consciência objetiva.

INVERSÃO MARXISTA

Se a filosofia de Hegel aspira, como dissemos, a uma visão coerente e totalizante da consciência humana e do lugar que nela ocupa o mundo, para Marx as verdadeiras relações são invertidas nesta posição e colocadas de cabeça para o chão mesmo se, na apreciação marxista, o monismo hegeliano e a sua metodologia dialética representem enormes progressos. Apresenta-se, portanto, a tarefa urgente de "pôr a dialética hegeliana em pé", ao partir, não mais da consciência, individual ou histórica, mas da própria realidade da produção, material e econômica. Da mesma forma como para Hegel é na consciência que se constituem os conceitos com a sua objetividade, para Marx é na atividade material do homem que se fundam as idéias e as represen-

---

*. Os artigos mencionados não foram encontrados. (N. da E.)

TOTALIZAÇÃO DIALÉTICA E "TERCEIRA REALIDADE"   255

tações da consciência. O "Espírito Absoluto" é substituído, pois, por uma práxis, totalidade também, mas sem vestes idealistas que, aos olhos de Marx, se apresentam como "mistificações" que a dialética sofre nas mãos de Hegel.

Neste contexto invertido subsiste, no pensamento de Marx, o problema da "alienação" que, como para Hegel, possui todas as características de uma "perdição", tanto existencial como cognitiva, aspectos necessariamente correlacionados, pois a teoria não passa, no fundo, de um semblante da práxis. A "redenção" se identificará, então, com a revolução final que criará a sociedade sem classes, com uma práxis na qual não haverá mais "alienação" e que, em termos "materialistas", corresponderá ao "Saber Absoluto" hegeliano como "Terceira Realidade", desaparecendo as oposições entre o homem que produz e as condições de produção, entre o produtor e a riqueza, entre interesse particular (subjetividade) e interesse social (objetividade).

TOTALIZAÇÃO DIALÉTICA

"Há dialética", observa Sartre, "se existir, pelo menos num dos setores ontológicos" – mundo físico, realidade humana – "uma totalização em curso que seja imediatamente acessível a um pensamento que se totaliza sem cessar na própria compreensão da totalidade que lhe dá origem e que se constitui, também, o seu objeto"*. Em outras palavras, somente pode haver dialética se, numa realidade objetiva da qual o homem deve fazer parte – realidade que somente pode ser a práxis – houver um movimento dialético objetivo, refletido imediatamente num pensamento que, como consciência, espelha o real. A totalização dialética, ao superar contradições pela sua integração em entidades mais amplas, exerce, dentro de uma problemática historicamente delimitada, funções "redentoras" de "Terceira Realidade". Mas, da mesma forma que uma síntese, no decorrer do processo dialético, pode voltar a ser uma simples tese; assim, uma "Terceira Realidade" como totalização dialética pode, com as transformações históricas, perder as suas funções redentoras para outra noção totalizante.

A visão do Senso Comum que, nestes artigos, vimos constituir o ponto de partida para a crítica filosófica, de certo modo sempre já representa uma espécie de totalização. As contradições nela descobertas pelos filósofos e as soluções por eles propostas, na medida em que produzem impacto no pensamento da sua época, vêm constituindo um Senso Comum futuro o qual, por sua vez, será desintegrado por filosofias que hão de surgir. Se a esse respeito nada mais houver a ser considerado, as "Terceiras Realidades" como totalizações dialéticas

---

*. O autor não dá referência da obra citada. Acreditamos que, pelo assunto tratado, a referência seja de *Crítica da Razão Dialética*, Jean-Paul Sartre. (N. dos Orgs.)

256 ENSAIOS FILOSÓFICOS

mostram-se *redentoras* apenas relativamente às suas respectivas situações de partida, válidas somente para as infra-estruturas de determinadas sociedades em momento determinado do seu desenvolvimento.

Surge aqui a angustiante pergunta se este relativismo representa, de fato, a última palavra a ser dita a respeito da evolução da humanidade, ou se é concebível uma *totalização de todas as totalizações* que, das múltiplas histórias parciais constrói, passo a passo, uma história universal. Para Georges Gurvitch, outro grande teórico da dialética, uma tal perspectiva é mera ilusão; pois "a dialética, vista sob todos os seus aspectos, é uma desagregação de toda estabilidade aparente, na realidade social assim como no conhecimento, em que ela destrói toda fórmula cristalizada". É demolidora, por excelência, dos dogmas filosóficos, conseqüentemente nenhuma totalização é mais que precária, tendo validade exclusivamente com relação à situação que a gerou.

Contudo, aí está o impressionante depoimento quase unânime de grandes pensadores dialéticos como Platão, Plotino, Kant, Fichte, Hegel, Proudhon e Marx, cujos ensinamentos Gurvitch passa em revista, apontando o seu "dogmatismo". Pois cada um admitia, de forma diferente de todos os demais, uma determinada direção no movimento dialético. Será que mestres do raciocínio dialético, da importância dos nomes mencionados, se deixaram simplesmente seduzir pelo desejo inconfesso de encontrar um Absoluto como abrigo seguro, ao invés de se debaterem infinitamente com as incertezas do relativismo?

RAZÃO DIALÉTICA

Apenas na base de certa unidade na estonteante diversidade dos movimentos dialéticos, como Sartre bem o viu, pode ser admitido o necessário "monismo de interpretação", sem o qual toda dialética, fora da nossa própria práxis pessoal, permaneceria totalmente incompreensível. Na unidade da dialética de toda práxis humana fundamenta-se a sua inteligibilidade, em que se baseia a sua "razão" imanente. É uma inteligibilidade apriorística e as suas condições de validade têm certa semelhança com aquelas apontadas por Kant para os juízos *a priori* do entendimento. Os objetos da razão analítica e da razão dialética constituem-se sempre na interioridade da experiência humana. "O experimentador deve", recomenda Sartre,

na pressuposição de que a unidade do seu 'eu' existe, compreender a sua própria vida tanto como um todo, quanto como uma parte, como relação entre as partes e o todo e como relação das partes entre si, no movimento dialético de unificação; deverá saber saltar da sua vida particular para a história pela simples negação prática daquela negação que particularizara a sua vida*.

*. Idem (N. da E.).

TOTALIZAÇÃO DIALÉTICA E "TERCEIRA REALIDADE"

A compreensão das formações dialéticas da realidade social, como correspondentes à dialética da evolução da própria pessoa, estabelece uma "razão dialética" *a priori*. "Se a razão dialética deve ser possível", escreve Sartre,

como aventura de todos e como liberdade de cada um, como experiência e como necessidade; se podemos mostrar a sua total transparência – pois ela é a unidade de tudo que nos condiciona; se devemos fundamentá-la como racionalidade da práxis, da totalização e do futuro social; se devemos criticá-la em seguida como criticamos a razão analítica, isto é, se devemos estabelecer-lhe o alcance: Então é preciso realizar em nossa própria pessoa a experiência local da sua apodicticidade*.

Os processos históricos, com toda a sua contingência, desenrolam-se, pois, segundo palavras de E. Sapir, "num espaço social, cultural ou simbólico que não é menos real que o espaço físico". Torna-se possível assim a confrontação de fenômenos que se encontram em partes distantes deste espaço, e relações podem ser estabelecidas através do espaço e através do tempo na constituição da verdade humana, social e histórica "que pressupõe e que faz com que haja uma só história e um só mundo".

Na perspectiva de uma história universal, mesmo uma totalização parcial deixa de ser mera contingência e adquire significação positiva e indestrutível. No espaço histórico em que se enquadra, conserva para sempre a sua posição, seu sentido, sua grandeza e seu alcance.

É a antropologia dialética de Sartre, o ateísta, que observa como "o homem se exterioriza e se perde nas coisas, e como toda alienação é superada", "como as dilacerações e as contradições que fazem a nossa infelicidade são momentos que se colocam para serem ultrapassados". Desta forma a antropologia dialética torna-se mais e mais conhecedora do infindável jogo de "perdições" e de estados de "redenção". Tudo se integra no contexto da homogeneidade da práxis humana, sem a qual os seus inúmeros "momentos" não seriam inteligíveis. E, embora, talvez, uma *redenção final* jamais seja alcançada, o "espaço social, cultural e simbólico" e a "razão dialética" conferem a todas as "Terceiras Realidades" que o homem conseguiu encontrar nesta racionalidade dialética, uma validade absoluta referente a uma posição determinável no contexto de uma história universal, "Terceira Realidade" última e fundamental.

---

*. Idem (N. da E.).

28. Situação e Transcendência

A filosofia européia moderna diferencia-se de outras correntes de pensamento pela distinção crítica entre a consciência cognoscitiva e a realidade cognoscível[1]. Esta distinção revelou uma dificuldade formidável, a de explicar o critério pelo qual uma realidade transcendente, no ato do conhecimento, pode corresponder a uma idéia imanente à nossa consciência, inteiramente heterogênea ao mundo das coisas. Na impossibilidade de estabelecer tal critério, a solução clássica foi, ou de levar o objeto do nosso conhecimento para o lado da consciência, caracterizando-o como mera configuração do espírito conhecedor (idealismo) ou, ao contrário, de reduzir todas as formas de consciência a uma materialidade que garantisse o simples nexo mecânico-causal entre objeto conhecido e sujeito conhecedor (realismo). Eliminada, assim, a heterogeneidade de sujeito e objeto, o problema básico do conhecimento estava resolvido, embora por um preço exorbitante: Na equiparação da consciência e do seu objeto alterou-se, profundamente, o caráter do conhecimento cuja essência consiste na correspondência de um conceito a um objeto, i.e., de partes completamente heterogêneas.

Destas considerações surge, angustiante, a pergunta: não haveria alguma mediação entre a alteridade e a identidade dos pólos que se

---

1. Nisto, por exemplo, distancia-se bastante da filosofia grega e romana, cujo acesso direto ao problema do ser não foi embaraçado por um pretenso condicionamento da objetividade pela subjetividade.

260 ENSAIOS FILOSÓFICOS

colocam no processo gnoseológico? Seria apenas aparência a concordância entre a ordem cósmica, universal e a lei que apreendo no meu íntimo? Ou poderemos recorrer a uma realidade mais fundamental que englobe, ao mesmo tempo, o subjetivo e o objetivo, que, deste modo, além de fundamentar a gnoseologia, exerceria o papel de "Terceira Realidade"[2] que a salvasse do seu isolamento existencial, ou uma consciência subjetiva apenas fantasmagórica e sem consistência real numa totalidade de fatos positivos (realismo conseqüente), ou uma consciência que se encontra só, pois cria e configura o seu próprio mundo como "o único e a sua propriedade"[3] ficando a sós com o nada (idealismo conseqüente – solipsismo).

Se o solipsismo não tivesse outro mérito, bastaria o de ter apontado, na existência solitária, aquele saldo indissolúvel de irracionalidade, destinado a provocar o racionalismo dominante, idealista ou realista, empenhado em dissolver toda e qualquer contingência e tornar o mundo inteiramente racional. Foi da preocupação com a existência, portanto, que a reação contra o racionalismo teve que partir. A existência, sabendo-se "lançada" ao mundo (*Geworfenheit*), embora não abolindo os conceitos de subjetividade e objetividade, os compreendia diferentemente, numa relação mútua e indissolúvel, sem distanciá-los radicalmente. Heidegger, Merleau-Ponty e Sartre serviram-se, para tal fim, de métodos e terminologia criados na fenomenologia de Edmund Husserl que, embora permanecendo confinado às limitações do idealismo, contribuiu como ninguém para o arsenal do pensamento contemporâneo.

"Ser-em-situação" não significa apenas que todo indivíduo vive em determinado ambiente, sofre e exerce influências – afirmação banal que jamais foi contestada –, mas implica que a própria consciência somente pode ser o que é porque o seu mundo é o que é; que, do outro lado, o mundo somente pode apresentar certas feições, porque a existência, para a qual é mundo, possui determinadas faculdades de percepção e de ação.

As ciências enquadram-se perfeitamente nesta nova visão. A física moderna, na teoria da relatividade, rompe decisivamente com a pretensão de uma objetividade absoluta, constatando que não há medições absolutamente válidas, que todas as grandezas, espaciais e temporais, dados, portanto, que deveriam ser os mais objetivos, dependem da posição do observador, respectivamente da relação com o sistema de movimentos em que se encontra.

---

2. Cf. Walter I. Rehfeld, Ensaio sobre a Religiosidade, *Revista Brasileira de Filosofia*, n. 42, p. 195 (ver infra, p. 327) e Princípios da Formação de Instituições Religiosas, idem, n . 54, p. 167 (ver infra, p. 273).

3. *O Único e sua Propriedade* é o título da obra principal de Max Stirner, expoente de um solipsismo radical.

SITUAÇÃO E TRANSCENDÊNCIA

Paralelamente, a biologia moderna reconhece a importância do "mundo-ambiente" de cada animal para a compreensão do seu comportamento. Da mesma forma, em sociologia e psicologia, a correlação entre situação e grupo ou consciência é fator de importância de primeira ordem para a apreciação científica dos fatos sociológicos e psicológicos.

Os conceitos "mundo" (*Welt*) e "mundo-ambiente" tornam-se básicos para esta nova visão do "ser-em-situação". Por "mundo-ambiente" entende-se o conjunto dos fatores ambientais com os quais um organismo vivo está em comunicação, seja em forma de ação sofrida ou exercida. O "mundo-ambiente" de determinado ser vivo possui propriedades específicas, às quais correspondem certas faculdades de ação e de percepção. Estes "mundos-ambiente" variam de espécie para espécie em riqueza e complexidade, de algo muito simples e pobre até formações extremamente complicadas. Encontramos exemplos primitivíssimos como o "mundo-ambiente" de um carrapato, sensível a poucos estímulos e capaz de poucas ações, e "mundos-ambiente" enormemente diversificados. A grande revolução em biologia, provocada pelos trabalhos de Jakob von Uexküll[4] consistiu justamente no reconhecimento de que o comportamento de um animal não pode ser explicado, plenamente, por um método objetivante, mas, unicamente, com vistas à sua integração num "mundo-ambiente".

O "ser-em-situação" do homem é, essencialmente, diferente daquele dos animais, um fato que Uexküll não salientou o bastante. O homem, pela sua capacidade de abstração, de distanciamento da contingência do dado, de compreensão e de comunicação tem a faculdade de aperceber, na limitação de uma vivência única e passageira, aspectos permanentes e universais. Fica, assim, na posição de escolher entre múltiplas possibilidades e de esquivar-se, pelo menos parcialmente, às imposições imediatas do ambiente que governam rigorosamente o comportamento dos animais, e de substituir o seu modo imediato e condicionado de reagir por uma atuação seletiva, orientada por motivos e finalidades claramente concebidos. Como mostrou Max Scheler[5], o homem não vive, como o animal, num "mundo-ambiente" fixo e fechado, mas num "mundo" aberto, em que os objetos são abstraídos do seu contexto contingente que lhes restringe o significado ao ocasional, e compreendidos no seu "em si" (*Sosein*). Assim, Scheler estabelece claramente uma diferença muito importante entre o "mundo" (*Welt*) dos homens e o "mundo-ambiente" (*Umwelt*) dos animais, exercendo com estas definições uma grande influência sobre

4. *Streifzüge durch die Umwelten von Tieren und Menschen*, Rowolt, 1956.
5. *Die Stellung des Menschen im Kosmos*, 1927, reeditado por Nymphenburger Verlagshandlung, Munique, 1947.

262   ENSAIOS FILOSÓFICOS

a zoologia e a antropologia (Adolf Portmann), a psicologia comparada (F. J. J. Buytendijk e o seu círculo) e a antropologia filosófica (de
Plessner, Gehlen, Rothacker etc.).

Vimos como a crescente consideração que a existência, com toda
a sua carga de irracionalidade, mereceu na filosofia do século vinte,
forçou os pensadores a encarar o organismo como "ser-em-situação".
Do reconhecimento do nosso "ser-em-situação" decorreu uma rea-
proximação dos pólos "subjetividade" e "objetividade", que uma
gnoseologia racionalista tinha levado a um distanciamento extremo
não permitindo mais nenhuma teoria do conhecimento que não in-
corporasse um dos pólos ao âmbito do outro. Mencionamos ainda
como "ser-em-situação" implica os conceitos de "mundo-ambiente"
e "mundo", este último reservado ao homem e ao seu livre arbítrio.

Ao contrário de Scheler, os existencialistas salientam o caráter
irracional do "ser-em-situação", a sua fatalidade muitas vezes absurda, o que não impede, no entanto, a ênfase com que proclamam a liberdade do homem. Para os filósofos existencialistas há uma estranha
aliança entre "ser-em-situação" e liberdade, que Sartre resume com
rara acuidade: "Sou condenado a ser livre pelo próprio fato de que
o ser me é dado sem o meu consentimento e sem razão e de que sou
obrigado a assumi-lo, fazendo-me. Todas as minhas razões submer-
gem neste absurdo fundamental"[6].

É importante compreender que a liberdade existencial de Sartre
não é uma liberdade de escolha entre várias possibilidades dadas;
pois, como compreendemos pela citação de Scheler, a própria concepção de possibilidade sempre é resultado de um processo de abstração,
de um distanciamento dos fatos que revela ao homem (ao contrário
do que acontece com os animais) o essencial no contingente com as
possibilidades não atualizadas na ocasião. A liberdade sartreana, no
entanto, é uma liberdade criadora e absoluta na qual Sartre "se faz".
Como se sabe, os processos da consciência representam, na concepção de Sartre, um "nada" (*néant*) perante um "ser" (*être*) morto do
passado em que todos os fatos permanecem em relação fixa. Livre
das determinações do "ser", este "nada" não está sujeito a nenhum
impedimento na sua autodeterminação.

É difícil ver, contudo, em que sentido uma tal consciência ainda
"é-em-situação", uma vez que o "ser" não pode impor determinação
alguma ao "nada". Esta dificuldade e outras decorrem da ambigüidade ontológica do conceito sartreano do "nada", portanto, que é algo.
Os outros existencialistas evitam as dificuldades inerentes neste conceito, não sem sacrificar a plena coerência da doutrina, pois, como já
frisamos, as possibilidades que estabelecem a liberdade da consciência,

6. Jean-Paul Sartre, *L'être et le néant,* Paris: Gallimard, 1943, p. 222.

SITUAÇÃO E TRANSCENDÊNCIA   263

sempre pertencem a uma essência percebida na contingência, fato que torna o mundo menos existencial e o seu absurdo menos absoluto.

Uma outra inconseqüência do existencialismo é o salto para a transcendência. Existência, como oposto à essência, limita-se, evidentemente, ao dado na sua incomensurabilidade que jamais poderá incluir a transcendência. O mesmo observa Camus na sua magistral fenomenologia do absurdo:

> Se houver um absurdo, terá que ser no universo do homem. Não se relacionaria mais à lucidez humana, no momento em que o seu conceito virar trampolim para a eternidade. Pois então o absurdo não seria mais aquela evidência que o homem constata contra a sua própria aprovação[7].

Contudo, muitos existencialistas, de Kierkegaard a Jaspers, efetuaram este salto para a transcendência. Certos filósofos desta corrente de pensamento não se contentaram com um mero salto. Admitindo que toda transcendência baseia-se em premissas ontológicas, pensadores como Heidegger e Sartre voltam a sua atenção para o significado do conceito de "ser", tema por excelência da filosofia clássica e já estudado, amplamente, nas obras dos filósofos gregos, inclusive de Platão e Aristóteles. Heidegger e Sartre reconhecem que, para falar de "ser-em-situação", de liberdade e mesmo de existência, urge esclarecer preliminarmente a significação do termo "ser" e encaram os seus respectivos estudos como pesquisas ontológicas.

Para Sartre, a polarização entre consciência e realidade objetiva traduz-se nos termos ontológicos do *pour-soi* e do *en-soi*. À consciencialização corresponde um processo ontológico de "nadificação". Como já mencionamos acima, no "nada" há liberdade absoluta, pois nada pode impor-se ao "nada". O *en-soi* se parece muito com a realidade positiva de Auguste Comte e seus seguidores. Nele há somente determinação e nenhuma liberdade, pois "nada" há que poderia quebrar a solidez do ser positivo e dos seus nexos causais.

Mas, como já frisei, o "nada" como conceito ontológico parece-me ambíguo. Ou o nada é de fato nada, "que não pode ser conhecido, nem pronunciado", conforme a famosa regra de Parmênides (Fragmento n. 4), ou o nada é de alguma maneira discernível, objeto de afirmações válidas, como de fato Sartre as formula abundantemente. Neste caso, o *néant* não é um "nada" ontológico, mas um ser diferente daquele que o filósofo chama *en-soi*, ou *être*, simplesmente. Isto é admitido, implicitamente, na constatação de que "o *pour-soi* não tem ser, porque o seu ser é sempre a distância"[8], afirmando, assim que "o seu ser é".

Para Heidegger há, em todo processo cognitivo,

---

7. Albert Camus, *Le mythe de Sisyphe*, Paris: Gallimard, 1942, p. 54.
8. J.-P. Sartre, op. cit., p. 167.

264 ENSAIOS FILOSÓFICOS

uma estranha relação referencial e preliminar (*Rück und Vorbezogenheit*) do (ser) investigado com o investigar como *modus essendi* de um ser. A afetação essencial do investigar pelo seu investigado faz parte do sentido mais próprio do problema do ser. Mas isto significa somente: O ser do caráter do *Dasein* é significativo para a própria questão do ser – talvez mesmo por excelência[9].

Portanto, a analítica existencial do *Dasein* recebe um tratamento preferencial, como ontologia de base, da qual todas as outras ontologias podem ser derivadas.

Constatamos em textos como estes, no pensamento de Heidegger e Sartre, uma transposição, para o domínio da ontologia, da polarização sujeito-objeto que é fundamento de todo "ser-em-situação", i.e., de toda auto-apreensão do homem. Embora a esta passagem não falte motivação – na medida em que as estruturas da aparência fenomenal decorrem, de alguma maneira, do *ontos* – um grande cuidado deveria ter sido tomado para que um método fenomenológico não fosse aplicado, sem as necessárias precauções críticas, a algo que não é fenômeno e com o qual estabelecemos contato pela consciência da amplitude dos problemas, que sempre excede a evidência fenomenal ou, em outras palavras, pela descoberta que, além do disponível como fenômeno, há mais que ainda não se revelou e que, talvez, jamais se resumirá em aparência adequada[10].

Partindo da própria existência, os filósofos existencialistas dão ênfase especial à referência do objeto ao sujeito cognoscente em detrimento da referência inversa do sujeito consciente aos fatos do mundo objetivo. Nisto aproximam-se às tradições idealistas de Kant a Husserl. Por que a análise existencial do *Dasein*, do "ser que eu sou", há de constituir a ontologia fundamental para as ontologias do *Vorhandensein*, da objetividade procurada pelas ciências? Podemos esperá-lo de uma ontologia tão unilateralmente orientada do ser, cujas manifestações independem, na maioria dos casos, do "ser que eu sou", exceto no que depende da sua captação numa experiência pessoal, cuja subjetividade a metodologia científica se propõe reduzir ao mínimo?

A resposta há de ser não! Somente um procedimento sem preconceitos fornecer-nos-á os meios para tal fim. Ora, o preconceito de pensadores como Heidegger e Sartre consiste em pressupor válidas, na ontologia, estruturas encontradas na investigação de fenômenos, ou seja, a polarização sujeito-objeto e o "ser-em-situação". Quando apreendo, quando atuo, quando aprecio etc., opondo-me, inevitavelmente, a uma objetividade, polarizo o ser e percebo-me em situação.

9. Martin. Heidegger, *Sein und Zeit*, Max Niemeyer Verlag, 1953, p. 8.
10. Cf. Nicolai Hartmann, *Grundzüge einer Metaphysik der Erkenntnis*, caps. 24-25.

SITUAÇÃO E TRANSCENDÊNCIA

Mas esta polarização é somente uma função do ato consciente que divide o ser em perspectivas e fraciona a sua unidade.

A polarização subjetividade-objetividade, provocada, inevitavelmente, pelo ato consciente, faz o ser *aparecer e jamais ser* alternativamente subjetivo ou objetivo. A simples verificação de que o Eu, sujeito enquanto autor de um ato consciente, pode ser também objeto apercebido, mostra a indiferença do ser com referência à polaridade criada pela consciência. "Ser-em-situação", objetividade e subjetividade, são formas necessárias da aparência do ser a uma consciência, fatos, portanto, da fenomenologia que não podem ser transferidos, sem mais nem menos, à ontologia.

Podemos, retrospectivamente, dizer que, provavelmente, foi um sentimento da unidade do *ontos*, que, na apercepção da existência, levou a fenomenologia a abandonar a separação rigorosa de subjetividade e objetividade, antes preconizada por uma gnoseologia racionalista, e a admitir a estreita correlação dos dois pólos num "ser-em-situação". O passo seguinte podia ser, somente, o reconhecimento da unidade básica do ser, encontrada atrás das estruturas do "ser-em-situação" pela ontologia.

Tentei demonstrar, em trabalhos anteriores, que religiosidade é precisamente uma experiência de solidão existencial, decorrente do isolamento do sujeito pela polarização "eu-mundo" que se dá em todo ato consciente; que pertence, ainda, à vivência religiosa o desejo correspondente de redenção de uma tal solidão, por recurso a uma "Terceira Realidade"[11], a englobar tanto o sujeito como o seu mundo. Uma religiosidade viva coloca, pois, numa generalidade que abrange todos os atos de consciência, o problema que a gnoseologia formula com referência a um único ato, o do conhecimento. Do outro lado, a unidade do ser, ensinada pela ontologia, corresponde a uma "Terceira Unidade", à qual a consciência angustiada se refugia na sua inquietude religiosa. Assim, a unidade do *ontos* assume, na experiência religiosa, uma importância vivencial muito grande, bem além da sua significação teórica na ontologia.

Descobrimos, pois, uma profunda correspondência entre o pensamento filosófico e as experiências religiosas da humanidade e compreendemos que, mesmo intelectualmente, podemos superar o abismo criado pelo processo de individuação, tão fundamental e fatal, ao mesmo tempo, para a constituição da personalidade, abismo entre um eu solitário e subjetivo e um mundo objetivo, frio e estranho às minhas aspirações.

11. Ver supra, n.2.

Parte II
Sobre Religião

1. Princípios da Formação de Instituições Religiosas*

O COMUNICÁVEL E O INEXPRESSÍVEL

Conscientes do profundo arraigamento da nossa personalidade na vida coletiva, do instinto social entre os homens, esquecemo-nos, às vezes, que nos acontecimentos decisivos da nossa existência, no encontro com a doença e a morte, com o amor e a saudade, com o destino e com Deus, cada qual se acha sozinho. Nestes momentos não podemos ser ajudados por nenhuma outra pessoa.

Estes dois fatores fundamentais da existência humana, a sua participação na sociedade de um lado, a solidão e a incomensurabilidade essencial das suas experiências íntimas do outro, parecem contradizer-se. Uma apreciação melhor do assunto mostrará, no entanto, que se completam e se condicionam um ao outro. Somente pelo fato de o homem ser único no mundo e, portanto, solitário, pode ele ocupar um lugar determinado na sociedade que, precisamente por consistir de indivíduos, se distingue do rebanho animal. A particularidade da pessoa, por outro lado, somente pode formar-se dentro da sociedade: Apenas esta lhe oferece a oportunidade de expressar-se e de assumir um papel na vida. Parece paradoxal: Unicamente na convivência com os outros, o homem pode desenvolver uma personalidade independente.

A relação dialética entre a incomensurabilidade e a solidão do indivíduo e a sociabilidade de sua natureza é um dos estímulos mais

---

* No original consta a seguinte observação entre parêntesis, à guisa de subtítulo: Contribuição para uma teoria da expressão religiosa. (N. da E.)

270 ENSAIOS FILOSÓFICOS

importantes da criação cultural humana. O homem não é somente solitário – é também mortal e tudo quanto fica guardado no seu íntimo é fadado ao esquecimento certo. Em todas as épocas a participação na vida e no espírito da coletividade possibilitou uma fuga à solidão e à morte, pois a coletividade, o homem bem o sabe, é destinada a sobreviver à efemeridade de sua existência.

O desejo de superar, pelo menos parcialmente, a sua solidão existencial pela participação na obra da sociedade é tipicamente religioso. Nasce da ansiedade religiosa pela redenção do isolamento existencial no qual o homem cai por causa da polarização de todos os seus atos de consciência em subjetividade e objetividade. Esta polarização somente pode ser superada pela inclusão numa estrutura unitária mais ampla, abrangendo os dois pólos simultaneamente[1].

Há, portanto, na base de toda criação na sociedade, um motivo religioso, mesmo quando se trata de assuntos inteiramente profanos e independentes da religião como são a ciência, a arte e a técnica[2].

Se o impulso do indivíduo de participar nas manifestações da vida comunal possui razões religiosas também, nele não reside, obviamente, a única causa da sociabilidade dos homens[3], nem na confirmação dos valores sociais o objetivo exclusivo da religiosidade, como erroneamente julga McMurray[4]. Sendo que a religiosidade desempenha um papel que não pode ser menosprezado na motivação das manifestações sociais do homem, seria estranho caso não se encontrasse, na própria esfera religiosa, uma tendência fortemente pronunciada para uma expressão coletiva que sobrevivesse à pouca duração de uma vida particular. De fato, sensibilidade religiosa, visão e intuição religiosas não se satisfazem com a expressão espontânea e passageira de um indivíduo. Tendem sempre a tornar-se religião de um grupo ou a integrar-se na religião já existente de uma comunidade. A religiosidade evidencia sempre, em maior ou menor grau, a propensão de tornar-se objetiva, de assumir as feições de um conteúdo cultural. Em outras palavras: Religiosidade sempre aspira a transformar-se em religião.

No entanto, somente pode pertencer a uma cultura histórica o que, pela sua natureza, for comunicável, seja por meio da ação ou da palavra, da letra ou da música, de cinzel, de pincel ou de instrumento qualquer. Sempre houve vozes que negaram fosse a religiosidade comunicável de todo por pertencer ao mais íntimo da personalidade. Com isso reencon-

---

1. Walter Rehfeld, Ensaio sobre a Religiosidade, *Revista Brasileira de Filosofia*, n. 42/ (ver infra, p. 327).

2. A resultado semelhante, embora por ponderações diferentes, chegou Wilhelm Dilthey, *Introducción a las ciencias del espiritu,* Livro II, 1ª parte, cap. 3.

3. Outros motivos são: organização familiar e proteção de mulheres e crianças; necessidade de colaboração na luta pela existência; proveito da transmissibilidade de experiências já feitas para uma melhor adaptação às condições da vida etc.

4. John McMurray, *The Structure of Religious Experience.*

PRINCÍPIOS DA FORMAÇÃO DE INSTITUIÇOES RELIGIOSAS 271

tramos, embora em outros termos, a mesma contradição aparente de que nos servimos como ponto de partida: A religiosidade é a vivência mais pessoal do homem, impenetrável para outros, o seu impacto não pode ser compartilhado por ninguém; no entanto, toda religiosidade exige expressão, configuração, objetivação numa cultura, i.e., comunicação.

Nisto, a esfera religiosa não parece diferir de qualquer outra da cultura humana. Todo impulso artístico, qualquer intuição filosófica ou científica, todo ímpeto criador contém algo que escapa à expressão. Mas este fato não prejudica a tendência imperiosa para a estruturação e a comunicação; ao contrário, pesquisa e atividades culturais jamais cessam, justamente por permanecer por trás do expressado, em calma solidão, um fundo que desafiou os esforços de comunicação.

Também aqui as contradições aparentes completam-se significativamente: Se a vivência pessoal fosse inteiramente comunicável, morreria, por falta de objetivo, qualquer esforço de captar o que ainda não foi possível exprimir e um *Homo sapiens* saturado descansaria para sempre nos seus louros miseráveis. Mas nenhuma cultura seria possível se, do outro lado, não pudéssemos, de maneira alguma, fazer o nosso próximo compreender as nossas vivências.

Religiosidade, portanto, como qualquer outra experiência humana, é parcialmente comunicável. A proporção da comunicabilidade varia para cada atividade cultural e, na própria esfera religiosa, apresenta grandes diferenças: Das grandes possibilidades de expressão, na doutrina e no culto, de uma religiosidade racional e ativa, até o enlevo solitário da vivência mística.

Afirma-se, freqüentemente, que a experiência mística é no fundo incomunicável e que o místico pode participar somente em duas formas de vida comunal: Na fraternidade humana da vida cotidiana e no protesto contra as instituições e formalidades tradicionais[5]. Os fatos desmentem esta asseveração! Quase todos os grandes místicos foram mestres aplicados e geralmente bem sucedidos; organizaram escolas e consolidaram em obras vultosas as suas averiguações.

Um elemento místico existe em toda religiosidade, mais ou menos pronunciadamente. A polarização da consciência humana num "Eu" e num "Mundo" abre um abismo entre o homem e o fundo em cima do qual se destaca e se movimenta. Inclina-se por isso na direção de uma "terceira realidade" que compreende tanto o "Eu" quanto o "Mundo". Na certeza do "Eu" de pertencer a um ser superior, encontramos determinado grau de identificação com o que encerra o Universo, ainda que as três realidades básicas, Deus, Mundo e "Eu" mantenham-se separadas na percepção religiosa comum.

Embora encontremos, entre outros, um motivo religioso na tendência do indivíduo de participar na criação, na vida e no espírito da

---

5. Joachim Wachs, *Einführung in die Religionssoziologie*, cap. 5, 10-B.

272 ENSAIOS FILOSÓFICOS

sociedade, nunca é demais frisar que o instinto social, de maneira alguma constitui o único motivo da experiência religiosa: É justamente na solidão que muitos homens são suscetíveis a impressões religiosas. A redenção da angústia diante da nossa solidão existencial, a libertação do pavor da morte que acaba com tudo, pode ser efetuada somente pela superação do abismo entre "Eu" e "Mundo" na consciência da realidade em toda a sua extensão e nunca, unilateralmente, apenas na dimensão social que, por importante que seja, constitui apenas um dos pontos de contato, entre outros, do nosso "Eu" com a realidade que nos cerca.

TRADIÇÃO E VIVÊNCIA NA FORMAÇÃO DA EXPERIÊNCIA RELIGIOSA

Exercem, também da sua parte, uma poderosa influência sobre a expressão de experiências pessoais, as tradições culturais, baseadas, como vimos, numa comunicabilidade fundamental, embora limitada, da vivência individual.

Sempre encontra o homem tradições já existentes. Tão bela e abundante de profundas verdades é a lenda da criação do primeiro ser humano, não a podemos mais entender literalmente, hoje em dia. A antropologia moderna nos ensina que a humanidade surgiu como espécie, consistindo de inúmeros exemplares, numa lenta evolução[6].

Não é somente a antropologia moderna que nos priva da esperança de jamais encontrar nesta terra um primeiro homem, único no seu gênero, cujas expressões religiosas possamos examinar. Os casos raros de descendentes humanos que se criaram inteiramente fora da sociedade, observados e descritos com um mínimo de precisão, parecem provar que não há existência humana sem nenhum contato com a sociedade. Estes filhos de pais humanos, que crescem sem qualquer contato com os seus semelhantes, nunca se tornam homens. Incapazes de qualquer linguagem articulada proferem vozes animalescas, andam de quatro patas, comem como os animais, pegando a comida com a boca, sem fazer uso das mãos, e não identificam o próprio corpo com a feição humana. Isso relatam, unanimemente, o naturalista sueco Karl von Linné a respeito de crianças abandonadas, baseando-se em narrativas de viagens[7]; o psiquiatra francês Itard, fundamentando-se em seus estudos sobre o selvagem de Aveyron[8]; Singh e Zingh com base na observação de crianças-lobo de Midnapore[9].

Não há, portanto, em nenhum lugar e em nenhum momento da evolução humana uma expressão puramente individual, inteiramente

6. Ralph Linton, *The Study of Man,* 1936, cap. 1.

7. Karl Von Linné, *Systema Naturae,* 1735.

8. Jean Marc Gaspard Itard, *Rapports e Mémoires sur le Sauvage de L'Aveyron,* 1894.

9. J. A. L. Singh e R. M. Zingh, *Wolf Children and Feral Man,* 1942, apud Otto Klineberg, *Social Psycholoyy,* New York: Holt, 1954, cap. 4.

PRINCÍPIOS DA FORMAÇÃO DE INSTITUIÇOES RELIGIOSAS 273

livre de influências tradicionais. Pelo menos, recebe um cunho que provém da língua de que se serve e que em alto grau exprime as características de uma tradição cultural. Depende, também, dos meios técnicos e culturais de expressão que estão à disposição de uma sociedade; é condicionada, de fato, por todo um sistema de opiniões, usos e costumes que distinguem determinado grupo.

Sob a influência destas considerações, uma parte apreciável de sociólogos e psicólogos especializados em assuntos religiosos – entre eles grandes pesquisadores como Wundt e Durkheim – ensinou que todos os fenômenos religiosos são de origem social e verificáveis somente em unidades sociais como família, clã, tribo ou nação. Como, porém, conciliar esta tese com o nosso encontro diário com uma vivência religiosa toda pessoal, nossa própria ou de outros? Como explicar, neste caso, as constantes transformações, às quais toda religião viva está sujeita? Pois estas surgem, precisamente, do afastamento individual, por motivos pessoais, das normas sociais, observado não somente nos vultos proeminentes imortalizados pela história, mas também nas pequenas inovações introduzidas por anônimos que, acumuladas, tornam-se mais e mais profundas e completas, chegando a constituir modificações fundamentais[10]. Sem uma contínua transgressão das normas dominantes por parte do indivíduo, não haveria desenvolvimento e dinamismo em cultura e religião. Como a socialização das crianças, o seu confronto com os preceitos sociais é um dos fatores mais decisivos para a estabilização de uma cultura, o mesmo choque das concepções de uma personalidade madura com as do meio-ambiente torna-se motivo dos mais importantes para o dinamismo cultural[11].

Chegamos deste modo ao seguinte resultado: É impossível falar da expressão original de um homem completamente isolado ou presumir um antepassado da espécie *Homo sapiens* que tivesse vivido completamente sozinho nesta terra. Sempre encontramos o efeito da influência de uma tradição existente sobre o indivíduo, membro de uma sociedade. Não é menos certo, no entanto, que religião, enquanto viva, não pode ser considerada, exclusivamente, como "objeto" fixo, como forma imutável. Atrás de todas as normas e instituições mantém-se acesa a centelha da experiência pessoal dinamizadora. Experiência pessoal e o cunho recebido de formas já desenvolvidas na história e na tradição, cooperam na consolidação da expressão religiosa.

A proporção na qual cada um destes fatores participa na expressão pode variar bastante de caso para caso. Poderosos pioneiros causam mudanças fundamentais nas instituições e opiniões religiosas. A grande maioria aceita o exemplo convencional, nos seus concei-

10. Melville J. Herskovits, *Man and his Works: The Science of Cultural Anthropology.*
11. Idem.

274 ENSAIOS FILOSÓFICOS

tos, seu estilo e sua ação, quer se trate de assuntos religiosos ou não. Encontramos, entre estes extremos de uma motivação puramente pessoal e uma forma meramente tradicional, as mais diferentes modalidades na elaboração da expressão religiosa.

Vivência própria e tradição não podem ser consideradas como opostas, como princípios que se excluem mutuamente. Toda tradição viva admite, sem cessar, as contribuições da experiência individual, dependendo no seu dinamismo e no seu desenvolvimento das variantes individuais, como já expusemos acima. O comportamento, os sentimentos e o modo de pensar, prescritos pela tradição, não têm somente o efeito de limitar a livre manifestação dos impulsos individuais, mas representa, também, uma fonte valiosa de sugestões para vivências pessoais.

A diária repetição do *Schmá* pelo judeu, a recitação ritual do "Pai Nosso" pelo cristão e o pronunciamento institucional da "primeira Sura" pelo maometano têm tanta justificação psicológica como religiosa; evocam, aprofundam e conservam aquela sensação abismal de Deus, força motriz de toda adoração religiosa[12].

A tradição é de suma importância, não somente para o particular anônimo, mas também para os grandes gênios religiosos. Mesmo fundadores proeminentes de religiões, como Moisés, Jesus, Maomé ou Buda, firmam raízes profundas nas tradições culturais da sua época, raízes das quais cresce a sua missão pessoal. O novo que proclamam é em grande parte "renovação" de um elemento da mais remota Antigüidade que pretendem purificar de um sem número de mal-entendidos e interpretações falsas[13].

É digno de nota como, na pregação destes grandes homens, a tradição em uso pode ser anulada a favor de outra muito mais antiga, esquecida e abandonada há séculos, e como valores que herdamos de tempos passados, percebidos de novo, podem destruir o convencionalismo do presente. Isto somente é possível porque uma tradição é da mesma forma passageira e permanente: passageira na formalização das instituições religiosas, mas permanente quanto à validez das grandes experiências básicas.

A INFLUÊNCIA DA HISTÓRIA SOBRE A EXPRESSÃO RELIGIOSA

Como vimos, a tradição imprime o seu cunho a qualquer personalidade. Em todo indivíduo vemos agir, lado a lado, embora em proporção variável, forças de criação própria e forças de origem tradicional e social.

12. Evelyn Underhill, *Worship*.
13. Gerardus van der Leeuw, *Phänomenologie der Religion*, 1933, cap. 101.

PRINCÍPIOS DA FORMAÇÃO DE INSTITUIÇOES RELIGIOSAS

Contudo, a configuração definitiva de uma cultura não depende, unicamente, da contribuição individual nem do cunho imprimido pela tradição. Em todas as épocas e em todas as sociedades podemos verificar, abaixo da superfície aparentemente calma de formas de expressão existentes, certas correntes de desenvolvimento que ligam as transformações do presente às do passado e do futuro, apresentando uma evolução uniforme. Assim, em vida ainda ou depois da morte de um homem, todas as suas obras passam pela peneira de determinados rumos históricos, são selecionadas e "censuradas".

Esta intervenção misteriosa de linhas impessoais do curso histórico no destino da obra individual é intuída e percebida desde os tempos mais remotos. O que antigamente era considerado interferência da divindade nos acontecimentos contemporâneos, ainda hoje constitui sério problema mesmo para os teóricos ateístas e materialistas. Existem rumos determinados nas transformações culturais e materiais de cada época que podem estender-se sobre várias gerações, incontestavelmente perceptíveis e descritíveis.

Por diferentes que sejam as concepções históricas, todas elas admitem linhas de desenvolvimento sobrepessoais nos acontecimentos. Aqui concordam, notavelmente, os pensadores teológicos com os seus adversários tradicionais, os marxistas, chegando ao extremo de julgar que a supremacia do destino histórico reduz toda realização individual à relativa falta de importância. Outros como Nietzsche e Carlyle elevam a ação histórica do indivíduo ao pedestal de um verdadeiro culto de heróis. Mesmo um Nietzsche, porém, com toda a sua adoração do super-homem individualista, reconheceu a existência de tendências históricas gerais como, por exemplo, o desenvolvimento necessário de uma moral de escravos fundada na religião, passando por um período transitório de niilismo a uma alegre afirmação do desejo do poder, ao domínio dos super-homens.

É indispensável, para o estudo da gênese das religiões históricas, o exame das principais tendências históricas nas épocas em questão, pois essas linhas evolutivas exercem profunda influência sobre o processo de configuração e consolidação das vivências pessoais nas instituições religiosas.

Não são, unicamente, o valor de uma personalidade, sua riqueza espiritual ou sua erudição nos ensinamentos tradicionais que conferem a caracterização histórica como fundador, reformador ou santo. A Francisco de Assis não faltavam qualidades excelentes que, em outras condições históricas, lhe poderiam ter valido as glórias de fundador ou reformador. Que Agostinho é considerado santo e Lutero reformador, deve-se a fatores inteiramente alheios às suas qualidades de indivíduo. Cultura e originalidade fora do comum distinguiam Akenaton, o faraó egípcio; contudo a significação da sua obra restringiu-se ao meramente episódico. Maomé, o analfabeto, cujas idéias

276 ENSAIOS FILOSÓFICOS

foram muito menos originais, tornou-se fundador de uma das grandes religiões mundiais. Tendências do desenvolvimento histórico favoreceram a repercussão de um e não de outro.

Todos os grandes iniciadores de religiões são igualmente reformadores e santos; os reformadores importantes possuem algo de fundador e, em alguns santos, o fundador e o reformador são reconhecíveis. Em que papel cada um se eterniza na história das religiões, depende em elevado grau da medida em que o elemento fundador, reformador ou exemplo da personalidade exerceu mais influência histórica. Esta influência é aumentada ou diminuída pela constelação das tendências evolutivas atuantes em cada época.

ESPECIALIZAÇÃO E UNIVERSALIDADE NA EXPRESSÃO RELIGIOSA

Só podemos compreender a religiosidade e a enorme variação das suas formas expressivas nas religiões históricas se observarmos o despertar do impulso religioso no encontro vivo com a realidade. Na sua experiência cotidiana, nos momentos excitantes, alegres ou deprimentes da sua existência, o homem depara-se frente a um mundo mais ou menos estranho de que, em vão, quer se aproximar. Sente, portanto, uma profunda ânsia pela superação da sua solidão existencial, almeja uma unidade significativa que pode dar sentido à sua vida e lhe assegurar a ligação com algo superior, união que somente pode ser alcançada numa "terceira realidade" que abrange tanto o nosso "Eu" como a objetividade exterior[14].

Uma tal "terceira realidade", que é a base de todas as concepções de divindade, possui, como unidade que abrange o mundo e a autoconsciência, aspectos concretos e vivos que são de importância decisiva para a formação da expressão religiosa. Nos sistemas monoteístas encontramo-los nos "atributos" de Deus que são tão acessíveis à compreensão humana, Seu Poder, Sua Justiça, Seu Amor, Sua Graça, Sua Previsão, Sua Sabedoria, Sua Beleza, Sua Perfeição etc. No politeísmo, os deuses, cujo domínio se limita a determinada esfera da experiência humana, representam juntos, na sua totalidade, aquela "terceira realidade" que abrange o homem e o seu mundo. Os deuses da natureza, do céu, da terra, do mar, dos astros, da fertilidade, dos animais, das plantas; as divindades do amor, da beleza, da justiça, do castigo etc. correspondem à pluralidade dos "atributos" na concepção monoteísta de Deus.

"A sensação do infinito pode dar-se somente no finito, no contato com fenômenos e sucessos restritos. Não é o infinito, mas algo infinito

14. W. Rehfeld, op. cit.

PRINCÍPIOS DA FORMAÇÃO DE INSTITUIÇOES RELIGIOSAS 277

e divino que aparece ao homem e que é captado pelo seu espírito e expressado na sua língua"[15].

Não existe experiência na vida humana, do nascimento até a morte, que não tenha sido relacionado com um atributo de Deus ou encontrado a sua divindade própria. Em toda religião refletem-se as relações com a paisagem e com a natureza, as condições nas quais se desenvolve a vida social. Até as catástrofes naturais, que ameaçam a existência humana, são atribuídas à divindade e assim incluídas num todo significativo. A terra com a sua fertilidade, com as plantas e os alimentos que produz; o sol e a sua força estimulante, sua luz e sua clareza, mas também o seu calor ressecante e destruidor; os demais astros e as potências que se escondem neles; a noite, o mar e os rios, com as bênçãos e as maldições que podem proporcionar ao homem; a floresta, seus mistérios e tesouros; o animal como companheiro, como ajudante e como alimento, mas também na sua assombração demoníaca; vento e fogo, tempestade e incêndio; tudo isso, uma pequena amostra, apenas, da multiplicidade de poderes naturais, evoca sensações religiosas e com isso contribui para a configuração da expressividade religiosa.

Mais do que pela estrutura da natureza externa, no entanto, a cultura religiosa é influenciada pela realidade social, pela posição do indivíduo na família e na sociedade; pelas normas que a coletividade impõe quanto ao convívio dos seus membros. Em geral todos os povos, na sua imaginação religiosa, inspiram-se nas relações com o pai e a mãe. Em muitos casos, mesmo o avô e a avó, o tio e a tia, às vezes até o irmão mais velho, servem de protótipo da veneração religiosa[16].

Também os conceitos políticos de uma comunidade refletem-se nas suas concepções religiosas. Freqüentemente o fiel sente-se, perante a divindade, como diante dum monarca poderoso e dela aproxima-se com a mesma submissão que se deve a um rei. Mesmo entre si os deuses formam estruturas político-sociais que a mitologia descreve como análogas às dos homens, não faltando aos deuses parentesco e clã, amizade e inimizade, domínio e submissão.

Sentimentos sociais como respeito, amizade, amor e medo, reencontramos, como emoções religiosas, nas rezas e nos hinos; o sacrifício é comparado ao imposto que o súdito deve ao chefe de Estado. A dança religiosa representa, de maneira dramática, as relações da divindade com o seu adorador, de deuses com outras divindades, exatamente como prevalecem entre os indivíduos de uma sociedade humana.

De conformidade com o ambiente, o modo de vida e a predisposição de um grupo, determinados deuses ou atributos divinos são mais

15. H. C. Usener, *Götternamen,* apud G. van der Leeuw, op. cit., § 17,2.
16. F. Heiler, *Das Gebet,* 1918.

278 ENSAIOS FILOSÓFICOS

acentuados: Assim para os chineses da antigüidade são os antepassados divinizados; para os poetas das antigas vedas hindus, os deuses
da natureza; para as velhas culturas mesopotâmicas, os deuses astrais;
para os antigos persas, os deuses da luta moral entre o Bem e o Mal.
Assim, Deus revelou-se aos judeus da época bíblica na exigência de
justiça material e social, no cuidado pelos fracos e pelos pobres; no
cristianismo original no sacrifício de Jesus por amor e dedicação aos
homens. Para o maometano é o atributo do poder absoluto de Deus que
causa a maior impressão e domina a atitude religiosa. São Francisco
encontrou acesso a Deus no atributo do amor, Santo Agostinho no da
graça. Ramakrishna fez, como sacerdote da Deusa-Mãe Kali, as suas
extraordinárias experiências religiosas de caráter universal[17].

Por mais concreta e palpável que seja a vivência religiosa do homem, cedo desperta a compreensão que a essência da divindade não
se esgota na experiência concreta. A veneração de um deus politeísta
pode propiciar uma idéia da unidade suprema e universal, como mostra o exemplo citado de Ramakrishna. A maioria das assim chamadas
religiões primitivas possui, ao lado dos deuses que são venerados no
culto e nos sacrifícios e dos quais se espera ajuda prática e moral na
luta pela vida, um Deus supremo e criador que pouco se importa ou
não dá importância nenhuma aos problemas da vida cotidiana, cuja
residência é tão alta e inacessível que não se introduziu, geralmente,
um culto especial para entrar em contato com ele. Este é o caso de
Zervan, dos persas, de Ananke dos gregos, de Tao dos chineses ou
de Brama dos hindus[18]. Correspondentemente encontramos, nas religiões monoteístas, lado a lado com os atributos palpáveis de Deus
e a sua proximidade sensível, um presságio da sua infinita distância
que o subtrai de toda e qualquer relação formulável e não admite, na
alma dos homens, mais que um sentimento inexpressível de admiração pela sua grandeza.

Neste aspecto da infinidade e incompreensibilidade do divino
consiste uma parte daquela religiosidade que não é possível formular
e exprimir, uma parte que jamais se transforma em religião histórica.

DA ESTRATIFICAÇÃO DA EXPRESSÃO RELIGIOSA

O Rito e a Reação Espontânea

Em todos os seus níveis, do mais primitivo ao mais desenvolvido, a
vida manifesta expressão, do serpear da minhoca atormentada ao riso
despreocupado da alegria humana.

17. Romain Rolland, *Das Leben des Ramakrishna.*
18. F. Heiler, op. cit.

PRINCÍPIOS DA FORMAÇÃO DE INSTITUIÇOES RELIGIOSAS

De maneira alguma toda expressão, como tal, representa uma comunicação. Esta pressupõe um sistema de significações simbólicas que não se encontra ainda nas formas primitivas de expressão. Os acontecimentos da vida cotidiana, ameaças e atrações, dores e gozos, todas as inúmeras excitações da nossa vitalidade, afetam-nos e tonalizam o nosso sistema emotivo, submetem todo o nosso ser a tensões que se descarregam em movimentos expressivos[19].

Tais movimentos, enquanto genuínos, independem de qualquer sistema de significados coletivamente válidos. Não se sujeitam à vontade consciente do indivíduo de transmitir algo pela palavra ou por um gesto. Até o animal executa movimentos expressivos.

Também emoções e afetos religiosos manifestam-se por meio de movimentos expressivos. O estímulo religioso nasce pela polaridade entre o "Eu" e a "Objetividade" que surge em toda e qualquer experiência. As emoções que acompanham a constatação do isolamento existencial da consciência humana e o desejo simultâneo de redenção da solidão do nosso "Eu" consciente podem surgir de qualquer percepção profana[20].

No reino animal ainda existe a unidade indivisível que une o ser vivo ao seu ambiente[21]. Por isso, somente o homem pode ter vivências religiosas, pois ele, em todas as fases do seu desenvolvimento, já alcançou um mínimo de individualização.

Uma primeira descarga da tensão religiosa em movimentos expressivos precede toda comunicação e racionalização. Nestas reações ainda não é possível distinguir o físico do psíquico, nem ambos do espiritual; trata-se de atividade imediata da unidade psicossomática, que não oferece margem a tais distinções analíticas de uma reflexão racional.

Movimentos expressivos, executados diretamente sob a ação de tensões religiosas, devem ser encarados como manifestação rudimentar da religiosidade. Causam profunda impressão e fixam-se na recordação ficando, desta maneira, disponíveis à repetição, à comunicação e à reflexão. Deste modo surgem formas fixas de expressão que, gradualmente, são selecionadas de acordo com determinadas normas sociais e elaboradas num ritual comunal. Assim nasce parte do culto.

Atribuindo, entre todas as manifestações da religiosidade, a precedência aos movimentos expressivos, não queremos dizer que a manifestação precedente fosse, necessariamente, a antecedente no sentido histórico. Movimentos imediatos constituem a reação natural a uma vivência religiosa elementar em época qualquer e em

19. Phillip Lersch, *Der Aufbau des Charakters*, 1938.
20. W. Rehfeld, op. cit.
21. F. J. J. Buytendijk, *Zur Untersuchung des Wesensunterschieds von Mensch und Tier*, 1929. "Parece-nos que em todo o reino animal a integração do animal e do seu ambiente ainda é tão íntima como a unidade do corpo".

280 ENSAIOS FILOSÓFICOS

toda parte. Irredutíveis a qualquer outra modalidade de expressão, formam a base de todas as outras variedades mais desenvolvidas de expressividade religiosa que se fundamentam em sistemas de comunicação.

Que sejam citados aqui dois exemplos de épocas inteiramente diferentes, mas ambos de um período em que a cultura religiosa não podia, de maneira alguma, ser qualificada de primitiva.

Quando o rei David, após a sua vitória sobre os jebuseus e a conquista de Jerusalém, mandou trazer a Arca Sagrada para a futura capital do país, dançava e pulava diante da procissão, comportamento que cabia aos criados da corte encarregados de diverti-la, mas incompatível com a dignidade de um rei. Mais tarde, a sua esposa Mikhal, filha do falecido rei Saul, recebeu-o com ironia mordaz: "Que glória obteve hoje o rei de Israel, descobrindo-se aos olhos das servas dos seus vassalos, como se descobre um indivíduo qualquer!" (2 Sam 6:20) David replicou ter se humilhado diante de Deus, que lhe deu preferência à dinastia de Saul e o engrandeceu; que se humilharia ainda mais perante Ele. De fato, a importância religiosa daquele instante excepcional, quando a "Arca Sagrada" esteve prestes a entrar na sua Capital Eterna, exaltou o rei de tal maneira que somente uma ação expressiva imediata, uma dança extática, podia descarregar a tensão religiosa criada por esta experiência. O seu comportamento não era, de maneira alguma, premeditado e a explicação que deu depois à sua mulher representa nada mais do que uma racionalização posterior, uma motivação que depois lhe parecia plausível.

O segundo exemplo data do fim do século XII. Francisco de Assis, na sua juventude um homem da vida, vaidoso e ufano, sempre sentia uma especial repugnância pelos leprosos, evitando olhá-los e sentir o seu cheiro desagradável. Aconteceu que num passeio a cavalo que empreendeu sozinho, de súbito se viu face a face com um tal homem terrivelmente mutilado. Imediatamente experimentou veemente sensação de nojo. Prestes a voltar, após um momento de hesitação, dominou-se; mais certo seria dizer que se sentiu dominado, pois percebeu nitidamente uma insinuação divina. Desceu do cavalo, entregou o seu bolso com todo o dinheiro ao lastimável aleijado. Em seguida, subitamente superando a sua aversão, abraçou o leproso e beijou-o efusivamente[22]. Fazendo um costume deste ato espontâneo, passa a visitar os leprosários regularmente, lava e trata as feridas purulentas e mal cheirosas e beija os doentes na boca e na mão.

Do ponto de vista racional este procedimento de São Francisco é indefensável, uma vez que expõe, a ele e aos seus próximos, ao terrível perigo do contágio. Mas, também aqui, encontramos um ato

---

22. Thomas de Celano, *Leben und Wunder des Heiligen Franziskus von Assisi*, apud Walter Nigg, *Grosse Heilige*, Zurique, 1946.

PRINCÍPIOS DA FORMAÇÃO DE INSTITUIÇÕES RELIGIOSAS

expressivo imediato, descarga das grandes tensões psíquicas de uma experiência religiosa, cujo sentido profundo somente mais tarde se revelou ao santo e aos seus companheiros. Neste caso vemos ainda mais claramente como um ato expressivo se torna, pela repetição, um costume pessoal que necessita apenas de sanção social para constituir um ritual.

Como toda transmissão de valores culturais, a tradição religiosa é de caráter eminentemente social. São, portanto, tendências objetivas da evolução histórica, princípios de formação do espírito coletivo que determinam quais os atos expressivos, quais os movimentos espontâneos repetidos que se tornaram costume pessoal, a serem integrados na prática da comunidade; quais serão esquecidos com o desaparecimento dos seus autores e quais lembrados na lenda. Assim, o ato expressivo, repetido ocasional ou periodicamente, pode transformar-se num rito[23], i.e., fazer parte integrante do culto que consiste de inúmeros ritos sancionados pela sociedade. O ritual é considerado, pela maioria dos pesquisadores, a forma mais antiga e mais primitiva de expressão religiosa. Quanto mais retrocedemos no tempo histórico, tanto mais vemos prevalecer o ato ritual sobre os elementos de fé ou de racionalização da religiosidade, sem jamais deslocá-los inteiramente[24].

A sociedade está sempre propensa a preservar de toda modificação os seus costumes, numa ininterrupta linha de repetição. Uma precisão minuciosa e uma grande fidelidade na imitação sempre distinguiram toda ação ritual. Num ato expressivo espontâneo nenhuma parte é diferenciável de qualquer outra. Conseqüentemente, toda modificação, tão pequena que seja, priva toda a ação ritual da sua validade e do seu efeito.

Contudo, existe um certo desenvolvimento também no culto, mesmo nas sociedades mais primitivas. Nenhuma parte da cultura, nela compreendido o culto, fica completamente inalterada por muito tempo, embora este, pelo conservantismo extremo dos seus procedimentos, fique geralmente atrás do desenvolvimento geral. O desenvolvimento autônomo de uma tradição, na medida em que é independente de influências históricas externas, deriva do acúmulo de alterações mínimas da norma social, efetuadas por indivíduos[25].

---

23. A palavra latina *ritus* = uso, maneira, costume, modo, empregada principalmente num sentido religioso, deriva de *rota*, termo sanscrítico, literalmente a traduzir como "desígnio". *Rota* significa uma ordem eterna no mundo que se refere tanto aos processos naturais como às leis da atuação ética e aos processos do culto. Ver Helmut von Glasenapp, *Die Religionen Indiens*, p. 72. Da significação cósmica ilimitada desta palavra nas antigas escrituras hindus sobrou, na língua dos romanos, somente o sentido social e, com esta limitação, este conceito introduziu-se no pensamento europeu.

24. Alfred N.Whitehead, *Religion in the Making,* 1926.

25. M. J. Herskovits, op. cit., p. 582.

282 ENSAIOS FILOSÓFICOS

Nem no culto a imitação é cem por cento fiel e pequenas diferenças podem resultar em modificações apreciáveis no decorrer do tempo[26].

As tradições do culto não estão sujeitas a mudanças somente pela transformação de um ou de outro rito, mas também pelo aparecimento de costumes novos, de que tratamos neste ensaio[27]. Os relatórios dos etnólogos confirmam a importância, para o enriquecimento do culto, da sensibilidade e da capacidade de expressão dos participantes individuais. Mesmo nas sociedades mais primitivas, um ato espontâneo, efetuado por um membro de religiosidade intensa, pode ser sentido como "certo" pela sociedade, sancionado e integrado ao culto[28].

Estas considerações não pecam pela unilateralidade? Não são culpáveis de psicologismo ou sociologismo, partindo unicamente de processos anímicos do homem ou de fatores sociológicos, quando no ato cultual acontece muito mais e algo bem diferente do que de fato é realizado? No culto o homem não estabelece contato com algo muito poderoso que jamais poderá dominar e que escapa, de toda maneira, à sua autoridade?[29]

Baseamos o ato expressivo na experiência. Nenhuma experiência é exclusivamente subjetiva; sempre obedece a fatores alheios à esfera humana. O ato expressivo, espontâneo, descarga da tensão causada pela experiência, é sempre determinado por fatos pessoais assim como por condições objetivas. O rito sempre possui particularidades importantes relacionadas com as condições objetivas da vida, conjuntamente com o seu efeito subjetivo de reduzir tensões psíquicas: Como se influenciasse as intenções da divindade e alterasse o curso dos acontecimentos por propriedades mágicas poderosas.

O sentido, no entanto, que o culto adquire na consciência dos seus praticantes, já leva ao terreno da comunicabilidade, do mito e da teologia.

Da Expressão Mitológica

Velha como a humanidade é a comunicação. Sem ela não há cultura. O ato significativo e a expressão lingüística possibilitam o entendimento daquilo que se pretendeu na mais absoluta solidão pessoal, transformando, assim, a coexistência humana numa vida social e cultural. A sociedade humana distingue-se das similares animais por um sistema coletivo de significações, sistema esse incomparavelmente mais duradouro do que a vida de qualquer indivíduo. Entre os animais

26. *Encyclopedia Britannica*, "Ritual".
27. Ver supra, p. 279-280..
28. Baldwin Spencer; Francis James Gillen, *The Native Tribes of Central Australia,* p. 272, 278 e 281.
29. G. van der Leeuw, op. cit., cap. 3, 1.

PRINCÍPIOS DA FORMAÇÃO DE INSTITUIÇOES RELIGIOSAS   283

a cooperação serve, antes de mais nada, às funções biológicas e às exigências concretas da luta pela sobrevivência da espécie. Entre os homens não é mais, especificamente, a defesa dos perigos iminentes, encobertos no meio ambiente, não é apenas uma reação a ameaças ou oportunidades que caracteriza a sociedade humana, mas um conjunto de significados permanentes que entre nós é de grande importância, independentemente da sua utilidade prática, embora represente uma arma poderosa na luta cotidiana pela vida. Na vida humana a vivência é passageira; mas o seu significado, elemento num sistema comunicativo que se formou numa coletividade, continua vivo na sociedade. Os animais não conhecem a transmissão de significados; unicamente a participação afetiva através de sons e movimentos expressivos que fazem parte, geralmente, de padrões fixos de comportamento[30].

A posição de um símbolo, que é independente de uma situação concreta e da imposição de um impulso instantâneo, equivale a um salto decisivo, libertador das estreitas limitações naturais da existência animal; um salto que deu origem ao espírito humano. (No sentido exato da palavra alemã *Ursprung*). É, simultaneamente, um instrumento extremamente eficiente para pôr em ordem, compreender e, finalmente, dominar os fenômenos do mundo externo. Os esforços coletivos na agricultura e na pecuária, a formação de economias de grupos sociais completam-se com sistemas coletivos de significação e valorização.

O que é comunicação e o que é transmitido? O predomínio do racionalismo nas nossas tradições culturais torna-nos inclinados a identificar a comunicação com uma seqüência lógica, mais ou menos independente do conteúdo afetivo da vivência pessoal e das suas relações com as entidades reais, os seus valores e o seu alcance para a nossa posição neste mundo. Esquecemos muitas vezes que a proposição lógica é precedida, onto e filogeneticamente, por outras formas de comunicação que visam transmitir uma experiência na sua totalidade concreta.

Como parecem simples e ingênuas estas primeiras formas de comunicação, no seu primitivismo primário, comparadas à fina agudez da razão! Nem por isso deixam de representar um passo decisivo de progresso, relativo aos movimentos expressivos. Estes não são compreensíveis, propriamente falando, mas apreciados por um senso especial de percepção de qualidades expressivas[31]. Podem despertar simpatia, mas não resultam em compreensão. A compreensão mútua,

30. A participação afetiva no reino animal é sempre um comportamento baseado numa situação relacionada significativamente com animais da mesma ou de outra espécie. Não é comunicação nem indagação, mas sempre expressão de um estado de ânimo. Ver F. J. J. Buytendijk, *Mensch und Tier,* Rowolt 1958, p.83.

31. "já que, de modo algum, inferimos nem intuímos o psíquico alheio mas percebemo-lo nos fenômenos da sua expressão" (Max Scheler, *Der Formalismus in der Ethik und die materiale Wertethik,* v., 3, p. 279); cf. também *Zur Phänomenologie und Theorie der Sympathiegefühle und von Liebe und Hass.*

284 ENSAIOS FILOSÓFICOS

no entanto, é o único fundamento da cultura como tradição de conteúdos comuns a toda a coletividade.

A expressão mitológica pode tratar tanto da realidade interior como da realidade externa. Reformula a matéria das nossas vivências, recorrendo àquilo que já existe em formação rudimentar na nossa memória, na nossa substância psíquica, em reserva nos vastos recintos do nosso subconsciente[32]. O mito é expressão que ainda não conhece os limites fixos da definição, logo expressão, com o caráter concreto da configuração primária. Ele domina os primeiros estágios da cultura humana em que o raciocínio ainda é fraco; domina as primeiras tentativas de comunicação infantil no seu desenvolvimento precoce, idade tão rica em experiências fundamentais; domina, finalmente, o sonho e a fantasia do homem adulto, fenômenos oriundos do subconsciente e, por conseguinte, não expostos à critica da razão.

O mito sempre se refere a acontecimentos verdadeiros nos quais o homem se encontra irremediavelmente implicado. Os termos mitológicos não são definidos como os da proposição lógica. Pois atrás das figuras do mito agem forças poderosas que rompem todas as delimitações e, para a consciência mitológica, provocam todos os acontecimentos. Kerenyi provou, convincentemente, que o mito não se baseia no *aition*, na dedução causal, mas está na procura da *arché*, do protótipo primário. Neste particular, nem a filosofia pré-socrática se livrou inteiramente da influência do pensamento mítico[33]. Somente com esta restrição de querer expor as razões dos acontecimentos e não explicá-los, pode o mito ser considerado o precursor da ciência. Ambos propõem-se a colocar os processos naturais e os sucessos do mundo sócio-histórico numa ordem compreensível.

Uma afirmação mitológica não é ainda tão despojada de todo caráter concreto, como o é a afirmação lógica. O mito evoca na sua totalidade a vivência que lhe serviu de base, com os sentimentos associados, as paixões e as atitudes psíquicas respectivas. A fala mitológica representa ainda força e ação, com o que expressa e da qual é parte integrante[34]. É poderosa como aquilo que evoca (mágica da palavra). Encontra-se, geralmente, em estreita ligação com algum ritual e garante, por sua repetição periódica, a continuidade dos acontecimentos cósmicos que se revelam no ato sagrado, e a preservação de todo o ser.

Com a sua penetração na esfera da comunicabilidade que é sujeita à censura da moral coletiva, os conteúdos míticos sofrem uma remodelação radical, tal como a conhecemos da teoria psicanalítica do

32. "pois o mito não é outra coisa que uma dupla experiência da forma, i. e., experiência do deus reencontrado, mas, doravante, indiretamente, estruturado e provido de forma", G. van der Leeuw, op. cit., 17, 1.

33. Carl Gustav Jung & Karl Kerenyi, *Einführung in das Wesen der Mythologie*.

34. Cf. Johann Wolfgang von Goethe, *Faust*, Iª parte, versos 1224-1237, Fausto tentando traduzir o termo *logos* no começo do Evangelho de São João.

PRINCÍPIOS DA FORMAÇÃO DE INSTITUIÇÕES RELIGIOSAS   285

sonho. Reencontramos, na análise dos mitos, os efeitos da repressão, da condensação e da transferência que nos são familiares no estudo dos sonhos. Foi Freud que, pela primeira vez, aplicou os métodos de interpretação dos sonhos à mitologia[35] e C. G. Jung prosseguiu neste caminho, indo ainda muito mais longe, provando a correspondência de símbolos míticos e oníricos pela comparação de inúmeros sonhos e mitos[36]. Como modelos primordiais de estruturação da expressão e da consciência, os arquétipos têm a mesma importância no mito como no sonho.

Cumpre à expressão mitológica, ainda hoje em dia, uma função em nossa vida, ou não é nada mais que parte integrante de formas culturais ultrapassadas desde muito tempo?

A elaboração mitológica da comunicação não deve ser considerada somente como fase preparatória no desenvolvimento do pensamento abstrato. Boa parte das nossas percepções não se oferece ao nosso pensamento como apercepções facilmente conceituáveis. Por exemplo, os valores, segundo os quais orientamos as nossas atividades, são encontrados, exclusivamente, nos dados qualitativos concretos contidos nas nossas experiências diárias. Como admirar-se, então se, para comunicar valores de maneira imediata e ainda não refletida, temos que recorrer a termos sintéticos, reprodutivos da totalidade de uma vivência, análogos à expressão mítica e às suas modalidades, ou sejam à fábula, à lenda etc.?

Somente na própria obra de arte encontra o belo a sua expressão plena por parte do homem. A configuração estética de sensações e emoções é comunicável unicamente pela reprodução da totalidade concreta da experiência estética, esta mesma totalidade concreta que, desde os tempos mais remotos, é objeto dos esforços expressivos do mito.

Para a consciência religiosa a expressão mítica não é apenas a única capaz de reter, em certos limites, as qualidades vivenciais concretas, mas ainda desempenha uma função especificamente religiosa, a de colocar o indivíduo, firme e seguramente, num contexto completo de valores e significados.

Tudo, portanto, que é experimentado qualitativamente precisa, para tornar-se acessível ao pensamento teórico, adquirir uma comunicabilidade primária, como oferecida pela figuração fabuladora da expressão mitológica. Assim, a teoria dos valores precisa recorrer ao exemplo na fábula e na lenda, a teologia ao mito, assim como a estética tem que se apoiar na obra concreta de arte como fonte principal das suas hipóteses.

No entanto, como que para zombar da razão militante que impõe o seu cunho às nossas culturas ocidentais, encontramos formas

---

35. Sigmund Freud, *Totem und Tabu*, 1913.
36. C. G. Jung, *Psychologische Typen*, 1921.

286 ENSAIOS FILOSÓFICOS

de expressão mítica até em tipos humanos fortemente racionalistas, especialistas em ramos que, geralmente, acreditamos inteiramente dominados pelo raciocínio sóbrio.

A superstição, por exemplo, é amplamente difundida na nossa sociedade e é constatada, fato que é de se estranhar, justamente em personalidades profundamente enraigadas no pensamento científico e objetivo e que, em diversos casos do meu conhecimento, são ateístas declarados.

Nos movimentos políticos dos tempos modernos, concepções mitológicas adquiriram grande importância. Uma das obras ideológicas do nazismo tem por título *O Mito do Século XX*; nela símbolos como "sangue" e "solo", doutrinas como a "regeneração do mundo pelo domínio da raça superior" são lançadas, em oposição à mitologia cristã da redenção pelo sacrifício de amor do Filho de Deus. No marxismo o proletariado adquire um grande número de atributos, derivados da figura redentora do "Messias", idealizada no Antigo Testamento: A classe eleita que sofre imerecidamente, é destinada a introduzir uma nova ordem no mundo, de vencer, para o Bem, a luta apocalíptica entre o Bem e o Mal, e de atingir o fim absoluto da história pela realização da sociedade ideal sem classes, da sociedade comunista.

Finalmente, homens de todas as atitudes religiosas, crentes e ateístas, tomam parte em numerosos acontecimentos sociais, caracterizados por idéias mitológicas e rituais estranhos, como, por exemplo, o réveillon, o carnaval com a estranha figura do "rei Momo", inaugurações de residências, costumes de casamentos etc.

Não será provável que pelo menos em parte destes casos a religiosidade inata do homem o fez encontrar uma expressão "clandestina", já que a satisfação natural lhe é vedada por uma ideologia racionalista?

Da Expressão Racional da Religiosidade

A formulação definitiva de uma experiência religiosa cabe à razão. Baseando-se nas camadas inferiores da expressão religiosa, o nosso pensamento empenha-se em não deixá-la na forma irracional e obscura em que a encontrou.

Neste contexto é interessante lembrar-se da etimologia da palavra "teólogo". Plutarco chama de *theologoi* os assistentes da Pítia, a sacerdotisa do oráculo de Apolo em Delfos, homens que tinham que interpretar os sons incompreensíveis que a iniciada do deus proferiu na embriaguez das evaporações terrestres às quais era exposta. Eram homens profanos, *hosioi*, que tinham que cumprir esta missão[37]. Teólogos são, portanto, pessoas sóbrias e livres de êxtase,

---

37. Plutarco, *Quaestiones Graecae,* 292, apud G. van der Leeuw, op. cit., 27,1.

PRINCÍPIOS DA FORMAÇÃO DE INSTITUIÇÕES RELIGIOSAS 287

encarregadas da interpretação de uma manifestação extática que não é a própria.

A origem do conceito de teologia caracteriza a sua significação. Teologia nunca pretende ser experiência direta; seu ponto de saída são formas de expressão já existentes no rito e no mito. Interpreta racionalmente o que já foi revelado.

O nosso pensamento, no entanto, possui as suas verdades específicas, expostas pela ciência e pela filosofia. A razão não pode, de sã consciência, ignorar, ou até negar, na teologia o que ela mesma afirma em outras disciplinas. Para possuir força de convicção para o homem pensante, a teologia deve assimilar e valer-se de todo o acúmulo de conhecimentos da sua época para conciliá-lo com o campo restrito da tradição religiosa de que se propôs tratar.

O interesse crescente na investigação metódica dos fenômenos da consciência humana abrangia também os aspectos religiosos. A antropologia, a sociologia, a psicologia e os estudos da história comparada das religiões contribuíram bastante para um melhor entendimento dos fenômenos religiosos. Evidentemente os diversos sistemas teológicos constituem temas importantes nestas pesquisas.

Também a teologia não pode, da sua parte, ignorar as premissas e as conclusões das ciências modernas da religião; pois como disciplina da razão ela tem que reconhecer o que a razão estabelece em qualquer outro ramo. Para o procedimento metódico das ciências da religião é imprescindível reconhecer o caráter universal da religiosidade, considerá-la atributo inerente à formação da consciência humana. Somente esta universalidade pode fundamentar o princípio da comparabilidade de fenômenos religiosos de épocas e sociedades diferentes. Toda pretensão de validez absoluta, feita por uma tradição religiosa, quebra o princípio da comparabilidade e significa servir-se dos critérios de uma tradição para a avaliação de todas as outras, algo que dificilmente se justifica perante a razão.

Do outro lado, a função da teologia, como explicação e articulação racional de uma determinada revelação, não pode ser exercida por nenhuma ciência da religião. Pois os métodos antropológicos, psicológicos e históricos de investigação destas ciências não podem prestar, para afixação do sentido especial de uma tradição específica, os serviços que oferece a formulação racional dos princípios implícitos numa religião histórica.

Portanto, as duas modalidades de elucidação racional dos fenômenos religiosos devem atuar paralela e conjuntamente: Uma teologia que não nega os resultados do pensamento científico moderno, especialmente no terreno das pesquisas sobre a religião; e uma ciência das religiões que reconhece a imprescindibilidade da exegese teológica para a elaboração de toda a significação de uma revelação religiosa.

ENSAIOS FILOSÓFICOS

TENTATIVA DE UMA TIPOLOGIA DAS AUTORIDADES RELIGIOSAS

Nós, homens, agimos e pensamos, não somente por iniciativa própria, mas, em grande parte, sob a influência do respeito que temos do exemplo e das instruções de outros. É a autoridade religiosa que introduz, impõe e mantém as crenças e os costumes na sociedade. Este fato não podemos olvidar quando tentamos compreender a transformação de vivências puramente subjetivas e imediatas em estruturas históricas concretas.

Como a autoridade religiosa funciona, podemos observar somente no comportamento daqueles homens e mulheres que a exercem, geralmente a mando de grandes entidades sociais como Igreja, Estado, ordem, fraternidade etc. Às vezes a autoridade deriva também da força de uma experiência pessoal, do "carisma" de gênios religiosos que, muitas vezes, adquirem grande importância para o desenvolvimento histórico[38]. As nossas considerações só podem partir de personalidades históricas que representaram uma autoridade ou institucional ou carismática.

Diferenças enormes existem entre os que se acham investidos de autoridade religiosa. A disparidade de vultos com característicos tão diferentes como profetas e teólogos, xamãs e mandarins, apóstolos e mestres da lei parecem desafiar qualquer esforço de encontrar denominadores comuns a todas estas personalidades históricas. Se, no entanto, levarmos em conta que qualquer atividade de uma autoridade religiosa equivale a uma expressão específica de conteúdos religiosos, poderemos tentar elaborar uma tipologia das modalidades de expressão religiosa a abranger, igualmente, os principais tipos dos representantes de autoridade religiosa.

Como já expusemos, podemos distinguir entre três camadas de expressão religiosa: A reação psicossomática pela voz e pela gesticulação, imediata e incomunicável; a figuração não refletida mas já comunicável no rito e no mito; e finalmente a "explicação" racional pela teologia dos conteúdos das duas camadas inferiores. Constatamos ainda que toda expressão religiosa situa-se em determinada posição entre os extremos de uma feição exclusivamente pessoal e de cunho tradicional e impessoal. Finalmente observamos que a história não transmite expressão religiosa alguma, sem lhe imprimir um timbre particular de significação histórica.

Para simplificar as considerações seguintes, deixamos o aspecto histórico para o fim e ocupamo-nos, exclusivamente, com as possíveis

---

38. Max Weber, Die Wirtschaftsethik der Weltreligionen, em *Gesammelte Aufsätze zur Religionssoziologie*, p. 268 e ss. Neste trabalho que apareceu, pela primeira vez, no Arquivo Jaffé de Ciências Sociais, v. 41-46 entre 1915 e 1919, Weber desenvolveu esta significação do termo "carisma".

PRINCÍPIOS DA FORMAÇÃO DE INSTITUIÇOES RELIGIOSAS 289

combinações das duas primeiras determinantes. Para maior clareza, designamos a camada inferior de expressão religiosa com "U", a média com "M" e a camada racional, a superior, com "R". A formação pessoal convencionamos com "P" e a impessoal e institucional com "I".

"U", a expressão religiosa imediata pela gesticulação e pela voz, encontra-se ainda abaixo do limiar da transmissibilidade histórica. Não obstante, assume importância extraordinária quando traduzida em termos de uma camada superior de expressão. O arraigamento nesta camada, cuja força sente-se claramente nas palavras, nos gestos e na ação, fornece um distintivo decisivamente importante de numerosos representantes de autoridade religiosa.

"U-I": No nível mais baixo, perto ainda do limiar da comunicabilidade e com raízes profundas na vivência imediata, encontramos os xamãs, os extáticos, os médicos-feiticeiros, os heróis exaltados, os juízes do Antigo Testamento etc. As suas experiências indescritíveis geralmente não se dão fortuitamente: Agentes excitadores como os vapores terrestres embriagantes, aos quais se expunha a Pítia do oráculo de Apolo em Delfos, o famoso *soma*, bebida extasiante que assume tamanha importância nas escrituras védicas, o haxixe, o álcool e outras drogas mais, eram sempre usadas para levar ao êxtase e facilitar a vivência direta. A isso se juntava a dança e o exercício ascético (p. ex., a Ioga) como meios tradicionais para atingir o êxtase. Aqui encontramos, pois, receitas e procedimentos tradicionais, muitas vezes restritos a pessoas destinadas a essas atividades por pertencerem a determinadas famílias e classes (I). A atuação dos xamãs, extáticos etc., apresenta inegáveis característicos convencionais e as vivências diretas (U) deste tipo de autoridade ligam-se, inseparavelmente, a certas instituições sociais.

Os conteúdos das camadas inferiores de expressão tendem a ser traduzidos para níveis mais altos. Por isso, os tipos extáticos de autoridade religiosa já se tornam, freqüentemente, criadores de ritos e mitos, atingem, às vezes, até a camada superior de expressão religiosa, evidenciam traços de uma racionalização nascente.

"U-P": Também as poderosas personalidades dos profetas deitaram raiz nas profundezas da vivência direta. As suas experiências religiosas são tão imediatas e tão dominantes que, quando em oposição às tradições, induzem-nos a ignorá-las, simplesmente e, às vezes, imprimem às suas manifestações um caráter fortemente revolucionário. Provêm os profetas de todas as camadas da sociedade e podem estar alheios a todo profissionalismo e a toda predestinação tradicional e hereditária. Desconhecem, freqüentemente, todos os procedimentos e receitas convencionais. A força carismática da expressão de uma revelação que lhes foi concedida pessoalmente é a única legitimação da sua autoridade. Amós fala para toda a profecia genuína quando nega ser "profeta ou filho de um profeta", de possuir competência profis-

ENSAIOS FILOSÓFICOS

sional, tradicional ou hereditária para a sua atuação. Pastor de profissão, diz de si: "O Eterno tirou-me de trás do rebanho e falou-me: 'Vá e prega ao meu povo de Israel'" (Am 7:15).

Arraigados profundamente na vivência direta, os profetas sentem-se não somente porta-vozes de Deus, mas também seu instrumento; sem considerar o discurso profético, que já por si só representa um ato do maior alcance e a ação simbólica de que se servem freqüentemente, os profetas são intensamente ativos na política estatal, cultural e religiosa.

Há aqueles que somente agem como prenunciadores e se abstêm de imiscuir-se ativamente no curso dos acontecimentos, chamados "videntes" para distingui-los dos profetas. O vidente só fala quando perguntado ou quando pode supor nos presentes a inclinação de ouvi-lo; os profetas, ao contrário, trovejam, não somente sem serem perguntados, mas até contra toda a resistência que se oponha às suas palavras.

"M-P": Inteiramente diversa apresenta-se a autoridade religiosa quando não recorre mais à vivência direta, mas àquilo que já existe revelado e propagado e que já se encontra estruturado em palavras e atos, em mitos e ritos. É evidente que também neste caso podemos defrontar-nos com personalidades independentes, que de maneira alguma cultivam só pela tradição ou por pietismo os valores aos quais dedicam a sua vida. Também eles seguem uma convocação superior que lhes é dirigida pessoalmente, abandonam pais e irmãos, casa e propriedades para consagrar-se plenamente à sua missão (P). Não obstante, apóstolos e evangelistas não proclamam, em primeiro lugar, o que lhes aconteceu; não são mais os próprios porta-vozes da divindade, mas pregam o que já foi dito, contado, o que já aconteceu a outros. Na reprodução fiel e na comunicação não refletida do que já lhes havia sido dado ver e ouvir, o que transmitem em forma de lenda mítica ou cuja revivência possibilitam por meio de instruções pragmáticas para atos rituais, acham-se radicados numa camada de expressão figurativa e não refletida; freqüentemente, no entanto, avançam à explicação e à racionalização em que muitos deles, como Paulo, são verdadeiros mestres.

"M-I": Dos apóstolos e evangelistas, dos que pessoalmente se sentem empolgados e comissionados, distanciam-se os sacerdotes que fazem da sua atuação religiosa a sua profissão. Devem o seu prestígio e a sua autoridade à sua filiação a instituições pelas quais a sociedade se aparelhou para a satisfação das suas necessidades religiosas (I). Os sacerdotes de todas as épocas preparam-se por meio de estudos meticulosos para a carreira da sua vida, pesquisam a tradição, procurando as verdades do ensinamento, os métodos do procedimento cultual, as fórmulas da reza e da meditação, as regras da concentração e, não em último lugar, o seu próprio preparo espiritual para as tarefas que se oferecerão. A competência sacerdotal na elaboração da prática religiosa

PRINCÍPIOS DA FORMAÇÃO DE INSTITUIÇOES RELIGIOSAS

cotidiana criou artes como a música, a dança, a literatura, a pintura e a escultura. Para certos fins os sacerdotes precisavam de conhecimentos da natureza, por exemplo, de astronomia, para a fixação do calendário ou de medicina para as prescrições relativas à purificação ritual. A erudição sacerdotal criou os fundamentos da teologia e da filosofia.

O sacerdócio é profundamente arraigado na camada média de expressão religiosa, i.e., no rito e no mito (M), o que não impede que tenham sido justamente os sacerdotes que começaram a racionalizar a expressão religiosa, penetrando assim no terreno da teologia.

Uma forma arcaica de autoridade religiosa, de uma época em que os poderes, o profano e o sagrado, ainda não eram diferenciados, é a do rei-sacerdote. A sua importância depende de uma estrutura específica de sociedade primitiva (I) e baseia-se na validez de determinadas pressuposições mitológicas e rituais. Pela progressiva complexidade dos assuntos políticos e dos encargos sacerdotais, que impuseram ao rei-sacerdote mais funções do que podia executar pessoalmente, uma separação do poder monárquico e profano, do sagrado e sacerdotal tornou-se mais e mais necessária.

Também a magia funda-se no mito e no rito (M). O mago geralmente é pouco criador e apoia-se integralmente na tradição (I). Aprendeu os métodos do seu trabalho, e as correlações mitológicas, nas quais se baseia, não foram encontradas por ele, mas são transmitidas de geração a geração. Às vezes, encontra-se em posição oficial como mágico da corte (Ex 7:11); às vezes atua em função particular. A sua autoridade, no entanto, apoia-se sempre na tradição, embora não seja necessariamente institucional como a dos sacerdotes e dos reis-sacerdotes.

"R-I": Ainda faltam neste sistema as autoridades religiosas cuja expressão assume, principalmente, formas racionais. Isto não significa que o contato com as camadas inferiores se tenha perdido, nem que este tipo de representantes da autoridade se restrinja aos tempos modernos. Já em remota Antiguidade encontramos esta espécie de influência religiosa em pleno desenvolvimento. E, como já afirmamos, determinado grau de racionalização acompanha todas as formas de atuação religiosa acima discutidas.

Já discorremos sobre os teólogos; resumimos aqui meramente o mais essencial para a nossa tipologia:

O teólogo reveste a tradição por ele encontrada (I) de forma racional (R) . Nos seus representantes mais destacados a teologia está plenamente na altura dos conhecimentos e do pensamento contemporâneos com os quais pretende pôr de acordo os conteúdos religiosos. Os seus raciocínios são muitas vezes de grande originalidade, valendo-se de elevada precisão metódica. Sempre, no entanto, tem que basear-se em verdades manifestadas nas camadas inferiores de expressão religiosa (I). Elucidar estas racionalmente o quanto possível,

292 ENSAIOS FILOSÓFICOS

constitui a sua tarefa, formulá-las por meio de dogmas e doutrinas, tão coerentes quanto possível com o pensamento da época.

Aos teólogos, como teóricos, correspondem os criadores da praxe racional religiosa, que se apóiam no dogma e na doutrina: fundadores e dirigentes de ordens monásticas, associações religiosas de toda espécie, seitas e lojas. Oferecem uma organização disciplinada e normativa da vida diária a um grupo de adeptos, dispostos a tomar o ensinamento a sério.

Numerosos representantes desta variedade de autoridade religiosa são também professores excelentes. Embora muitas outras qualidades sejam exigidas de um bom professor além da capacidade de elucidar racionalmente um determinado assunto, não obstante característicos morais como amor ao aluno, compreensão dos seus problemas, paciência e resolução sejam talvez ainda mais necessários ao grande orientador e pedagogo do que o brilhantismo intelectual, fato é que toda "explicação" requer o pleno domínio da matéria a transmitir e que encontramos os grandes mestres religiosos justamente entre as autoridades que se apóiam na racionalização (R). Recordamo-nos, por exemplo, do Buda, dos gurus da Índia, de todos aqueles eminentes mentores que distinguem a teologia judaico-cristã como Agostinho, Maimônides, Tomás de Aquino etc.

"R-P": Além dos expoentes da expressão racional para os quais as verdades da própria tradição, provenientes de camadas inferiores de expressão religiosa, constituem sempre o ponto de saída, a finalidade última e, com isso, uma limitação patente, há um outro tipo de inteligência religiosa (R), que se liberta amplamente das restrições impostas pela tradição, utilizando os conteúdos das camadas inferiores, dos quais tampouco pode prescindir, de modo livre e sem prejulgamentos, aceitando-os indistintamente, sem considerar a sua origem, na medida em que podem fundamentar o seu próprio rumo de compreensão, completá-lo ou exemplificá-lo (P). Nesta classe contamos os filósofos da religião e os pesquisadores críticos e independentes das vastas profundezas da consciência religiosa. Ali encontramos inteligências poderosas de todos os países e de todas as épocas como Lao-Tse, Platão, Tagore etc., tão fundamentalmente diferentes que sejam os resultados a que chegaram.

A configuração definitiva da autoridade religiosa, o seu impacto sobre a tradição e a peculiaridade da sua influência sobre gerações posteriores, somente em parte são deduzíveis das considerações acima. Ao mecanismo da expressão religiosa juntam-se fatores determinantes que resultam da própria história, das tendências gerais de desenvolvimento que vemos prevalecer em cada época[39].

---

39. Ver supra, A Influência da História Sobre a Expressão Religiosa, p. 274.

PRINCÍPIOS DA FORMAÇÃO DE INSTITUIÇÕES RELIGIOSAS 293

Não basta analisar profetas e sacerdotes, apóstolos e teólogos como configurações específicas de dimensões diferentes da expressividade religiosa: O efeito durador da sua atuação consiste em terem-se tornado fundadores de religiões, renovadores, reformadores ou santos, realizadores ou consolidadores. Estes, porém, são títulos que somente a história universal pode conferir.

Nenhuma destas caracterizações históricas de autoridades religiosas restringe-se a determinada configuração expressiva. Entre os fundadores encontramos profetas como Maomé, Zoroastro e outros mestres proeminentes como Buda, Confúcio; pensadores como Lao-Tsé; legisladores como Moisés etc.

Que Lutero entrou na história das religiões como reformador e Francisco de Assis como santo, decorre unicamente do acento que a história deu à sua vida e à sua obra. De fato, cada reformador é um fundador que, das profundezas da sua experiência própria, após conflitos extenuantes, conseguiu criar formas de expressão religiosa mais adequadas do que aquelas com as quais se deparou; do mesmo modo todo fundador de uma religião é um reformador que recorre a concepções religiosas e procedimentos de atuação cultual existentes. Assim, o budismo pode ser considerado reforma do bramanismo, o zoroastrismo reforma da antiga adoração persa da natureza, o cristianismo reforma do judaísmo etc.[40]. Todos os fundadores e reformadores de religiões podem, à base de certos aspectos da sua vida, também ser considerados santos, exemplos realizadores e consolidadores para a sua geração.

Uma apreciação adequada da participação de fatores históricos na formação da autoridade religiosa, só se consegue por meio de um estudo das grandes tendências do desenvolvimento e das correntes históricas que se evidenciam em cada época.

Assim, também na sua expressão religiosa, o homem é criatura, cuja formação é determinada predominantemente pelo ambiente, por tradição e história; é marcado por fatores e forças que provêm de uma realidade em que se encontra envolvido sem consentimento prévio. Quando, no entanto, se tornar ciente da sua situação, quando chegar a percorrer conscientemente o trajeto que o destino lhe atribuiu, acabará por fixar o seu próprio desígnio e cooperará na elaboração definitiva da sua personalidade.

40. G. van. der Leeuw, op. cit., § 94,1.

2. Funções Religiosas da Experiência do Tempo no Pensamento Grego Clássico

INTRODUÇÃO:
DAS CONCEPÇÕES PRINCIPAIS DO TEMPO

Percebemos o tempo na transformação das coisas e no movimento dos corpos. Pois é na mudança que constatamos o "antes" e o "depois". Surge, portanto, a pergunta: Como se relacionam o movimento e a mudança com o tempo? Será este último relativo aos primeiros e, portanto, existente apenas se algo acontecer? Os que afirmam isto compreendem o tempo como "relacional", contrariamente ao conceito de um tempo "absoluto", que decorre mesmo quando nada nele sucede.

Há outro problema, no entanto: Será a sucessão que aprendemos no tempo algo que independe da apercepção humana, será o tempo, portanto, algo de "real" que também se daria se ninguém jamais dele se apercebesse? Ou, contrariamente, não passaria o tempo de uma forma de apreensão humana dos acontecimentos, portanto uma forma "transcendental" da apercepção, mesmo se necessariamente pertencesse a todos os membros da espécie *Homo sapiens*?

E, finalmente, podemos distinguir entre uma experiência "subjetiva" do tempo como duração imensurável, e sua apercepção como grandeza "objetiva", perfeitamente mensurável.

Existem, portanto, oito maneiras diferentes de conceituar o tempo, como:

Tempo real	o relacional	o subjetivo
		o objetivo
	o absoluto	o subjetivo
		o objetivo
Tempo transcendental	o relacional	o subjetivo
		o objetivo
	o absoluto	o subjetivo
		o objetivo[1]

Neste ensaio ocupar-nos-emos exclusivamente com o "pensamento grego clássico", i.e., com o pensamento aristotélico e pré-aristotélico, ainda não marcado, como o pensamento posterior, por influências orientais que partem de concepções bastante diversas do tempo que serão objeto de estudos posteriores. No pensamento grego clássico, o tempo é concebido como real, relacional e objetivo, mesmo no caso de Platão, cuja "imagem móvel da eternidade" é também algo de real e objetivo, e não apenas um produto da mente humana[2].

Além destas distinções, há no pensamento grego uma diferença fundamental entre tempo circular e tempo linear, predominando o primeiro, ficando o segundo praticamente restrito ao pensamento dos atomistas.

O TEMPO COMO FATOR ESTRUTURANTE DO MUNDO

A ciclicidade dos dias e dos anos marca profundamente a vida do homem. O eterno retorno dos períodos diurnos, mensais e anuais – "peri-odo" em grego significa "percurso ao redor" – levou o homem, segundo Platão[3], ao descobrimento do número que se constitui pelo retorno da unidade. O número, por sua vez, abre o acesso aos segredos da natureza, leva à própria filosofia. Por estes motivos o tempo cíclico apresenta-se, ao pensamento grego, como intimamente relacionado com a razão, enquanto a progressão linear parece se perder no imperceptível e no impensável do infinito, banhado na irracionalidade.

---

1. Hugh M. Lacey, *A Linguagem do Espaço e do Tempo*, trad. Marcos Barbosa de Oliveira, Perspectiva: São Paulo, 1972, p. 40. Sobre a distinção entre tempo real e tempo transcendental, ver Nicolai Hartmann, *Die Philosophie der Natur*, Berlim: Walter de Gruyter. & Co., 1950; Hedwig Conrad Martius, *Die Zeit*, Munique: Kösel Verlag, 1954.

2. Ver infra, p. 298.

3. *Timeu*, 47 A.

FUNÇÕES RELIGIOSAS DA EXPERIÊNCIA DO TEMPO...

Daí a preferência grega pela concepção cíclica do tempo. Este se concebia como relativo à periodicidade da evolução cósmica que se repetia até os seus últimos pormenores. Segundo testemunho de Eudemo de Rodes[4], os pitagóricos julgavam que as mesmas coisas, idênticas inclusive do ponto de vista numérico, se reproduzem sempre de novo.

Assim também eu voltarei a contar-lhes esta mesma fábula, com este mesmo bastãozinho na mão, e vocês sentados como agora; e todas as demais circunstâncias serão as mesmas. Há, portanto, razão suficiente para afirmar que o tempo será o mesmo, inclusive do ponto de vista numérico.

Para os pitagóricos a identidade dos períodos cósmicos sucessivos é tão rigorosa que é impossível introduzir qualquer distinção entre eles, o que seria indispensável para incluí-los como elementos distintos numa sucessão numérica. Os tempos relativos a todos estes períodos formam, de fato, apenas um único círculo. Um único é o tempo de cada um[5].

O mesmo ensina Empédocles. Em eterna repetição as mesmas coisas são produzidas e destruídas pela combinação ou separação dos quatro elementos, segundo o domínio em que se revezam o amor e o ódio, forças cósmicas todo-poderosas. Parece ser a voz de um pitagórico quando ouvimos Empédocles exclamar: "Insensatos! pois não têm pensamento de larga visão; crêem que possa nascer o que antes não era ou que qualquer coisa possa perecer e ser destruída por completo!"[6]

Encontramos a versão mais elaborada da teoria do tempo dos pitagóricos nos fragmentos de Arquitas de Tarento, amigo de Platão, matemático, filósofo, estadista e estrategista militar muito famoso na sua época. Segundo Simplício[7], o filósofo de Tarento definiu o tempo como "número de um certo movimento, ou bem o intervalo próprio à natureza do universo". O primeiro de todos os movimentos, sempre segundo interpretação de Simplício, é o movimento da Alma do Mundo[8],

4. Simplício, *Física*, 732-26, apud Pierre Duhem, *Le Système du Monde: Histoire des Doctrines Cosmologiques de Platon a Copernic*, Paris: Lib. Scientifique Hermann & Cie., 1954, v. 1, p.80, e apud Rodolfo Mondolfo, *O Pensamento Antigo*, trad. Lycurgo Gomes da Mota, São Paulo: Mestre Jou, 1964, v. 1, p. 73.

5. Cf. Helmut von Glasenapp, A Concepção Cíclica do Tempo dos Hindus e a Concepção do Tempo dos Budistas, *Die Religionen Indiens*, Stuttgart: Alfred Kroener Verlag, 1943. p. 156 e 241-247.

6. Fragmento n. 11. Ver Herman Diels, *Die Fragmente der Vorsokratiker*, Rowohlt, 1964, p. 59 e R. Mondolfo, op. cit., p. 97.

7. *Simplicii in Aristotelis categorias commentarium*. Berlim: Carolus Kalbfleisch (ed.), MCMVII, p. 350-353, apud P. Duhem, op. cit., p.81.

8. A conceituação de um movimento da "alma do mundo", que se expressa num "movimento geral do universo", parece refletir a cosmovisão neoplatônica do próprio Simplício. No entanto as palavras de Arquitas, que são citadas, referem-se apenas a uma medida absoluta do tempo, constituída pelo percurso cíclico completo do universo. O

298 ENSAIOS FILOSÓFICOS

movimento sublime que se expressa num segundo movimento, o movimento geral do universo. A duração de um ciclo deste movimento é "o intervalo próprio à natureza do universo", padrão para a medição numérica de toda e qualquer fração de tempo. O tempo que separa dois acontecimentos é o número obtido pela contagem dos percursos ou frações de percurso do "movimento geral do universo".

Platão, no seu diálogo *Timeu*, explica o mundo fenomênico de um lado como formado segundo padrões das eternas Idéias, do outro como proveniente do "Caos", do espaço incriado que, para os antigos não é um vazio, mas receptáculo, "matéria prima" para as formas. Segundo Platão a vontade divina racional do Demiurgo introduz as formas neste receptáculo e, desta maneira produz o mundo fenomênico, não do "nada" como um "Criador" mas de um material pre-existente como um "Artesão" que depende, de um lado, da qualidade dos materiais que usa, do outro, do seu padrão, da imagem do objeto que tem em mente produzir. Conseqüentemente o mundo fenomênico produzido pelo Demiurgo não pode ser idealmente perfeito, mas apenas o melhor possível nas condições prevalecentes.

Deste modo, sendo impossível levar o mundo fenomênico ao nível da imutabilidade e da eternidade das idéias, a perfeição máxima que a obra do Demiurgo pode alcançar é ser uma *imagem móvel* das imutáveis idéias. Somente um tempo circular, mensurável por um número igualmente inalterável pode corresponder a uma tal *imagem móvel da eternidade*. Simultaneamente com a formação dos céus o Demiurgo produz, portanto, uma permanente semelhança da eternidade das idéias que não conhecem multiplicidade, uma permanente semelhança em que tudo se move e muda segundo o número, ao qual damos o nome "tempo"[9]. Somente um tempo mensurável pelo número pode corresponder à "semelhança móvel da eternidade" que a informa o nosso mundo fenomênico. Pois o número mantém a sucessão presente e salva-a de total efemeridade. Enquanto as idéias permanecem sempre imutáveis, as revoluções celestiais invariavelmente eram, são e serão no tempo.

Mas o tempo, na sua mensurabilidade, não é apenas aparência passageira. Como forma permanente daquilo que nele acontece, o próprio tempo é permanentemente "semelhança móvel da eternidade", criação de uma inteligência divina, aspecto da ordem racional do cosmo. Diferentemente do "Caos", do espaço bruto, o tempo não preexiste à criação deste mundo. Plutarco confirma expressamente[10]

"ano do mundo" é parte integrante da cosmologia pitagórica, como também do pensamento antigo da Índia.

9. *Timeu*, 37 D.

10. *Questões Platônicas*, 1007E, apud, W. R. C. Guthrie, *A History of Greek Philosophy*, Cambridge: Cambridge University Press, 1962 (v. 1) e 1965 (v. 2), Cambridge: Grã-Bretanha, v. 1, p. 339.

que na opinião de Platão o tempo surgiu concomitantemente com a criação dos céus. Não existiu o tempo antes, pois não havia ordem, nem medida, nem articulação, mas apenas um movimento indefinível que constituía, para assim dizer, a matéria prima, não estruturada e informe do céu e da terra a serem criados.

A definição de tempo de Aristóteles tem certas afinidades com a de Platão e é muito próxima à fórmula do pitagórico Arquitas. Tempo é, para o estagirita, "o número do movimento com respeito ao antes e o depois"[11]. Pois "todas as coisas mencionadas" – as que existem pela natureza – "apresentam um característico pelo que se distinguem de todas as coisas não constituídas pela natureza: Cada uma possui em si um princípio de movimento e de repouso (com relação ao lugar, ao crescimento e à diminuição ou com relação à modificação)"[12]. Como número deste movimento com respeito ao antes e ao depois, o tempo seria, segundo interpretação de Duhem[13], "aquilo que permite enumerar os estados em que uma coisa em movimento se encontra, colocando-os na ordem de sucessão".

Há, no entanto, uma diferença aparentemente fundamental entre a definição de tempo de Aristóteles e a de Arquitas: enquanto Arquitas relaciona o tempo com um único e determinado movimento, o movimento "próprio à natureza do universo", Aristóteles compreende o tempo como a medida de qualquer movimento. A unicidade deste tempo que contém todos os sucessos – unicidade que para Arquitas decorre naturalmente da sua referência a um único e determinado movimento – é explicada por Aristóteles pela unicidade necessária da medida frente à multiplicidade do medido. "Pois se houver cavalos e cachorros, e sete de cada, seria ainda o mesmo número" – sete – não obstante a diferença do enumerado[14]. É evidente que posso utilizar *também,* como medida, o tempo da revolução dos céus, uma medida ideal devido à sua regularidade e imutabilidade. O erro de Arquitas, aos olhos de Aristóteles, somente podia ter consistido em encarar como constitutivo e essencial o relacionamento do tempo com o movimento dos céus, enquanto este não passava de padrão de medição que poderia ser trocado, perfeitamente, por outro.

Contudo, em várias passagens, Aristóteles reconhece a primazia causal do movimento dos céus, frente aos movimentos sublunares. Das fases de aproximação e de afastamento de um único movimento, o do sol com relação à terra, decorreram as duas fases da transformação natural das substâncias, da geração e da corrupção. Indiretamente a causa é Deus, na medida em que, como Motor imóvel, imprime mo-

---

11. *Física*, liv. IV, cap. 11, 220 a 224 e s.
12. Idem, liv. II, cap. 1, 192a 13-17, transcrito por R. Mondolfo, op. cit., v. 2., p. 52.
13. P. Duhem, op. cit. II, p.52.
14. *Física*, liv. IV, cap. 14.

300 ENSAIOS FILOSÓFICOS

vimento ao primeiro móvel – à esfera das estrelas fixas – e, por este meio, também, às demais esferas celestes, inclusive ao sol, cujo movimento corre num plano inclinado com relação à terra e, conseqüentemente, às vezes se afasta, às vezes se aproxima do mundo sublunar. Desta forma, seu movimento circular transforma-se num movimento de vaivém, cujas fases correspondem à eterna sucessão de geração e corrupção, à qual toda a natureza se acha submetida[15].

A certa altura, Aristóteles pergunta-se como, se o tempo for número, ele poderá existir sem uma alma que enumera[16]. Mas o filósofo escapa à subjetivação do tempo pela distinção entre número enumerado (*arithmos arithmetos*) e número enumerável (*arithmos arithmoumenos*), permanecendo este último enumerável, mesmo sem que uma alma apareça para enumerá-lo e transformá-lo em número enumerado[17].

Para Aristóteles o tempo é real, objetivo e relacional ao movimento e ao repouso, cujos estados sucessivos enumera. Real, relacional e objetivo é também o tempo dos pitagóricos e de Platão, como, de fato, de todo o pensamento grego clássico. Mesmo Parmênides, que terminantemente negava o movimento e o tempo[18], aparentemente referia-se, nesta sua negação ao tempo real, objetivo e relacional, ao movimento circular das esferas celestes.

Em face de tamanha uniformidade do pensamento grego clássico sobre o tempo, é realmente digna de admiração a independência intelectual dos filósofos atomistas, os quais, contra a opinião unânime dos seus contemporâneos, desenvolveram um conceito bem diferente, um tempo sem qualquer traço de retorno cíclico. Mundos constituem-se e mundos desfazem-se, mas *não há repetição deste mundo*. Enquanto os átomos, em número infinito, colidem por toda a extensão de um espaço infinito, podem ocorrer todas as combinações imagináveis de átomos; o tempo infinito não é mais relacional somente a um movimento circular mas sim a um movimento linear ou circular[19].

Uma vez admitido que, para Aristóteles e para os pitagóricos o tempo é número de movimento e este, por sua vez, princípio intrínseco da natureza, segue-se que o próprio tempo deve ser considerado elemento estruturante da natureza e do mundo. Este mesmo caráter o tempo possui também para Platão ao informar "a semelhança móvel da eternidade".

Ao participar da estruturação do mundo, a experiência do tempo se torna fator importante na separação entre mundo e sujeito, na di-

---

15. *De Generatione et Corruptione*, liv. II, cap. 10, 336a e s.
16. *Física*, liv. IV, cap. 14. 223b4-5
17. *Física*, liv. IV, cap. 12, 220b. Cf. Duhem, op. cit., II, p.51-181.
18. Fragmento n. 1.
19. W. R. C. Guthrie, op. cit., v. 2, p. 429.

cotomização da realidade em realidade objetiva e realidade subjetiva. Desta forma a experiência do tempo – ao lado de outros fatores que atuam na nossa consciência – contribui ao distanciamento de sujeito e mundo, na criação de um abismo entre a pessoa e o seu ambiente, colocando o homem à margem de seu mundo e causando o isolamento existencial da autoconsciência, isolamento que equivale, em terminologia religiosa, à "perdição". Isto cria problemas dos mais graves para o homem, existenciais e filosóficos, práticos e teóricos. A oposição "eu" – "mundo" é a oposição das oposições, o conflito dos conflitos; responsável pela dificuldade de conciliar conhecimento e realidade, liberdade e necessidade, auto-afirmação e morte.

Estas conseqüências da dicotomização da realidade em realidade subjetiva e realidade objetiva podem ser eliminadas somente pelo encontro de uma "Terceira Realidade", capaz de reunir e de reintegrar as duas realidades polarizadas ou, em terminologia religiosa, de efetuar a "redenção" do "eu" solitário, "perdido". Este encontro se dá não somente na religião, propriamente dita, mas igualmente nas demais criações da cultura humana[20].

Elucidar melhor o papel da experiência do tempo na criação e superação do isolamento existencial da consciência humana e da sua problemática, ou, em terminologia religiosa, da "perdição" e da "redenção" do homem, é o propósito deste trabalho.

O TEMPO E O "SENSO COMUM" EM ARISTÓTELES

Tempo e Conscientização do Objeto e do "Eu".

Seguramente já foi Aristóteles quem apontou certas funções do tempo na apercepção do "Senso Comum", funções que, de um lado, contribuem para a constituição de objetos como "sensíveis comuns", do outro, para a identificação de quem percebe como "percepção percebida". Portanto o tempo desempenha um papel ativo no processo de individuação e, conseqüentemente, do isolamento existencial da consciência e de todos os seus fenômenos colaterais.

"Senso Comum" não é, para Aristóteles, um sexto sentido que se acrescentaria aos cinco que o homem sabe utilizar, mas é uma sensibilidade comum a todos estes sentidos, sua natureza comum que inere a todos[21]. Pelo "Senso Comum" percebemos sensíveis que são comuns a vários dos sentidos individuais, sensíveis como o movimento,

---

20. Walter Rehfeld, *Considerações sobre a Ocorrência de Estruturas de Consciência Religiosa em Filosofia*, tese de doutorado defendida na FFLCH-USP, São Paulo, 1972, p. 240-292.
21. Sir David Ross, *Atistotle*, London: Metheun & Co., 1949, p. 140.

302 ENSAIOS FILOSÓFICOS

o repouso, a figura, a magnitude, o número ou a unidade[22] percebidos tanto pela visão, como pela audição, pelo tato etc.

"Por que possuímos mais de um único sentido?", poderia ser perguntado. Certamente para evitar que passe despercebida a pluralidade de aspectos de certos sensíveis comuns[23]. O texto passa a examinar como, na uniformidade sensual de um único sentido, as imagens de todas as coisas, as quais distinguimos normalmente pela utilização simultânea de vários sentidos, se fundiriam – por exemplo, na visão – "numa identidade indistinguível por causa da concomitância de cor e magnitude". Quem perceberia, digamos, um ser humano exclusivamente pela visão, não identificaria, com as cores e as formas visuais percebidas, justamente um homem sem ligar a estrutura em que magnitude e cor coincidem, com aquela unidade simultaneamente percebida também pelos outros sentidos, unidades que não apenas consistem de cores e linhas, mas que podem falar, apertar a minha mão ou ferir o meu peito com um punhal. Transcendendo amplamente traços meramente visuais, uma tal imagem é constituída, conjuntamente por todas as modalidades de percepção, pelas quais percebemos um ser humano. O fato que percebemos "o que é doce também pela visão" possibilita uma percepção qualitativamente pluriforme e a verificação de "sensíveis comuns" pressupondo uma percepção conjunta pelos sentidos, que possa transformar a constatação de um branco que, incidentalmente, é o filho de Cleon na plena e conscientizada percepção dessa personagem[24].

O que acontece realmente é, portanto, que o "Senso Comum", sem dispor de uma sensibilidade própria, nos proporciona, pela mediação dos vários órgãos especializados, algo que vai além do alcance de cada um em separado: a *percepção dos objetos*.

É interessante constatar neste contexto que, para Aristóteles, todos os "sensíveis comuns" como figura, magnitude, número etc. são percebidos através do movimento, "sensível comum" de certa forma privilegiado. Percebemos "a magnitude pelo movimento e, portanto, também a figura (pois a figura é uma espécie de magnitude); o que está em repouso pela ausência do movimento; o número é percebido pela negação da continuidade" [do movimento][25]. Este movimento poderia ser, na opinião de Sir David Ross, um movimento mental, considerado por Aristóteles "de modo um tanto obscuro"[26] como em proporção ao objeto que a percepção percorre. Sendo o tempo "o número do movimento com respeito ao antes e ao depois"[27] e o

22. *De Anima*, Liv. III, cap. 1, 425b, 11e s.
23. Idem, 425b, 4-10.
24. Idem, 425a, 14-27.
25. Idem, 425a, 17 e s.
26. Op. cit., p. 140.
27. Ver supra, nota 11.

movimento o meio pelo qual os demais "sensíveis comuns" são percebidos, é difícil evitar a conclusão de que o próprio tempo desempenha determinado papel na percepção dos sensíveis comuns.

Aristóteles é bem claro a respeito da importância da *simultaneidade* das impressões sensíveis de sentidos diferentes na integração do "Senso Comum". A identificação do momento de verificação de uma diferença qualquer "não é indiferente à constatação como seria se agora afirmasse que uma diferença existe sem com isso significar que esta diferença existe agora"[28]. Aristóteles percebe claramente a importância fundamental, para a apercepção dos objetos do mundo, da *simultaneidade* de constatação das várias qualidades sensíveis, da sua presença conjunta num único momento de tempo no mesmo "sensível comum". Com esta exigência de simultaneidade, o fator tempo se torna realmente constitutivo para toda objetividade, como é, igualmente, decisivo na constituição daquele que percebe, sujeito único de todas as impressões sucessivas.

Pois há uma "sensibilidade comum" a todos os sentidos pela qual percebem a sua própria percepção. "Há uma faculdade comum que acompanha todos os sentidos, pela qual o homem percebe que vê e ouve"[29]. O "Senso Comum", portanto, não apenas se apercebe dos "sensíveis comuns" e dos objetos, mas igualmente do "sentir comum", do sensório comum, do sujeito comum de todas as sensações. "Mas não se pode julgar com sentidos separados que o doce difere do branco. Ambas as qualidades discriminadas devem estar presentes a algo que é um e o mesmo [...] o que determina que duas coisas são diferentes deve ser idêntico consigo mesmo"[30]. Para Aristóteles, desta forma, por meio do "Senso Comum", o sujeito conscientiza-se da sua própria identidade e do fato que percebe com vários sentidos *ao mesmo tempo*. O mesmo vale para as comparações estabelecidas pelo pensamento. *A identidade do momento temporal* em que se "determina que duas coisas são diferentes" é *indispensável para estabelecer a identidade do sujeito* empenhado no respectivo pensamento ou na respectiva percepção. Se as impressões diferentes fossem recebidas em épocas distantes, a diferença percebida não seria uma *diferença presente* e sua constatação não exigiria *um sujeito presente*.

Diz Aristóteles expressamente: "Pois como quem afirma a diferença entre o bem e o mal deve ser um e o mesmo, assim também não é apenas por acaso que deve ser o mesmo o tempo" – o instante – "em que afirma um ser diferente do outro (como isto seria, se, por exemplo, afirmasse agora uma diferença, mas sem [querer dizer] que esta diferença existe agora). Pois não é apenas agora que o afirma, mas

---

28. Idem, cap. 2, 426b, 23 e s.
29. *De Somno et Vigília*, cap. 3, 455a,16.
30. *De Anima*, Livro III, cap. 2, 426b, 17 e s.

304 ENSAIOS FILOSÓFICOS

também agora que os objetos são diferentes". Não apenas deve ser agora que a diferença existe, mas também agora que esteja presente a pessoa que assim afirma.

O fato que percebemos objetos porque o "Senso Comum" efetua *uma identificação temporal das impressões de sentidos diferentes*; e o fato que o sujeito da sensação que percebe com todos os seus cinco sentidos, é conscientizado pela *identificação temporal dos processos sensoriais*, operada igualmente pelo "Senso Comum"; estes dois fatos estabelecem claramente *a função fundamental do tempo* na constituição de objetividade e subjetividade e, portanto, Aristóteles faz o tempo exercer *um papel básico no isolamento existencial da consciência humana,* na configuração do destino e na perspectiva trágica da vida.

É notável o grau de reflexão que encontramos nestas considerações de Aristóteles sobre o "Senso Comum". Quando o filósofo conclui que "evidentemente, conhecimento e percepção, *opinião e entendimento sempre têm algo de outro por objeto e [visam] a si (mesmos) apenas de passagem*"[31] é como se encontrássemos, com 2.300 anos de antecipação, o argumento fenomenológico de Brentano e de Husserl da "intencionalidade" do ato consciente[32].

Deus e Redenção da Temporalidade

Constatamos o notável grau de reflexão encontrado nas considerações de Aristóteles sobre o "Senso Comum". "Em outro lugar", escreve Sir David Ross, "esta atividade reflexiva é descrita como aquilo que torna a vida valiosa"[33]. Observa Aristóteles[34],

E se perceber que percebemos ou pensamos é perceber que existimos (pois existência foi definida como o perceber e o pensar [o 'ser em ato' da alma humana]); e, se perceber que se vive é, em si, uma das coisas prazerosas (pois a vida é boa por natureza, e perceber algo de bom como presente é prazeroso em si mesmo) [...] se tudo isto for verdade, da mesma forma como o seu próprio ser é desejável para o homem, assim, ou quase assim, o é o [ser] do seu amigo[35].

Se este texto identifica a percepção e o pensamento com o "ser em ato" da vida humana, então, num nível superior, a percepção e o pensamento de Deus também deverão ser concebidos como "ser em ato"

31. *Metafísica*, Liv. XII, cap. 9, 1074b 33-34
32. Franz Brentano, *Psychologie vom empirischen Standpunkt,* mit Einleitung, Anmerkungen und Register, herausgegeben von Oskar Kraus, Hamburgo: Felix Meiner Verlag. 1955, p.137 (1874, 1ª ed.). Edmund Husserl, Logische Untersuchungen, v. 2., Max Neimeyer Verlag, Halle, 1913, p. 366-367.
33. Op. cit., p. 141.
34. *Ética de Nicômaco*, Liv. IX, cap. 9, 1170a 34 e s.
35. Idem.

FUNÇÕES RELIGIOSAS DA EXPERIÊNCIA DO TEMPO... 305

de Deus, como "autoconhecimento" puro, portanto, "conhecimento do conhecimento"[36]. E, nas palavras de Aristóteles, "o pensamento divino deve, portanto, pensar-se a si mesmo (pois é o mais excelente dos objetos), o seu pensamento é pensamento do pensamento"[37].

Enquanto sensação e pensamento normalmente são diferentes dos objetos que visam, na reflexão, i.e., no pensamento do pensamento, a atividade mental e seu objeto são o mesmo[38]. Exatamente por esta razão a reflexão é superior às demais atividades da alma.

Naturalmente, também as articulações do pensamento entram no tempo, uma vez que o pensamento é movimento e, por conseguinte, possui fases enumeráveis pelo tempo. "Pois, se o tempo não existisse, não poderia haver nem antes nem depois"[39]. Se o tempo, como constatamos, exerce determinada função no "Senso Comum" no sentido de distanciar o sujeito do objeto, ele tem outra função nas atividades intelectuais superiores, ao integrar, na reflexão, apreensão e apreendido, o conhecimento e o seu objeto, como apercebidos pela reflexão.

O pensamento reflexivo é antes posse de si próprio, do que receptividade de algo alheio. "A posse", afirma Aristóteles,

antes que a receptividade é o elemento divino que o pensamento parece possuir e o ato de contemplação é o que é mais prazeroso e melhor. Se, então, Deus está sempre nesse estado em que nós nos encontramos [somente] às vezes, isto provoca a nossa admiração; e se num [estado] melhor, provoca-a ainda mais. E Deus está num estado melhor. Também a vida pertence a Deus, pois a atualidade de pensamento é vida[40]; e Deus é tal atualidade. Aquela atualidade divina que depende somente de si mesma, é vida, a melhor e a eterna. Dizemos, portanto, que Deus é ser vivo, eterno, o melhor, pois que vida e duração contínua e eterna pertencem a Deus, porquanto [precisamente] i.e., Deus[41].

A reflexão divina é eterna presença a todas as formas de apreensão e todas as formas do apreendido. Portanto, também Deus não pode ser concebido sem o tempo em que estas formas se articulam. Mas ao preencher *todo o tempo* a reflexão divina *é eterna*. Pois eternidade não é negação de temporalidade, mas superação das funções dicotomizadoras desta última pela contenção da sua totalidade, que é incomensurável com qualquer uma das suas partes e exerce, como vimos, funções totalmente opostas.

Sendo o tempo, enquanto finito, um fator de dicotomização entre subjetividade e objetividade, e o tempo como eternidade fator de integração, o tempo pode levar tanto à perdição da consciência religiosa

36. S. D. Ross, op. cit., p. 141.
37. *Metafísica*, Liv. XII, cap. 9. 1074 b, 33-34.
38. Idem, 1075a, 1 e s.
39. Idem, cap. 6, 1071b, 8.
40. Ver supra n. 32.
41. *Metafísica*, Liv. 12, cap. 7, 1072b, 23-29.

ENSAIOS FILOSÓFICOS

como à sua redenção. O tempo enquanto finito leva o homem à sua solidão existencial dentro de um mundo estranho e hostil, da mesma forma como, enquanto eternidade, entrosa consciência individual e mundo numa ordem superior.

O TEMPO COMO FATOR LIMITATIVO DA VIDA PESSOAL

Do Envolvimento da Vida no Tempo

A experiência do tempo não estrutura apenas o mundo, mas igualmente a vida do homem. Se o gênio da língua grega com a sua palavra para "ano", *eniautos*, sugere que "tudo está nele", certamente queria incluir, e com ênfase especial, a vida humana[42] e se, num sentido semelhante, a palavra latina *annus* deriva de *anus*, "anel", se o ano é compreendido como um anel que tudo encerra, a referência especial à vida humana parece evidente. Igualmente, a palavra grega para tempo, *aion*, significa, simultaneamente, "duração da vida". Como qualquer outro processo, a vida de todo ser humano enquadra-se num período temporal que se inicia e se finda com ela. "É corrente, no pensamento grego", diz Nordon[43], "a idéia de que *Chronos*, o tempo, é o companheiro do homem que com ele nasce e envelhece", o que explicaria a afirmação platônica[44] de que "a raça humana nasce duplamente com todo tempo que a acompanha e a acompanhará por todo e sempre".

O tempo pelo qual a vida se mede, apresenta ao homem também as suas limitações fatais que jamais conseguirá ultrapassar. "Instrumentos do tempo" são para Platão os planetas[45], cujo movimento circular limita e circunscreve toda vida humana.

Ao falar da geração e da corrupção como decorrentes das fases de aproximação e afastamento do sol, Aristóteles acentua o impacto que o número deste movimento tem sobre os processos naturais e, particularmente, sobre o ciclo de vida e de morte ao qual está sujeito todo ser humano. Como medida, como número do movimento, o tempo assume funções de uma limitação que é imposta ao homem inexoravelmente como destino. É o tempo que enquadra o homem no ciclo universal de geração e corrupção. O tempo assume, dessa forma, o aspecto de uma ordem inalterável que controla todas as vidas: "Daí, também, os tempos das várias espécies têm um número que os distingue; pois há uma ordem que controla todas as coisas e todo tempo

42. De "*en eautos*" = "em ele". Df. Hermippos, The Birth of Athena, apud Francis MacDonald Cornford, *Plato's Cosmology - The Timaeus of Plato*, London: Routledge & Kegan Paul Ltd., 1956, 4ª ed., p.104.

43. Die Geburt des Kindes, 1923, p.44, apud F.M. Cornford, op. cit., p.145.

44. *Leis*, 721 C.

45. *Timeu* 38-C - 39E; Cf. F.M. Cornford, op. cit. p.105 e s.

(toda vida) é medido por um período"[46]. "Período", assim nos lembramos, é um "percurso ao redor", ou seja, um círculo fechado[47].

Como acabamos de ver, o tempo é, para o pensamento grego clássico, medida e número de movimento e da mudança. Todo tempo é, pois, preenchido e jamais uma mera forma abstrata. Segundo o movimento e a mudança que nele ocorrem, todo tempo possui conotações positivas ou negativas, de geração ou de destruição. *Chronos*, o tempo, ou é *Kairos*, momento favorável à realização, ou *Ker*, hora fatal do desenlace ou da destruição. O mesmo se pode dizer, aliás, do espaço, como nos ensina o latim: Todo lugar ou é *opportunus* (Portunos – deus dos portos), literalmente próximo ao porto ou bem localizado, ou, ao contrário, *inopportunus*. Se, como dissemos, o tempo assume funções limitativas na vida humana, não devemos pensar num tempo supostamente neutro e nas suas *limitações apenas quantitativas* da duração da vida, mas num tempo existencial, no movimento e na mudança que o tempo formaliza, no bom e no ruim que necessariamente acarreta, nas *limitações qualitativas* que impõe à existência humana, como predestinação e abertura, exclusivamente para uma gama determinada de experiências. O relacionamento entre tempo e destino, a dimensão temporal do destino e as funções fatais do tempo podem ser compreendidos somente se levarmos em conta não apenas o caráter formal e quantitativo do tempo, mas igualmente as suas conotações qualitativas que marcam profundamente a vida humana.

Para o pensamento grego clássico podemos concluir, portanto: a. que a vida humana se relaciona com determinado período, percurso fechado, de tempo; b. que a vida humana é limitada e restrita pelo tempo que lhe corresponde, não apenas quantitativamente, mas também qualitativamente; c. que estas limitações e restrições são a expressão, no tempo, de uma ordem superior que, por intermédio do percurso dos planetas, dos "instrumentos do tempo", regula a vida de todo ser humano.

TEMPO E DESTINO

Equivaleria o tempo cíclico, como o encontramos no pensamento grego clássico, a um destino absoluto, com o qual o filósofo consegue pôr-se de acordo apenas mediante o seu conhecimento e sua aceitação íntima das razões que operam tudo? Teria sido a submissão compreensiva do sábio a única liberdade acessível ao grego ou teria havido outras possibilidades para a alma de libertar-se do cerco férreo do tempo, de iniciar um movimento por iniciativa própria, embora estritamente dentro das limitações do quadro das necessidades que o curso dos fatos

---

46. *De Generatione et Corruptione*, Liv. II, cap. 10, 336b.
47. Ver supra p. 296.

308 ENSAIOS FILOSÓFICOS

impõe? Haveria liberdade, não obstante a necessidade inegável, seja física, seja social? Seria esta liberdade a do herói trágico que permanece de certa forma livre, mesmo quando forças irresistíveis arruinam a sua vida? "Nós, homens, encontramo-nos numa espécie de prisão", dizia Filolao[48], "e somos apenas uma das propriedades dos deuses". Talvez esta "prisão" e este "ser propriedade dos deuses" restringiriam-se ao homem como ser físico e não alcançariam o homem como ser moral?

Se o tempo for apenas a medida de movimento e não com ele identificado – como pitagóricos e Aristóteles afirmavam – então o tempo seria apenas um aspecto de movimento e mudança, os quais poderiam apresentar outras facetas. Neste caso, não seria completa a determinação pelo tempo, do homem como ser em movimento e mudança.

Mas não apenas o tempo é destino, mas também o espaço; tanto o espaço caótico primário, na concepção platônica, ao qual o Demiurgo imprime a "Imagem Móvel da Eternidade" e que continua fazendo-se sentir como necessidade irracional dos acasos[49]; quanto o espaço ordenado, o espaço social. O fato de Aquiles ter nascido num palácio real e não na cabana de um simples pastor, constitui, sem dúvida, um momento importante de seu destino, momento que não tem nada de temporal. A "distribuição" que o gênio da língua grega vê operante quando pensa em destino, em "moira" ou em "aisa"[50], não se refere somente àquilo que, em vida, acontece a cada um de nós, em outras palavras, ao que acontece aos aspectos temporais do destino, mas igualmente ao que nos é "distribuído"; e não podemos deixar de considerar o nosso destino, a posição social e econômica em que nascemos, a língua na qual balbuciamos e a cultura em que crescemos, a paisagem em que damos os nossos primeiros passos e mesmo as características fundamentais da nossa própria personalidade. Tudo isto se liga antes ao espaço social e psicológico, do que a movimentos e mudanças mensuráveis no tempo.

Mas nenhuma face do destino apresenta-se tão inexorável como a face temporal. Nem posição social, econômica ou ecológica do homem, nem mesmo predeterminação hereditária, apresentam limitações tão chocantes quanto a limitação temporal, a limitação da vida pela morte. Portanto, sem uma visão da eternidade, em que toda limitação temporal é superada, não é possível suprimir os efeitos do isolamento e da perdição, produzidos na consciência humana por um tempo real e relacional. Somente levada ao absurdo na tragédia, a temporalidade da vida humana desemboca numa perspectiva de eternidade.

48. Fragmento. n. 119.

49. Ver supra p. 298.

50. A palavra "moira" significa a parte que recai a cada um; "aisa" tem o mesmo sentido. Cf.P. M. Schuhl, *Essai sur la formation de la pensée grecque*, Paris: PUF, 1948, p. 143.

FUNÇÕES RELIGIOSAS DA EXPERIÊNCIA DO TEMPO...   309

A Tragédia Grega

A função de destino do tempo encontrou a sua expressão máxima na tragédia grega. Não é por acaso que a tragédia dá preferência a meios temporais de comunicação: ao ritmo, à melodia, ao discurso, que se distinguem claramente de outras formas de expressão artística de característicos espaciais como cor, linha, superfície e volume, utilizadas pelas artes plásticas[51].

Na tragédia, mesmo aquilo que é constante no caráter do herói expressa-se no dinamismo da sua ação e nela manifestam-se as suas qualidades, as condições e as razões do seu comportamento; o inalterado aparece no movimento e na sua medida, no tempo, tudo evidentemente confinado a um período restrito que lhe estabelece, como à própria vida, limites intransponíveis. O efeito dramático cresce quando o enredo se comprime em apertados confins temporais[52].

O enorme impacto do tempo na tragédia grega mostra-se no alcance do tempo nos principais termos com os quais Aristóteles define esta modalidade de arte poética: Se a tragédia é chamada "imitação de uma ação", já é, como tal, colocada dentro de demarcações temporais que funcionam também como destino dos protagonistas. Para "ser séria" deve, inclusive, abrir-se à conscientização da finitude do "nosso" tempo que nos leva, irremediavelmente, à aniquilação. "Ter também magnitude" quer dizer que a ação dramática deve apresentar-se como unidade, cuja limitação temporal evoca, acompanha e acentua as demais limitações que caracterizam a insuficiência humana. Se a tragédia deve ser "completa em si", os confins que estabelece para si jamais devem ser ultrapassados, tampouco quanto os do próprio destino. Como "imitação" poética, a tragédia faz uso da forma dramática e não da narração épica. Não apenas evoca a imagem da ação por meio de palavras, mas torna-a presente e perceptível, colocando o espectador no tempo da ação dramática, como se este fosse o seu próprio tempo. Finalmente, Aristóteles inclui na sua definição da tragédia a capacidade desta última de evocar, no público, compaixão e medo para, desta forma, purgá-lo destas afecções. A vivência autêntica do tempo na sua função de destino, realmente suscita compaixão e medo[53]. A pergunta é, como pode a tragédia grega livrar o espectador das mesmas emoções que evoca. O que é, segundo Aristóteles, indispensável para evocar emoções de compaixão e de medo? A. "A mudança da sorte", explica o filósofo, "que não deve passar da miséria para a felicidade, mas, ao contrário, da felicidade para a miséria".

---

51. Aristóteles, *Poética*, cap. I, 1447a, 18-28.

52. Daí as restrições para a "unidade do tempo" que dominam no teatro clássico francês, a exemplo do grego. (Aristóteles, idem, caps. 4 e 8) discutidas por Gotthold Ephraim Lessig na sua *Hamburgisehe Dramaturgie*, seções 45 e 46.

53. Aristóteles, *Poética*, cap. VI, 1449b, 25-28.

310 ENSAIOS FILOSÓFICOS

Somente nestas condições a tragédia produzirá o medo no espectador de que algo de semelhante lhe possa acontecer também. Somente dessa forma se conscientiza da presença de perigos, não percebidos normalmente, aos quais a existência humana está entregue e contra os quais trava uma luta sem esperanças, mesmo se recorrer a toda a sua coragem e decisão. B. "A causa" – desta mudança – "não deve ser encontrada em qualquer inferioridade moral" – pois, dessa forma, o público não sentiria compaixão mas consentimento com a justiça de um castigo merecido – "mas apenas um grande equívoco"[54].

Que equivoco é este? Simplesmente o desconhecimento daquilo que o destino esconde, do que se gera às ocultas, por razões ignoradas ou ao acaso e que, nem por isso, deixará de causar impacto profundo sobre a vida humana. A simples descoberta da verdade pode abalar uma vida, como vemos no caso do rei Édipo. Daí a importância que Aristóteles atribui, na tragédia, ao encontro fatal com a verdade ou à "peripetéia", à reviravolta total da sorte[55], que se identifica como a "hora da verdade" mais que qualquer outro momento na vida.

Repetimos: Para que o espectador sinta compaixão, a desgraça do herói não deve ser merecida[56], mas decorrer de um conflito insolúvel entre sua inquebrantável vontade de auto-afirmação e forças desconhecidas que dominam a sua vida. Lutar até as últimas conseqüências é exigência da dignidade humana que, no entanto, distingue apenas a poucos, preferindo a grande maioria acomodar-se às conveniências e escolher caminhos mais fáceis. Mas o herói trágico não se dobra, nem mesmo diante da sua própria destruição[57]. Que o destino, como uma das funções do tempo, marca os limites fatais da vida humana não significa, no entanto, que aquilo pelo qual o herói luta, vive e sofre, também acabe com a sua existência, ou seja, também limitado pelo destino.

Resta compreender o significado da catarse, do efeito de "purga" que Aristóteles exige de toda tragédia bem feita, purga do medo e da compaixão, exatamente das mesmas emoções que o poeta trágico, se é um mestre na sua arte, deve suscitar com as suas obras. Como explicar esta contradição aparente? Seria a catarse um dispêndio total, com as emoções evocadas pela tragédia, de todas as reservas psíquicas do espectador, das quais nada sobraria, depois do espetáculo, para novas experiências do mesmo tipo? Ou seria a catarse um amplo desgaste emocional de energias inconscientes, aparentemente carentes de objetivos, emoções reprimidas e impossibilitadas de vazão normal,

54. Idem, cap. XIII, 1453a, 13-15.
55. Idem, cap. XI.
56. Idem, cap. XIII, 1453a, 5 e s.
57. Cf. Albin Lesky, *Die griechische Tragedie*, Stuttgart: Alfred Kroener Verlag., 3ª ed. (Trad. bras., *A Tragédia Grega*, São Paulo: Perspectiva, 1971).

que Freud reconheceu como patogênicas, pois desviadas para áreas impróprias, que causam os distúrbios somáticos conhecidos como "histéricos"? A produção pela tragédia grega de medo e compaixão, já teria logrado efeitos semelhantes ao tratamento catártico freudiano, consistindo de uma renovada evocação das verdadeiras causas destas mesmas emoções inconscientes, reevocação que possibilitasse a exteriorização, desta vez normal, das energias emotivas, cujo acúmulo inconsciente tinha sido a causa dos distúrbios?[58]

Ou, talvez, não serão as formas autênticas do medo e da compaixão que devem ser purgadas, mas formas bastardas, inautênticas, rotineiras? Há indicações nos textos aristotélicos que favoreceriam esta interpretação. Lemos, por exemplo, na *Ética de Nicómaco* : "Pois temer certas coisas é até bom e nobre e é desprezível delas não sentir medo: A vergonha, por exemplo, quem a teme é bom e modesto e quem não a teme é sem pudor"[59]. E numa outra passagem, logo em seguida, Aristóteles conclui: "É valente um homem que enfrenta e teme as coisas certas e pelos motivos certos, do modo certo e no momento certo, e que sente confiança em condições que a justificam"[60]. Deveria a tragédia, então, arrancar o homem da rotina diária e ensiná-lo a temer "as coisas certas pelos motivos certos, do modo certo e no momento certo", e eliminar o medo nas ocasiões em que nada deveria temer? Talvez a compaixão com um medo que também os heróis devem sentir liberto de uma compaixão ignóbil com o medo da covardia? É justamente por motivos triviais que mais sentimos medo na vida, medo que suscita uma forma pouco nobre de compaixão.

As fortes emoções sentidas ao presenciar uma tragédia grega não podiam deixar de produzir profundos efeitos. Afirma Werner Jaeger que a sensação de uma compaixão autêntica e de um medo genuíno como evocados na tragédia, "exige a mais alta força moral de resistência e desperta contra os efeitos psicológicos imediatos a fé no sentido último da existência, sentido este que transcende a própria morte"[61]. A catarse da tragédia consistiria, então, numa espécie de processo dialético, desencadeado pelo espetáculo: O medo e a compaixão, como evocados pela tragédia, somente seriam psicologicamente assimiláveis através da mobilização da "mais alta força moral" que deriva e se sustenta na "fé num sentido último da existência". Esta fé, por sua vez, neutralizaria as emoções de medo e de compaixão produzindo, desta maneira, a catarse.

58. A. A. Brill, *The Basic Writings of Sigmund Freud*, New York: Modern Library, 1938, p. 8, Introdução.

59. Liv. III, cap. 6, 1115a, 13 e s.

60. Idem, cap. 7, 1115b, 17 e s.

61. *Paideia*, São Paulo: Herder, p. 276, Artur M. Pereira (trad.).

312　ENSAIOS FILOSÓFICOS

Com tantas sugestões viáveis como, então, explicar a aparente contradição em que Aristóteles se envolveu ao exigir da tragédia a catarse, a libertação do espectador exatamente das mesmas emoções, as quais, segundo o mesmo texto, devem ser evocadas no teatro? As respostas que acabamos de resumir, apontam todas na mesma direção, em direção a uma "dialética do limite".

A experiência do tempo na tragédia grega é experiência de limite, não apenas num sentido quantitativo, determinando a duração da vida humana e de cada uma das suas peripécias, mas igualmente num sentido qualitativo, predestinando o homem a determinadas vivências e excluindo-o de outras.

Toda experiência de limite, no entanto, está sujeita a certa dialética: "Esta é a dialética do limite: O limite somente existe ao superar-se", ou em outras palavras: Todo limite aponta, necessariamente, para além de si mesmo; de outra forma não seria limite. "O que torna 'limite' um limite, sempre já inclui aquilo contra o que delimita o limite do ilimitado"[62]. A experiência do tempo como experiência de um limite evoca, portanto, de um lado a consciência da limitação, do outro lado a consciência do "além do limite" para onde o tempo como limite necessariamente aponta.

A "dialética do limite" faz, portanto, com que a experiência do tempo como destino apresente, na tragédia e na vida humana em geral, uma função dupla: a. conscientiza o homem das suas limitações inexoráveis de ser humano, apresenta-lhe a sua "perdição existencial"; b. dá-lhe a certeza de que algo se encontra além das suas limitações, em cujo âmbito medo e compaixão perdem todo o sentido. A mesma experiência do tempo evoca, como destino, emoções de medo e de compaixão, emoções que criam uma consciência de "perdição existencial", como produz, igualmente, a catarse, a redenção destas emoções pela referência a um "além do limite", onde cessa toda restrição. *Assim delineiam-se, na dinâmica da tragédia grega, os traços essenciais da dinâmica da própria consciência religiosa*[63]. Em outras palavras, a tragédia confronta o espectador com o seu destino, evocando nele emoções de medo e de compaixão, em termos religiosos conscientiza-o da sua "perdição"; como também assegura à sua consciência solitária o entrosamento numa totalidade que se encontra além de todas as limitações do destino, em termos religiosos promete-lhe a sua "redenção" na inesgotável corrente de vida pulsante que não apenas destrói, mas também eterniza, dilacera e faz ressurgir, como

---

62. Cf. Hans-Georg Gadamer, *Wahrheit Und Methode*, Tübingen: J. C. B. Mohr (Paul Siebeck), 1972, 3ª ed., p. 326.

63. Para as estruturas da consciência religiosa caracterizadas pelos conceitos de "perdição", "redenção", e "Terceira Realidade", ver supra, p. 301.

FUNÇÕES RELIGIOSAS DA EXPERIÊNCIA DO TEMPO...

mostra, com o seu próprio exemplo, o deus Dionísio a quem o teatro grego estava consagrado.

Para os gregos o teatro havia sido um santuário consagrado ao deus Dionísio e as tragédias correspondiam ao ritual sacrificial celebrado em outros templos. Como em qualquer sacrifício oferecido no altar de alguma divindade, o ofertante vê-se representado pessoalmente pela vítima sacrificada. Assim também no teatro o espectador grego se via representado pelos heróis do drama. O medo e a compaixão que sente ao ver tanto sofrimento são, de fato, o medo e a compaixão que ele deveria sentir frente ao seu próprio destino. Obtém, por representação, o resgate da sua dívida para com a vida, reino soberano do deus Dionísio e, ao mesmo tempo, a libertação de emoções opressivas, vinculadas a uma dívida até então não resgatada.

Também a catarse por representação equivale a uma "redenção" por passagem de limites. Da mesma forma como para o herói trágico a liberdade nasce, mesmo na mais absoluta das limitações, por uma determinação moral inquebrantável que transcende todas as barreiras, assim também o sente o espectador. Novamente por força do caráter dialético da vivência do destino como limite, a "redenção" se dá pelo menos tanto por causa da implacabilidade do destino, quanto contra ela.

Mas a tragédia não evoca apenas poderosas emoções de grande impacto sobre a consciência do cidadão, proporciona também conhecimento profundo acerca da realidade da vida. Pois um dos métodos mais eficientes para compreender é a imitação, a colocação da própria pessoa no lugar de outro: "A imitação", afirma Aristóteles, "é natural ao homem desde a sua infância, e uma das suas vantagens sobre os animais inferiores é precisamente o fato de que é a criatura mais imitativa do mundo e começa a apreender pela imitação"[64]. E, logo em seguida, o filósofo acrescenta: "Apreender algo é o maior dos prazeres, não apenas para os filósofos, mas também para o restante da humanidade, tão pequena que seja a sua capacidade para tanto".

Conseqüentemente, a imitação que se processa na tragédia produz valiosos conhecimentos de verdades e valores que fundamentam a realidade humana e cósmica. E estes conhecimentos contribuem também com sua parte para a integração da consciência individual nos contextos eternos da razão universal que informa os mundos. Desta forma, não apenas emotiva, mas também cognitivamente, a tragédia aplica ao homem a "dialética do limite", conscientizando-o da sua fatal limitação pelo destino, constituída pelo mundo que o confronta, mas igualmente assegura-lhe acerca de algo que deve existir além dos limites e possibilitar a sua integração em contextos superiores que, segundo a eterna necessidade cósmica, regem os universos.

---

64. *Poética*, cap. IV, 1338b, 4-8 e 13-15.

ENSAIOS FILOSÓFICOS

CONCLUSÃO: FUNÇÕES RELIGIOSAS DA EXPERIÊNCIA DO TEMPO NO PENSAMENTO GREGO CLÁSSICO

Vimos como, segundo Aristóteles[65], o "Senso Comum" nos faz perceber objetos ao efetivarmos a identificação temporal das impressões recebidas por diferentes órgãos de percepção sensível; como, de outro lado, o sujeito das percepções é conscientizado ao percebermos, *simultaneamente*, com os nossos cinco sentidos. Nesta dupla função de identificação temporal consiste o papel, exercido pela experiência do tempo na constituição, tanto[66] do mundo objetivo, como do sujeito que dele se apercebe.

Sendo o tempo, "o número do movimento" e sendo o movimento princípio intrínseco da natureza, o tempo é elemento estruturante da natureza e do mundo objetivo, que o sujeito enfrenta[67]. De outro lado o tempo limita a vida humana e lhe impõe restrições, não somente quantitativas, mas igualmente qualitativas, por meio dos seus "instrumentos", os planetas em percurso ininterrupto[68].

Estruturando dessa forma a natureza e a própria vida humana, o tempo é um dos fatores responsáveis pela *dicotomização da realidade* em objetividade e subjetividade, dicotomização esta que provoca o isolamento existencial do "Eu". Assim a experiência do tempo participa, relevantemente, na criação da consciência religiosa, seja, como foi apontado[69], na formação da sua problemática, seja na sua superação; ou, em termos propriamente religiosos, a experiência do tempo tanto leva à "perdição" como à "redenção" da alma humana.

Na tragédia grega a experiência do tempo é claramente experiência de limitação, não somente num sentido quantitativo, mas igualmente num sentido qualitativo: o tempo específico de uma vida humana predestina-a a determinadas vivências, excluindo-a de outras. Como toda experiência do limite, obedece a certa dialética: Somente há limite quando este coloca a sua própria superação; ou, em outras palavras: Todo limite aponta, necessariamente, para além de si mesmo[70].

A dialética do limite implica, portanto, em que a experiência do tempo como destino assuma, na tragédia grega, e na vida humana em geral, uma dupla função: conscientiza o homem das suas limitações inexoráveis de ser humano, confronta-o com a sua "perdição" existencial; de outro lado, dá-lhe certeza também que algo se encontra

---

65. Supra p. 301-304.
66. Ver supra p. 305.
67. Ver supra p. 301.
68. Ver supra p. 307.
69. Ver supra p. 301 e 308.
70. Ver supra p. 313.

além das suas limitações, em cujo âmbito o medo e a compaixão da "perdição" humana deixam de ter qualquer sentido.

O conhecimento da realidade humana que a "imitação" (*mimesis*) proporciona, contribui consideravelmente não apenas para a compreensão das limitações às quais toda pessoa humana está sujeita, mas igualmente, segundo a "dialética do limite", para a visão da pertinência da mente individual a um contexto eterno de ordem universal.

Aproxima-nos este conhecimento à reflexão divina que é eterna presença a todas as formas de apreensão e do apreendido. Como contexto eterno, Deus também não pode ser concebido sem o tempo em que estas formas se articulam. Mas ao preencher todo o tempo, a reflexão divina se dá na eternidade.

Conseqüentemente, enquanto finito, enquanto limitação, o tempo é fator de dicotomização entre subjetividade e objetividade. Um tempo sem limites, como eternidade, é fator de integração. Daí a função dupla da experiência do tempo: Leva à "perdição" da consciência religiosa, assim como à sua "redenção".

3. Atitudes da Nossa Geração para com a Religião

Em poucas épocas da história humana, talvez em nenhuma, o problema da religião foi debatido com maior fervor do que em nossos dias. As igrejas vêem no progresso do marxismo ateísta um perigo iminente para a própria existência, enquanto nas sociedades que se regem pelo sistema marxista-leninista, especialmente na Rússia, a sobrevivência de fortes ligações com a tradição religiosa causa a apreensão dos ideólogos oficiais, que consideram este fato como conseqüência perigosa de falhas na campanha de esclarecimento ideológico.

Para nós judeus o tema da religião é de importância especialíssima, pois, não obstante as tentativas de determinados setores para encobrir os fatos, historicamente, nem o judaísmo nem Israel existiriam hoje, não fosse a maravilhosa fidelidade dos judeus à sua religião; e, essencialmente, não é possível cogitar de cultura judaica, em seus aspectos filosóficos, éticos, literários ou artísticos, que não esteja profundamente influenciada por sentimentos religiosos.

Para compreendermos melhor o alcance deste debate, é proveitoso passarmos em revista a recente evolução das atitudes, negativas tanto como positivas, para com a religião.

Até meados do século XVI a religião e a providência universal de Deus constituíam ponto pacífico; não foram postas em dúvida, nem pelas descobertas científicas revolucionárias do século XV, de um Copérnico ou de um Galileu. Na segunda parte do século XVI, no entanto, surge um movimento de forte repulsa à especulação metafísica, até então dominante, com tendências de retorno à experiência simples e aos postulados do senso comum. É o Iluminismo que, tomando a sua origem na Inglaterra com pensadores como Locke e Shaftesbury, de pronto entra triunfalmente nos círculos intelectuais franceses, desfrutando do prestígio de Henri Beyle e Voltaire, dos grandes enciclopedistas, entre eles Diderot. Enquanto na França as idéias iluministas constituíram o núcleo ideológico da Revolução Francesa, na Alemanha, onde o Iluminismo também penetrou – no pensamento de Leibniz, Wolff e outros – não assumiu, todavia, feições revolucionárias.

O racionalismo radical dos iluministas começou por dissolver os dogmas religiosos como não compatíveis com o senso comum. Pregou-se uma "religião natural", baseada nos princípios de ordem que regem a natureza, e nas normas morais que deviam orientar as ações do homem. Do conceito de uma religião natural até o ateísmo puro, o passo é pequeno, afirma o grande astrônomo Laplace, contemporâneo de Kant que, como cientista, não necessita mais da "hipótese de Deus" para fundamentar as leis da natureza; do mesmo modo, os enciclopedistas dispensaram-na para base da estrutura moral.

As diferentes formas de ateísmo, que encontramos muito em voga pelo fim do século XIX, relacionam-se todas com as idéias do Iluminismo.

As ciências, grandemente estimuladas pelo espírito racional do Iluminismo, tomam, nos séculos XVIII e XIX, um ímpeto nunca visto antes. Os princípios da mecânica, que tão bem serviram para a elaboração das leis mais importantes da física clássica, como da lei da gravidade, da termodinâmica e do eletromagnetismo, chegaram a ser considerados fundamentos ontológicos de toda realidade: De postulados muito úteis para determinados trabalhos científicos (não para todos), chegaram a constituir dogmas de fé, em cuja aplicabilidade irrestrita acreditava-se cegamente. O dogma mecanicista substituiu os velhos dogmas religiosos, sem dar-se conta do papel que a fé desempenhava na sua aceitação incondicional e universal, nem da vulnerabilidade que apresentavam à verdadeira crítica científica. É evidente que um mecanismo deste tipo excluía toda realidade divina.

Ao dogma mecanicista corresponde, nas ciências do homem, o materialismo antropológico, caracterizado pelo título que um dos seus representantes mais destacados, Lamettrie, deu a uma das suas obras básicas: *L'homme machine*. Em plena consonância com o espírito do dogma mecanicista, o materialismo antropológico trata de reduzir a psicologia à fisiologia, esta à bioquímica para chegar, em última instância, às leis da física.

O etnocentrismo é outra conseqüência deste tipo de raciocínio. Para o positivismo, o racionalismo mecanicista é a última palavra no desenvolvimento da consciência humana. Assim, Comte formulara a lei dos três estados, classificando as sociedades humanas conforme o grau do seu desenvolvimento: O estado teológico, como o mais primitivo, é

ATITUDES DA NOSSA GERAÇÃO PARA COM A RELIGIÃO 319

seguido pelo estado metafísico, até que a sociedade humana chegue, finalmente, ao estado positivo que é o nosso, que nos serve como medida de maturidade de todos os outros. "A religião é tratada, nos livros de ciência etnológica, como um ramo de cultura muito significativo para o estudo de civilizações primitivas e do folclore de todos os povos. É de pouca importância, no entanto, para o próprio antropólogo que não tem mais necessidade de tais teorias". Eis um pronunciamento típico de um proeminente etnólogo contemporâneo.

Outro golpe na consciência religiosa foi desferido por Darwin e pela sua obra. A teoria da evolução proscreveu como contrárias à ciência as lendas bíblicas da criação do mundo, do homem e dos seres vivos. Baseou a evolução das espécies numa impiedosa luta pela sobrevivência, de todos contra todos, num sofrimento infindável. "Parece-me", escreve Darwin a um amigo, "haver tanta miséria no mundo! Não posso convencer-me que um Deus benevolente e todo-poderoso tenha criado os *ichneumonidae* (certos marimbondos), destinando-os intencionalmente a alimentarem-se dos corpos vivos de taturanas, nem os gatos a brincarem com os ratos".

E, finalmente, surge no século XIX o materialismo histórico de Marx e Engels, que reduz todos os fatos importantes da história, todos os aspetos culturais da existência humana, às leis da produção da sociedade. Filosofia, arte e religião não passam de uma superestrutura da realidade econômica. A sociedade humana desenvolve-se conforme uma dialética inerente ao progresso social que não tem nada que ver com planificação divina. A concepção de Deus, necessária em certos estágios, não se precisa mais em nossos dias, devido aos conhecimentos que adquirimos da realidade social e do seu desenvolvimento em função das leis da economia.

Mas enquanto todas estas atitudes negativas para com a religião se desenvolvem e atingem o seu auge pela visão do século, já começa, cedo, a aparecer a reação. Esta manifesta-se, antes de mais nada, na forma de uma certa insatisfação pelas limitações do racionalismo iluminista, do positivismo e do dogmatismo cientificista que tantos problemas deixam sem solução. Exige-se uma melhor compreensão dos fatores irracionais constituintes da situação do homem no mundo.

Novos rumos traçam-se na filosofia em que o racionalismo perde o seu papel de orientador exclusivo do homem. Ao contrário do pensamento romântico que tende a distanciar-se das trivialidades cotidianas, homens como Nietzsche, Kierkegaard e os filósofos existencialistas mantêm-se bem próximos à realidade que pretendem captar melhor do que os racionalistas, compreendendo e dando a devida importância à opacidade da existência humana e do mundo de fatos que não se dissolvem em fórmulas racionais.

O subconsciente já é descoberto pela filosofia romântica meio século antes que a psicanálise se tenha valido deste conceito. Esta, no

320 ENSAIOS FILOSÓFICOS

entanto, reimpõe, definitivamente, a autonomia dos processos psíquicos que são investigados de acordo com as suas estruturas próprias, cuja elucidação não se consegue pela mera redução a uma realidade totalmente diferente, a da fisiologia.

Na própria física, a validade universal da causalidade absoluta foi abandonada, impondo-se, em certos domínios da física nuclear, o método estatístico em substituição de um raciocínio puramente causal que, desta maneira, é reconduzido ao nível de um método, entre outros, de investigação científica e despojado da sua auréola de dogma básico de todo pensamento científico.

A filosofia de Bergson teve um grande impacto sobre as concepções evolucionistas. Tornou-se duvidoso se a progressiva complexidade e o aperfeiçoamento dos organismos podiam ser explicados unicamente pelo seu valor pragmático, pela subsistência do melhor adaptado à luta pela sobrevivência. Certas linhas ininterruptas de desenvolvimento são por demais claras para recomendar esta conclusão. O conceito bergsoniano do *élan vital* e concepções neolamarckianas são novamente contemplados com toda seriedade.

Nem o materialismo histórico ficou incontestado. As pesquisas sociológicas de Max Weber estabeleceram a influência de idéias religiosas sobre a forma de produção econômica, i.e., o inverso do que é proclamado, com validade irrestrita, pelo marxismo.

Paralelamente a antropologia moderna descobre o "relativismo etnológico" (Ruth Benedict). Este pretende que toda cultura é uma elaboração legítima de uma das inúmeras possibilidades de criação humana. Não há critérios válidos que nos permitam falar de "culturas primitivas" ou "culturas evoluídas". A mentalidade pré-lógica, que Lévy-Bruhl inicialmente presumia peculiar às culturas primitivas, foi encontrada pelo mesmo pesquisador nas nossas sociedades modernas, do mesmo modo que se provou a existência de uma "mentalidade lógica" em sociedades que ainda possuem o totemismo. Em todos os estágios do desenvolvimento diversas mentalidades coexistem, variando, de sociedade para sociedade, a proporção de importância que cada tipo de mentalidade assume.

Existem, portanto, expressões de religiosidade em cada sociedade, mesmo nas sociedades socialistas. Nestas muitas vezes a falta de meios diretos de expressão provoca a canalização da religiosidade através de práticas supersticiosas, transplantando o ritualismo e a proliferação de mitologias para o campo político que de mais perto toca a estas ideologias.

Todas estas considerações, favoráveis ou desfavoráveis às convicções religiosas, não deixaram de exercer profunda influência sobre o próprio pensamento religioso. O universalismo antropológico e psicológico penetra na religião, destruindo progressivamente o particularismo religioso, realçando a exigência de uma expressão especifi-

ATITUDES DA NOSSA GERAÇÃO PARA COM A RELIGIÃO

camente adequada e, portanto, legítima para qualquer comunidade ou nação. Uma pluralidade de formas válidas de expressão religiosa se impõe. Revelação e experiência religiosa não podem ser consideradas privilégios nacionais ou históricos. Descobre-se uma fenomenologia religiosa que se estende a toda a humanidade.

O judaísmo não pode manter-se alheio a estas tendências fundamentais da consciência religiosa de hoje, se quiser cumprir a sua parte na formação religiosa de uma humanidade futura. E, definitivamente, pela natureza dos seus ensinamentos, poderia até tomar a vanguarda de um tal movimento. A condição de Israel como "povo eleito" deveria consistir na exemplificação de como viver a Lei Universal de Deus a seu próprio modo. Conforme o *Midrasch*, Deus ofereceu a "eleição" a muitos povos antes de propô-la a Israel, mas somente este a aceitou com todas as obrigações que implicava. Ora, as ofertas de Deus são eternas e ainda hoje devem estar em pé. Isto o povo judeu deve mostrar ao mundo.

4. Ensaio Sobre a Religiosidade*

> *Quando se faz a crítica da religião, percebe-se o que a religião tem de especificamente religioso?*[1]
>
> HENRI BERGSON

CONSIDERAÇÕES PRELIMINARES

Religiosidade e Religiões

O que se cristaliza no fluxo da história continua sujeito a transformações. Tiveram que ceder infalivelmente a novas idéias até aqueles conceitos do harmonioso e do belo, do verdadeiro e do bom que foram tidos por muito tempo como absolutos e válidos para sempre, com o seu cunho inconfundível das eras mais brilhantes de grandes culturas do passado. Também as religiões são estruturas formadas por processos históricos e, como tais, não escapam à continuidade da evolução.

Podemos facilmente testemunhar em nossos dias, ricos como poucas épocas em mudanças violentas e alterações profundas da escala de valores, como religiões antigas e tradicionais perdem a sua força de atração a favor de movimentos novos, religiosos ou pseudo-religiosos.

Muitas vezes as crises que sobrevieram às religiões históricas foram tomadas por crises da própria religiosidade. No entanto, religião e religiosidade são coisas muito distintas. Aquela é a expressão concreta

---

* O autor faz as citações em sua língua original. Para facilitar a leitura em português, inserimos a tradução no corpo do texto e deixamos em nota de rodapé a transcrição do original. (N. da E.)

1. Quand on fait la critique ou l'apologie de la religion, tient-on toujours compte de que la religion a de espécifiquement religieux?

324 ENSAIOS FILOSÓFICOS

de experiências religiosas, de indivíduos tanto como de grupos, sempre sujeita, como fenômeno histórico, a contínuas modificações; esta, ao contrário, sendo a própria experiência religiosa, constitui parte integrante de toda experiência humana, um dos assim chamados aspectos universais da antropologia, com característicos constantes através dos tempos e dos espaços. Mudam as crenças e os dogmas assim como os conceitos científicos, sujeitos como são ao progresso do conhecimento, enquanto a predisposição para experiências religiosas assim como a curiosidade científica e o desejo de experimentar são coisas tão antigas como a própria humanidade. "Pelo fato de nossos ancestrais cometerem tantos erros e misturá-los com sua religião, disso não se segue que abandonaríamos totalmente a religião"[2].

Todo tipo de atividade cultural baseia-se em dois fundamentos: Uma aptidão específica da natureza humana que a capacita para determinadas obras; uma certa estruturação do meio ambiente físico sem o qual tais atividades não seriam possíveis. Por exemplo: Sem o dom da musicalidade o homem não teria jamais chegado a fazer música. Mas igualmente toda música seria impossível sem as leis da acústica que fazem parte da realidade física. Da mesma forma, sem o talento especial do homem de organizar, estruturar e harmonizar contornos no espaço, não haveria arquitetura; esta, no entanto, também seria impossível sem as leis da estereometria que regem a extensão tridimensional.

Da mesma maneira pode-se argumentar referente às religiões. Sem uma sensibilidade especial, profundamente enraizada na natureza humana, as religiões nunca teriam surgido; mas, tampouco, existiriam, sem determinadas condições da realidade a que fazem referência e das quais haveremos de tratar mais pormenorizadamente.

Todas as religiões históricas têm por base, de um lado, a religiosidade, uma das propriedades fundamentais da natureza humana, cujo estudo, portanto, cabe à antropologia; de outro, certos fatos da objetividade que entrariam no escopo dos estudos ontológicos. Por isso, a religiosidade e os seus determinantes objetivos só podem ser tratados por uma antropologia filosófica; nunca deveriam ser matéria da teologia, como o foram por muitos séculos. Pois a teologia sempre parte dos princípios de uma religião histórica particular.

Uma vez que as religiões históricas e os seus característicos peculiares não podem ser compreendidos sem considerar, na apreciação do seu desenvolvimento, os respectivos fatores históricos nos seus aspectos culturais, sociais e econômicos, todas as religiões podem ser encaradas com igual acerto sob o prisma das ciências culturais, da sociologia e da economia; ao lado, naturalmente, de uma sistematiza-

---

2. "It does not follow, because our ancestors made so many errors of fact and mixed them with their religion, that we should therefore leave off being religious at all". William James, *The Varieties of Religious Experience*, Lecture xx: Conclusions.

ENSAIO SOBRE A RELIGIOSIDADE

ção teórica, a teologia está intimamente ligada, geralmente, a alguma fundamentação metafísica.

Às vezes, em generalizações gratuitas, é afirmado que a religião se forma principalmente em sociedades menos evoluídas; que ela pressupõe, até certo grau, a ausência de uma orientação científica, a ignorância da realidade e a conseqüente falta de segurança perante as forças incompreensíveis da natureza; quando se postula que, embora de valor indiscutível para o etnólogo nas suas pesquisas das culturas primitivas e do folclore de todos os povos, a religião seja de pouca significação para a própria pessoa do investigador que "não precisa mais de tais ensinamentos"[3], neste caso confundiu-se a religião como religiosidade expressa em geral, com as religiões históricas, pois somente estas últimas elaboraram "tais ensinamentos", em relação aos quais o nosso etnólogo moderno sente tanta elevação. Se ele, no entanto, tivesse progredido de uma descrição minuciosa de milhares de facetas de um sem-número de culturas, para uma apreciação antropológica dos fatos, ou seja, para uma compreensão das leis universais da natureza humana que estão na raiz de todas estas formas de religião, não alimentaria mais dúvidas de que, geração após geração, precisa estruturar as suas experiências religiosas dentro da sua respectiva atualidade, i.e., que deve, sempre de novo, criar religião.

As religiões históricas são passageiras, a religiosidade, porém, encontramos onde existem homens. Tendo sido esta a força motriz em todas as religiões, não é mais do que lógico que a ciência comparada das religiões apontasse como universais justamente aqueles elementos que pertencem à religiosidade e não a determinadas religiões, tão importantes que fossem na sua conjuntura histórica.

Religiosidade e Fé em Deus

Muitas vezes ouvimos: Não sou religioso porque não tenho fé em Deus. É correta esta inferência? Terão, de fato, sentido idêntico os termos "arreligioso" e "ateísta"?

O homem que não crê em Deus não precisa, por isso, ser arreligioso. Assim temos que concluir da evidência histórica, que nos apresenta diversas religiões que não se baseiam na fé em Deus ou em deuses. Se existem importantes congregações as quais encontram plena satisfação dos seus anseios religiosos, sem, necessariamente, recorrerem ao conceito da divindade, este último, conseqüentemente, não pode ser tido como indispensável para todo e qualquer tipo de religiosidade.

---

3. David Bidney, The Concept of Value in Modern Anthropology, em Alfred Louis Kroeber (ed.), *Anthropology Today*, Chicago: University of Chicago Press, 1953.

326 ENSAIOS FILOSÓFICOS

É verdade que para nós, formados pelas culturas européias, uma religiosidade sem Deus parece bem estranha, pois a Europa nunca conheceu uma religião sem divindades.

Muito diferentes, a este respeito, são as culturas asiáticas, para cuja religiosidade a referência a um ou a múltiplos deuses nem sempre foi necessária. Até o próprio Buda não atribuiu maior importância aos deuses. É bem documentado que, conforme o seu pensamento, somente a corrente ininterrupta do porvir é eterna, fora dela nem a alma dos homens, nem os deuses[4], o que não impediu que os seus sucessores, como que zombando das próprias palavras do grande mestre, proclamassem-no Deus. Quem, no entanto, ousaria negar que Buda, um dos maiores iniciadores religiosos de todos os tempos, tivesse sido religioso?

Encontramos um caso análogo no jainismo que, como o budismo, tem as suas raízes numa antiquíssima filosofia ateísta da índia, no *Sankhya*.

É mais do que duvidoso se os conceitos de Brama e Atma, que representam o que há de mais profundo e original no pensamento religioso hindu, podem ser equiparados a uma concepção de Deus. Certo é que não equivalem a um Deus pessoal como o concebem os teístas, ainda que possamos admitir uma comparação com preceitos panteístas. Assim encontramos também na identificação com o Brama-Atma uma forma não-teísta de religiosidade. De maneira análoga poderíamos argumentar quanto ao Tao de Lao-Tse.

Nem Kung-Fu-Tse (Confúcio) considera alvo superior das aspirações humanas a existência de boas relações do indivíduo com seu Deus. Liga o homem decididamente à sociedade e aos seus deveres terrestres[5].

Temos, porventura, o direito de negar a homens e doutrinas, que sempre foram considerados eminentemente religiosos, o atributo da religiosidade, unicamente porque não são dominados pela concepção de um Deus?

Neste contexto muitas religiões primitivas deveriam ser mencionadas ainda que não tivessem chegado a desenvolver uma concepção de Deus. Não obstante, a ação de forças superiores é claramente percebida, com cujos efeitos benignos ou malignos é preciso contar a cada momento. Será que a ampla escala de paixões que esta dependência engendra, não pode ser denominada de religiosa, somente pelo fato de que não se adoram nem Deus, nem divindades? Contudo não existe reação mais imediata e genuína aos poderes incompreensíveis que a manifestada pelo homem primitivo. "A vinculação de importância indevida para a concepção de divindade tem freqüentemente induzido à exclusão longe do domínio religioso de: 1. Fenômenos em estágio primitivo como ente

---

4. *Tevija Sutta*, § 14-15.
5. Richard Wilhelm, Introdução, em *Kung Fut se Gespraeche [Lun Yü] Aus Dem Chinesischen Verdeutscht und er Läutert*, Jena: Eugen Diedrichs Verlag, 1921.

mágico, embora sejam eles caracteristicamente religiosos; e 2. Budismo e outras formas elevadas de salvação e pietismo que não envolvem uma crença em Deus"[6].

Religiosidade e Moral

Na maioria das religiões históricas a lei religiosa e o código moral acham-se em correlação tão íntima que não devemos admirar-nos da facilidade com que são confundidos ou identificados; e já que não possam ser tidos como a mesma coisa, é opinião bem difundida que, pelo menos, provêm da mesma origem, de uma única particularidade da natureza humana, divergindo somente na aparência. Assim, o ateísta que não pode mais crer em Deus, freqüentemente atribui-se o mérito de preservar a essência da religião, reconhecendo e praticando determinadas normas morais com ela tradicionalmente ligadas.

Não faltam, tampouco, tentativas teóricas de fundamentar a religião na moral (ver Auguste Sabatier) ou a moral na religião, fazendo depender o conjunto das prescrições morais de uma revelação divina.

Enquanto as religiões históricas muitas vezes englobam determinada ética, religiosidade e moral não são idênticas nem derivam da mesma fonte. Há religiosidade que não é moral e numerosos preceitos morais que não se baseiam em nenhum elemento religioso.

Basta pensar nos deuses de Homero e Hesíodo para admitir que um adúltero como Zeus, uma esposa cegamente ciumenta como Hera e um brincalhão ébrio e sedutor como Baco, terão forçosamente que fechar os olhos perante a insuficiência moral dos seus adoradores. O funesto casal divino hindu, Shiva e Kali, não recua da destruição mais brutal. Até o Deus dos hebreus, em regra altamente moral, pode, às vezes irado e zeloso, rejeitar toda inibição ética e, por exemplo, mandar Saul eliminar os seus inimigos, os amalequitas, sem poupar mulheres, crianças, gado ou propriedade, sem mostrar piedade ou simpatia. Os relatos do sacrifício de Isaac ou da apropriação indevida da bênção paterna por Jacó em detrimento do seu irmão Esaú, são outros exemplos bíblicos de clara divergência entre a exigência religiosa e a moral.

A caracterização das divindades dos mais diversos povos poderia ser citada para provar que os homens em todos os tempos aceitaram os seus deuses tradicionais, sem lhes exigir um atestado de antecedentes morais nem lhes demandar que garantam a ordem moral[7].

---

6. Ver Nathan Söderbloom, Holiness, *Encyclopedia of Religion and Ethics*: "The attaching of undue importance to the conception of Divinity has often led to the exclusion from the realm of religion of 1. phenomena at the primitive stage as being magic, although they are characteristically religious; and 2. Buddhism and other higher forms of salvation and piety which do not involve a belief in God".

7. Henri Bergson, *Les Deux Sources de la Morale et de la Religion*, p. 217.

328 ENSAIOS FILOSÓFICOS

Do outro lado, pode-se estudar o pensamento ético de muitos dos grandes filósofos antigos e modernos, sem neles encontrar qualquer premissa religiosa. É verdade que a moral não se baseia unicamente no raciocínio ético, como a religião histórica não pode ser explicada somente pela religiosidade. Contribuem para ambas, em proporção considerável, as idéias coletivas que distinguem uma sociedade, as suas condições culturais, sociais e econômicas, as quais, grandemente, não têm relação alguma com a motivação religiosa.

Não obstante a conclusão a que chegamos, de que a moral se alimenta de muitas fontes que não têm nada a ver com a religiosidade, não é possível escapar à evidência de uma enorme influência que esta última, enquanto com a sua vitalidade autêntica, sempre exerceu sobre a moral. A religiosidade, por sua própria natureza, imprime o seu cunho à vida, à rotina cotidiana, tanto quanto à relação dos momentos festivos. Deve, portanto, representar um fator importante na formação das normas morais que determinam as nossas atitudes. Como já foi muitas vezes observado, até a moral do comunista, com a sua dedicação irrestrita a favor do que acredita ser o fundamento da justiça social, evoca o idealismo messiânico dos profetas e não carece, evidentemente, de um elemento tipicamente religioso, apesar do ceticismo teórico relativo às diferentes teologias e da apreciação negativa do papel das religiões no desenvolvimento da sociedade, próprios ao materialismo histórico.

No fundo, a religiosidade pura permanece transcendente a toda moral e ao raciocínio ético. Encontra a sua motivação na estrutura existencial do homem, na sua feição antropológica e nas implicações ontológicas da sua condição de ser consciente (ver o subtítulo *Religiosidade e Religiões* deste ensaio).

A Descoberta da Religiosidade

Pouco tempo atrás, só se sabia falar a favor ou contra a religião. Para o crente, a sua religião era a única que podia trazer a salvação; tinha que ser forçosamente falsa para os adeptos de outras religiões. A tolerância não consistia em mais do que uma benévola indolência, permitindo-se que o outro seguisse livremente os seus próprios erros. Aquilo que, no mesmo grau de legitimidade, está na base de todas as religiões históricas, a religiosidade, ainda não tinha sido descoberto.

O racionalismo, vitorioso no século XVIII, acabou com as pretensões exclusivistas das religiões. Faltou pouco, e teriam sido liquidadas juntamente com as suas reclamações de infalibilidade. O surgimento do agnosticismo e do ateísmo só podia favorecer a consciência religiosa, forçando-a a meditações mais profundas e realistas e a uma reapreciação do valor das próprias crenças. Abriu-se assim uma brecha na cegueira do "Credo" o qual, no decorrer dos tempos,

ENSAIO SOBRE A RELIGIOSIDADE

não somente fez brotar frutas maravilhosas de amor e abnegação, mas também as muitas ervas daninhas do egocentrismo, do prejulgamento e da superestimação irrefletida das próprias convicções.

Schleiermacher nos seus *Discursos sobre a Religião* deu, no ano 1799, o primeiro passo para uma teoria da religiosidade. Não foram as suas exposições teóricas sobre a intuição e o sentimento como motivos de toda experiência religiosa que lhe auferiram a sua verdadeira importância; estes dois fatores são insuficientes para servirem de razão para toda a experiência religiosa, e Schleiermacher não nos forneceu deles descrição tão clara e minuciosa que possa preencher as exigências de uma base para análise científica. O mero fato, porém, de ter procurado as raízes da religiosidade na esfera puramente humana e de não ter almejado justificar uma determinada religião por raciocínios teológicos, permanece o seu grande mérito na história das pesquisas da religião.

Neste sentido o desenvolvimento continua. Ainda na primeira metade do século XIX assistimos à dramática luta de Kierkegaard com uma consciência religiosa de extrema sensibilidade. Esta luta revelou uma religiosidade viva e criadora em natural contraste com a religião histórica a que pertence. Muito tempo depois da morte de Kierkegaard as suas palavras ressoavam ainda em inúmeras pessoas pertencentes às mais diferentes religiões.

Depois, no limiar do nosso século, presenciamos uma desenvoltura riquíssima da pesquisa etnológica que constatou, numa enorme variedade de sistemas religiosos diferentes, nas tribos mais diversas e distantes, muitos exemplos flagrantes de semelhança e analogia, em que nem um passado histórico comum pode explicar tal similitude, nem a assim chamada "difusão" dos mesmos elementos culturais através de áreas adjacentes. Teve-se que admitir, finalmente, que tais semelhanças provinham de processos análogos da psique humana, embora independentes um do outro[8]. Processos autênticos que não se coadunavam com o esquema primitivo que os primeiros etnólogos, como bons positivistas que eram, se tinham traçado: Que o florescimento das religiões fosse a fase de transição entre a época do primitivismo e da magia, e a era do progresso que é a da ciência e da tecnologia.

A atitude de superioridade, que o etnólogo inicialmente assumia para com as culturas "primitivas" que estudava, foi reconhecida como "etnocentrista" e todas as culturas, tivessem ou não elaborado uma escrita, revelaram-se como estruturas e expressões legítimas de algum dos inúmeros dons de espírito do gênero humano[9].

---

8. Sir James George, Frazer, *The Golden Bough.*
9. Ruth Benedict, *Patterns of Culture.*

330 ENSAIOS FILOSÓFICOS

No começo do século XX surgiu ainda mais um fator importante para uma nova maneira de encarar a religiosidade: Partindo dos trabalhos de Husserl que procurava fundamentar a filosofia na pura evidência imanente, a fenomenologia reintepretou a evidência e lhe emprestou novo valor no processo da cognição. Opôs à tendência para a racionalização, análise e sistematização, o respeito pelo fenômeno, pelo dado empírico, que deveria ser fielmente descrito e compreendido na sua unidade orgânica antes de ser analisado em seus componentes ou, pela generalização, inserido em contexturas mais amplas. Esta revisão metodológica mostrou-se especialmente salutar para o estudo dos fenômenos religiosos em face dos dois extremos para os quais desvia com tanta facilidade: Um intelectualismo estreito de um lado, que costuma desmembrar os fenômenos antes de tê-los compreendido e os altera pela racionalização; e a teologia do outro que, aceitando dogmaticamente determinados critérios, barra a si mesmo o caminho para uma elucidação imparcial dos fenômenos religiosos.

São, portanto, estudos do tipo fenomenológico, amplamente fundamentados pela evidência de dados fornecidos pela etnografia e pela história, que ultimamente prestaram a maior contribuição à pesquisa da esfera religiosa e ao delineamento do conceito da religiosidade[10].

Nem todos os pesquisadores conseguiram evitar toda e qualquer unilateralidade teológica. Muitas vezes sente-se ainda o desejo de provar que o cristianismo é a mais perfeita de todas as religiões; assim, por exemplo, na segunda parte da obra importante de Rudolf Otto, *Das Heilige*. Contudo, a linha mestra comum a todos estes trabalhos é claramente a da antropologia filosófica: O homem, como *Homo religiosos*, com certeza não inventou as grandes religiões históricas a seu bel-prazer. Estas nasceram e se desenvolveram sob o impacto de uma grande força motriz: A religiosidade do homem em sua época.

RAZÕES DA RELIGIOSIDADE

O Eu e o Mundo

Cada um de nós pode verificar um fato notável em sua própria pessoa: com a mesma convicção identificamo-nos com o nosso físico, acreditando ser o nosso corpo, como também julgamo-nos donos dele, cremos possuí-lo. Sempre se apresentam, lado a lado, estas duas formas de apercepção da nossa existência: Somos e temos um físico, nunca acontecendo que só o somos sem tê-lo ou só o temos sem sê-lo.

---

10. Ver os trabalhos de Rudolf Otto, Scheler, Frisch, van der Leeuw, N. Söderbloom etc.

ENSAIO SOBRE A RELIGIOSIDADE

Herbert Plessner chama este fenômeno universal de toda autoconsciência de "Posição Excêntrica do Homem". Isto se torna compreensível, levando-se em consideração uma qualidade básica de todo ato de consciência, pertença ele a nossa percepção, volição, sensação, intuição ou ao próprio pensamento: Sempre um "Eu" encontra um mundo de objetos, e alguma demarcação fixa entre eles passa a ser estabelecida, permanecendo esta móvel conforme a natureza do ato.

Esta dualidade, existente em todos os processos da nossa consciência, constitui, talvez, o mais elementar entre os fenômenos da mente humana. O mundo que encontramos em toda vivência é o conjunto de tudo aquilo que o "Eu" enfrenta nos seus atos, o "Objetivo", seja da esfera humana – incluindo fatos de uma realidade verificável em nós mesmos – seja do reino animal, vegetal ou mineral. Dessa dualidade básica, Descartes reconheceu, como axiomática, somente uma das duas partes, i.e., a incontestabilidade da existência de um "Eu". Do seu "Cogito" poderia ter concluído, com a mesma razão, *ergo est*, existe algo, sobre que estou pensando, como concluiu *ergo sum*, existe um "Eu" que pensa. Assim o filósofo teria evitado uma volta extensa e incômoda, nem sempre convincente, via as imperfeições do "Eu", a perfeição necessária de Deus até, finalmente, chegar a concluir pela existência do mundo real.

Os pensadores não se cansaram de meditar sobre o mistério do ser das coisas. Existe, no entanto, enigma mais impenetrável que o do nosso "Eu"? Como se explica essa estranha identificação comigo mesmo, com essa ínfima parcela do ser, apartada ao acaso, carecendo de toda importância particular? Por que este ponto de referência de todas as minhas vivências que é o "Eu", se encontra justamente aqui e neste momento de uma infinita seqüência temporal; por que não em outros tempos e em outro lugar?

Admitida toda a obscuridade que envolve o nosso "Eu", não existe, contudo, experiência, sensação ou volição que não o pressupõe, explícita ou implicitamente. Em todos os meus pensamentos, tão objetivos que se aparentem, sou eu quem pensa; os meus desejos desejo-os eu; sou eu que sinto as minhas alegrias e tristezas.

É sustentável, perguntamos, insistir numa tal generalização, à luz das pesquisas etnológicas que descrevem culturas, as assim chamadas "primitivas", onde não existe uma consciência explícita do "Eu"?

Encontramos uma polaridade entre o "Eu" e o mundo também sem que isso tenha sido elucidado em atos específicos de reflexão. Em parte alguma há identificação do "Eu" com o mundo, embora o "Eu" possa englobar a família, o clã, a tribo, o totem etc. Fato é que as delimitações entre o mundo e o "Eu" variam grandemente, tanto se tratando de culturas como de indivíduos, não excetuando as formas de autoconsciência que nos são familiares, como pudemos observar acima pelo fenômeno da "Posição Excêntrica" descrito por Plessner.

Mas o mundo não é menos necessário às nossas experiências. Para que possa ser "Eu", para que o meu "Eu" se possa exprimir nas suas vivências, precisa estabelecer contato com a objetividade, com aquilo que todo ato de consciência leva de "conteúdo". No encontro com o mundo faz o homem as suas experiências. Isto se estende até aos atos de autoconsciência; pois toda reflexão refere-se, inicialmente, a um ato não-reflexivo, em que prevalece a polarização entre o "Eu" e o mundo, atos estes que, na reflexão, perfazem o papel de "objeto". Podemos, pois, concluir que percebemos o nosso próprio "Eu" somente nas suas relações com o mundo e este, por sua vez, unicamente através dos seus efeitos sobre o nosso "Eu".

O mundo com que o "Eu" está assim correlacionado, não pode ser meramente uma "posição" do "Eu", como julgam certos pensadores idealistas. Pois neste caso seria o "Eu" que criava o mundo, este mesmo "Eu" que, como vimos, é concebível somente na sua interdependência com a objetividade. Do outro lado, é somente com grandes dificuldades e mediante muitos artifícios que conseguimos pôr em dúvida a certeza de que o mundo existe independentemente de nosso próprio "Eu" e que este, longe de ser algo de absoluto, depende em alto grau do seu meio ambiente. Pois esta convicção nos foi proporcionada por nossa experiência toda, a partir do encontro mais ingênuo com a natureza até os ensaios científicos os mais requintados.

A polarização de todas as nossas vivências em consciência do "Eu" e consciência da objetividade é para nós uma fonte constante de irrequietude. O nosso anseio pela ordem e pela segurança ressente-se desta divisão que se produz em nossa percepção e dá margem a uma aspiração íntima de superar o abismo entre o ser subjetivo e o ser objetivo, abismo que subverte a paz das nossas almas como desfigura as proposições mais básicas da nossa metafísica. O intuito de fazer do "Eu" parte integrante de um ser todo-compreensivo, de salvá-lo da sua solidão e do seu isolamento, é a razão mais profunda de toda motivação religiosa.

Voltando às proposições metafísicas: Nós, homens, possuímos uma intuição metafísica; assim, muito antes de termos alcançado a racionalização das pressuposições metafísicas das nossas convicções, percebemos intuitivamente a falta de fundamento ontológico da separação entre o "Eu" e a objetividade, tão universalmente estabelecida na fenomenologia dos nossos atos de consciência.

As distinções que os metafísicos estabeleceram, como entre espírito e matéria, entre substância e forma ou, ainda, como na ontologia moderna (Hartmann) entre estratos ônticos diversos, superpostos um ao outro, todas estas distinções nada têm a ver com a polaridade que nos ocupa neste trabalho, pois esta verifica-se igualmente nelas todas. A matéria, por exemplo, é a mesma no mundo das coisas como na pessoa do meu "Eu" e os objetos do "ser ideal", como as figuras

ENSAIO SOBRE A RELIGIOSIDADE

geométricas, entram igualmente na constituição do ser objetivo como do subjetivo.

A separação entre o "Eu" e a objetividade não se confirma na pesquisa ontológica. Permanece problemática ao raciocínio metafísico e terrivelmente opressiva à nossa segurança existencial, pelo isolamento do "Eu" que cria. Causa um profundo anseio de salvação, ponto de saída de toda religiosidade.

Consciência e Estruturação

Nós, homens, vivemos sob o signo da unidade e da estruturação. É regra geral para todos os atos da nossa consciência: Toda e qualquer consciência, até nas suas manifestações mais primitivas, é estruturada, tendendo sempre para uma estruturação melhor, i.e., de forma mais simples, mais coerente e mais uniforme. Não existem experiências amorfas. A consciência humana, no seu constante dinamismo, procura sempre superar as configurações já alcançadas e substituí-las por outras melhores que encerram mais pormenores de maneira mais coesa.

Isto vale de todas as manifestações da nossa consciência. As percepções dos nossos sentidos, básicas para todo o nosso empirismo, apresentam-se, desde o início, inteiramente estruturadas, principalmente pelas relações espaciais e temporais, o que não impede que continue em nós o desejo de perceber, diferentemente e com maior presteza, para criarmos da realidade as noções mais exatas e mais completas possíveis.

A estruturação das nossas percepções é sempre tão boa quanto o permitem as condições externas e internas de cada ato perceptivo: Assim reza a "Lei da Precisão" (*Prägnanzgesetz*), fundamental para toda a psicologia estrutural (*Gestaltpsychologie*). "Boa" significa aqui regular, simétrica, simples, consistente etc. Como exemplo: enxergamos sempre primeiramente a estrela sexangular (Escudo de Davi) nos triângulos eqüilaterais entrelaçados e precisamos de determinado esforço para percebermos na mesma figura os dois componentes.

Organizamos e estruturamos os elementos fornecidos por nossa percepção de três modos diferentes: pensando, separamos do ocasional, fornecido pelos sentidos, o válido que se sujeita aos preceitos formais do raciocínio correto, das imagens extremamente individuais, os elementos comuns que se prestam a generalizações; apreciando esteticamente, aceitamos a forma absoluta e própria da percepção na sua singularidade e originalidade, no seu valor expressivo que lhe proporciona o caráter de uma experiência única e inconfundível. Aqui não existe separação entre matéria e forma, uma concepção estética é tanto mais perfeita quanto mais intimamente nela se unem a forma e o conteúdo; e, finalmente, avaliando, assinalamos às coisas determinado valor. A percepção valorativa é a mais primitiva e fundamental, universalmente

334 ENSAIOS FILOSÓFICOS

desenvolvida, com funções vitais para a autopreservação do homem. Só em tempos relativamente recentes foi apreciada na sua verdadeira importância e estudada minuciosamente pela fenomenologia[11].

Em parte alguma as tendências formativas da nossa consciência são mais óbvias que nas operações da nossa *ratio*. É fácil perceber que, ao raciocinar, desenvolvemos um processo de organização da matéria colhida pelos nossos sentidos. Embora às vezes pareça que o pensamento analítico contribui mais à desintegração dos nossos conceitos do que para a sua organização, é justamente ele que prepara uma síntese melhor, reduzindo as concepções existentes aos seus últimos componentes elementares, permitindo generalizações mais seguras e de maior discernimento.

Mas também o raciocínio do homem está sujeito ao constante dinamismo do seu espírito. A busca incessante em prol de uma clareza sempre maior e de uma coerência a abranger sempre maior número de pormenores, leva, mais cedo ou mais tarde, ao repúdio de qualquer construção racional por ser imperfeita. Pois sempre se descobrem premissas mais básicas; as análises tornam-se mais minuciosas e as leis, mais amplas.

Reencontramos as mesmas tendências gerais na criação estética. A inclinação para a boa articulação de uma unidade artística evidencia-se no ritmo que é próprio a toda obra de arte. Contrastes os mais flagrantes complementam-se em novos acordes, intuídos, sentidos ou compreendidos. A antiqüíssima fórmula estética da harmonia dos opostos merece novamente o seu devido lugar na moderna estética experimental[12].

Também na nossa percepção de valores vemos, finalmente, os mesmos princípios formativos em ação. Como nas outras, verificamos nesta esfera que os valores se acham estruturados de antemão, percebidos, como são, na forma de "objetos de valor". As nossas concepções axiológicas progridem sem cessar para combinações mais completas e harmoniosas e, num processo contínuo de amadurecimento, a nossa personalidade chega a encontrar os seus contornos morais; uma síntese concreta dos ideais da nossa vida.

Até na fenomenologia da memória reencontramos a disposição de uma estruturação uniforme. Os pormenores lembrados não se arranjam unicamente conforme a sua seqüência temporal, mas organizam-se também de acordo com cada contextura, com o eventual sentido que possam ter. Memórias bem articuladas são geralmente duradouras, enquanto outras que apresentam formação deficiente, são esquecidas depressa.

Contudo, os desejos de unidade e estruturação representam muito mais para nós homens do que meras categorias formais da nossa

---

11. Ver, entre muitos outros autores: Max Scheler, *Der Formalismus in der Ethik und die materiale Wertethik*; Martin Heidegger, *Sein und Zeit*.

12. Ver George David. Birkhoff, *Aesthetic Measure*.

ENSAIO SOBRE A RELIGIOSIDADE

consciência. Pertencem à própria natureza do homem. O processo de individuação, de formação de uma autoconsciência, baseia-se em atos de estruturação, como podemos verificar em todas as fases da vida humana. Na convivência com os outros, o homem forma famílias, grupos, classes, Estados etc., que se organizam conforme leis específicas, estudadas pela sociologia. Também aqui, pois, reconhecemos as mesmas inclinações estruturantes e unificadoras.

No entanto, as mesmas forças que resultam na formação da autoconsciência, contribuem também para a sua superação. Pois a consciência, apesar da abundância de conteúdos estruturados que contém, e de uma bem definida concepção de si mesma, inclina-se, numa vaga intuição da relatividade metafísica de toda individuação, para uma unidade suprema e absolutamente constante, em que se completam a subjetividade e a objetividade numa entidade mais sublime que transcende toda experiência das coisas e do "Eu".

Religiosidade, Redenção e Sentido

Autoconsciência e apercepção dos objetos perfazem a experiência humana. Ambas possuem a mesma autenticidade. Mas imanente em cada ato de consciência, uma visão de unidade e estruturação acompanha a polarização, contrabalançando, dessa maneira, uma profunda cisão com um princípio comum e unificador.

Enfrentamos aqui uma antinomia que se estende a toda vivência. Todo ato de consciência que, pela sua natureza, conduz necessariamente à polarização de subjetividade e objetividade, abriga também um elemento sintético de rumo totalmente oposto.

Livrar-se de uma contradição que desconcerta o homem consciente ou inconscientemente, é o último motivo de toda religiosidade.

A solução de uma antinomia que surge fatalmente da experiência humana, já é procurada em nível inconsciente, muito antes, aliás, que este problema complexo tivesse chegado ao conhecimento. Uma estruturação global prenuncia-se nas camadas irracionais da nossa psique, antes de ser conhecida, cogitada ou compreendida. É uma rica fonte de revelação religiosa, tanto mais válida quanto mais coerente, uniforme e estável o esboço inconsciente. Em muitas sociedades, assim chamadas "primitivas", que não conhecem o individualismo nem o intelectualismo do homem europeu, uma experiência religiosa, baseada nas configurações do inconsciente, representa a única forma de religiosidade e um fator preponderante na formação das instituições religiosas.

Foi William James o primeiro a apontar a ligação fundamental da religiosidade com o inconsciente[13], e Carl Jung comprovou com numerosos exemplos: "Tenho de admitir o fato", diz, "que a mente

---

13. William James, *The Varieties of Religious Experience*, Lecture x.

ENSAIOS FILOSÓFICOS

inconsciente é capaz, às vezes, de assumir uma inteligência e uma intencionalidade que são superiores ao efetivo *insigth* consciente. Dificilmente dúvida-se de que esse fato seja um fenômeno religioso básico"[14].

Mas a religiosidade não se restringe, de forma alguma, ao inconsciente, nem mesmo ao âmbito psíquico. A polarização num "Eu" e num mundo, a que conduz toda vivência do homem, assim como a visão de unidade nela inerente, são realidades antropológicas que derivam das condições tanto externas como internas da existência humana, da natureza do "Eu" que experimenta, como da "coisa" que é experimentada.

Onde, pois, devemos encontrar o específico da religiosidade? Podemos presumir que o achamos num ato de consciência *sui generis*, no "ato religioso", pelo qual pode o homem, a toda hora, aperceber uma esfera do ser e de valores, fundamentalmente diversa de todas as outras experiências, conforme afirmação de Scheler, considerada por ele "a primeira verdade segura de toda a fenomenologia da religião"? Ou, talvez, todo e qualquer ato comum possa apresentar característicos religiosos em determinadas condições?

Os fatos parecem indicar que todo e qualquer ato de consciência pode, em certas circunstâncias, adquirir significação religiosa, sem que tivéssemos necessidade de postular uma categoria especial de atos religiosos; que toda vivência, tão profana quanto pareça, pode tornar-se religiosa quando adquirir relevância para uma solução da antinomia da experiência humana, traçada acima.

Representantes eminentes da moderna fenomenologia religiosa encaram a sua tarefa na descrição do comportamento do homem em face do poder[15]. Mas o que significará o termo "poder" nesta conexidade? Certamente não denotará a mera força física, grande que seja; esta se torna poder somente quando afetar, de alguma maneira, a saída que acharmos do conflito entre as tendências da individuação e da integração, causador de tanto desassossego, justamente da inquietude religiosa. Se o "poder" favorecer a eliminação deste choque, revestir-se-á de significação religiosa positiva; no caso contrário, de negativa. Há forças externas e internas que se podem tornar "poderes" benignos e malignos.

É muito importante não esquecer que o "Eu" e o "Objeto" não são primeiramente conceitos teóricos, mas, para falarmos como Heidegger, "existenciais", elementos dinâmicos da experiência que

---

14. "I have to admit the fact", diz Jung, "that the unconscious mind is capable, at times, of assuming an intelligence and purposiveness, which are superior to actual conscious insight. There is hardly a doubt that this fact is a basic religious phenomenon" [...].". Carl Gustav Jung, *Psychology and Religion*, p. 46.

15. Ver Gerardus van der Leeuw, *Religionsphänomenologie*.

ENSAIO SOBRE A RELIGIOSIDADE

se impõem ao homem muito antes de qualquer tentativa de teorização. Encontramo-los em todo e qualquer ato de consciência, seja ele de índole emocional ou sentimental, volitivo, estético ou lógico. Sensações de amor e beleza, impressões estéticas, impulsos sociais e até realidades econômicas podem conduzir o homem a vislumbrar uma estruturação que transcende as estreitas delineações da subjetividade e da objetividade, capaz de auferir-lhe uma posição determinada no seu ambiente e sentido aos seus esforços.

Pois, dentro de uma tal formação transubjetiva e transobjetiva, todas as coisas deste mundo e todas as vivências do "Eu" acham o seu devido lugar e uma função específica. Tudo adquire o seu sentido. É este sentido que pode redimir o "Eu" da sua solidão existencial e as coisas do seu isolamento num caos deserto. O motivo da religiosidade não é simplesmente o medo das forças ameaçadoras da natureza, o espanto causado pelo desconhecido, a veneração prestada a um todo-poderoso; mas antes de tudo, o anseio inerente a todo homem pela redenção do seu isolamento, ao qual a individuação o condenou; o desejo de um sentido na agitação obscura da sua vida.

Chamamos de "santo" tudo que representa um tal conjunto redentor de significações. Santidade é presenciada em todos os tipos de religiosidade, muito antes, aliás, do surgimento de um conceito de Deus ou de deuses. Este falta ainda nas culturas pouco desenvolvidas, encontrando o homem o elemento santo num tremor religioso do tipo animista ou panpsiquista[16].

O seu pleno desenvolvimento, no entanto, e, sobretudo, a sua expressão racional, atingirá a religiosidade somente quando a pessoa tiver tomado plena consciência da sua individualidade, da diferenciação nítida entre o "Eu" e o mundo. Pois quanto mais claramente se delinear a autoconsciência, mais se abre o abismo entre a subjetividade e a objetividade e mais pujante se torna o anseio de transpô-lo, através de algo que englobe os dois extremos e que possa proporcionar orientação e sentido àqueles que se sentirem ameaçados de se perder no Nada.

A divindade é a última unidade e encerra a subjetividade como a objetividade. Certo de que em Deus há consonância com a minha realidade íntima, tenho uma relação pessoal com Ele, uma base de intercâmbio e de compreensão. Por isso, Ele aparece, na maioria dos casos, como pessoa, como "Tu", acessível à comunicação e ao diálogo. Até nas divindades representativas de forças puramente naturais e externas, o homem ainda encontra a si mesmo, nas suas relações com um determinado setor do seu ambiente.

Queremos, pois, achar em Deus, atrás da nossa experiência do "Eu" e do mundo, uma terceira e suprema realidade, uma potência

16. Ver N. Söderbloom, op. cit.

338 ENSAIOS FILOSÓFICOS

criadora e estruturadora que aniquila o abismo entre o indivíduo e as coisas que o cercam. No monoteísmo o poder divino é uno e universal; no politeísmo este poder desdobra-se, na forma dos diversos deuses, em partes diferentes das relações do "Eu" com o seu meio-ambiente, eliminando, cada qual no seu âmbito, a separação entre o subjetivo e o objetivo.

Mas a "terceira realidade" não precisa ser, necessariamente, um Deus pessoal ou diversas divindades pessoais; ela pode ser encontrada também num princípio universal ou num ser ontológico que abrange tanto o "Eu" como o "Mundo".

Muitas vezes a religiosidade assumiu feições complexas de admirável estabilidade que, nas grandes religiões históricas, alcançaram proporções prodigiosas. Mas o espírito humano nunca se contenta para sempre com alguma das suas criações. Constantemente descobre premissas novas, tanto na realidade subjetiva como na objetiva, chegando, forçosamente, a novas conclusões, à visão de novas estruturas globais, novos atributos da divindade.

Assim, a religiosidade, anseio pela redenção da sua solidão de indivíduo, pela segurança numa ampla configuração de significações em que a vida possa ter sentido, deve sempre manter-se alerta, para que noções, adequadas hoje, não se tornem inadequadas amanhã pelas implicações do progresso da humanidade. A religiosidade, sempre ativa no espírito vivo do homem, passa além de toda forma fixa de religião.

Formas Típicas de Religiosidade

As nossas considerações sobre a essência da religiosidade podem ser de utilidade para a caracterização de diferentes tipos de inquietude religiosa e para a compreensão de uma grande variedade de fenômenos religiosos.

A estrutura suprema que a experiência religiosa encontra acima do "Eu" e do "Mundo" corresponde, nas suas peculiaridades, exatamente aos distintivos que assinalam estes dois elementos fundamentais da nossa consciência. Tanto o "Mundo" como o "Eu" podem ser concebidos de maneiras diferentes, variando, igualmente, as noções de divindade e os princípios religiosos básicos.

O mundo pode ser visto como o conjunto das coisas que se apresentam aos nossos sentidos, como aglomeração de objetos que comportam subjetividade nenhuma. Permanecem completamente alheios para nós e estranhos a toda espécie de comunicação. Não posso sentir simpatia com coisas inanimadas, as quais, da sua parte, não podem acolher os meus sentimentos. Assim concebido, o mundo não possui acesso algum aos estados de consciência pelos quais o meu "Eu" se compenetra das condições da sua existência.

A um tal juízo corresponde, nas religiões da natureza, uma divindade acentuadamente alheia ao homem que, a cada momento, tem de enfrentar um mundo repleto de forças temíveis em cuja vastidão se sente insignificante. Abre-se, assim, um abismo profundo entre ele e o numinoso, faltando às duas partes qualquer denominador comum.

As propriedades principais de uma tal religiosidade consistem em sensações de tremor e medo, de estranhamento e admiração. A submissão cega do "Eu" perante uma divindade incompreensível é o resultado religioso de uma visão do mundo como objetividade alheia.

A mesma concepção, no entanto, pode levar também a conseqüências bem diferentes. O homem pode sentir-se não mais próximo à objetividade, mas superior a ela. Neste caso aspira à conquista total da matéria e sua submissão à vontade humana. (Mito de Prometeu; senso de onipotência do alquimista medieval e do cientista moderno). Desta maneira a própria humanidade eleva-se à posição de Deus, solução padrão dos movimentos positivistas e materialistas do fim do século XIX (Comte, Durkheim, Feuerbach etc.).

O mundo em que o nosso "Eu" vive pode, no entanto, mostrar-se também comunicável. O próximo, sempre presente, ou coletivamente como sociedade, ou individualmente, como "Tu", possui marcada afinidade comigo mesmo, embora continue fora do meu próprio "Eu", como os objetos materiais, os quais, também eles, podem demonstrar qualidades humanamente significativas.

Um princípio supremo que me une a um tal mundo, corresponder-me-á muito mais intimamente do que, nos tipos de religiosidade que acabamos de descrever, as divindades estranhas e impessoais correspondem aos seus crentes. Pois num ambiente que tem afinidade comigo, também os processos que se desenrolam fora do meu "Eu" possuem alguma congruência com o que se dá em minha própria pessoa; como também se pode presumir que algo das minhas experiências encontre ressonância além dos estreitos limites da minha consciência.

Mas como o mundo pode ser enxergado de maneiras diferentes, o outro extremo da polaridade, o "Eu" também pode apresentar-se de vários modos. Encontramos, por exemplo, um "Eu" altamente individualista, como, também, um "Eu" que se sente espontaneamente parte de uma coletividade.

A religiosidade típica do primeiro caso é caracterizada por uma luta toda individual pela redenção. Mesmo quando a pessoa em questão for membro dedicado de uma comunidade, submetida às influências sociais, como todo participante de uma civilização com tradições desenvolvidas e normas estabelecidas, a experiência religiosa é acentuadamente individualista (exemplos: no cristianismo, as diversas formas de protestantismo; o budismo, nos seus moldes primitivos).

O contrário se dá no segundo caso. É justamente o senso de pertencer a um coletivo, a responsabilidade, sentida intensamente, pelas

340 ENSAIOS FILOSÓFICOS

condições religiosas e ético-sociais de uma sociedade, que força o indivíduo a manter, nas suas experiências religiosas, estreita identificação com a comunidade. Estas vivências não precisam ser menos pessoais; mas dificilmente perder-se-ão num egocentrismo religioso, que aqui encontra muito menos propensão do que em tipos de religiosidade baseados no puro individualismo (exemplos: judaísmo, confucionismo).

Finalmente queremos fazer menção a uma das mais importantes distinções típicas de religiosidade, a que depende do grau em que o Ser superior absorve o "Eu" e o mundo. Quando estas duas realidades se dissolvem inteiramente na realidade derradeira que permanece como única, quando verificamos que toda distinção entre o pessoal e o objetivo já perdeu qualquer significação, presenciamos uma experiência mística. Nas vivências religiosas não místicas o "Eu" e o "Mundo" entram em correlação através de uma ordem mais elevada que domina ambos, mas conservam-se como elementos distintos, embora não mais separados por abismos, nem mais coexistindo sem sentido.

Existem ainda muitas possibilidades de classificar as numerosas manifestações da religiosidade, principalmente a base de particularidades na concepção e na prática religiosas. Isto, no entanto, já passa para o terreno da ciência comparativa das religiões e não pertence mais ao exame filosófico-antropológico da religiosidade.

Nunca se apresentam, na sua pureza, os tipos de religiosidade descritos acima; sempre se encontram combinados. Onde reconhecemos os característicos de determinado tipo, não devemos esquecer-nos de manifestações menos em evidência que já não se enquadram mais em nossa delimitação teórica.

Religiosidade, Transcendência, Filosofia e Cosmovisão

Não seria mais natural e mais fácil definir a religiosidade como a relação do homem com a transcendência? Antes de responder a esta pergunta, é necessário esclarecer o conceito de transcendência.

O termo do transcendente, como o cunhou a epistemologia européia, designa algo que se encontra além dos limites da compreensão humana, ou porque passa das possibilidades atuais do conhecimento, ou porque é considerado de todo inalcançável para o entendimento humano.

Definido assim, o "transcendente" não pode, de forma alguma, ser identificado com o assim chamado "sobrenatural". Aplicado a assuntos que não têm nada a ver com a crítica do conhecimento, o conceito do transcendente perde toda clareza e precisão. Pois não é lícito atribuir o mesmo termo ao que é suposto permanecer além dos limites da compreensão e ao que é perceptível, embora de maneira irracional.

ENSAIO SOBRE A RELIGIOSIDADE

Aparentemente, na maioria das religiões, amar e temer um pretenso "sobrenatural" é de grande importância. De fato nenhum sobrenatural é jamais percebido, mas sempre um "natural" com grande intensidade religiosa, prevalecendo nas relações com o sagrado os atos irracionais como sentimento, afeto, intuição etc[17].

Sem considerar, no momento, todas as dificuldades da teoria que sustenta ver na religiosidade uma relação com a transcendência no sentido do sobrenatural, fato é que esta explanação se mostra insuficiente para uma elucidação completa da religiosidade, escapando grande parte das suas manifestações a este conceito unilateral. As grandes religiões do leste, por exemplo, que nunca tiveram contato com o pensamento gnoseológico europeu, quase que ignoram os conceitos do transcendente e do sobrenatural. Enquanto os ensinamentos de um Buda e de um Kung-Fu-Tse se referem ao "aquém", não tendo o "além" nenhuma importância na doutrina destes fundadores eminentes de religiões mundiais, os pensadores do "Vedanta" – do sistema mais importante de filosofia religiosa hindu – não reconhecem diferença alguma entre o transcendente e o imanente, mas unicamente diferenças entre formas de percepção. O que é chamado de sobrenatural por alguns dos nossos autores, é tão perceptível para aqueles sábios como o "natural"; talvez até mais, tendo sido eliminadas, de acordo com certos métodos, determinadas fontes de erros que geralmente deterioram a simples experiência através dos sentidos.

Qual é, perante a religiosidade, a posição da filosofia que se propõe a esclarecer as relações entre sujeito e objeto, elementos fundamentais na experiência religiosa?

Para os pensadores que identificam a religiosidade com uma classe toda especial de atos de consciência, fonte de verificações completamente diversa e independente das outras formas de experiência, existem três modalidades das relações da filosofia com a religiosidade:

a. Ambas operam em terrenos totalmente diferentes, têm tarefas completamente desiguais, não existindo, praticamente, pontos de comparação. Esta é a posição de todos os agnósticos, dos neopositivistas e, também, de certos teólogos, como, por exemplo, de Ritschl e da sua escola. Para adeptos deste ponto de vista, uma contradição entre religião e filosofia ou ciência não é possível.

b. Outros, por sua vez, tomam a filosofia e a religiosidade por dois caminhos diferentes que conduzem ao mesmo fim. Toda revelação, portanto, é acessível também à pesquisa filosófica quando esta última possuir orientação certa. Contradições entre religião e filosofia só podem surgir por causa de erros no pensamento filosófico ou de interpretações falhas da revelação religiosa. Assim

---

17. Ver Religiosidade, Redenção e Sentido, supra p. 335.

342 ENSAIOS FILOSÓFICOS

pensavam e pensam os gnósticos, desde as grandes escolas da Antigüidade até os dias de hoje.

c. Finalmente há ainda aqueles que, embora considerem a experiência religiosa como essencialmente diferente do pensamento filosófico, admitem, todavia, que os dois tratam da mesma matéria, i.e., das bases últimas de toda a criação e do mundo das manifestações que nos cercam. Assim chega-se a um certo paralelismo entre religiosidade e filosofia que, em última análise, têm que chegar a resultados correspondentes. Entre os pensadores recentes, uma tal hipótese é sustentada por Max Scheler.

Se, no entanto, não aceitamos a premissa, necessária a todas estas concepções, de que a experiência religiosa se fundamenta em atos de tipo todo especial, basicamente diferentes de todos os demais atos de consciência; se partimos do fato de que toda sorte de experiência pode assumir caráter religioso, quando adquirir relevância para o problema religioso da alienação do "Eu" do seu mundo, e a sua solução pela maior ou menor redução da tensão psíquica criada; então encontramos uma possibilidade autêntica de uma filosofia religiosa que se mantém estritamente dentro dos princípios da filosofia; de uma arte religiosa genuína que, para ser religiosa, não necessita ultrapassar, por um só momento, as demarcações da própria estética.

Toda filosofia, como sistema racional, propõe-se a enquadrar o particular em conceitos mais amplos. Ligando-se a este propósito basilar a pretensão, consciente ou não, de superar o abismo entre o "Eu" e o "Mundo" pela referência a uma realidade comum ou a um conjunto de princípios válidos em ambas as esferas, dessa maneira redimindo o homem da sua solidão numa objetividade estranha e alheia, adquire a filosofia clara significação religiosa. Resta estabelecer ainda, em que medida o raciocínio teórico, por si só, é capaz de satisfazer o anseio do homem pela redenção; ou, falando genericamente, até que limite uma única modalidade de experiência humana, neste caso a dóxica, um único grupo de atos de consciência, possa conseguir tal fim.

Voltando ao que já foi frisado, que a polarização da experiência não é, originalmente, de natureza racional, deduz-se que, embora a filosofia possa preencher papel de grande vulto dentro da religiosidade, não poderá nunca tornar-se a sua única expressão. Pois a religiosidade sempre terá que se manifestar em campos outros que a pura teoria.

Temos que admitir que há homens, em cujo gênio prevalece a racionalidade, tanto que o filosofar ocupará sempre a parte principal da sua religiosidade. Mas sempre um tal filosofar religioso levará a um mínimo de conseqüências práticas e influenciará a conduta diária inclusive em terrenos não teóricos.

ENSAIO SOBRE A RELIGIOSIDADE

Fazemos agora a pergunta inversa: Existe uma filosofia que não tem nada a ver com a religiosidade? Temos que responder afirmativamente, embora a inclinação filosófica tivesse se originado, com muita probabilidade, de uma procura religiosa de um sentido de vida como o descrevemos acima.

Necessidades religiosas foram em todas as épocas estímulos poderosos do pensamento filosófico, também em casos em que o raciocínio filosófico chegou a conclusões ateístas (de maneira nenhuma sinônimo de arreligiosas[18]). Os grandes sistemas do dualismo e do monismo derivam, aparentemente, dos elementos fundamentais da experiência religiosa: da polarização dos nossos atos de consciência em subjetividade e objetividade, de um lado, que é implicada no dualismo; da procura de unificação e estruturação do outro, que sugere o monismo.

Mas existe também filosofia que se propõe unicamente alguma sistematização objetiva, sem relação qualquer ao desejo religioso duma integração do "Eu" numa estrutura global. O mesmo se dá com um determinado tipo de cientistas que se dedicam à pesquisa especializada. Para outros especialistas, no entanto, o problema mais particularizado é justamente um exemplo de um corpo de princípios que regem o universo e dentro dos quais se forma a nossa existência. Permanecem, assim, personalidades religiosas apesar de toda a objetividade e especialização do seu pensamento.

Cada um de nós faz as suas experiências, de uma infinidade de possibilidades uma minúscula parte é acessível a uma só pessoa. Este seu horizonte restrito e a sua maneira de assimilar e organizar o que nele se apresenta constituem, no mais amplo significado da palavra, a sua "cosmovisão". A cosmovisão, conforme o exposto no subtítulo deste ensaio, *Consciência e Estruturação* , nunca será amorfa; sempre demonstrará determinado grau de estruturação. Este fato, por si só, não implica ainda que nela não se torne consciente uma entidade superior ao "Eu" e ao "Mundo", proporcionadora de um sentido existencial.

Mas é somente isto que presta significação religiosa a uma cosmovisão.

CONCLUSÕES FINAIS

Religiosidade e Verdade

Alguém poderia objetar: "Quem uma vez na vida fez pessoalmente a tremenda experiência da presença divina, sabe que todo teorizar sobre a religiosidade permanece estéril, expediente intelectual para esconder a impotência religiosa". Contudo os "potentes" estão longe de concordar sobre as suas vivências. Cada qual vê a divindade

18. Ver Religiosidade e Fé em Deus, supra p. 325.

de maneira diferente e não poucos (budistas, jainistas, confucionistas etc.) tiveram ricas intuições religiosas sem que uma concepção de Deus tivesse ocupado lugar de destaque nelas.

Dada a grande variedade de conteúdos da visão religiosa entre culturas, povos e indivíduos, cada qual reivindicando corresponder à verdade absoluta, não podemos deixar de procurar uma base universal e humana para a religiosidade, algo que deve conservar o seu valor nas concepções religiosas as mais diferentes. Pois a única alternativa seria restringir-nos a endossar todos os ensinamentos de uma só confissão, rejeitando, de antemão, tudo que deles difere.

Uma tal base universal e humana dos fenômenos religiosos é o alvo da pesquisa filosófico-antropológica da religiosidade. Partindo de tal fundamento, empenha-se mostrar como os diversos conteúdos da experiência religiosa podem surgir com igual legitimidade, representando elaborações de um aspecto particular entre os inúmeros que a posição do homem no mundo pode assumir. Por isso, doutrinas diferentes não somente podem, mas devem ser criadas com a mesma autenticidade, já que todo indivíduo e toda civilização enfrentam uma dada conjuntura histórica, tendo, portanto, de aproximar-se, do seu próprio lado, daquilo que é válido para a humanidade inteira.

Neste caminho afastamo-nos tanto do fanatismo estreito de muitos crentes que julgam certas somente as próprias convicções, quanto do caráter aéreo dos cosmopolitas que, no entusiasmo pelo universal, perdem a apreciação do particular, tão necessária para emprestar substância e forma a toda generalização.

Temos que abordar ainda, nesta conexidade, um problema cuja solução não cabe mais no escopo deste ensaio. Pode a religiosidade levar à verdade? Originam os fenômenos religiosos meramente da subjetividade do homem ou referem-se também ao ser objetivo?

Uma apreciação crítica do grau de aproximação à verdade das experiências religiosas, passa por muito os limites que nós traçamos neste ensaio. Levaria ao terreno da gnoseologia e da ontologia. Por isso este problema receberá aqui somente um tratamento bem sumário.

Significa a verdade, conforme fórmula antiga e provada, a *adaequatio intellectus ad rem*, a concordância do pensamento com [a coisa] o ser. Podemos admitir uma tal correspondência com relação às experiências religiosas?

Desde que existe a filosofia, os gnoseólogos tentaram responder à difícil pergunta se, e em que condições, a experiência do homem e as conclusões que dela tira são conformes aos atributos do ser real. Que este último existe, mal pode ser duvidado. Pois sentimos todos os dias como dependemos de fatores exteriores que escapam totalmente ao nosso controle. O fato de sermos capazes de formar conceitos da natureza que podem conduzir a uma previsão exata do desenrolamento dos seus processos e que nos abrem as possibilidades formidáveis

ENSAIO SOBRE A RELIGIOSIDADE

da técnica moderna, passando do entendimento do mundo exterior para o seu domínio, é explicável unicamente à base de uma *adaequatio intellectus ad rem*, pelo menos parcial.

A eliminação das dificuldades gnoseológicas pode ser conseguida somente pela ontologia[19]. Visto ontologicamente, no entanto, o "Eu" que suporta toda a consciência, deve arraigar-se num ser substancial e genérico, do qual surge também a objetividade. Pois todo sujeito pode, em determinadas circunstâncias, tornar-se objeto para um "Eu" de fora.

O que é para mim subjetivo ou objetivo seria, para qualquer outro observador, a mesma realidade que se apresenta em aspectos diferentes. Quando abstraímos da particularização que produz o "Eu", desaparece também a distinção entre subjetividade e objetividade, restando somente o ser, ricamente articulado, cujos constituintes permitem o estabelecimento de uma grande variedade de relações mútuas.

Se a subjetividade e a objetividade pertencem ao mesmo ser, já encontramos a unidade que encerra ambos, e a religiosidade que por ele anseia, nas suas tentativas de formulação teórica, de realização prática, de modelação estética e de preceituação ética, forçosamente haverá de atingir determinado grau de correspondência à realidade última, i.e., certo teor de verdade.

Uma vez que foi a consciência particular que, à base da sua posição singular no universo e na sua individualidade de ser consciente, efetuou a sua separação do resto da objetividade, criando assim o problema religioso, é somente ela que pode almejar e atingir a redenção da polaridade "Eu-Mundo", supremo galardão da procura religiosa.

Não é, portanto, o raciocínio teórico sobre o grau de verdade nas experiências religiosas que estabelece o principal critério para a apreciação do valor de uma forma de religiosidade; pois é a redenção do homem e não o encontro da verdade a sua finalidade específica, o encontro de um sentido na vida que o tire da sua solidão existencial e do egocentrismo nela inerente.

Religiosidade adequada nunca pode restringir-se à solução de questões especializadas. Os inúmeros "ismos" dos nossos dias, embora surjam do desejo de redenção da humanidade atual e sejam, por isso, confessadamente ou não, frutos da saudade religiosa dos homens da nossa era, não constituem formas adequadas de expressão religiosa. O comunismo e o socialismo marxistas andam esquecidos do valor do livre desenvolvimento da personalidade humana. Como movimentos puramente econômico-políticos tornaram-se unilaterais na sua valorização exclusiva da igualdade e do bem estar materiais das massas, embora o ideal em si permaneça de indiscutível validade. O existencialismo cai no erro oposto: Limitando a sua atenção ao indivíduo e aos seus problemas, o sentido social da

19. Nicolai Hartmann, *Metaphysik der Erkenntnis*.

vida é olvidado. No nacionalismo a escala de valores humanos é mutilada pela cega superestimação de tudo que se relaciona com a própria nação.

Contrastando com os "ismos", o esforço religioso adequado orienta-se para a redenção no significado pleno da palavra, não se contentando com a solução, tão boa que seja, de uma questão especializada. Consciente ou inconscientemente avança em direção do âmago das contradições do nosso espírito: da polarização natural das nossas experiências. Ali origina toda tensão religiosa, mas também um grande número de problemas pessoais, políticos e morais: O choque entre as reivindicações de indivíduos, o atrito entre as pretensões individuais e coletivas, a identificação com estereótipos sociais em detrimento da personalidade moral. O afastamento de todos estes conjuntos de dificuldades depende, em parte, da atitude religiosa: da entidade superior que se encontrou para remediar a estranheza sempre maior entre o "Eu" e a objetividade, e para fundamentar um sentido existencial.

A solução de nenhum problema peculiar efetua a redenção no sentido religioso. Após encontrarmos uma solução legítima e adequada do tipo religioso, muitas questões particulares também se resolvem.

Enquanto as grandes religiões, nas formas que assumiram na história, satisfazem as necessidades de uma coletividade em dado momento, a religiosidade pode encontrar a sua realização plena somente no indivíduo. Pois, no fundo, é o indivíduo solitário que, na sua separação da objetividade, procura a redenção do seu isolamento e da falta que sente de um sentido. A tensão religiosa é originalmente de índole individual, surgindo das antinomias da individuação. Mas como tudo que toca ao indivíduo também influi na sociedade, a religiosidade, nas religiões históricas, se transforma em fator social. Também naqueles tipos de religiosidade que são característicos pelo domínio do senso social, em que o indivíduo se sente, perante o mundo, como parte do coletivo e responsável por ele, no qual com outros se agrupa numa "individualidade coletiva" e como tal se submete a uma ordem suprema; também nestes casos o estímulo parte da tensão religiosa no indivíduo.

As grandes religiões históricas assistem ao indivíduo a solver sempre de novo, o seu problema religioso, dispondo de um rico tesouro de experiências religiosas feitas, estruturadas e socializadas; do mesmo modo na nossa vida diária, a remoção de inúmeras dificuldades está sendo grandemente facilitada, mas nunca dispensada, pela imensa prática empírica e científica acumulada pela humanidade em todas as matérias.

5. A Existência de Deus nas Meditações de Descartes

TIPOS DE FUNÇÃO

Todo ato de consciência resulta numa polarização entre o sujeito que o executa e o objeto a que se dirige, causando, assim, uma separação entre o indivíduo e o seu mundo, um isolamento existencial, cuja constatação produz uma profunda ansiedade pela reintegração, a ansiedade religiosa. Toda concepção de Deus evoca uma "terceira realidade" que engloba o subjetivo e o objetivo, proporcionando esta reintegração, na qual consiste, antes de mais nada, a função do conceito de Deus.

Esta função, todavia, necessariamente, há de ser diferente em personalidades bem desiguais que apresentam formas não menos desiguais de tensão religiosa. O predomínio de atos cognitivos, por exemplo, resultará em determinada religiosidade, de atos estéticos numa outra, de atos axiológicos numa terceira, e assim por diante. De acordo com a preponderância dos respectivos atos de consciência teríamos que distinguir entre uma religiosidade cognitiva, uma religiosidade estética, uma religiosidade ética etc., cada um com a sua própria fenomenologia descritiva do seu tipo puro. A combinação de dois ou mais destes tipos daria as formas de religiosidade com as quais nos defrontamos diariamente.

FUNÇÃO E CONCEITUALIZAÇÃO

Há uma estreita ligação entre a função que a idéia de Deus preenche no mecanismo religioso e a maneira como dela tomamos conhecimento. Pois o papel que a concepção de uma divindade desempenha na experiência consciente de um indivíduo é inteiramente determinado pela constituição da sua personalidade e é sempre anterior a qualquer conceito, teoria ou imagem de Deus que venha a formar. A experiência de Deus de um Goethe, gênio essencialmente estético, será fundamentalmente diversa das provas da existência de Deus de um Descartes, gênio predominantemente racional.

Tentaremos caracterizar a função preponderante de Deus no pensamento de Descartes, para, em seguida, compreender melhor as provas da existência de Deus, formuladas por ele.

Descartes era, antes de mais nada, um apaixonado pelo conhecimento, não por uma aprendizagem intelectual, como ofereciam as fórmulas da filosofia escolástica, mas por um conhecimento verdadeiro, do qual exigia a certeza de que com ele não se manipulava somente com palavras mas se alcançava a realidade. Aspirava a um conhecimento científico seguro.

Mas quem garante que o conhecimento científico realmente seja seguro? A dúvida metódica de Descartes, da qual ele esperava pelo menos um conhecimento necessário e seguro, um ponto arquimedéico no qual um mundo todo podia se apoiar, esta dúvida não poupara nem as ciências naturais nem as matemáticas. E com razão! Pois como a todos que se aprofundam em considerações gnoseológicas, a tremenda dificuldade de estabelecer relações entre o pensamento e a ordem dos objetos reais era perfeitamente familiar a Descartes. "Ora, o engano principal e mais difundido, com o que se possa defrontar, consiste em julgar que as idéias que são em mim sejam conformes ou semelhantes aos objetos que são fora de mim" (Terceira Meditação).

Nem o *Cogito* conseguiu tirá-lo desta dificuldade. O *Cogito* assegurava a existência do pensamento subjetivo, garantia que "sou uma coisa que pensa" – é característico que neste "pensamento" cartesiano incluam-se todos os atos de consciência – e ainda rendia o importante critério de que todas as "idéias claras e distintas" percebidas como tais pela "Luz Natural" são verdadeiras. Não há dúvida, no entanto, que estas verdades são verdades imanentes que não asseguram nada com relação à realidade extraconsciente e não nos põem a salvo da malícia de um pretenso "Gênio Maligno" que nos induzisse ao engano. A validade exclusivamente imanente do *Cogito* faz o filósofo voltar, na Terceira Meditação, a contar novamente com essa possibilidade, embora já tivesse estabelecido, na Segunda Meditação, o *Cogito* e o critério das "idéias claras e distintas".

Este abismo entre a ordem das idéias e a ordem – ou desordem – dos objetos que, aliás, corresponde à polarização, por meio do ato de consciência, da totalidade vivencial em subjetividade e objetividade, causa última da tensão religiosa, este abismo é superado por Descartes somente pela idéia de Deus. Na noite de 10 de novembro de 1619 tem a visão tremenda de uma ordem racional que regia tanto

A EXISTÊNCIA DE DEUS NAS *MEDITAÇÕES* DE DESCARTES 349

o mundo das coisas exteriores como o império das idéias, em outras palavras, da racionalidade de "Terceira Realidade" (divina) que engloba o subjetivo e o objetivo como explicado acima. Esta visão de Deus restabelece a possibilidade de um conhecimento seguro[1].

Mas a ordem racional tem que ser estabelecida também na dimensão temporal. É uma das nossas percepções mais fundamentais que as coisas, aqui incluindo o próprio "eu que pensa", duram, possuem permanência existencial. O que garante, no entanto, que num momento futuro e distinto da duração, o objeto que dura seja o mesmo ou que continue a existir? Pois dois momentos da duração representam duas situações diversas, não ligadas entre si por qualquer nexo lógico, não dedutíveis, uma da outra, por qualquer espécie de inferência. Como se pode, portanto, garantir a permanência de uma coisa ou de uma pessoa, através de momentos diferentes da duração, sem uma interferência superior e poderosa, sem que Deus crie de novo, a cada instante, todas as coisas e todas as pessoas, estabelecendo, assim, o nexo racional também na temporalidade? Já a metafísica escolástica distinguia, como nos informa Descartes[2], entre uma criação *secundum fieri* e uma criação *secundum esse*, sendo esta última equivalente a uma manutenção (criação) contínua, como, por exemplo, o sol cria e mantém a luz solar.

Ora, a nossa consciência humana caracteriza-se insofismavelmente como consciência de criatura que se sabe, única e exclusivamente, expressão do acontecer e jamais causa atuante. É indispensável, portanto, para a inteligibilidade das seqüências temporais, admitir a existência de um outro poder, criador por excelência, Deus, Senhor do tempo (Senhor da História!). Esta segunda função de Deus, função bem existencial, é intimamente ligada à primeira, pois garante a inteligibilidade da duração como a primeira garantia da inteligibilidade da extensão.

AS TRÊS PROVAS DA EXISTÊNCIA DE DEUS

Há nas *Meditações* três provas da existência de Deus: Duas na Terceira Meditação e uma na Quinta Meditação. As duas primeiras baseiam-se numa inferência dos efeitos para a causa e, não obstante consideráveis diferenças que apresentam, são profundamente afins, tratando-se nos dois casos de demonstrações *a posteriori*. Já a terceira prova da Quinta Meditação é inteiramente diferente: É uma prova *a priori*, a prova ontológica clássica, formulada por Anselmo de Canterbury em fins do século XI.

A primeira prova parte da dúvida se há coisas fora do meu pensamento que possam corresponder às idéias que tenho delas. Enquadra-se

---

1. René Descartes, *Oeuvres et Lettres*, Bibliothèque de la Pléiade, introdução de André Bridoux.
2. Idem, Quintas Respostas às Objeções contra a Terceira Meditação, IX.

350 ENSAIOS FILOSÓFICOS

nesta dúvida a da existência de Deus, de quem também possuímos idéia. Vemos, pois, que esta prova nasce da pergunta mais crucial da filosofia moderna: Há ou não há um mundo extraconsciente, já que pelo *Cogito* adquirimos certeza somente da nossa própria consciência? Há um mundo objetivo ou temos que nos confinar a um solipsismo individual ou coletivo?

A existência de uma realidade extraconsciente, na qual se enquadra o problema da existência de Deus, somente pode ser provada pela fenomenologia própria das idéias, já que somente da consciência e das suas configurações é que temos certeza e não nos assiste direito de concluirmos da ordem de idéias para a ordem das coisas. "Ora, o engano principal e mais difundido, com o que se possa defrontar, consiste em julgar que as idéias que são em mim, sejam conformes ou semelhantes aos objetos que são fora de mim" (Terceira Meditação).

Descartes de pronto descobre uma propriedade nas idéias, mesmo tomada estritamente na imanência do nosso consciente, que implica na existência de uma realidade extraconsciente: O seu teor de "realidade objetiva". (Por "realidade objetiva" Descartes entende, na idéia, o valor representativo do grau de realidade pertinente ao objeto correspondente. Esta "realidade objetiva", que é uma propriedade da idéia, deve ser estritamente distinguida da "realidade formal", que é uma propriedade do objeto representado pela idéia[3]). Argumenta Descartes: "Nestas idéias, tomadas estritamente como formas de pensar, não verifico nenhuma diferença ou desigualdade e todas parecem provir de mim da mesma maneira; mas, considerando-as como imagens, uma representando uma coisa e outra algo diferente, evidentemente diferem bastante umas das outras". Assim, as que representam substâncias contêm mais realidade objetiva que outras que representam somente modos ou acidentes. Em outras palavras, as nossas idéias como imagens apresentam diferenças quantitativas em "realidade objetiva", diferenças estas inexplicáveis enquanto consideradas meras formas de pensar.

Poderíamos insistir, na opinião de Descartes, em que, mesmo a "realidade objetiva", encontrada nas idéias como imagens, possa ser produzida por mim; poderíamos encarar a "realidade objetiva" nas minhas idéias como uma espécie de vestimenta, sob a qual apareça a substância das coisas e, sendo eu mesmo também substância, a substância das coisas poderia ser contida na minha substância "por eminência" i.e., não formalmente, como atualidade concreta, mas decorrente do vastíssimo alcance dos atributos da minha substância que abrangeria inclusive todas as propriedades específicas das coisas[4].

---

3. Definições III e IV das "Razões Coordenadas de Forma Geométrica", fim das Segundas Respostas.

4. Ver definição IV das "Razões Coordenadas de Forma Geométrica", no fim das Segundas Respostas.

A EXISTÊNCIA DE DEUS NAS *MEDITAÇÕES* DE DESCARTES   351

No entanto, a grandeza infinita da realidade objetiva, contida na idéia de Deus, torna totalmente impossível esta suposição. Pois, a "Luz Natural", um critério inteiramente imanente e de validade absoluta, como vimos pelo exemplo do *Cogito* na Segunda Meditação, estabelece clara e distintamente que não podemos atribuir menos realidade à causa eficiente e total, do que aos seus efeitos. Logo, a idéia de "uma substância infinita, eterna, imutável, independente, onisciente, onipotente e pela qual eu e todas as coisas que existem – se é verdade que existem – fomos criados e produzidos" não pode ter sido obra de algo cuja idéia possui menos realidade objetiva, i.e., por qualquer ser finito, o meu próprio eu incluído. Logo, ainda, uma realidade extraconsciente de Deus deve existir, pois sendo a sua idéia efeito da sua "realidade formal", a causa (a "realidade formal" de Deus) não pode ter menos realidade que seu efeito (a "realidade objetiva" da idéia de Deus).

Surgem imediatamente objeções que se poderia fazer a esta prova. Descartes as prevê, em parte, e responde-as nas passagens seguintes da Segunda Meditação. Outras que surgem com a repercussão da sua obra, serão refutadas nas *Respostas*. Não podemos tratar aqui deste volumoso material que nada acrescenta de essencial aos característicos da prova.

A segunda prova é idealizada por Descartes porque, como ele mesmo confessa, "o espírito, relaxando um pouco a atenção, é obscurecido e como que cegado pelas imagens das coisas sensíveis e não se lembra mais com facilidade da razão porque a idéia que tenho dum ser mais perfeito que o meu, deve, necessariamente, ter sido posta em mim por algo que de fato fosse mais perfeito". Isto acontece, não obstante a primeira prova não conter nada que não fosse "facilmente conhecível pela 'Luz Natural' a todos que nela pensem cuidadosamente".

> Por este motivo a segunda prova parte do fato mais imediatamente averiguado que é a minha própria existência. Pergunta-se se eu, tendo a idéia de Deus, poderia ser, caso Deus não existisse. Isto só poderia ser admitido caso (a) eu fosse *causa mei*, causa de mim mesmo; (b) se jamais tivesse sido criado, existindo desde sempre; (c) caso tivesse como causa algo que não fosse Deus. Pela eliminação destas três alternativas, a autoria divina da minha existência será firmemente estabelecida e a existência de Deus provada.

A primeira hipótese é excluída por razão das minhas falhas e das minhas necessidades. Se eu tivesse criado a mim mesmo, não me teria privado de inúmeras qualidades que não possuo; caso uma ou outra primazia estivesse além das minhas possibilidades criadoras, já que sou "uma coisa que pensa", teria verificado os limites da minha força. No entanto, conheço as minhas falhas, mas desconheço inteiramente os limites de um pretenso poder criador que delas pudessem ter sido a causa; logo não posso ser *causa mei*.

Não posso admitir, tampouco, a suposição de que sempre tivesse sido como sou hoje, de que jamais tivesse sido criado por nada e ninguém.

Pois a duração da minha vida pode ser dividida em inúmeros momentos, dos quais nenhum implica necessariamente qualquer outro. Logo, "daquilo que fui um pouco antes, não se segue o que devo ser agora, a não ser que algo me produza e me crie neste instante" ou, em outras palavras, me mantenha. "Manutenção e criação diferem somente pela nossa maneira de pensar". Mas nenhuma consciência tenho deste poder de autocriação, o que me faz rejeitar a viabilidade desta suposição.

Finalmente, quem me criou não pode ter sido outro que Deus. Pois o princípio já conhecido da prova precedente de que devemos admitir pelo menos tanta realidade à causa quanto aos seus efeitos, aplica-se também aqui e, sendo eu uma "coisa que pensa" e que possui a idéia de todas as perfeições que atribuo à natureza divina, o poder que me criou e me mantém deve ser também uma coisa que pensa e que tem a idéia de Deus. O meu criador, se for *causa sui*, é obviamente Deus; se for criado, surge novamente a pergunta pela sua causa que, igualmente, ou é *causa sui* e portanto Deus, ou criado; e assim por diante, até chegarmos a Deus como última instância. Mas o regresso, aqui, não pode ser *ad infinitum*, tratando-se, neste caso, menos de uma causa que me criou alguma vez, do que do poder que me mantém atual e continuamente.

Nem os pais podem ser considerados como criadores, muito menos ainda como os que conservam o meu ser como "coisa que pensa". O máximo que lhes possa ser concebido é que tenham tido a autoria de algumas disposições dessa matéria em que me julgo contido, do meu corpo.

Tendo sido excluídas todas as três alternativas mencionadas, "somente do fato de que existo e de que possuo a idéia de um ser soberanamente perfeito, a existência de Deus é demonstrada mui evidentemente".

A terceira prova na Quinta Meditação não traz nenhuma inovação à formulação já dada à prova ontológica pela filosofia escolástica. Uma vez que, no caso de Deus, a essência implica em existência, Deus há de existir necessariamente.

DA ORDEM NAS PROVAS

Encontramos no fim das Segundas Respostas uma apresentação abreviada das razões que provam a existência de Deus e a diferença entre o corpo e o espírito humano. O raciocínio é elaborado de maneira geométrica; da formulação de definições, requisitos, axiomas ou noções comuns, passar-se-á a proposições justificadas por meio de demonstrações, escólios etc., como se tratasse de teoremas geométricos. Encontramos aqui antecipado o método adotado mais tarde por Spinoza na sua obra capital, a *Ética*.

A EXISTÊNCIA DE DEUS NAS *MEDITAÇÕES* DE DESCARTES 353

É interessante notar que nesta condensação geométrica das provas da existência de Deus encontramos os mesmos argumentos, porém em ordem inversa. Como a ordem dos argumentos é de grande importância para Descartes[5], devemos esclarecer o porquê desta diferença.

Na exposição geométrica começa-se pela prova ontológica (proposição primeira) enquanto a segunda e terceira proposições correspondem à primeira e à segunda provas segundo os efeitos que, na Terceira Meditação, antecedem o argumento ontológico da Quinta Meditação.

A razão desta diferença na ordem consiste em que Descartes, nas *Meditações*, procede segundo a ordem das razões (*ratio cognoscendi*), enquanto na exposição geométrica adota a ordem segundo o objeto (*ratio essendi*). Afirma Descartes que "as coisas podem ser ordenadas em seqüências diferentes, não, sem dúvida, porquanto se referem a algum gênero do ser, assim como os filósofos estabeleceram divisões segundo as categorias, mas sim porquanto o conhecimento de umas pode decorrer do conhecimento de outras, de maneira que, cada vez que se apresenta uma dificuldade, logo podemos examinar se não seria mais útil considerar determinadas coisas antes, quais e em que ordem"[6]. Este raciocínio *a facilioribus ad difficiliora*, dos mais fáceis aos mais difíceis, ele julga "o verdadeiro caminho para bem achar e explicar a verdade"[7]. Especialmente para a metafísica que, para Descartes, não é mais do que uma introdução e fundamentação das ciências físicas e morais[8], o raciocínio segundo a ordem das razões parece adequado. Uma vez o fundamento bem consolidado, quando Descartes pode progredir da metafísica às ciências físicas ou às ciências morais, ou, ainda, compostas as *Meditações,* quando se trata de expor um assunto já compreendido, expô-lo retrospectivamente com a máxima clareza, o que pretende fazer pela apresentação geometria das Segundas Respostas, então Descartes utiliza o argumento segundo a ordem das coisas, a *ratio essendi*.

FUNÇÃO E PROVAS

Não somente a ordem na argumentação de Descartes, mas mesmo o movimento do próprio raciocínio torna-se mais claro se tomarmos em consideração a função que o conceito de Deus desempenha no pensamento cartesiano.

Quais eram no momento, quando Descartes pôs um ponto final à sua dúvida metódica, os pressupostos intocáveis, dos quais não lhe ocorreu duvidar? Pois somente no que é anterior "a qualquer concei-

---

5. Martial Guéroult, *Descartes selon l'Ordre des Raisons*, cap. 1.
6. R. Descartes, *Regras para a Direção do Espírito*, VI.
7. Idem, *Carta a Mersenne*, 24/12/1640.
8. M. Guéroult, op. cit.

354 ENSAIOS FILOSÓFICOS

to, teoria ou imagem de Deus", como dissemos acima, encontraremos a função da divindade para Descartes.

"Penso, portanto sou" é uma preocupação muito mais complexa do que parece. Pressupõe, como ato consciente que é, subjetividade e objetividade, do que Descartes significativamente faz caso omisso. Como ato concreto e "existente" – assim Descartes interpreta o *Cogito* – a subjetividade implica ainda substancialidade, singularidade, temporalidade, finitude, autoconsciência. Vemos, pois, que, revestindo o *Cogito* de qualidades existenciais, Descartes tem que pressupor muito mais do que a proposição "Há pensamento" realmente implica, e ao mesmo tempo admite muito menos que a posição de um ato consciente, materialmente existente, nos obrigaria a aceitar: Falta inteiramente a objetividade, pois nenhum pensamento é possível sem um objeto pensado. (No caso da pura reflexão, quando o pensamento tem por objeto outro pensamento, o objeto está contido no pensamento-objeto). Falta ainda, no argumento de Descartes, a relação entre sujeito e objeto, de alguma forma sempre existente, mesmo se o objeto for um mero ente de razão.

Temos que concluir, pois, que Descartes jamais conseguiu duvidar da existência do seu próprio "eu", da sua substancialidade, temporalidade, finitude e autoconsciência. Ora, a finitude implica na posição de uma transcendência que determine os limites.

> Pois como seria possível que possa saber que duvido, isto é, que me falta alguma coisa, que não sou de todo perfeito, se não tivesse em mim alguma idéia dum ser mais perfeito do que o meu, pela comparação com o qual conheceria as faltas da minha natureza? (Terceira Meditação).

Esta transcendência inicialmente não se diferencia do "eu", pois em destaque apareceria como alguma coisa de estranho, como objeto; e todo objeto é suspenso pela dúvida hiperbólica do *Cogito*. A transcendência não destacada e em afinidade evidente com o "eu que pensa", deve ser também algo que pensa. É no pensamento da transcendência que engloba o "eu" que a validade dos critérios do pensamento de Descartes é garantida anteriormente a toda argumentação das *Meditações*. A função cognitiva da concepção de Deus existe, pois, desde o início, anterior e independentemente de todos os esforços de provar a existência de Deus. Sem ela nem o *Cogito* poderia ter sido formulado.

Descartes era um apaixonado da razão. A função fundamental do seu conceito de Deus é a função racional, a função cognitiva que, como vimos, jamais conseguiu atingir pela dúvida. Não é de admirar, portanto, que para ele a *ratio cognoscendi*, o argumento segundo a razão, haveria, necessariamente, de constituir o ponto de partida para qualquer esforço de orientação e de indagação.

Outra conseqüência do que acabamos de expor, é o fato estranho que na primeira prova de Deus segundo os efeitos, Descartes começa

A EXISTÊNCIA DE DEUS NAS *MEDITAÇÕES* DE DESCARTES

não provando a existência divina, mas a existência de coisas fora de mim, pela análise da fenomenologia, estritamente imanente, das idéias, ou seja, pelo exame da sua "realidade objetiva". Tendo sido atingido, pela dúvida hiperbólica, unicamente o mundo dos objetos, ficando inatingidas a subjetividade e a função cognitiva de Deus que permitia àquela raciocinar, este início de argumento parece perfeitamente natural.

Num novo recuo, Descartes admite que as diferenças em "realidade objetiva" encontradas nas idéias como imagens possam ser produto da substancialidade do "eu que pensa". Num avanço final e definitivo, o filósofo chega a destacar a transcendência, desde o início admitida implicitamente, e transformá-la em idéia de Deus que, para Descartes, possui, significativamente, o máximo de "realidade objetiva". A idéia de Deus que inclui todas as idéias tem, de acordo com a prova segundo os efeitos, realidade que inclui todas as realidades. A função integradora da razão divina, reunindo subjetividade e objetividade, abandona agora a condição implícita e oculta da transcendência do "eu que pensa" e torna-se plena e explicitamente consciente.

A segunda prova consoante os efeitos parte da temporalidade do eu, uma das atribuições do "eu que pensa" que, como mostramos acima, jamais foram atingidas pela dúvida. A temporalidade em si já é uma espécie de limitação, acrescida pela limitação substancial e existencial implicada no "eu" do *Cogito*. Um "eu" ilimitado não estaria sujeito à duração. Uma vez sujeito à temporalidade, no entanto, o meu ser, nas transformações que apresenta de um instante a outro da duração, deve ser determinado, mantido e recriado continuamente por um poder superior, por Deus que tem a função de fundar a racionalidade da seqüência temporal, como garante a racionalidade da simultaneidade ideal.

Estabelecida, assim, pela função cognitiva de Deus, a ordem racional das coisas e o sentido compreensível da duração, Descartes pode, finalmente, passar deste caminho segundo a ordem das razões (*ratio cognoscendi*) a uma visão final segundo a essência (*ratio essendi*). Esta é dada pela prova ontológica de Deus, que representa a apercepção total e clara do conceito de Deus a que chegou, ponto final de um caminho árduo de conceituação e ponto de partida de um levantamento panorâmico das convicções alcançadas.

**Parte III
Sobre Literatura
e Artes Plásticas**

1. A Noção de Destino em Homero

INTRODUÇÃO

Definição e Importância da Noção de "Destino"

Não é fácil definir o "destino", pelo próprio fato de que não faz parte de uma estrutura racional da realidade, mas é, fundamentalmente, vivência, individual ou coletiva. É a certeza da consciência de participar de um contexto, ao mesmo tempo incompreensível e irreversível, totalmente fixo e imutável. Certos pensadores[1] quiseram ver no destino elemento de uma "lógica orgânica", instintiva e onírica, como oposta a uma "lógica anorgânica" do entendimento. Embora não discordando do caráter existencial da noção de "destino", do seu papel de fenômeno primordial (*Urphänomen*) na experiência humana[2], acreditamos na possibilidade de circunscrevê-lo e de apontar os principais traços que constituem a sua essência.

A maioria dos autores, inclusive Oswald Spengler, no seu famoso *O Ocaso do Ocidente*, identificaram o destino com um aspecto da experiência do tempo, seu percurso direcional e irreversível. Para Ernst Cassirer, na sua análise da consciência mítica, o destino, como experiência irracional de um acontecer, possui algo de eterno na própria

---

1. Oswald Spengler, *The Decline of the West*, Nova York: Alfred A. Knopf, Inc; 1926, v. I, p. 117-121.
2. Idem, ibidem.

360 ENSAIOS FILOSÓFICOS

temporalidade[3]. Pois "tudo que é singular e particular encontra-se sob o poder do devir, força do destino universal e inquebrantável [...] Nem os próprios deuses são donos do tempo e do destino, mas sujeitos à sua lei primordial, à lei da Moira. Assim, o tempo é vivido, aqui" – na consciência mítica – "como destino, muito antes de ser pensado como seqüência cósmica do acontecer".

Esta concepção – a concepção temporal do destino – é completada por outra que deriva as estruturas imutáveis do destino da própria particularização, na qual o ser se apresenta à consciência em forma de múltiplos "entes". Martin Heidegger[4], na sua análise da noção de "moira" em Parmênides (fragmento VIII, 34-41), caracteriza o destino como "atribuição que distribui e outorga" – aos objetos os seus característicos – "e, deste modo, desdobra a dualidade [...] de presença e presença do presente". O "presente" é constituído pela multiplicidade dos objetos presentes à consciência e recai, pela sua própria caracterização distintiva, sob o contexto central e universal do destino que, ao mesmo tempo, distingue e reúne. A "Moira" é, para Heidegger, o próprio destino distributivo que, concomitantemente, diferencia e reintroduz na universalidade do ser que se manifesta. A própria individuação dos entes equipa-os com dotações fatais que determinam o seu ser em todo e qualquer instante. Deste modo, a "Moira" possui, para Heidegger, característicos ontológicos que independem e precedem a todo acontecer, a toda temporalidade.

Encontramos uma síntese entre compreensão temporal e ontológica do destino na obra de Goethe, expressa no primeiro dos seus *Urworte: Orphisch*, intitulado *daimon*[5]. Ali se fala do homem como "forma pré-cunhada que, viva, se desenvolve". Como tal, cada um nasce sujeito à sua própria lei imposta, no momento do seu nascimento, pela constelação dos astros, pela posição que, no instante fatal em que lhe é dada a luz, "o sol assumiu, saudando os planetas", lei que impõe ao homem o seu desenvolvimento desde o primeiro minuto de sua existência. "Assim tens que ser, a ti próprio não podes fugir" como, desde tempos imemoriais, "rezam os oráculos de sibilas e profetas". Nenhum tempo e nenhum poder do mundo é capaz de desfazer esta "forma pré-cunhada que, viva, se desenvolve".

A concepção goetheana do *daimon* é, antes de tudo, centrada no próprio indivíduo. O destino encontra-se dentro da própria pessoa; reside no seu "Eu objetivo"[6] o qual, na sua plenitude, permanece fora

---

3. Ernst Cassirer, *Philosophie der symbolischen Formen*, Bruno Cassirer (ed.): Oxford, 1954, v. III, p. 191.

4. Martin Heidegger, *Vortraege und Aufsätze*, Günther Neske Verlag, Pfullingen, 1954, p. 251-252.

5. *Goethes Werke*, Leipzig: Max Hesse Verlag, v. II, p. 192-193 (antologia em 24 volumes).

6. Cf. Hermann Nohl, *Charakter und Schicksal*, na tradução de Carlos Silva intitulada *Antropologia Pedagógica*, México: Fondo de Cultura Económica, 1950.

A NOÇÃO DE DESTINO EM HOMERO   361

do âmbito da autocompreensão a qual somente atinge alguns poucos elementos que, pela sua natureza peculiar, são assimiláveis pelo "Eu subjetivo", pela autoconsciência.

Contudo, a maioria dos homens tende a culpar um poder superior quando se frustram os seus planos[7]. Conseqüentemente, a definição mais comum do destino não o relacionará com a própria personalidade, mas irá procurá-lo fora das suas responsabilidades privativas. Para a maioria dos homens, o destino implica "na crença na ação de um poder *impessoal*, a cuja força vê submetido todo acontecer cósmico e toda a vida humana"[8]. Ao contrário do conceito egocêntrico de destino desenvolvido por Goethe, este é precisamente o aspecto oposto de um fado impessoal e remoto.

Temporal ou ontológico, pessoal ou remoto, sempre o destino apresenta um caráter distributivo. Destino é o que cabe a cada um, a partir de uma distribuição originária, pela qual o indivíduo não apenas possui o que tem, mas se torna a pessoa que é, desenvolve-se, como não pode deixar de crescer. Este caráter distributivo é configurado com particular clareza na etimologia das palavras gregas "moira" e "aisa". "Reconhece-se hoje," diz Pierre Maxime Schuhl[9], "que a palavra 'moira' significa a parte que recai a cada um. 'Aisa' tem o mesmo sentido".

Distribuição é, antes de mais nada, limitação. É a limitação fatal do ser humano que jamais possui bens ilimitados, saúde impecável e vida eterna. O destino predetermina as nossas capacidades físicas e mentais, as nossas posses e o nosso status social; e é totalmente inútil – ou, antes, um crime do mortal contra os desígnios superiores aos quais lhe cabe submeter-se – rebelar-se contra as limitações providenciais, inerentes à nossa vida. A morte é a evidência, mais cruelmente em destaque, da ação do destino. Dela nem mesmo os deuses têm poder de salvar o homem[10].

Mas destino não é apenas limitação. É igualmente promessa de realizações positivas, destinadas ao indivíduo ou à nação. Assim, apresenta-se também com freqüência "como poder de ação e de êxito, imprimindo nos seus heróis as virtudes das armas e do mar"[11].

Acabamos de apontar, na noção de "destino", três conjuntos de traços característicos opostos. (No decorrer deste trabalho, para facilitar a identificação de cada aspecto, atribuiremos a cada um uma letra símbolo). Vimos que "destino" pode ser entendido como vivência do tempo,

---

7. Cf. Martin P. Nilsson, *Historia de la religion griega*, Editorial Universitária de Buenos Aires, 1956. Tradução de *A History of Greek Religion*, Oxford, 1925.

8. Alfred Bertholet, *Worterbuch der Religionen*, Stuttgart: Alfred Kroner Verlag, 1954.

9. Pierre Maxime Schuhl, *Essai sur la formation de la pensée grecque*, PUF 1949, p. 143, ver "Schicksal", p. 423.

10. Homero, *Odisséia*, Cap. III, p. 236-238.

11. Lineu de Camargo Schützer, A Noção de Destino em Homero, separata n. 27 da *Revista de História*, São Paulo, 1956.

362 ENSAIOS FILOSÓFICOS

que designaremos a seguir com a letra (T); é igualmente legítimo, no entanto, compreender a fatalidade como estrutura ontológica de particularização, dentro da totalidade do ser que se manifesta, simbolicamente (O). O destino pode ser a experiência do "Eu objetivo", da índole fatalmente distintiva de cada indivíduo que nasce e se desenvolve, caracterização à qual jamais ninguém escapa, por não poder escapar a si próprio (P). Mas destino, geralmente, representa para o homem a ação de um poder impessoal, cósmico e remoto (R). É sentido, na maioria dos casos, como limitação (L), mas pode, facilmente, tornar-se desafio e estímulo à ação e ao êxito, ao cumprimento do papel predestinado ao herói (E).

Falamos do destino como *Urphänomen*, como fenômeno primordial que se dá no imediatismo do encontro humano com a realidade do seu mundo. A vivência do destino precede, pois, a todas as intervenções posteriores da reflexão que pudessem estabelecer uma valorização moral. Conseqüentemente, o destino não possui conotações ético-morais, situa-se "além do bem e do mal".

Do outro lado, é o próprio destino que coloca o homem perante os mais profundos conflitos morais, perante a alternativa de se abandonar, de se submeter a forças superiores, ou de se reafirmar e sustentar os seus próprios valores e os que a sociedade em que vive lhe inculcou. São a própria incompreensibilidade e amoralidade do destino que se transformam em desafio para o homem, que parece lhe exigir a inserção de um sentido na sua vida e o estabelecimento, dentro dela, de inabaláveis valores morais.

É neste desafio que encontramos a imensa importância da vivência do destino: Quem o encontra sai do âmbito da segurança artificial que construiu para a sua vida, com normas fixas, formas rígidas e valores reconhecidos. O destino provoca-o a provar seu valor de homem sempre de novo, a estabelecer a sua razão no irracional e a afirmar os seus valores morais na amoralidade nua e crua da sua existência.

A importância da vivência do destino consiste em suscitar todas as inquietudes decorrentes de uma dependência necessária e de uma participação em contextos tão incompreensíveis quanto inexoráveis, inquietudes que despertam uma verdadeira ansiedade criadora que se expressa na edificação religiosa de um sentido; no estabelecimento filosófico-científico de um contexto compreensível e no discernimento, individual e social, de valores morais e estéticos.

A NOÇÃO DE DESTINO EM HOMERO

Condições Gerais que Determinam a Experiência Homérica de Destino

Característicos físicos da região do Mar Egeu e a formação cultural, política e econômica dos seus povos

A NOÇÃO DE DESTINO EM HOMERO

Os característicos ecológicos de pátria pertencem, significativamente, ao "destino" dos seus povos e dos seus indivíduos. Influenciam imperceptível, mas profundamente, o seu modo de pensar e de agir. Falando da "noção de destino em Homero" não podemos deixar de traçar as linhas mestras desta influência no palco em que se desenrola a epopéia homérica e onde ela foi, pela primeira vez, cantada na região do Mar Egeu e da Grécia oriental.

O Egeu é o mar dos vastos horizontes. As suas ilhas parecem os picos de majestosa montanha, afundada nas águas. As suas costas são, na sua maioria, rochosas, circundadas de um fio do branco da espuma das ondas que nelas se quebram. Extraordinária é a transparência da atmosfera nesta parte do Mediterrâneo, realçando o desenho linear que contém todas as coisas no seu devido lugar, a riqueza do colorido que torna o nascer do sol e a sua imersão no mar um espetáculo grandioso. Impressiona a plasticidade das montanhas no derradeiro raiar do dia, a luminosidade incandescente das suas rochas, nitidamente separada, por contornos afiados, das áreas de sombra, surgindo formas bizarras que despertam a fantasia do observador[12]. Somente catástrofes naturais conseguem quebrar o harmonioso delineamento entre o mar e a terra, entre o azul profundo das águas e o azul feérico dos céus, entre as montanhas e o firmamento.

Por conseguinte, não é de se admirar que a forma acabada e harmoniosa da paisagem afetou profundamente o espírito dos povos desta região. São os contornos nítidos, a plasticidade bem delineada que caracteriza a sua arte, a sua mitologia, a sua religião e o seu pensamento filosófico-científico. Aqui nada escapa para o infinito como acontece aos habitantes da imensa estepe russa ou do sem-fim do deserto das arábias.

Juntamente com a plasticidade e os contornos bem definidos é a terrealidade que marca a vivência dos povos do Egeu. Num ambiente de visibilidade tão grande, a vida é identificada com o visível, com o corpóreo e a sua esplêndida plasticidade. Informe é apenas a sombra da morte, banida para os tenebrosos espaços subterrâneos do Hades.

Na maioria, as ilhas são pequenas e mesmo as costas orientais da Grécia continental fecham-se para trás com altas montanhas de difícil acesso. As distâncias marítimas, até as costas próximas, não são muito grandes e o mar, bem delimitado na sua extensão – bem ao contrário dos grandes oceanos – desafia o homem para a exploração dos seus segredos, convida para as aventuras, para a conquista e a colonização de novos horizontes. É a própria paisagem que chama o herói a enfrentar, nas suas pequenas embarcações, as peripécias das ondas e das guerras.

Mas o aventureiro marítimo dos poemas de Homero é motivado, também, pela ecologia econômica do país. Os solos dos arquipélagos

---

12. Cf. Peter Bamm, *An den Küsten des Lichts*, Deutsche Buchgemeinschaft, 1962.

364 ENSAIOS FILOSÓFICOS

egeus são pobres e de aproveitamento limitado, as áreas montanhosas sofrem de constante erosão. Faltam rios maiores para a irrigação dos campos e estiagens de grande duração juntam-se aos fatores mencionados para dificultar as plantações. Portanto, prevalecem as criações de cabras e ovelhas no grosso do produto natural. A verdadeira riqueza acena apenas ao aventureiro marítimo que, com a sua valentia pessoal, conquista presas valiosas... e, eventualmente, consegue realizar trocas compensadoras. Sendo que apenas a agricultura, a plantação dos campos, requer uma vida definitivamente sedentária, a economia pastoril das ilhas do Egeu abre portas ao "nomadismo marítimo" tão comum entre os povos que chegamos a conhecer nos cantos de Homero.

A dispersão das ilhas no mar e o isolamento dos pontos habitáveis resultam numa pronunciada atomização das estruturas políticas e sociais. Muitas destas cidades-Estado, no entanto, chegam, por meio de alianças, a formarem grandes federações, a adquirir considerável força militar e econômica[13].

Percebemos, assim, que os característicos físicos na região do mar Egeu exercem profundas influências sobre a mentalidade dos seus habitantes, influências estas que fazem parte do destino tanto do próprio Homero como dos seus protagonistas. Determinam-lhes a sensibilidade estética da forma acabada, constatável igualmente nas vivências religiosas e no modo de pensar. Predestinam-lhes a agarrar-se à realidade terrestre e criam a propensão à ação e ao heroísmo. A atomização política e social, produzida pelo isolamento dos lugares habitáveis, dá amplo campo para o destaque individual, e o meio natural convida à navegação, à aventura e ao comércio marítimo.

Papel de destino exercido pelas estruturas
aristocráticas da sociedade homérica

Se os característicos da paisagem em que nascemos e crescemos participam poderosamente do nosso destino, não menos importante é a estrutura social em que nos desenvolvemos. É indispensável, portanto, ao falarmos de destino em Homero, ressaltar os traços mais decisivos da sociedade em que se enquadram as epopéias cantadas, as limitações e os desafios que a sociedade impõe à sua gente.

Mas qual é esta sociedade homérica? Aquela em que viveram os protagonistas dos cantos da *Ilíada* e da *Odisséia* ou a sociedade em que o seu autor (ou os seus autores) festejava os seus triunfos poéticos? De quatro a cinco séculos distanciam estas duas sociedades e no seu entretempo produziram-se transformações profundas no decorrer de uma época obscura e desconhecida em que a escrita silábica dos

13. M. P. Nilsson, *Les Croyances religieuses de la Grèce antique*, Paris: Payot, 1955, p. 65.

A NOÇÃO DE DESTINO EM HOMERO   365

micênios caiu em esquecimento e a nova escrita fonética dos fenícios ainda não era conhecida[14].

Será lícito o uso da obra de Homero como fonte histórica, embora, evidentemente, estes cantos tenham visado, antes de mais nada, a intuitos artísticos? Quantos dos característicos sociais que encontramos na obra datam realmente do tempo de Aquiles e de Ulisses e quantos pertencem à época de Homero? Certamente – somente para dar um exemplo – o costume da incineração dos mortos introduziu-se muito depois dos dias de Aquiles, a quem a incineração do corpo de Patroclo deve ter sido atribuída segundo os costumes dos próprios autores da *Ilíada*[15].

Mas os nossos propósitos, neste trabalho, não podem ser históricos nem de crítica filológica dos textos. O que nos preocupa é o relacionamento das estruturas aristocráticas, como aparecem na obra, com a sorte dos seus heróis, bastando, para este fim, o recurso, pura e simplesmente, aos relatos do próprio Homero.

Não há dúvida que todos os principais protagonistas da obra de Homero são nobres. Possuem, geralmente, o título *basileus* – "rei" – mesmo que o seu "reino" seja extremamente diminuto. Na *Ilíada*, todos estes "reis" submetem-se ao mando de Agamêmnon, rei de Micenas. O que significa, realmente, esta submissão? Aquiles, talvez em posição privilegiada por causa da sua extraordinária força e valentia pessoal, pôde ousar boicotar simplesmente o esforço guerreiro dos acaicos contra Tróia; do outro lado, Aquiles não pôde evitar que Agamêmnon lhe tirasse a filha de Brises, cobiçada presa de conquista de Tebas. Certo é que todos estes "reis" levam uma vida esplêndida, possuem grandes palácios e acumulam imensas riquezas. Talvez transpareça ainda, neste quadro, embora de forma muito atenuada, a ligação de vassalagem, descoberta pela arqueologia micênica, que prendeu os *basilei* como chefes de *demoi* (distritos rurais) ao poderoso soberano de Micenas, o *anax*, que do seu palácio central governava, com poder absoluto, servindo-se de uma administração eficiente exercida por uma casta de escribas profissionais, à semelhança do Egito[16].

Frente ao povo simples, porém, estes "reis" possuíam poderes praticamente absolutos de autonomia local. A própria Têmis, configuração do uso sagrado e da lei tradicional[17], garantia-lhes esta supremacia, devido à sua ascendência privilegiada e ao seu destaque

14. Jean Pierre Vernant, *Les Origines de la Pensée Grecque*, PUF. 1962, p. 27.

15. Louis Gernet e André Boulanger, *Le Génie Grec dans la Religion*, Paris: La Renaissance du Livre, 1932, p. 22-25.

16. J. P. Vernant, op. cit., p. 14-20.

17. Werner Jaeger, *Paideia, Die Formung des griechischen Menschen*, Walter de Groyter & Co. 1959, 4ª ed., v. I, p. 144

366 ENSAIOS FILOSÓFICOS

pessoal. Apenas o *basileus*, como ser superior, tem autoridade de manejar cetro e lei. Aos demais cabe obediência incondicional[18].

Estas condições não poderiam deixar de resultar na mais desenfreada exploração econômica da população trabalhadora que, conforme esta mesma Têmis, tem que contribuir ao titular do palácio ampla parte do fruto do seu labor[19]. Somente em tempos pós-homéricos, nos dias de Hesíodo e de Sólon, quando a velha aristocracia já mostrava sinais de decadência, os reclamos de igualdade conseguiriam levantar a sua voz[20].

Contudo, o herói homérico não mantinha todos estes privilégios em troca de nada. Em todo momento, a sociedade e o conjunto dos seus pares impunham-lhe um etos rigoroso que exigia que provasse por atos a sua superioridade, seja em jogos competitivos, seja no valor guerreiro das suas poderosas mãos, seja na sabedoria ou na astúcia dos seus conselhos e planos de ação. O seu "status social" obrigava o herói homérico a uma vida extremamente perigosa, expunha-o a um contínuo desafio da morte.

Desta forma, as estruturas da aristocracia homérica apresentam-se como verdadeira fatalidade para os homens que nela vivem: Como destino de lutas, de glória e de morte violenta para uns; de inglória submissão, servidão e obediência aos caprichos dos poderosos para outros.

Conclusão:
um aspecto objetivo do destino em Homero

Os fatos ecológicos e sociais que sumariamente apontamos neste capítulo, influenciam profundamente Homero e os protagonistas da sua grande obra, os quais, como seres humanos, são geográfica e historicamente determinados em elevado grau. O impacto desta determinação adquire, na consciência subjetiva das respectivas pessoas, todos os característicos de uma vivência do destino. É sentido, na existência individual e coletiva, como influência profunda embora incompreensível, decisiva e inevitável. Contribui para a constituição do caráter das personagens homéricas e do grupo a que pertence e assume, portanto, feições ontológicas e estáticas. Desencadeia, igualmente, seqüências de acontecimentos, nos quais os protagonistas se encontram irremediavelmente envolvidos, assumindo, assim, traços essencialmente dinâmicos. As determinações ecológicas e sociais podem aparecer como característicos subjetivos, como podem apresentar-se como impostos de fora; dão-se como limitação ou como desafio. Assumem, portanto, toda a escala de característicos que tentamos descrever na "Introdução".

18. *Ilíada*, Canto II, versos 204-206.
19. Idem, IX, p. 156 e p. 298.
20. W. Jaeger, op. cit., p. 194; M. P. Nilsson, *Les Croyances de la Grèce antique*, p. 65.

A NOÇÃO DE DESTINO EM HOMERO

O que, para nós, é fato objetivamente constatável e dado à investigação científica, se apresenta aos homens da própria época como "destino" indevassável que, embora claramente sentido, não pode ser compreendido. Apenas a submissão e a conformidade restam como atitudes possíveis frente a uma determinação superior a que nenhum mortal pode escapar.

O Destino como Predeterminação

Destino e morte

Não há vida sem morte. Segundo a concepção de Homero, desde o próprio momento do nascimento, a morte, invariavelmente, acompanha o "fio da vida", fiado pelas Moiras, deusas do destino[21].

No entanto, a mera generalização da mortalidade, como limitação e negatividade, pode levar a uma compreensão, gravemente unilateral, daquilo que a morte realmente significa como destino de todo ser humano. Ela não é apenas, universalmente, o fim da vida de todas as criaturas e, com isso, limitação por excelência, correspondendo àquele característico do destino que temos simbolizado com L[22]; a morte não é apenas um marco, imposto de fora, cuja posição é impossível mudar, pois fora fixado por um poder desconhecido, "impessoal, cósmico e remoto", aspecto do destino que identificamos com R; de fato, a morte significa muito mais. A morte é extremamente pessoal, dela ninguém pode escapar, é impossível transferi-la a outrem; nada se pode apreender sobre ela com ninguém. Frente à morte cada qual é um solitário – ela caracteriza, como mais nada, a singularidade de cada situação existencial.

O relacionamento com a morte, com a perspectiva do aniquilamento do próprio "Eu", pertence ao "Eu objetivo"[23] e permanece fora do pleno alcance da consciência subjetiva, revelando-se apenas parcialmente e em momentos especiais. Portanto, a iminência da morte é constitutiva da nossa existência, possui característicos ontológicos que identificamos na nossa análise inicial de conceito de destino, assinalados por O. A maneira como se assume a morte resulta de atitudes extremamente pessoais que não são impostas de fora, mas surgem da nossa própria individualidade e, portanto, merecem a caracterização P.

Encarada dessa forma, toda a existência é *Sein zum Tode*, "ser para a morte"[24], realidade empírica que é sempre histórica, "pois é imperfeita e não concluída no tempo, produzindo-se incessantemente, pois

---

21. *Ilíada* Canto, verso 127 e *Odisséia Canto VII*, verso 7, 197.
22. Sobre o significado das letras, ver supra p. 361-362.
23. Ver supra, p. 360.
24. M. Heidegger, *Sein und Zeit*, Tubingen: Max Niemeyer Verlag., 1953, p. 251.

368 ENSAIOS FILOSÓFICOS

em nenhum momento encontra-se em harmonia consigo mesma"[25]. Como "ser para a morte", a historicidade da existência passa a pertencer também à morte. Esta "pode transformar-se, sendo em cada caso o que sou como existência. A morte não é definidamente, o que (sempre) é, mas é aquilo que é assumido na historicidade da minha existência que se revela"[26]. Vemos, portanto, que à morte, àquela fatalidade que acaba com a temporalidade de toda vida, não falta, paradoxalmente, o característico da historicidade, da temporalidade, propriamente dito, que simbolizamos com T.

Tampouco a morte é sempre e somente negatividade. Sendo a existência como "ser para a morte" qualificada ontologicamente pela estrutura da "preocupação" (*sorge*)[27], a morte se converte num dos mais poderosos estímulos para a auto-realização que evoca a iniciativa do homem, e merece o designativo E da nossa análise introdutória.

Acabamos, pois, de verificar que a morte possui, de fato, todos os mesmos característicos que constatamos no conceito do destino na "Introdução" deste trabalho. Conseqüentemente, a morte sempre é destino, embora nem todo destino tenha, necessariamente, que ser compreendido como morte. Porque nem todo destino é fim absoluto de existência ou de vida, nem deve apresentar, necessariamente, a mesma estrutura dos característicos da morte em que a nota de limitação absoluta (L) é dominante e todas as demais dela decorrem ou a ela se subordinam. Certamente, por causa da sua inescapabilidade, à qual todos os seres vivos se encontram sujeitos, a morte tornou-se protótipo do destino. É com toda razão que Cornford chega à sua generalização impressionante: "A consciência da mortalidade encontra-se junto à raiz do destino"[28].

Esta conclusão é perfeitamente verificável na vivência homérica do destino, entendendo-se por "homérico" o que se refere tanto ao autor (ou aos autores) das epopéias, quanto aos seus protagonistas. Estudaremos o papel da morte na concepção homérica do destino, primeiramente pela análise da freqüência com a qual se referem à morte as várias expressões com as quais Homero designa o destino.

Pótmos, "cair", significa originalmente, "o que cai na sorte", daí "sorte fatal"[29]. É uma expressão da noção do destino como queda, e em Homero, tanto na *Ilíada* como na *Odisséia*, refere-se invaria-

25. Karl Jaspers, *Filosofia*, trad. Fernando do Vale, Editora da Universidade de Porto Rico, 1959, v. II, p. 101.

26. Idem, p. 101.

27. M. Heidegger, *Sein und Zeit*, p. 252.

28. Francis MacDonald Cornford, *Greek Religious Thought*, citado por Lineu de Camargo Schützer, A Noção de Destino em Homero, *Revista da História*, FFLCH- USP, 1966, n. 27.

29. Anatole Bailly, *Dictionnaire Grec-Français*, Paris: Lib. Hachette, 1950.

A NOÇÃO DE DESTINO EM HOMERO   369

velmente à morte[30]. Já o termo *móros* que, como moira, deriva de *meíromei* (receber como a sua porção), significa "porção recebida", "sorte", "destino"[31]. *Móros* refere-se à morte na metade dos casos do uso desta palavra em textos homéricos, dividindo-se a outra metade entre todas as demais configurações do destino, destacando-se, portanto, também aqui, o peso da morte.

Moira e *aisa*, vocábulos que expressam por excelência a noção do destino, não se limitam, no entanto, a esta significação. No caso de "moira" prevalece, em mais de sessenta porcento, o emprego em outro sentido como "porção", "justa parte", "como é conveniente", "como faz parte da ordem" e é partindo destes sentidos que se desenvolve a noção de "destino" que realmente é "a porção que é atribuída a cada um". Nos quarenta porcento de empregos em que "moira" significa "destino", relaciona-se em cinqüenta e cinco porcento a casos de morte. *Aisa*, cujo emprego em outros sentidos como "justiça", "dádiva que é devida", atinge apenas trinta e seis porcento do total, relaciona-se num terço dos casos em que significa "destino" à ocorrência de morte[32].

Evidentemente, o número de casos em que uma palavra que significa "destino" se refere à morte, não representa um índice completo da importância que a morte tem na noção de destino em Homero. Pois muitas vezes o destino é o significado indireto de termos como "vontade de Zeus", *Daimon* etc. Contudo, a grande incidência de casos em que "destino" se relaciona à morte mostra quão profundamente a morte marca a noção homérica do destino.

No fundo, esta preocupação com a morte parece devida ao profundo amor do homem homérico à vida. Vimos que este apego à beleza da realidade terrestre constitui, ele próprio, um traço característico do povo helênico pelo seu destino de viver numa paisagem, cujas particularidades ecológicas "cunham" o homem do Egeu[33]. O amor à vida, já por si um dom de destino ao povo grego, produz agora, em segundo grau, novo característico, a preocupação com a morte que, por sua parte, marca profundamente, a noção homérica do destino.

A preocupação com a morte está intimamente ligada ao terror que a idéia da morte causa ao homem homérico. O destino, na medida em que se identifica com a morte, e a própria morte, sempre encontram no texto de Homero uma conotação negativa, de horror e de distanciamento. São tachados de "horrível", "tenebrosa", "destruidora", "triste", "má". Aparentemente, a terrealidade da fantasia homérica não permite

---

30. Henry Dunbar, *A Complete Concordance to the Odyssey of Homer*, Hildesheim, 1962; Guy Luskin; Jan Prendergast, *A Complete Concordance to the Iliad of Homer*, Hildesheim, 1962.

31. A. Bailly, op. cit.

32. H. Dunbar, op. cit; G. Luskin; J. Prendergast, op. cit.

33. Ver supra, p. 363-364.

370 ENSAIOS FILOSÓFICOS

outra forma de transfiguração da alma do falecido que não seja a pálida sombra, sem sangue e sem vitalidade, que perambula, agora sem destino, nas trevas do reino subterrâneo de Plutão. Quanto menos uma cultura consegue superar o terror da morte por concepções de imortalidade da alma, mais profunda será a preocupação com o fim absoluto da vida, mais a morte marcará a noção do destino. E as concepções homéricas do após-morte não se prestam a inspirar confiança.

Tanto mais impressiona a corajosa autenticidade com que Homero trata do destino da morte. Não teme encarar frontalmente a terrível limitação (L) que o destino da morte coloca à vida e aos desígnios dos homens, e o implacável esmagamento de tudo quanto nele há de pessoal e de íntimo (R).

Entre os casos de falecimento, relatados nas epopéias, é óbvia a grande preponderância de mortes em campo de batalha. Esta predominância é conseqüência direta do etos guerreiro de uma aristocracia combativa que imprime o seu cunho à sociedade homérica e aos seus valores[34]. Agora, o etos guerreiro impõe o destino da morte em batalha aos heróis da *Ilíada* e da *Odisséia*. Este é sem dúvida preferível, aos olhos de Homero, ao mísero perecimento pela fome[35] ou a uma morte causada por queda na embriaguez pelo vinho[36], sem se falar da sorte abominável de ser devorado por monstros como o cíclope Polifemo[37] ou a terrível Cila[38]. A morte no campo de batalha é conscientemente assumida pelo herói homérico e chega a fazer parte constitutiva da sua experiência do destino (O).

Aquiles tem um duplo destino: Pode escolher entre uma vida curta mas riquíssima em glória guerreira, com o preço de uma morte prematura no campo de batalha, em frente das muralhas de Tróia; ou uma vida longa, caseira, sem fama e sem glória[39]. Não podia deixar de escolher a primeira. O etos da sua classe reflete-se nos seus mais profundos anseios íntimos de conquistar gloriosa imortalidade nos cantos dos grandes épicos e de sobreviver na lembrança dos povos como o mais forte e destemido de todos os aqueus. Assim, o destino da morte torna-se o fim necessário de uma carreira que corresponde aos desejos pessoais, adquirindo uma nota pessoal (P). Mesmo um pai vidente como Mérops que, ciente das conseqüências, proíbe aos filhos de participarem na guerra, é desobedecido e a sua proibição vencida pela paixão pela aventura guerreira, não se podendo evitar o destino da morte violenta[40] que, no fundo, foi desejada tanto quanto temida.

34. Ver supra, p. 364-366.
35. *Odisséia* Canto XII, verso 341.
36. Idem, Canto XI, versos 61-65.
37. Idem, Canto IX, versos 288-293; 311 e 344.
38. Idem, Canto XII, versos 243-259.
39. *Ilíada* Canto IX, versos 410 e s.
40. Idem, Canto II, versos 823-834.

A NOÇÃO DE DESTINO EM HOMERO 371

A certeza da morte que se aproxima é um estímulo para o herói homérico, instiga-o à ação e o levar da vida em prazeres, o quanto ainda possível. Aquiles sabe que os seus dias são contados; portanto arde para conquistar *já* a glória imortal do guerreiro e as satisfações que lhe provêm das lágrimas vertidas pelas lindas mulheres de adversários vencidos[41]. A morte, destino heróico do lutador homérico, mostra aqui claramente o seu poder estimulante (E).

Vemos, pois, que, na obra de Homero, a morte transcende os seus próprios limites de ser apenas fim de vida dos seus heróis, para constituir-se em influência poderosa nas suas decisões e nos seus atos. Determina-lhes a direção e o sentido das suas realizações no curto prazo que lhes é ainda concedido. O destino da morte torna-se um fator que, poderosamente, caracteriza a vivência do seu tempo existencial, adquirindo, paradoxalmente, como fim inexorável do tempo de vida, qualidades que moldam a vivência temporal (T) dos acontecimentos decisivos da sua existência.

Destino e vida

Fora da sua morte, o que manda o destino ao homem? A resposta é óbvia: A vida, com as suas condições específicas, tão diferentes para cada um, e que terão que ser aceitas do mesmo modo como a inescapabilidade do seu fim.

Pois os bens da vida não são distribuídos eqüitativamente. Além da desigualdade do status social, do qual trataremos logo em seguida, as próprias qualidades pessoais variam inexplicavelmente. Os deuses não dão todas as graças juntas a cada um: físico, sabedoria e dom da palavra. Os que não se distinguem, de maneira alguma, pela perfeição do seu físico têm, às vezes, as suas palavras coroadas de beleza divina; é dado a eles aliar a modéstia graciosa à segurança e ao acerto na expressão, o que lhes confere grande prestígio; outros têm corpos de extrema formosura, mas são rudes e agressivos[42]. Há os que são feios, mas magníficos na corrida[43]. Beleza e perfeição do corpo, vida longa e abençoada[44], alegria que provém das boas coisas da existência terrena, dos prazeres do amor, da bebida e da comida, das suntuosas residências e ricas propriedades, a vida doméstica harmoniosa com uma esposa virtuosa e valorosos filhos[45], todas estas são dádivas do destino, não menos que os sofrimentos da guerra e das aventuras do mar e as paixões desenfreadas[46].

41. Idem, Canto XVIII, versos 116-126.
42. *Odisséia* Canto VIII, versos 167-175.
43. *Ilíada* Canto X, verso 316.
44. *Odisséia* Canto VII, versos 148, 401.
45. Idem, Canto XXIV, verso 192.
46. *Ilíada* Canto V, verso 185; Canto XIX, versos 86-91.

ENSAIOS FILOSÓFICOS

Pouco se fala da saúde nos poemas de Homero. Ela, que se reveste de tanta fatalidade para nós, homens de uma era altamente civilizada, parece algo tão natural para a humanidade homérica de poucos recursos médicos, que nem atenção especial merece. Numa época de plena vitalidade, o simples fato de gozar de saúde não é reconhecido como dom do destino. Somente quando a doença é conseqüência de uma transgressão, como no caso da peste que Apolo manda ao exército aqueu por causa do menosprezo do seu sacerdote[47], ou em casos especiais, quando Filocletes é mordido por uma cobra e não pode participar da expedição contra Tróia[48] sente-se a mão do destino mexendo com a saúde.

Nas afecções da alma vê-se uma intervenção direta dos deuses. Em casos extremos, esta pode resultar em demência e em doenças mentais graves[49].

A distribuição dos bens e das dotações da vida parece totalmente independente da vontade dos indivíduos (R), o que a caracteriza como efetuada pelo destino. Na medida em que esta distribuição passa a integrar a personalidade da personagem homérica (O), cria-lhe estímulos (E) e limitações (L) e marca profundamente o seu desenvolvimento pessoal (P), influindo na história pessoal de cada um (T). A demonstração do papel específico de cada um destes aspectos do destino na vida dos grandes heróis da *Ilíada* e da *Odisséia*, embora uma tarefa fascinante, romperia o escopo deste trabalho.

É interessante notar ainda que o destino, na medida em que determina a vida e não a morte, é dispensado preponderantemente pelos próprios deuses e não por uma "Moira" impessoal. Teremos que voltar a este fato mais adiante, quando trataremos do relacionamento do destino com os deuses e, em particular, com o supremo deus que é Zeus.

O destino como vitória e derrota

Incompreensível como a morte e a vida é a vitória e a sua funesta irmã, a derrota. Os heróis homéricos são semidivinos. A toda hora são qualificados como parecidos aos deuses, sobressaindo-se de longe ao homem comum. Alguns deles são filhos de deuses ou deusas. Possivelmente retratam antigas divindades locais, cujas lendas Homero humanizou[50]. Pelas suas virtudes extraordinárias um Aquiles ou um Heitor, um Diomedes ou um Ulisses mereceriam sempre a vi-

47. Idem, Canto I, versos 53-67.
48. Idem, Canto II, verso 721.
49. Émile Mireaux, *La vie quotidienne au temps d'Homère*, Paris: Librairie Hachette, 1934, p. 94.
50. Robert Aubreton, Introdução a Homero, Bol. n. 214, *Cadernos de Língua e Literatura Grega*, FFLCH-USP, São Paulo, 1956, p. 119 e s.

A NOÇÃO DE DESTINO EM HOMERO 373

tória. Contudo são vencidos, não obstante a sua bravura exemplar. Independentemente dos seus merecimentos ou das suas falhas, a vitória e a derrota de cada um estão predeterminadas, mesmo ao se tratar de Sarpedão, filho de deus supremo, Zeus.

Sarpedão não pode vencer a luta contra Patroclo, não obstante a sua grande valentia e toda a força que o distinguem, e apesar de contar com o próprio Zeus como pai. Não porque Patroclo fosse mais valente que Sarpedão, mas simplesmente porque o destino lhe determinou a sua morte. A sua lança não pode acertar, enquanto os arremessos do inimigo são infalíveis[51]. Na luta final de Heitor com Aquiles, o primeiro não falha com a sua lança, mas a couraça do adversário, forjada por um deus, não deixa a ponta penetrar, tão poderoso que tivesse sido o impulso. Aquiles não acerta porque, com um gesto ágil, Heitor evita a arma mortal. Parece ser até o melhor lutador nesta competição fatal. Mas isto de nada lhe vale, pois Atena devolve a Aquiles a lança que não acertou enquanto a infalível arma de Heitor se perde, deixando o herói sem defesa. A presença do amigo Deifobo, que agora lhe parece o último recurso, prova ser uma ilusão provocada pela cruel filha de Zeus. Desde modo a sua queda foi antes uma execução do que uma vitória do inimigo, triste fim que o destino, desde muito tempo, lhe tinha predeterminado[52].

É o destino o responsável pela derrota dos grandes heróis homéricos e não a sua fraqueza, o mesmo destino que os fez nascer aristocratas e os fez aprender a serem guerreiros. Um poder impessoal (R) que os distinguiu com os seus privilégios de nascença e com as suas brilhantes qualidades pessoais, destina-lhes também a sua derrota, sem que o divino Pai de Sarpedão e a divina Mãe de Aquiles possam modificar algo do seu amargo fim (L). Anteriormente, o mesmo destino lhes tinha concedido muitas vitórias com as brilhantes perspectivas que se abriam (E), tornando-se ponto de partida para novos feitos (T) nos quais se afirmava a sua personalidade poderosa (P) com a sua crueldade ou com a sua moderação, com a sua ambição insaciável ou com a sua modéstia, fruto do poder das grandes vitórias de forjar o caráter do homem (O).

Vitórias e derrotas, destino que são para os seus protagonistas, tornam-se destino também para gerações vindouras, pois decidem o bemestar e a carreira militar de filhos, netos e descendentes, assim como a excelência da presente geração de heróis se fundamenta nas vitórias dos antepassados. Há toda uma etiologia especial do destino. Vitórias e derrotas militares, como fatos do destino, criam um status social, igualmente destino para gerações futuras. Por sua vez o status social fará poderosos de uns e subordinados de outros. O poder determinará,

51. *Ilíada*, verso 479-481.
52. Idem, Canto XXII, versos 279-295.

374 ENSAIOS FILOSÓFICOS

conjuntamente, a riqueza de uns e a pobreza de outros, oferecerá a uns poucos privilegiados tudo quanto a vida possa proporcionar, à grande maioria a penúria do trabalho e as humilhações da servidão.

O destino como status social

A vitória dos invasores dóricos e jônicos estabeleceu, em tempos remotos, a estrutura social que vemos prevalecer nos poemas de Homero. O herói guerreiro vitorioso estabeleceu-se na cidade conquistada, e dos seus descendentes constituem-se, com o decorrer dos tempos, as famílias aristocráticas que mantêm todos os privilégios. Formam os *genoi*, conjuntos de casas nobres que pretendem todas descender do mesmo antepassado que, como "herói", merece um culto de semideus[53]. Ao redor dessa elite vive uma multidão de populares, que exerce as mais variadas profissões[54]. Tanto na paz como na guerra esta maioria preenche uma função subordinada. Ulisses, ao convencer os aqueus para que não voltassem para casa antes da vitória, adota dois procedimentos bem diferentes: Ao encontrar um "rei" ou um nobre, fala-lhe com palavras de bajulação, passando a um tom extremamente rude ao dirigir-se aos descontentes do povo[55].

A estrutura social que se reflete nos poemas homéricos baseia-se, pois, na supremacia da força guerreira, na vitória das armas. É uma estrutura rígida, com quase nenhuma mobilidade social. É por causa da imobilidade social que o status e os seus elementos – poder, riqueza, nobreza e influência política – são experienciados como dádivas do destino. "É a Moira que distribui aos homens os seus lugares e as suas funções na sociedade e que os torna servidores, trabalhadores agrícolas, artesãos ou guerreiros"[56].

Uma vez que, na sociedade homérica, se ganha a sua posição social pelo nascimento, fato imutável e totalmente impenetrável a qualquer explicação racional, o status social permanece alheio à vontade, ao valor e ao merecimento do indivíduo (R). Constitui limitação para uns (L) e estímulo para outros (E). Como quadro fixo para toda a vida, o status social participa na constituição da personalidade (O) e, como a própria morte, terá que ser assumido para tornar-se, assim, um fator pessoal (P) que não deixa de influir na história individual (T).

O poder político e o prestígio da soberania são encarados como valores indiscutíveis. Uma expressão grega, particularmente significativa, caracteriza Agamêmnon como *moirêgenes*[57], "destinado por

53. É. Mireaux, op. cit. p. 51.
54. Idem, ibidem.
55. *Ilíada* Canto II, versos 187-206.
56. É. Mireaux, op. cit. p. 25.
57. *Ilíada* Canto III, verso 182.

A NOÇÃO DE DESTINO EM HOMERO

nascimento" a ter poder sobre inúmeros aqueus. Telêmaco reconhece que gostaria de ser rei em Ítaca, pois o poder monárquico "enche a casa do rei com riqueza e torna-o mais respeitado"[58]. Contudo, sabe que não depende da vontade do indivíduo possuir o trono, mas de uma decisão superior. Portanto confessa: "Com prazer aceitaria o reinado, se Zeus m'o desse!"[59].

É Zeus, o próprio "filho do invisível Cronos que concede o cetro e a lei" ao predestinado ao poder, impondo, desta forma, o princípio monárquico não apenas aos mortais, mas também aos deuses. "O domínio de muitos não serve no povo! Um só seja rei"[60], é como Ulisses verbera os descontentes, em cujas veias não corre sangue azul.

Àqueles que são desfavorecidos pelo destino cabe calar-se e aceitar os fatos. Adquirindo certas aptidões, mesmo sem serem nobres, podem tornar-se úteis à sociedade e alcançar prestígio. Entre os estrangeiros e, independentemente da sua linhagem, sempre serão bem aceitos "os videntes preclaros, os médicos, os construtores e os divinos poetas que alegram os Homens"[61], o que dá para concluir que também na sua pátria desfrutam de certa posição. Mas sempre serão exceções. À imensa maioria somente resta conformar-se com o destino. Pois a rebeldia contra a justiça na distribuição do poder e das riquezas levará, no melhor dos casos, ao ridículo, geralmente ao extermínio. Tersites é o protótipo do desfavorecido pelo destino: Homem mais feio, vesgo, paralisado num dos pés, corcunda e com cabeça pontuda que mal dá lugar para uns cabelos ralos, de voz penetrante e desagradável, ele carrega todos os defeitos físicos, sociais, econômicos – e, como não pode deixar de ser do ponto de vista de uma moral aristocrática – também morais. O seu clamor não tem nenhuma possibilidade de êxito, pois para ser ouvido teria que subverter não apenas a ordem social, mas também as demais disposições do destino que o marcou para uma inferioridade generalizada. Dos seus iguais ganha apenas o ridículo, e do nobre Ulisses, um duro castigo corporal[62].

O destino, como se entreviu já no que foi exposto com relação ao poder e ao prestígio social, é sentido marcadamente também na esfera econômica. O indivíduo nasce numa família que é ou muito abastada ou pobre, segundo a decisão incompreensível do destino. Para um homem que é marcado para ser pobre torna-se praticamente impossível acumular riquezas. Participa da lavoura coletiva do seu povoado, pois somente o rei e os nobres possuem glebas privadas[63]. Sendo pastor, cuida dos animais do seu patrão, podendo, pelos seus

---

58. *Odisséia* Canto I, 392-393.
59. Idem, verso 390.
60. *Ilíada* Canto II, verso 204.
61. *Odisséia* Canto XVII, verso 384.
62. *Ilíada* Canto II, verso 216-222.
63. S. J. H. Browne, *Handbook of Homeric Study*, Dublin, 1908, p. 209.

376 ENSAIOS FILOSÓFICOS

serviços, ganhar algumas cabeças para a sua propriedade particular, tudo dependendo da sorte de servir a um chefe compreensivo num Estado governado por um príncipe justo e equilibrado. Assim poderá chegar a viver confortavelmente do fruto do seu trabalho. Jamais se tornará opulento de forma comparável às famílias nobres. Mesmo participando de guerras vitoriosas, a presa sempre irá aos aristocratas que lideram a batalha. Esta situação não se modifica mesmo com os primeiros sinais da pequena propriedade privada de terras que encontramos nos textos da *Odisséia*[64].

Como em outros casos[65], o destino na esfera econômica pode ser um destino derivado de outro tipo de fatalidade, antes de tudo da sorte na guerra e nas aventuras do mar, que impedem a volta de um chefe de família, deixando o seu lar sem protetor eficiente e expondo a sua fortuna, às vezes mesmo a sua esposa e os seus filhos, à cobiça dos vizinhos. Foi esta a grande ameaça que pairou sobre o rico palácio de Ulisses. No pressentimento da sua próxima morte, a esposa de Heitor, desolada, lamenta-se pelo futuro da família. Mesmo se o filho do casal conseguir sobreviver à guerra encontrará apenas tristeza e preocupação, pois outros lhe tirarão a sua posse hereditária[66]. Se for muito virtuoso e favorecido pelo destino poderá reconquistar o que, ao homem que não seja aristocrata, permanece para sempre além das suas mais ousadas aspirações.

É o destino que distribui as riquezas, desigual e irracionalmente, como integrantes de um status social rígido e imutável, que impõe ao homem, desde o seu nascimento (R) as suas restrições econômicas (L) ou a abundância que desafia para maiores ganhos ainda (E). Não há dúvida que tal situação terá grande impacto sobre a constituição das personalidades (O), submissas e conformadas entre a grande maioria do povo, empreendedoras e gananciosas entre a aristocracia. Dessa forma, a vida pessoal de cada um (P) e o curso da sua história individual são profundamente marcados pelo destino como predeterminação econômica (T).

É muito grande, nos poemas homéricos, o apreço de uma vida familiar correta e harmoniosa. Inclusive a qualidade moral da esposa que se conquista é sentida como dádiva do destino muito importante. Não é devido ao merecimento de Ulisses ter ele esposado uma Penélope, nem por desmerecimento Agamêmnon teve que casar com uma Clitemnestra. "Realmente te foi destinada uma mulher de grande virtude, feliz filho de Laerte, engenhoso Ulisses!"[67], exclama a alma de Agamêmnon ao encontrar, no Hades, os espíritos dos desfalecidos

---

64. Idem, p. 210.
65. Ver supra, p. 370 e 373.
66. *Ilíada* XXIII, versos 487-489.
67. *Odisséia* XXIV, verso 192.

A NOÇÃO DE DESTINO EM HOMERO

pretendentes à mão de Penélope e ao ouvir a sua trágica história[68]. A qualidade do cônjuge é um favor do destino, como a própria escolha das moças que terão marido e de outras tantas que jamais chegarão ao casamento[69]. Não menos do que a felicidade do casamento, depende do destino a excelência dos filhos, caríssimo sonho de cada pai, cujo valor social e pessoal equipara-se à estima do poder e da riqueza[70].

Destino e Norma

Da normatividade do inalterável

Seguramente omitiríamos algo de essencial no conceito de destino se nele apontássemos apenas o caráter distributivo, esquecendo-nos do cunho normativo que claramente o distingue. Antes de mais nada sentimos o destino como inalterável, como cega necessidade, indevassável ao olhar angustiado e inquiridor do homem que procura compreender o que lhe reserva o futuro, para poder buscar refúgio das forças gigantescas e inexoráveis que ameaçam aniquilar, não apenas a sua existência física, mas, o que é pior, destruir, enquanto ainda em vida, a validade da própria razão e dos seus preceitos de justiça e de bondade. Em Homero, a constante qualificação do destino como "escuro", "tenebroso" etc., relaciona-se não apenas com as suas conseqüências nefastas que acabamos de tratar no capítulo anterior, mas ao seu próprio caráter obscuro e incompreensível que ameaça muito mais a segurança intelectual e moral do homem, do que a sua segurança física.

Esta necessidade cega, inerente ao destino, é essencialmente impessoal (R). Podemos chamá-la até de "antipessoal", pois ameaça a própria personalidade com as suas perspectivas alógicas e amorais. Ela pode exercer esta ameaça, porque não advém ao acaso, ao bel prazer do momento, mas representa uma linha, há muito tempo traçada, um princípio inviolável, ao qual mesmo os deuses têm que se submeter; inclusive o supremo "pai dos deuses e dos homens" não escapa à validade de uma regra incompreensível que determina que o seu querido filho, Sarpedão, deve morrer pelas mãos de Patroclo. É forte a tentação do todo-poderoso soberano dos céus de utilizar o seu poder para infringir uma regra dolorosa e incompreensível. Mas Hera o convence que uma atitude tão personalista quebraria uma norma e abriria as portas para que todos os deuses agissem de igual maneira, sucumbindo então a ordem fatal do destino, tão incompreensível para as personalidades divinas quanto para as humanas[71].

68. Idem, ibidem.
69. Idem, Canto XX, verso 74.
70. Idem, Canto XIV, verso 206.
71. *Ilíada* Canto XVI, versos 440-457.

378 ENSAIOS FILOSÓFICOS

Vemos, como, neste episódio, o inalterável e incompreensível, a necessidade cega do destino se torna norma. A fatalidade obscura e alógica, pela inevitabilidade que a caracteriza, parece estabelecer uma lei, lei do destino que, pela exigência do acatamento, se torna uma norma. De mera fixação do que é e do que será, o destino passa a constituir um preceito do dever-ser. No destino a norma surge da própria irracionalidade e permanece intimamente ligada a ela.

Em Homero, "destino" jamais tem um significado meramente normativo. A realidade dos fatos e dos acontecimentos sempre acompanha e orienta a norma – podendo esta realidade ser tanto uma realidade interna, psíquica, caracterizada pelo conceito de *ate*[72], como realidade externa, (P) e (R) – é sempre a necessidade contida na realidade que precede e gera a norma. Do outro lado, infortúnio e morte, tantas vezes a imposição da Moira, são sempre inevitáveis. A sua inevitabilidade constitui uma regra fatal e esta regra, através da sua pretensão ao acato, reveste-se sempre de certo grau de normatividade.

A unidade de significação da noção de "moira", sim, existe: Mostra-se na referência de toda normatividade do destino à irracional necessidade que rege a existência humana, e na elevação da pura fatalidade do infortúnio e da morte do homem no plano da norma que deve ser acatada.

Esta unidade de significação do destino compreende tanto o seu caráter distributivo, que Pierre Máxime Schuhl quer entender como "de tipo espacial"[73], quanto a própria sucessão dos fatos no tempo, "fio do destino" que, sempre já fiado pela Moira para cada vida que se inicia[74], somente pode significar a necessidade do desenrolar temporal. A unidade de significação abrange, portanto, o aspecto intemporal (O), da mesma forma como o aspecto temporal (T). Na necessidade inerente em ambos os aspectos surge, como vimos, a normatividade da inevitabilidade incompreensível.

Têmis e a balança do destino

Como vimos[75], há destino também na realidade social. A imobilidade que caracteriza a sociedade homérica faz com que a nobreza da linhagem, a grande riqueza, o poder político e o status social pareçam tão predestinados quanto os demais fatos do destino. Neles funciona a mesma lógica que passa da inalterabilidade para a necessidade e transforma esta em regra que deve ser acatada. No domínio social esta regra é *themis*

---

72. Ver infra, p. 382 e s.
73. P. M. Schuhl, op. cit., p. 144-145.
74. *Ilíada*, Canto xx, versos 127-128.
75. Ver supra, p. 374 e s.

A NOÇÃO DE DESTINO EM HOMERO

que, em Homero, se apóia nas práticas em uso, impondo-se, sem possibilidade de recurso, à convivência dos homens e dos deuses.

Originalmente *themis* significa "o que é estabelecido como regra", "lei divina", imposta aos homens que, tornando-se convenção, assume feições morais. Corresponde à *fas* latina, em oposição ao *tura*[76]. Ora, em latim, *fas* pode significar também "destino, fatalidade"[77]. "Poderes supremos distribuem a sorte entre os homens, como os homens distribuem espólio e alimentos; o mundo é repartido entre os deuses segundo os mesmos princípios, e Posseidon, tão pouco quanto Apolo, ousa insurgir-se contra uma divisão uma vez estabelecida". Nesta caracterização do destino, os seus "princípios" aparecem como primeira normatividade diretamente emanada da Moira[78]. Afirma Schützer que manter a ordem do destino é "elevar o conceito de moira a *themis* ou nomos"[79], preconizando, desta forma, com clareza, o relacionamento da Têmis com a Moira. Muito cuidado deve ser tomado, no entanto, para não interpretar a normatividade da *themis* em termos de nomos, de não fazer a *themis* decorrer de um princípio racional, como o encontraremos mais tarde na "isonomia", na igualdade distributiva que somente se afirmará nos dias de Sólon e Teógnis para desempenhar um poderoso papel na consciência social dos gregos[80].

Têmis encarna, antes de mais nada, o princípio monárquico entre homens e deuses. Os potentados devem *themis* a Crónion que concede a lei e o cetro, símbolo do poder efetivo[81]. Não somente a sua constante menção junto com o poder[82], mas igualmente a forma extremamente pessoal da sua instauração, exclui da *themis* toda aquela objetividade que se fundamenta em princípios racionais. *Themis* parece sempre baseada naquilo que poderes superiores impuseram à sociedade, consagrando[83] o que é estabelecido por uma ordem determinada pelo destino.

Contudo, pelo simples fato de ser guardiã de uma ordem, Têmis emerge da opacidade total do destino, ao formular um critério compreensível que serve ao bem-estar da sociedade: Manutenção da ordem. É nesta primeira inteligibilidade que pode ser encarado o início de uma evolução de concepções progressivamente racionais que culminarão nas noções de *nomos* e *logos*. É neste sentido que Gomperz

76. A. Bailly, op. cit.
77. *Der Kleine Stowasser – Lateinisch-Deutsches Schulwörterbuch*, p. 35.
78. P. M. Schuhl, op. cit., p. 144.
79. Idem, p. 32.
80. M. P. Nilsson, *Les Croyances Religiouses de la Grèce Antique*, p. 65.
81. *Ilíada* Canto II, verso 204.
82. Idem, Canto II, verso 206; Canto IX, verso 99.
83. Idem, Canto IX, verso 73;Canto IX, verso 33; *Odisséia* Canto III, verso 45; Canto III, verso 187.

380 ENSAIOS FILOSÓFICOS

pode afirmar que na Moira se pode encontrar "um pressentimento obscuro das leis às quais se submeterá o futuro"[84].

Da mesma forma como a Têmis serve à preservação da sociedade, a normatividade do destino, em termos cósmicos, é indispensável para a preservação do mundo. Infringir as suas imposições significaria desfazer o equilíbrio que mantém o universo. O relacionamento da normatividade com o equilíbrio explica o uso do símbolo da balança para a ordem social e jurídica em geral, e para a resguarda dos preceitos de destino por Zeus, no nosso caso em particular[85]. O uso da balança do destino por Zeus é uma bela expressão do elemento normativo que é inerente à Moira por causa da necessidade que os seus decretos manifestam, não obstante a sua total incompreensibilidade.

c) Destino e Transgressão: O *hypermoron*

O destino, como ordem social, predetermina interdições e obrigações – na área familiar e social – que podem ser acatadas ou desacatadas, sem, com isso, perder nada da sua vigência. Desta forma, surge a possibilidade de uma transgressão. O destino como seqüência necessária de acontecimentos não admite qualquer alteração e sempre se completa. Parece não tolerar transgressão nenhuma. Quando uma intervenção dos deuses se fizer necessária[86], esta deve ser considerada como prevista pelo destino. De outra forma, este se apresentaria como extremamente débil, sujeito ao capricho pessoal dos deuses; e o fato de que o destino sempre se realiza, mesmo quando é necessária a intervenção divina, seria devido a meros acasos que, no entanto, jamais deixando de acontecer, transformaram, numa lógica absurda, o ocasional em regra infalível.

Em ambos os casos, contudo, é apenas o acatamento à necessidade do destino que pode ser recusado. É mais do que óbvio que um destino que pode ser desfeito jamais foi destino!

Assim compreendemos por que o termo *hypermoron** não pode ser traduzido por "contra o destino" ou por "rompendo o destino". É inimaginável que uma ação empreendida por seres humanos, possa invalidar o destino. Em substituição, Nilsson[87] sugere traduzir *hypermoron* por "contra o que é devido". O mesmo, evidentemente, deveria aplicar-se a expressões paralelas como *hyperaisan*, *hypetheon* etc.

Uma tal tradução recai, no entanto, no extremo oposto da primeira. Enquanto esta desconsidera qualquer aspecto normativo do

84. P. M. Schuhl, op. cit., p. 144-145.
85. *Ilíada* Canto VIII, verso 69; Canto XXVII, verso 209.
86. Idem, Canto II, verso 155; Canto XXI, verso 516.
* A discussão se deve ao fato de que *hypermoron*, literalmente *hyper-moira*, significa contra e além da moira (transgressão). (N. da E.)
87. M. P. Nilsson, *Les Croyances religioses de la Grèce antique*, p. 63.

A NOÇÃO DE DESTINO EM HOMERO   381

destino; interpretando *hypermoron* como "contra o curso prescrito pelo destino", a segunda desconhece toda a carga de fatalidade contida no termo. Aparentemente funcionaria muito bem numa passagem da *Odisséia* – por seu caráter moralizante considerada de origem bem tardia[88] – em que Zeus, culpando os próprios homens pelo mal que lhes advém, dá como exemplo Egisto que, "contra o que é devido", tomou a esposa de Agamêmnon para mulher[89]. "Contra o que é devido" não transmite, porém, a grave fatalidade evocada no texto da *Ilíada*[90] em que se mostra o efeito de um discurso totalmente desiludido de Agamêmnon que, depois de nove anos de esforços inúteis para conquistar Tróia, conclama o exército dos aqueus à volta, "contra o que determinou o destino" – "contra o que é devido" simplesmente não traduz o verdadeiro significado – uma seqüência fatal teria sido anulada não tivesse Atena intervindo prontamente. Trata-se aqui não de algo que é devido, mas de uma seqüência fatal de acontecimentos que, não obstante pareça em determinado momento não querer se produzir, é realmente inevitável.

Poderia concluir-se que, quando o *hypermoron* se refere ao âmbito das relações humanas, a tradução de Nilsson é a melhor, nos demais casos é preferível a versão tradicional. Isto, no entanto, acarretaria o perigo de, fortuitamente, introduzir-se uma diferença essencial entre destino como ordem social e destino como seqüência necessária dos acontecimentos, perdendo-se, assim, o sentido real da noção de destino em Homero. Pois nos dois casos o destino é igualmente inevitável e nos dois casos os homens podem apenas recusar o seu acatamento pessoal, jamais introduzir uma "quebra" na necessidade objetiva. Não foi sem razão que nos dois casos se aplicou o mesmo termo *hypermoron*. Pois, embora como ordem social o destino pareça mais normativo por abrir portas a transgressões, a fatalidade da sua imposição é a mesma; e, embora no destino que aparece como seqüência necessária dos acontecimentos a normatividade pareça nula, porque nenhuma alteração do curso dos eventos é possível, o homem pode, igualmente, recusar o seu acatamento ao destino e, desta forma, infringir a sua norma.

O destino como fatalidade psíquica. A *ate*

Mas até que ponto podemos, na análise dos textos homéricos, realmente falar de transgressão e culpa, sem incorrer no anacronismo de projetar a nossa própria noção de livre arbítrio para dentro de uma visão do mundo e do homem totalmente diversa da nossa? Voltando àquela passagem da *Odisséia* que parece moralizar o destino e ti-

88. S. J. H. Browne, op. cit.; também Werner Jaeger, op. cit., p. 328.
89. *Odisséia* Canto I, verso 35.
90. *Ilíada,* Canto II, verso 155.

382 ENSAIOS FILOSÓFICOS

rar-lhe toda irracionalidade[91]: Avisado por Zeus que estava prestes a precipitar-se num *hypermoron*, teve Egisto realmente uma chance de escolher livremente o caminho que ia seguir? Ou em que medida foi impulsionado pelo ódio contra Agamêmnon, assassino do pai, e pelo rancor tradicional entre a casa de Tieste, seu pai e a casa de Atreu, de quem descendia o chefe das hostes aquéias? Em que medida, podemos ainda perguntar, Egisto serviu apenas de instrumento para uma antiga maldição que pairava sobre toda a casa de Tântalo, progenitor dos dois clãs inimigos? A fatalidade interior, em forma de impulso criminoso, obedece, na concepção homérica, à mesma necessidade inexorável dos acontecimentos externos forjados pelo destino. A fatalidade psíquica encontrou, nos cantos de Homero, uma designação toda especial: *Ate*.

Ate é a loucura, a alucinação e a paixão desenfreada, arrastando o mortal para a desgraça. Freqüentemente, *ate* é traduzido por "culpa", já que sempre desencadeia sentimentos de culpa que chamam a si a punição ou tendem a justificá-la. Contudo, na medida em que a culpa é, para o homem ocidental moderno, uma falta voluntária e uma infração consciente de uma norma, ela não corresponde ao sentido de *ate*. Identificar os dois termos significaria desconhecer a profunda fatalidade de *ate*, o seu total enraizamento no destino. Há uma profunda ambigüidade na noção de *ate* que se tornou um dos principais motivos da tragédia grega: De um lado *ate* é destino e, por conseguinte, totalmente além do controle do homem; do outro, o homem por ela possuído é totalmente responsável pelos seus atos, tanto perante a sociedade como perante a própria consciência e os poderes divinos.

A compreensão desta ambigüidade é importante para a devida apreciação do próprio discurso homérico. A estreita ligação da *ate* com o destino é ressaltada claramente numa passagem em que Zeus, o destino e a tenebrosa Erínia são citados como tendo levado Agamêmnon à sua *ate*, no seu erro trágico no trato com Aquiles. Agamêmnon cita a *ate* para se desculpar, sabendo, ao mesmo tempo, que com isto não conseguirá livrar-se das suas responsabilidades[92].

No mesmo texto, logo em seguida, encontramos uma caracterização poética da *ate* personificada, em que as suas propriedades tenebrosas são realçadas. Como fatalidade psíquica, não se aproxima do chão, mas movimenta-se entre as cabeças dos homens e leva-os à perdição[93]. Filha de Zeus, ela é tão poderosa que consegue envolver o próprio "Pai dos deuses e dos homens" que, na sua raiva, agarra-a pelo cabelo e joga-a pelo Olimpo abaixo, proibindo-lhe para sempre a reentrada. Desde então persegue apenas os homens.

---

91. *Odisséia* Canto I, verso 35.
92. *Ilíada* Canto XIX, versos 86-89.
93. Idem, Canto XIX, versos 95-132.

A NOÇÃO DE DESTINO EM HOMERO 383

A *ate* serve-se sempre das forças irracionais da alma, das paixões e dos desejos que são seus instrumentos. Jamais faz uso da ponderação e da inteligência. De certa maneira, está próxima ao papel ameaçador que o "inconsciente", descoberto pela psicologia moderna, desempenha nas angústias do homem contemporâneo. Divindade radicalmente diferente dos deuses antropomorfos do Olimpo, jamais chega a ser plenamente personificada por representar os poderes da fatalidade na alma, e não fatores concretos da natureza ou da sociedade. Segundo Bréal[94] constitui, junto com Erínia e Nêmesis, todas intimamente ligadas ao destino, um panteão de segunda formação que teria sido o objeto da verdadeira religiosidade do homem homérico.

Certo é que a *ate* partilha com a Moira o caráter de vivência primordial (*Urerlebnis*) e se reveste de grande importância por causa das profundas emoções que provoca, do peso da responsabilidade e dos sentimentos de culpa que tragicamente engendra, sem representar uma infração voluntariamente incorrida, a única que poderia ser qualificada de culpa no próprio sentido da palavra.

O destino no crime e no castigo

Vimos que a normatividade do destino que deriva da sua necessidade deve ser analisada com cuidado, para que não seja atribuída a noções como *hypermoron*, *themis* ou *ate* uma racionalidade que destoaria totalmente do sentido do próprio destino, tão profundamente arraigado na visão homérica do mundo e do homem. Mesmo em passagens que parecem tão moralizantes e racionais como o discurso de Zeus na assembléia dos deuses no início da *Odisséia*, é possível, e provavelmente mais condizente com o espírito geral da epopéia, uma outra interpretação do erro de Egisto: Que não foi por calculada maldade que cometeu o seu crime, mas por instigação da *ate*, configuração psíquica do destino que leva o homem contra o próprio destino, sendo as conseqüências sempre funestas.

"Híbris" e "nêmesis", o desacato à norma do destino e a vingança, assim provocada, são termos já encontrados em Homero e que assumirão uma importância capital no pensamento grego posterior e no desenvolvimento da tragédia clássica. "Híbris" é o excesso na ação e na linguagem, a atitude arrogante que tende a desacatar a norma; "Nêmesis", a ira dos poderes superiores assim provocada. "Híbris" leva geralmente a um *hypermoron*, "nêmesis" aproxima as Erínias para a vingança, revelando-se, assim, uma emanação direta do destino. "Nêmesis é, realmente, um destino ao qual o homem não pode escapar"[95], confirma Nilsson.

---

94. Michel Bréal, *Pour mieux connaitre Homère*, Paris: Lib. Hachette, p. 179.
95. M. P. Nilsson, *Les Croyances religioses...*, p. 71.

384 ENSAIOS FILOSÓFICOS

Contudo, em Homero não encontramos ainda a personificação, nem de híbris, nem de nêmesis. Nêmesis restringe-se geralmente a significar a irritação de personagens humanas que poderia produzir uma reação punidora à provocação e, somente uma vez denota a vingança divina que chamaria as horríveis Erínias, caso Telêmaco expulsasse a mãe do palácio para satisfazer os pretendentes[96]. Tampouco assume "híbris", em Homero, o significado generalizante que, mais tarde, se tornaria tão importante na especulação moral grega[97]. O relacionamento, universalmente válido, entre híbris e nêmesis não se encontra ainda nos cantos de Homero. Somente quando a norma do destino for identificada com uma justiça que é a mesma para todos e passar a constituir-se objeto de apaixonadas lutas políticas e sociais, é que Híbris e Nêmesis, divinizadas, assumirão a sua função universal numa ordem do mundo que se tornou justificável.

São os próprios deuses que, como acabamos de observar, velam pela execução dos decretos do destino. Este, no entanto, conta também com os seus próprios órgãos que resguardam a sua normatividade e cuidam que nada do previsto deixe de acontecer. *Erinys* ou *Erinyés*, no singular, como no plural, é o nome aterrador das temíveis guardiãs do destino, moradoras do tenebroso Érebo, região escura que se encontra entre a superfície da terra e o Hades subterrâneo, reino das almas dos mortos. Habitam a escuridão, não apenas porque a sua atuação é sempre terrificante, mas também porque os seus atos são tão incompreensíveis como o é a própria Moira.

Como a própria Moira, as Erínias respondem pela necessidade incompreensível dos acontecimentos, pela ordem cósmica e social, baseando-se esta última sempre em costumes já arraigados, instituídos pela imposição de poderes superiores. Por esta razão as Erínias assistem aos mais velhos, que já acumularam maior prestígio e mais poder e, entre os deuses, a Zeus, segundo a advertência que Íris faz a Posseidon no intuito de convencê-lo a não resistir ao deus dos céus, ao poder estabelecido entre os deuses[98]. E o nome das Erínias é tão terrível que o argumento acaba por convencer Posseidon, um dos mais poderosos na hierarquia dos deuses olímpicos.

Com forças irresistíveis, as Erínias garantem que o destino se concretize até o último pormenor, tão irracional e incompreensível que seja. Nas epopéias homéricas, as Erínias estão ainda longe de "elevar o conceito da moira a *themis* ou nomos", como Schützer pretende[99]. Bem ao contrário, elas ressalvam a incompreensibilidade e o mistério da atuação da Moira, fechando a boca de Xanto, cavalo de

96. *Odisséia,* Canto II, verso 136.
97. Cf. M. P. Nilsson, *Les Croyances religioses...*, p. 65. Também W. Jaeger, op. cit., p. 229.
98. *Ilíada* Canto XV, verso 204.
99. L. M. Schützer, op. cit., p. 32.

A NOÇÃO DE DESTINO EM HOMERO   385

Aquiles, ao qual a própria Hera tinha concedido a fala humana para predizer ao seu dono o destino que o aguardava[100].

São sempre protegidas pelas Erínias as prerrogativas dos pais, que nem sempre são morais, mas fundamentais para a ordem social estabelecida pelo destino, mesmo quando não resultam em outra coisa que crime e perdição. Assim, tomam o partido de Clitemnestra contra o filho, ajudam ao pai que desonra a legítima esposa contra o filho que lhe quer tirar a concubina[101]. Na maioria dos casos, evidentemente, as Erínias, vingando os pais, atuam dentro da justiça, mas isto não basta para transformar estas sombrias algozes do destino em executoras apenas da moral e da justiça. Enganaria-se quem quisesse concluir da maldição de Ulisses que começa com as palavras "Caso a Erínia dos deuses também se estender aos pobres"[102], que a Erínia garante justiça igual a ricos e pobres; este fato quer apenas dizer que o destino não distingue entre ricos e pobres.

Voltando ao que dissemos antes[103], não há dúvida que, como sugere Schuhl, a normatividade da Moira constitui o ponto de partida para o desenvolvimento de uma normatividade compreendida como lei da natureza ou como princípio moral e que, concomitantemente, as Erínias tendem a tornar-se guardiãs da lei e da moralidade. Mas isto constituirá uma evolução pós-homérica. Para bem compreender a noção de destino em Homero – e, possivelmente, o sentido primitivo de toda noção de destino – deve-se entender que a normatividade da Moira não passa ainda de resultante da necessidade incompreensível do destino, necessidade que se transmite inteiramente às executoras dos seus decretos inexoráveis, às Erínias.

Destino e Divindade

A vivência do destino como fenômeno religioso

Frente à própria morte, o homem sente-se totalmente solitário. A sua imaginação do futuro, a clara consciência da finitude de sua pessoa cuja vida, inexoravelmente, se aproxima do seu termo, cria na mente humana – nisso esta se diferencia notadamente da consciência animal – uma nítida certeza da sua mortalidade, de um fim que será exclusivamente o seu próprio fim e que ele terá que assumir sozinho, sem qualquer possibilidade de substituição ou de escape[104].

100. *Ilíada* Canto XIX, verso 418.
101. Idem, Canto IX, verso 454.
102. *Odisséia* Canto XVII, p. 475.
103. Ver supra, p. 377.
104. Ver supra, p. 360.

386 ENSAIOS FILOSÓFICOS

Experimenta-se uma sensação semelhante, contudo, frente à profunda irracionalidade da própria vida: O homem encontra-se jogado (*geworfen*) para viver em determinadas condições que não escolheu, o lugar e o momento em que passa a sua vida, a cultura em que cresce, a posição social em que se vê colocado, a bagagem genética que herdou e a aprendizagem à qual teve que se sujeitar. Marcado à sua revelia, o homem sente-se dependente e solitário entre as inúmeras realidades que o condicionam.

Esta sua "solidão existencial" cria poderosas tensões religiosas. Definimos como "religiosos" todos aqueles sentimentos que nascem da ansiedade do homem de libertar-se desta sua solidão existencial, de superar a polarização de todos os conteúdos da sua consciência em representações de uma realidade objetiva, à qual também pertence o "Eu objetivo"[105], e em representações da sua consciência subjetiva[106]. Sentimentos religiosos assim definidos constituem um característico antropológico universal e encontram a sua expressão nas religiões históricas e nos seus "credos" políticos, sociais e culturais que, invariavelmente, apontam para uma "terceira realidade" superior, capaz de reunir e conter as duas realidades da consciência subjetiva de um lado e das representações objetivas do outro, recolocando, desta forma, o "eu" num contexto significativo e redimindo-o da sua solidão existencial.

A própria noção do destino já deve ser considerada uma concepção religiosa. Desempenha uma função de "terceira realidade", ao submeter a consciência subjetiva e a realidade objetiva a uma única necessidade universal do acontecer. Coloca-se, assim, o problema: Como se relacionam, em Homero, a noção de destino com a dos deuses antropomorfos, ambas concepções religiosas, embora de caráter tão diferente?

O destino e os deuses

Os olímpicos são muito superiores aos mortais. Os seus desejos e caprichos podem significar felicidade ou desastre para os habitantes da terra. Participam, sem dúvida, na distribuição dos dons do destino. Contudo, estão mais próximos aos homens, aceitam os seus sacrifícios e ouvem as suas preces, mitigando, desta forma, a insensibilidade cruel de uma necessidade cega, com a qual o destino apavora os mortais. Criam uma possibilidade de contato pessoal entre a consciência individual e o ambiente que lhe foi imposto, ao humanizar este ambiente. Possibilita-se, desta maneira, o relacionamento do in-

---

105. Jules Vuillemin, *Essai sur la signification de la mort*, Paris: PUF, 1948.

106. Cf. Walter Rehfeld, Ensaio sobre a Religiosidade, *Revista Brasileira de Filosofia*, n. 42, 1961 (ver supra p. 327) e Princípios da Formação de Instituições Religiosas, *Revista Brasileira de Filosofia*, n. 54 (ver supra p. 273).

A NOÇÃO DE DESTINO EM HOMERO

divíduo com o seu meio ambiente em nível mais pessoal, dentro de um contexto com um sentido compreensível.

No entanto, na sua personificação e na sua restrição a funções determinadas, a divindade aparece, por sua vez, marcada de antemão por uma distribuição primária que, uma vez estabelecida, não pode mais ser modificada[107]. Isto significa que os deuses olímpicos, embora distribuindo os dons do destino aos mortais, são, também, sujeitos a uma predeterminação primária. Embora, no seu antropomorfismo ofereçam a grande vantagem de muito maior compreensibilidade e proximidade ao sofrimento e às alegrias dos homens, podem distribuir apenas o que receberam, o que foi colocado dentro da sua competência rigorosamente restrita. A sua função como destino é apenas secundária.

Vimos a idéia de distribuição fatal dominar a noção de destino em Homero e caracterizar não apenas a atuação dos deuses olímpicos, mas igualmente a sua rígida limitação como indivíduos ainda que divinos. A idéia da distribuição de bens e de males, de poderes e de limitações fornece, portanto, o meio de relacionar o destino com o panteão olímpico. Enquanto a Moira representa uma distribuição primária, os deuses encarregam-se de uma distribuição secundária. Especializam-se principalmente na repartição dos bens e dos males da vida, deixando a fixação do seu fim e do seu começo à própria Moira[108]. Um apoio muito forte desta nossa concepção parece ser fornecido pela figura do *daímon* que se situa entre a Moira e os deuses, assumindo as funções ora da primeira, ora dos segundos, estabelecendo, assim, a unidade fundamental da noção de distribuição fatal no pensamento homérico.

Daímon

O termo *daímon* deriva da raiz "*daî*" que aparece igualmente em *daíomai* e *daínumi*, significando "dividir", "repartir", de modo que "ainda aqui reencontra-se a noção de repartição"[109]. É uma repartição que às vezes permanece quase totalmente no anonimato, confundindo-se praticamente com a própria Moira, às vezes assumindo formas mais diretas, às vezes menos nítidas de personificação. O *daímon* pode significar qualquer um dos deuses antropomorfos que regem os destinos dos homens. Contudo, mesmo nestes casos a palavra expressa, menos que a designação *theos*, a personalidade individual do deus, mas antes o seu poder divino de influir no destino humano, o que nele há de moira. "Forte como um *daímon*" é expressão muito usada nos textos homéricos, quando o poder destruidor que traz a morte e a derrota

---

107. P. M. Schuhl, op. cit., p. 144.
108. Ver supra, p. 372.
109. P. M. Schuhl, op. cit., p. 144, nota 5.

se apresenta, num simples ser humano, num dos heróis da batalha de Tróia[110]. *Daímon* pode aproximar-se da significação de um destino de morte[111] como, praticamente, equivaler ao conceito de destino em geral, exprimindo a expressão *prós daímona*[112] o mesmo que *hypermoron*.

Assim vemos o *daímon* ocupar uma posição intermediária entre a Moira e os deuses na distribuição universal do destino, tentando ora se identificar com a distribuição primária da Moira, ora com a distribuição secundária dos deuses. No *daímon* a sensação indefinível de um poder fatal ofusca os contornos do próprio deus que o exerce. Do outro lado, a impressão momentânea do acontecimento é tão forte que certos traços fisionômicos da necessidade impessoal do destino se impõem ao agente divino.

Através desta colocação do *daímon* o destino apresenta-se como uma unidade que de um lado permanece em total indeterminação e, do outro, é um acontecimento concreto enviado pelos deuses. O *daímon* que ocupa uma posição intermediária, aproximando-se ora mais da Moira ora dos deuses, evidencia e garante a unidade da vivência do destino em todas as suas fases. "O que aparece subitamente frente a nós como outorgado de cima, o que nos torna felizes, desgraçados ou tristes, é o que se apresenta frente à emoção exaltada como ser divino", sem se identificar plenamente com a personalidade definitivamente estruturada e delimitada de um "deus". É um "deus momentâneo" segundo a feliz expressão de Usener que, todavia, permanece solidamente arraigado na indeterminação da Moira[113].

Com este enfoque da unidade de vivência do destino em Homero, aparece como falso o problema que tanto preocupou as investigações clássicas sobre Homero, a questão se a vontade dos deuses é subordinada, equiparada ou superior à força do destino. Os textos homéricos parecem dar apoio às três posições simultaneamente[114]. Isto apenas confirma, em nossa opinião, que a questão não pode ser formulada desta forma, e isto por duas razões:

A. Comparar a força do destino com o poder dos deuses equivaleria a introduzir uma nítida separação entre aspectos do destino que Homero sentiu como unidade; como se fossem fatores independentes, suscetíveis de uma comparação quantitativa. Isto viola a própria visão homérica, tanto da Moira como da atuação dos deuses.

---

110. *Ilíada* Canto V, verso 438; Canto XVI, verso 703; Canto XX, p. 447.

111. Idem, Canto VIII, verso 166.

112. Idem, Canto XVII, verso 98.

113. Hermann Usener, *Goetternamen*, Bonn, 1896, apud Martin P. Nilsson, *Historia de la Religion Griega*, p. 208.

114. Carl Friedrich von Naegelsbach, *Homerische Theologie*, 3ª edição, revisada por Georg Autenrieth, Nuremberg, 1884, 3ª parte: Os Deuses e a Moira; E. Buchholz, Die religiöse und sittliche Weltanschauung, em *Homerische Götterlehre*, 2º livro, Cap. 3: Os deuses no seu relacionamento com a força do destino.

A NOÇÃO DE DESTINO EM HOMERO   389

B. Segundo Browne, o próprio poeta homérico jamais teria formulado esta pergunta, "porque não se sentia perturbado ainda por
controvérsias modernas, relativas ao livre arbítrio, e ao determinismo"[115]. A vontade dos deuses jamais pode ser compreendida como
efetivamente separada do destino, como realmente independente da
predeterminação da Moira, à maneira do livre arbítrio humano no seu
empenho de afirmar-se contra o determinismo universal da causalidade. O destino, em Homero, atua por meio da vontade dos deuses
e mesmo de homens. A qualquer momento, deuses e homens podem
tornar-se destino.

Zeus

Contudo, tudo quanto acabamos de expor parece ser colocado em dúvida pela figura de Zeus que, muitas vezes, transcende amplamente
os limites que constatamos vigorar para os demais deuses. Portanto, o
"Pai dos deuses e dos homens" exige considerações especiais.

Zeus é o deus do céu que, depois de destronar o seu pai Cronos,
dividiu o mundo em três partes: O firmamento com tudo quanto lhe
pertence, será governado pelo próprio Zeus; os mares pelo seu irmão
Posseidon; e os vastos espaços subterrâneos, onde residem as sombras dos desfalecidos, obedecem a outro irmão, Hades. Zeus ocupa,
certamente, uma posição privilegiada entre as demais divindades;
contudo não parece essencialmente diferente dos seus colegas: Em
determinados momentos é tomado de profundas incertezas. Quando
se aproxima o fim do seu filho Sarpedão, fica em dúvida se deve ou
não salvar o seu filho do destino que o aguarda e, finalmente, acata o
conselho de Hera argumentando que uma interferência no destino jamais agradaria aos demais deuses, pois também gostariam de poupar
aos seus filhos a morte cruel[116]. E, quando lhe causa pena o suplício
do nobre Heitor, que sempre o presenteava com ricos sacrifícios, é
novamente Atena que o convence que tal procedimento não conten-
taria aos demais deuses[117]. Zeus aparece aqui, embora mais poderoso,
em nada essencialmente diferente das outras divindades, como elas
conhecível e compreensível nas suas feições humanizadas, como elas
dependendo de um destino que surge das tenebrosas indeterminações
da Moira.

Existe, no entanto, um outro Zeus que, nas palavras de Hera, "reside longe e, despreocupado, não nos leva em conta. Pois sabe-se o
mais sublime em força e poder, sem qualquer possibilidade de comparação com os demais deuses imortais. Sofram, portanto", conclui

---

115. S. J. H. Browne, op. cit., p. 199
116. *Ilíada* Canto XVI, 433-458.
117. Idem, Canto XXII, versos 168-185.

Hera, "as desgraças que mandar a qualquer um"[118]. Este Zeus já não é mais colega dos demais deuses, já não precisa mais dos seus conselhos nem leva mais em conta a sua aprovação ou a sua censura. As suas intenções representam agora o destino das demais divindades. Não é mais um deus entre outros, mas a encarnação do divino como tal, *deus absconditus* que, na sua indeterminação, pode ser simultaneamente senhor dos céus e *"Zeus katachtonios"*[119], senhor dos mundos subterrâneos.

É somente esta divindade que já não possui mais nenhuma limitação antropomorfa, que pode ser identificada com a Moira, capaz de efetuar uma distribuição primária. Assim o compreende Licaão, frente a Aquiles que lhe traz a morte, lamentando-se do destino e do ódio de Zeus, do poder de um *daímon* que o aproximou daquele temível e implacável guerreiro[120]. É este o Zeus "cuja providência eterna dirige, onisciente, a felicidade e a desgraça dos homens mortais"[121]. Não é mais um deus entre outros, mesmo mais poderoso, mas é Deus, "Terceira Realidade", que abrange objetividade e subjetividade estabelecendo o contexto de tudo quanto acontece ao indivíduo. No seu contato direto com o mortal é visto como *daímon* e nos seus efeitos aparece como destino.

Concluímos que Zeus efetua apenas uma distribuição secundária, juntamente com os deuses quando a estes se iguala. A sua vontade se equipara com o destino sempre quando este é compreendido como o Divino, universal e ilimitado.

PARA LÁ DA NOÇÃO HOMÉRICA DO DESTINO

Temos analisado a função do destino no quadro geral das concepções religiosas gregas, como se expressam nos textos homéricos. A sua análise histórica escapa, evidentemente, dos propósitos deste trabalho. De certo decomporia a unidade da cosmovisão de Homero em componentes de diferentes origens e com distintas linhas de desenvolvimento.

"A Moira e os *daímones* de um lado, e os deuses do outro, representam duas etapas na evolução religiosa", diz Nilsson. "Uma é mais antiga e menos precisa, mas terá mais tarde um desenvolvimento todo especial; a outra é mais nova e se caracteriza por figuras individuais e antropomorfas, sumamente especializadas"[122]. Traçar a origem e o futuro dos vários elementos da noção de destino em Homero seria

118. Idem, Canto v, versos 104-109.
119. Idem, Canto ix, 457.
120. Idem, Canto xxi, versos 74-96.
121. *Odisséia* Canto xx, versos 75-76.
122. M. P. Nilsson, *Historia de la Religion...*, p. 214.

A NOÇÃO DE DESTINO EM HOMERO

certamente uma tarefa fascinante. Nós, no entanto, tivemos que nos contentar em mostrar como estas partes se unem em Homero numa totalidade bastante funcional e operante, que fornece um exemplo representativo de solução do problema da integração da consciência subjetiva na objetividade que a cerca.

Nem a diversidade temática entre a *Ilíada* e a *Odisséia*, nem a abordagem diferente que prevalece nos dois textos, realçando valores diferentes, conseguem modificar significativamente os característicos fundamentais da vivência do destino em ambas as epopéias.

A visão homérica do homem e do mundo é extremamente fértil em aberturas para novas concepções, e tem impulsionado desenvolvimentos importantes na história das idéias. Da necessidade universal da Moira em Homero nasce a validade universal do *logos* heracliteano e da *dikê* de Parmênides. A concepção de Zeus como generalidade do poder divino leva diretamente àquela suprema intuição monoteísta que Ésquilo formula tão genialmente nos seus grandes dramas.

2. O Romance e a Realidade

A.

Tão pouco problemático que é, para o senso comum, o embate vivido com algo em que esbarram as nossas ações; tão difícil e penoso, tão provisório e sempre exposto a novas objeções críticas é o conceito filosófico da realidade. Poucos termos do vocabulário da filosofia apresentam tamanha multiplicidade de sentidos[1] e toda reflexão que se ocupa com a "realidade", não pode dispensar de, previamente, lhe circunscreverem o significado.

Ao tratar da "realidade" em relação ao romance, não necessitamos, parece-me, aprofundar-nos nas dificuldades gnoseológicas do conceito, resolver em que medida e por que meios um real transcendente é ou não é acessível ao nosso conhecimento. Podemos designar como real o que encontramos na nossa experiência, ao que vamos de encontro nas nossas ações, o que se apresenta como objeto à nossa consciência. Para os nossos fins basta constatar a independência do real dos estados da nossa consciência, das nossas intenções subjetivas, do fato, mesmo, de percebermos a sua presença ou não.

No nosso contexto, o conceito do real terá largamente uma conotação social ou psicológica, referir-se-á, inclusive, a bens de cultura que influem poderosamente na nossa formação.

---

1. Cf. André Lalande, "Réel", *Vocabulaire critique et technique de la philosophie*.

394 ENSAIOS FILOSÓFICOS

Entre os bens culturais de que participamos encontramos o romance, dos gêneros literários o mais novo. Pois entendemos por "romance" uma obra de ficção em prosa que, no entanto, tem grandes pretensões de transmitir uma verdade. Dizer a verdade por meio de algo que sabidamente jamais se deu, é característico de uma certa ironia que, embora não exclusivamente propriedade da humanidade moderna, lhe é, todavia, profundamente afim. Enquanto a epopéia descreve uma coletividade e atribui aos heróis papéis meramente representativos de um espírito comum bem formado, o romance cria pessoas à procura do seu caminho individual e do sentido pessoal da sua vida[2]. Enquanto a epopéia canta acontecimentos supostamente verídicos, o romance conta acontecimentos conscientemente inventados. (Jamais chamaríamos de "romance" um relato de fatos verídicos!) A veracidade do romance encontra-se na descrição fiel de ambientes sociais e complexos culturais examinando-os com relação às possibilidades que oferecem à integração das personagens.

Todos estes elementos, a ironia, os traços psicológicos e individualistas, o afrouxamento das normas rígidas do espírito coletivo, explicam por que o romance podia surgir somente em tempos relativamente recentes. Também a prosa que o romancista utiliza para a sua narração indica que o romance é escrito para ser lido, dirige-se, portanto, aos letrados que são numerosos somente nos últimos séculos. A divulgação da epopéia, ao contrário, é feita pela declamação ou pelo canto, podendo ganhar inclusive a massa dos iletrados. A invenção da tipografia possibilitou o surgimento de uma literatura de romances em prosa, que cresceu e triunfou com uma burguesia ascendente e o seu conceito de liberdade, realçado no romance por sua opção pela ficção que realmente deixa o autor livre na elaboração dos seus propósitos particulares.

B.

Assim caracterizados o romance e a realidade, queremos indagar em que medida o romance é, também, realidade; de que maneira o artista transforma a realidade para torná-la objeto estético, como o romance se insere na realidade e como a supera. Muitas das considerações que vamos fazer do romance aplicam-se igualmente às obras de outras artes. Pois todas as artes contêm certos traços em comum pelos quais a produção artística se relaciona com a realidade.

É difícil negar que o romance constitui, de certa maneira, uma realidade também. Quem entre nós jamais encontrou num romance estímulo ou desânimo, jamais se viu sujeito à sua persuasão sucinta ou lhe seguiu as sugestões implícitas? Tampouco se pode menos-

---

2. Cf. Georg Lukács, *La Théorie du roman*, cap. I.

prezar a influência, às vezes profunda, que um romance é capaz de exercer sobre a sociedade. Temos um exemplo na onda de suicídios sentimentais, provocada pela leitura de *Os Sofrimentos do Jovem Werther*, de Goethe.

O romance é, portanto, real na aceitação do termo que indicamos acima. O romance que leio não foi criado por mim, preexistiu à minha leitura e continuará a existir quando já não pensar mais nele. É independente da minha subjetividade. Exerce determinadas influências sobre mim e sobre a sociedade e, de outro lado, sofre as conseqüências das minhas reações e da apreciação que merece da sociedade.

Se o romance – e a obra de arte em geral – é real, certamente trata-se de uma realidade *sui generis*. A realidade material de um romance restringe-se a um pouco de papel impresso e encadernado. A parte mais importante da sua realidade, as suas personagens; o seu enredo, a sua linguagem, permanece além dos nossos sentidos. É uma realidade imaginária, segundo a terminologia empregada por Sartre no seu livro *L'Imaginaire*[3], evocada por um *analogon* material, no caso do romance justamente o papel impresso e encadernado. O objeto estético do romance, tudo o que a sua leitura nos sugere é, como o objeto estético de toda arte, um produto da nossa consciência imaginante, nadificante como diz Sartre e, portanto, um "nada".

Acompanhamos Sartre na sua distinção radical entre a realidade mundana das coisas e os objetos estéticos das artes. Discordamos dele quando lhes nega toda realidade, embora esta se encontre num plano inteiramente diverso do da realidade material. O próprio Sartre afirma que "o objeto irreal existe; existe como irreal, como imaginário, sem dúvida, mas a sua existência é inegável". Todo o conceito do *néant* sartriano parece-me ontologicamente ambíguo: O *néant* não é nada, mas existe; é discernível, objeto de afirmações válidas, portador de funções de suma importância para a constituição do mundo cultural – mas é absolutamente irreal! Embora Sartre não o permitisse, preferiríamos tomar este "irreal" não por um conceito ontológico, mas por uma qualificação fenomenológica aplicável a certas regiões noemáticas, nas quais se enquadrariam os objetos estéticos da arte; quereríamos motivar o emprego do termo "irreal", naquele contexto, por razões de um distanciamento máximo entre o objeto estético nas artes e os objetos materiais do nosso mundo ambiente.

Foi Étienne Souriau quem, a meu ver, caracterizou mais clara e completamente a estrutura ontológica da obra de arte. Admite na sua existência uma pluralidade de planos ontológicos: O plano da existência física, que corresponderia ao *analogon* de Sartre; um plano de *qualia* sensíveis, sendo que toda obra de arte age sobre um ou vários dos nossos sentidos e o seu objeto estético se fundamenta sempre em

---

3. Jean-Paul Sartre, *L'Imaginaire*, Paris: Gallimard, 1940.

396 ENSAIOS FILOSÓFICOS

impressões sensíveis. O plano seguinte é constituído pela "existência reica" que compreende, no caso do romance, as personagens e as coisas do mundo ambiente em que atuam. No plano mais alto que Souriau chama "transcendente" encontramos o sentido profundo da obra. No caso do romance, este consistiria na visão da "totalidade secreta da vida" nas palavras de Lukács[4]. Os dois últimos planos do esquema de Souriau correspondem ao imaginário irreal de Sartre[5].

Mesmo se o romance – e a obra de arte em geral – possa ser encarado como realidade, embora de tipo bem diferente do que comumente compreendemos por este termo, a forma de apreender e apreciar arte é muito diversa do modo em que percebemos e avaliamos as coisas do nosso mundo ambiente. A estas reportamo-nos segundo nos são úteis ou prejudiciais. Mas não há possibilidade de apreciarmos a arte devidamente como arte a não ser que a preponderância da utilidade seja rompida, que se dê valor a um objeto, não por motivos de interesse, sejam eles econômicos, sociais, ou até religiosos. As qualidades artísticas de um objeto só podem ser percebidas numa perspectiva estética. Não é, portanto, a sua estrutura ontológica o único fator que diferencia a obra de arte de outros objetos; outro é de tipo axiológico.

C.

Vemos um objeto na perspectiva estética quando, na apreciação da sua forma singela e concreta, notamos certos caracteres significativos, especificamente ligados a determinados elementos formais, constituindo esta expressividade específica das formas a condição *a priori* de toda percepção estética. Para não obstruir de antemão o nosso acesso à expressividade específica das formas, devemos a. deixar de lado a consideração de conteúdos e b. distanciarmo-nos de todo interesse que não for estético.

Os artistas possuem em elevado grau a sensibilidade para a expressividade específica das formas e ainda mais: Sabem criar formas, altamente expressivas, da mensagem que querem transmitir. As formas, expressivas de algo, não coincidem com as suas formas naturais ou verdadeiras. Portanto, Antonio Candido tem razão ao afirmar que "a mímese é sempre uma forma da *poiese* [...] O artista às vezes precisa modificar a ordem do mundo, justamente para torná-la mais expressiva; de tal maneira que o sentimento da verdade se constitui no leitor graças a esta traição metódica"[6]. Isto é válido não somente com referência à literatura, mas para toda a arte.

---

4. Op. cit., p. 54.
5. Étienne Souriau, *La Structure de l'Oeuvre d'Art*.
6. Antonio Candido, *Literatura e Sociedade*, Editora Nacional, 1965.

O ROMANCE E A REALIDADE

Todo criador de romances tem, pois, que modificar a realidade para transformá-la no objeto estético da sua obra. Diz Georges Lukács:

A arte e, portanto, a literatura, é uma transposição do real para o ilusório por meio de uma estilização que propõe um tipo arbitrário para as coisas, os seres, os sentimentos [...] Gratuidade tanto do criador no momento de conceber e executar, quanto do receptor no momento de sentir e apreciar[7].

Neste texto vemos claramente a combinação de fatores axiológicos e ontológicos na constituição da obra de arte. A "estilização", a criação de uma forma com alta expressividade, a exigência axiológica, impõe a "transposição do real para o ilusório", exige um *analogon* (Sartre), uma "existência física" (Souriau) que possa fundamentar, através das "*qualia* sensíveis" (Souriau) que provoca, um "imaginário" (Sartre), uma "existência reica" e uma "existência transcendente" (Souriau), numa palavra, um objeto estético que, para diferenciar-se do objeto comum por seu valor estético, não pode deixar de distinguir-se dele, também, ontologicamente. Pois na natureza a expressividade específica se esconde sob as formas naturais, na arte as formas naturais se ocultam sob a significação estética.

Ao lado da reelaboração da realidade que, pela estilização a transforma em objeto estético, há outras transformações operadas por tendências pessoais do autor. A mais comum entre elas é a que serve a fins ideológicos conscientes. Quando tais transformações ultrapassam certos limites, se o interesse ideológico se antepõe à preocupação estética, a obra deixa de ser arte. Esta "função ideológica", como Antonio Candido chama este tipo de deformação da realidade, "mais clara nos casos de objetivo político, religioso ou filosófico"[8], "de modo algum é o âmago do seu significado, como costumam parecer à observação desprevenida".

D.

Nem para tornar uma obra de arte "engajada" é necessário que se pregue, conscientemente, uma ideologia. Pois "o papel que a obra desempenha no estabelecimento de relações sociais, na satisfação de necessidades espirituais e materiais, na manutenção ou mudança de uma certa ordem na sociedade" é chamado "função social" por Antonio Candido[9], da qual afirma que independe da vontade ou da consciência dos autores e dos consumidores de literatura. Decorre da inserção de toda obra literária na realidade social e cultural da sua época. Pois o

7. G. Lukács, op. cit., p. 64.
8. A. Candido, op. cit., p. 56.
9. Idem, p. 55.

ENSAIOS FILOSÓFICOS

romance não somente é realidade, não somente transforma a realidade, mas, também, insere-se na realidade.

Esta inserção efetua-se em dois sentidos. De um lado, o romance liga-se intimamente ao seu autor e é por seu intermédio que o romance é sujeito às influências sociais que predominam na época. O outro sentido da inserção do romance na realidade consiste na ligação com o público, em função do qual é criado. Nos dois sentidos o romance pode desempenhar um papel ativo ou um papel passivo.

A passividade do romance com relação ao seu autor é muito evidente. Este o criou em plena liberdade artística. Ele lhe transmite uma grande parte das influências que sofre do meio social em que vive e, por este fato, as obras literárias espelham as condições sociais e culturais do seu tempo.

Menos evidente, mas não por isso menos verdadeira, é a influência ativa do romance sobre o seu autor. A obra pode tornar o seu autor famoso ou abandoná-lo na obscuridade. O sucesso de um romance pode tornar o escritor rico ou deixá-lo pobre, pode valer-lhe amigos ou inimigos. Uma vez publicada, a criação literária é um fato irrevogável, cuja existência não depende mais da vontade do autor. As soluções encontradas num romance podem influenciar o próprio desenvolvimento posterior do artista.

Outra maneira de inserção do romance na realidade social é a relação com o público. A maioria dos autores leva bem seriamente em conta o provável efeito sobre o público quando cria a sua obra. Pois é indiscutível a grande importância da apreciação por parte do público que decidirá o âmbito da sua divulgação e o tempo da sua sobrevivência. Por isto a maioria dos romances já é feita de maneira a agradar ao público, geralmente para ser vítima à primeira mudança do gosto. Não raras vezes são aquelas obras que não fizeram concessões que melhor resistem à instabilidade do gosto.

Mas a relação do romance com o público não é somente passiva. A literatura forma, também, os seus leitores. Cria gostos, modas e costumes; agrupa os seus apreciadores em camadas literárias e culturais. "As obras delimitam e organizam o público", afirma Antonio Candido[10]. Mas, além disto, as grandes obras enriquecem sempre os meios de expressão, no caso do romance a linguagem, enriquecimento este que logo passa para o acervo da coletividade.

E.

No entanto, o romance não somente é realidade, transforma a realidade, insere-se na realidade, mas também ultrapassa a realidade. "A grandeza de uma literatura, ou de uma obra, depende, por sua vez, da

10. Idem, p. 28.

O ROMANCE E A REALIDADE

função total que é capaz de exercer, desligando-se dos fatores que a prendem a um momento determinado e a um determinado lugar"[11].

Ao definir acima a perspectiva estética, falamos de "certos caracteres significativos, especificamente ligados a determinados elementos formais". Ora, esta ligação específica não está sujeita a mudanças, tão passageiras que sejam os estilos e os gostos na arte. Jamais uma tonalidade baixa de azul sugerir-nos-á calor; sempre será expressão do frio; jamais um conjunto de ângulos agudos nos dará a impressão de paz e calma, sempre significará agressividade e inquietude. Esta expressividade específica das formas, que somente em tempos recentes tem sido estudada experimentalmente por psicólogos da escola da Gestalt, constitui a condição *a priori* de toda experiência estética. Portanto, as estruturas da sensibilidade estética não estão sujeitas às mudanças históricas. Mudam os gostos, mudam as atitudes de valorização ou depreciação de quase tudo que nos cerca. O assassínio de um pai, que para nós é o maior dos crimes, em certas sociedades é um ato piedoso, que possibilita ao progenitor chegar ao outro mundo na plenitude das suas forças. As orgias dionisíacas desgostariam, por seu caráter brutal e sanguinário, ao menos sensível dos nossos concidadãos. Mas a expressividade específica das formas permanece fundamentalmente inalterada como as formas *a priori* da percepção, ou seja, o espaço e o tempo.

Se assim não fosse, como poderíamos apreciar a tremenda expressividade das obras de arte do antigo Egito, criadas em condições sociais, culturais e históricas inteiramente diversas das nossas; como nos impressionaríamos com as pinturas pré-históricas das cavernas de Lascaux ou com as danças de caça de uma tribo "primitiva"?

Por mais que as obras de arte sejam "realidade", transformem a realidade, se insiram na realidade histórica, na medida em que participam do valor estético na sua pureza, ultrapassam a realidade histórica e ingressam no eternamente humano.

---

11. Idem, p. 54-55.

3. Conceitos Fundamentais da História da Arte: Heinrich Wölfflin

Passar da "história dos artistas" para uma "história da arte", no sentido próprio da palavra, era uma das aspirações principais dos historiadores de arte no começo do século XX. Esta tarefa exigia grande capacidade de sintetização além de amplos conhecimentos, qualidades que Heinrich Wölfflin reunia e, portanto, o projeto difícil encontrou no nosso autor o executor brilhante. Jacob Burckhardt, por outro lado, o seu grande mestre e antecessor na cadeira de História da Arte da Universidade de Basiléia, havia concebido o plano de escrever uma história da arte segundo tarefas[1,*] e Wölfflin, nos seus *Conceitos Fundamentais da História da Arte*[2], condenou como insuficiente toda história de obras de arte, na base de uma descrição de vivências artísticas, de ambientes e de episódios pessoais, mesmo dando-se conta de certas tendências gerais de cada época. Tudo isto constitui a história externa da arte. Há, no entanto, uma história das formas de conceber os objetos da arte que possui um movimento próprio, que nem sem-

---

1. Heinrich Wölfflin, Jakob Burckhardt und die systematische Kunstgeschichte, *Gedanken zur Kunstgeschichte*, Basiléia: Benno Schwabe & Co., 1940. Somente tive acesso à tradução espanhola, *Conceptos Fundamentales de la Historia del Arte,* Madrid: Espace-Calpe. 1952. As referências referem-se às páginas desta edição.

* Posteriormente à época em que o artigo foi escrito, ocorreu a publicação da tradução para a língua portuguesa: *Conceitos Fundamentais da História da Arte*, tradução de João Azenha Jr., 3. ed., São Paulo: Martins Fontes, 2001. (N. da E.)

2. H. Wölfflin, *Conceptos Fundamentales de la Historia del Arte.*

402 ENSAIOS FILOSÓFICOS

pre é paralelo ao da história política ou cultural[3]. A forma de conceber nas artes é uma realidade impessoal tão importante que mesmo os talentos mais poderosos de uma época jamais vão muito além das possibilidades formais comuns[4].

A descrição do desenvolvimento dos estilos, pessoais e nacionais, constitui o fim e o propósito de uma historiografia que se preocupa, antes de tudo, com a arte como expressão. Mas a consideração da arte como expressão somente fornece um aspecto parcial, enquanto a pesquisa das maneiras de conceber plasticamente, das formas de ver, nos oferece perspectivas diferentes, que também têm a sua história. A descoberta de "estratos óticos"[5] ou, como caracterizadas na conclusão do trabalho, de "categorias da visão"[6] que plasmam o nosso modo de encarar os objetos, possibilita a concepção de uma *história interna* da arte.

Dividem-se em cinco pares estas categorias da visão artística que, como as categorias kantianas, são conceitos fundamentais do entendimento e informam a nossa apreensão estética do objeto: 1. o linear e o pitoresco; 2. o plano e o profundo; 3. a forma fechada (tectônica) e a forma aberta (atectônica); 4. a unidade pluriarticulada e a unidade totalizante; 5. a clareza absoluta e a clareza relativa.

Todas estas categorias formais, como toda arte em geral, servem às duas finalidades fundamentais da criação artística: À imitação e à decoração ou, em outras palavras, em termos platônicos, às idéias do verdadeiro e do belo.

O que acabamos de expor não é mais que um projeto, o plano que Wölfflin se propõe a executar nos seus *Conceitos Fundamentais*. A execução é séria e minuciosa. Cada um dos conceitos fundamentais é explicado por meio de inúmeros exemplos tirados das principais obras de arte do período renascentista e do barroco, da pintura, escultura e da arquitetura. Seria compreender mal as intenções do nosso autor, se tomássemos este livro por uma história da arte renascentista e barroca. A arte desta grande época se presta admiravelmente bem para evidenciar a função dos conceitos formais mencionados, da gradual passagem de um extremo daqueles contrários categoriais para o outro. Encontramos essa função e essa passagem igualmente em outras épocas da história da arte[7].

A evolução geral, ou pelo menos européia, da forma de conceber os objetos de arte é relacionada, também, com os temperamentos nacionais na medida em que se exprimem na criação artística.

3. Idem, p. 301.
4. Idem, ibidem.
5. Idem, p. 14.
6. Idem, p. 302.
7. Idem, p. 308-309.

CONCEITOS FUNDAMENTAIS DA HISTÓRIA DA ARTE: HEINRICH WÖLFFLIN 403

Contrastam-se, principalmente, o gênio italiano, com propensão natural para o classicismo e o gênio alemão ou nórdico, que tende para o barroco. Estas tendências são tidas por realidades primeiras que não necessitam de explicações adicionais, como o irracionalismo romântico que se manteve nas tradições da cultura alemã muito além do tempo do próprio romantismo.

Passemos em revista, agora, cada uma das "formas de ver", categorias da visão artística, como o nosso autor caracteriza os componentes formais da evolução das artes da Renascença para o barroco.

A concepção linear e a concepção pitoresca são duas maneiras de encarar o mundo de modo variado segundo gosto e interesse, as duas igualmente aptas a fornecer uma imagem perfeita do visível[8]. Esta apresenta os objetos como são, aquela como aparecem. A diferença entre "ser" e "aparência", que se estabelece aqui, não deve ser compreendida, logicamente, em sentido ontológico, mas num sentido próprio à teoria das artes; a concepção linear acentua o objeto representado e a visão pitoresca, ao contrário, valoriza a impressão que o objeto causa[9]. A mesma diferença, aliás, é atribuída a todas as outras "formas de ver", sendo a distribuição "plana" no espaço, a forma fechada (tectônica), a unidade pluriarticulada e a clareza absoluta modos de realçar o "ser" do objeto representado, e os seus contrários acentuariam o seu "aparecer", substituindo a palpabilidade por um certo recuo frente à presença material do que nos é apresentado.

Existe uma beleza tipicamente linear, dos contornos acabados e perfeitos, em que a nitidez do objeto parece oferecê-lo ao nosso toque sensível; e há uma outra beleza na qual a plasticidade das formas se dissolve na atmosfera cromática, em que a coisa desvanece na aparência fugaz, e as linhas claras dão lugar a manchas coloridas. Conhecemos uma cor que está a serviço da plasticidade e que realça perfis, e um traçado de linhas quebradas, uma "maneira incompletamente completa"[10] de desenhar, que produz uma impressão do pitoresco. A concepção plástico-linear é a concepção do classicismo que atinge o seu auge na arte renascentista nos séculos XV e XVI, e a visão pitoresca domina o século XVII, é típica do barroco. Enquanto a sensibilidade artística do povo italiano tende mais à concepção plástico-linear elevando o classicismo a um grau de perfeição não igualado pelos outros povos, as nações do norte criaram valores supremos dentro da concepção pitoresca. Evidentemente a concepção plástico-linear e a concepção pitoresca nem sempre aparecem nas suas manifestações puras, encontrando-se combinações das mais variadas; e, com toda a propensão do povo italiano para o classicismo e

8. Idem, p. 24.
9. Idem, p. 27.
10. Idem, p. 284.

do povo alemão para o barroco, surgiu um estilo barroco, com todas as suas características, também na Itália, como a arte alemã, mais ou menos nos dias do Renascimento italiano, passou por um período insofismavelmente clássico.

À primeira vista pode parecer paradoxal que mesmo na escultura e na arquitetura Wölfflin admita um estilo pitoresco. Argumenta que, ao contrário da escultura e da arquitetura clássicas, que realçam os contornos e não admitem nenhuma forma que não se coadune com os principais motivos lineares, a escultura e a arquitetura barrocas não reconhecem aos motivos lineares uma independência essencial e estes jamais se apresentam na sua integridade.

A disposição em planos e a composição em profundidade representam outros contrastes na forma de conceber o objeto de arte. E mesmo depois de dominar com a maior perfeição a técnica do desenho perspectívico a pintura da Renascença, no domínio completo de todos os recursos que a técnica oferece, continua a compor os seus motivos em planos, às vezes sucessivos. A própria cor estratifica-se em planos e, nas cenas que incluem figuras humanas, estas se colocam uma ao lado da outra, em planos de frente como em planos de fundo. A pintura barroca, bem ao contrário, dispõe as pessoas uma atrás da outra, em direção ao fundo do quadro. O meio mais eficaz de atingir profundidade é o movimento. O processo de decomposição dos planos clássicos é acompanhado por um enfraquecimento pronunciado da linha e uma maior acentuação do colorido. Como na pintura, também na escultura e na arquitetura observam-se fenômenos correspondentes. Com a passagem da renascença para o barroco dissolvem-se os planos a favor de um movimento de profundidade.

Por forma fechada ou tectônica Wölfflin entende a imagem cerrada em si mesma que a cada passo faz referência a si própria, enquanto a forma aberta ou atectônica é a de uma representação que, continuamente, alude a algo exterior que deseja romper os limites e aparecer ilimitada, embora, como parte de uma obra concreta, necessariamente tenha que ser limitada, pelo menos materialmente, para pôr a salvo o caráter de forma acabada no sentido estético. No século XVI as partes de uma obra de arte organizam-se ao redor de um eixo central e a simetria é expressão do sentimento de beleza. No século XVII, em pleno barroco, as linhas mestras são diagonais, subvertendo assim o caráter tectônico da vertical e da horizontal. Na concepção tectônica o conteúdo ajusta-se ao espaço instaurado pela obra de arte, na atectônica a relação entre o conteúdo da obra e o espaço disponível é meramente ocasional.

Em escultura e arquitetura parece problemático, à primeira vista, falar de uma concepção atectônica, pois o próprio feitio destas artes repousa na tectônica. No entanto, o que se afirmou quanto à simetria e assimetria, aos acentos verticais e diagonais, à coincidência dos espaços, é plenamente válido também para estas artes.

O barroco, em regra, não conta mais com uma pluralidade de partes independentes que se solidarizam harmoniosamente com o todo, particular este que distingue o classicismo renascentista. Desenvolve uma unidade totalizante em que cada uma das partes perde os seus direitos individuais. Pelas próprias palavras uma analogia com o absolutismo político é bem óbvia, mas Wölfflin dela não faz menção com uma palavra sequer. Muda no barroco, também, o tratamento da luz que não é mais a serviço de formas e figuras, mas torna-se um motivo central na obra, sempre independente dos objetos representados e dos seus pormenores. Mesmo na arquitetura barroca as partes perdem a autonomia com relação ao todo. O ideal do classicismo renascentista de uma harmonia perfeita de partes perfeitas é substituído por outro de um ritmo dinâmico que anima o todo.

Finalmente, enquanto a Renascença coloca todos os meios representativos a serviço da clareza das formas (daí a preferência renascentista pelo belo perfil), o barroco não reconhece à imagem particular o direito de ser integralmente percebida. O século XVII encontra beleza na escuridão que envolve as formas. O autor traça, aqui, um paralelismo com o impressionismo que, também, não procurou uma clareza absoluta, mas preferiu a clareza latente do colorido. Esta nova apreciação de uma clareza relativa atinge o seu auge quando a luz assume plena independência do iluminado, assumindo, assim, caráter irracional. Freqüentemente um clarão todo-poderoso, destruidor de contornos, ou um brilho delicado, tão fino que não chega a materializar plenamente o iluminado, sacrificam a clareza absoluta a um novo tipo de luminosidade. Até na arquitetura manifesta-se a diferença entre as formas acabadas e jamais cortadas do estilo renascentista que exprimem claramente tanto o particular como o conjunto, e as formas cortadas que evitam revelar a sua plenitude e não querem confessar a sua limitação. A luz, também aqui, assume uma importância nova como elemento pitoresco, como maneira de fazer sentir o invisível e o inexprimível.

No tratamento de cada uma dessas formas categoriais de conceber o objeto de arte, Wölfflin acentua a afinidade do gênio italiano com a concepção clássica, plástico-linear, ordenada em planos, de formas fechadas e tectônicas, pluriarticuladas e de clareza absoluta e, inversamente, a preferência alemã ou nórdica pelos modos opostos de apreensão artística.

Há uma certa lógica na sucessão destas formas de concepção artística, explica Wölfflin na conclusão do seu livro. Esta ordem não é, de maneira alguma, reversível. Ela não se apresenta, exclusivamente, na evolução estilística da renascença ao barroco, mas, também, na arte grega, nas criações góticas etc. Todo estilo artístico possui a sua fase clássica e a sua fase barroca.

O periodicismo implicado nesta teoria da sucessão de formas categoriais da concepção artística impõe-nos a interrupção do de-

406 ENSAIOS FILOSÓFICOS

senvolvimento linear das formas, interrupção que constatamos, por exemplo, no retorno aos ideais plástico-lineares no começo do século XVIII, quando um estilo visando o "ser" (no sentido explicado acima) substitui a dedicação ao "aparecer" no mundo artístico da Europa. Esta volta do pitoresco para o plástico, para Wölfflin, explica-se por influências externas, no nosso caso pela visão científica de verdade e beleza que se deixa medir e captar experimentalmente, enquanto a passagem do linear para o pitoresco, do plano para o profundo, da unidade pluriarticulada para a unidade totalizante etc., se dá como que automaticamente por uma necessidade psicológica do nosso senso formal. Somente depois de dominar a forma na sua plasticidade linear, nós, homens, chegamos a conceber a forma em cores, somente depois de esgotar as possibilidades de compor em planos começamos a conquistar a profundidade.

É óbvio que a presente tentativa de sistematização da história da arte é, e não pode deixar de ser, unilateral, pela própria tarefa que se propõe. Não há descrição exaustiva dos estilos artísticos nem dos seus ideais. O tratamento exclusivo das transformações formais na concepção artística perde a perspectiva histórico-social da obra, a apreciação plena das suas realizações, a sua inserção numa teoria estática ou numa fenomenologia do belo, a análise psicológica da gênese de um trabalho, assim como dos motivos que expõe.

Num ensaio de 1920[11] Wölfflin responde às críticas que lhe foram feitas: Jamais teria pretendido "criar uma nova história da arte para colocá-la no lugar da antiga". Procurou apenas "atacar uma vez o problema de um aspecto diferente, para encontrar critérios para a historiografia que garantam certa segurança das conclusões [...] Jamais tive a idéia de fazer a história da arte dissolver-se numa história das formas de ver".

Há, no entanto, referências constantes a características nacionais na forma de ver e o nosso autor poderia ter-se servido delas para relacionar as maneiras de conceber arte com a estrutura social em que vive o artista, em vez de aceitar estas diferenças nacionais como dados primeiros. Assim, certas inclarezas, talvez, teriam sido evitadas: Não nos convence, facilmente, a correspondência entre a índole nacional de um povo e a tendência de toda uma época da história européia da arte; por exemplo, entre a preferência nacional do povo alemão pelo pitoresco e a tendência igual do barroco; entre o gênio da nação italiana e o espírito do Renascimento. Se realmente houver tal afinidade, uma razão satisfatória deveria ter sido procurada para explicar fenômeno tão

---

11. In eigener Sache – Zur Rechtfertigung meiner *Kunstgeschichtlichen Grundbegriffe* (Em Causa Própria – Para a Justificação dos meus *Conceitos Fundamentais*), *Gedanken zur Kunstgeschichte.*

estranho que deixaria "fora do esquema" tradições artísticas tão importantes como a da França, da Espanha, da Inglaterra etc.

Faltam, também, maiores esclarecimentos sobre as relações destas formas de ver com outras manifestações da consciência humana. Estudos mais pormenorizados deste tipo teriam, talvez, eliminado dificuldades como as que a recorrência periódica das mesmas formas de ver acarreta no sistema de Wölfflin. De um lado uma evolução do linear para o pitoresco, que se dá automaticamente num movimento interno do amadurecimento formal; do outro lado, a mudança do pitoresco para o linear, que precisa de influências alheias ao próprio desenvolvimento formal, prontas a atuar sempre quando a evolução natural das formas tiver atingido a sua fase final. Tal entrosamento entre um movimento interno e influências externas dificilmente pode ser ocasional e, se for motivado por razões mais profundas, a distinção entre uma evolução interna e influências externas deixa de ter sentido.

Não obstante todas estas restrições, os *Conceitos Fundamentais* de Wölfflin, como análise de um aspecto particular e muito importante da história da arte – assim como o próprio Wölfflin queria que a sua obra fosse compreendida – são de valor e de atualidade indiscutíveis. Fornecem critérios válidos para a análise formal e uma compreensão mais completa da história das artes.

4. A Obra de Arte como Produção de um Universo Ausente e seu Status Ontológico

CONSIDERAÇÕES SOBRE O *STATUS* ONTOLÓGICO
DA OBRA DE ARTE

I.

Freqüentemente afirma-se que a história do homem é a história dos seus interesses, a epopéia dos seus egoísmos brutais; e se lembrarmos o que aprendemos da história, despida da falsa roupagem com que um patriotismo ilegítimo comumente a veste, dificilmente chegaremos a outra conclusão, pelo menos no quanto se refere à história política.

Mas um destino clemente fez com que a humanidade não tivesse somente uma história política, mas também uma história da arte. E esta começa precisamente quando as atividades humanas como o culto, o artesanato, a caça, as festas familiares e sociais etc., revestem-se de formas que lhes proporcionam um mérito estético. Algo se revela como valioso que não se identifica com o proveito. A história da arte começa exatamente no momento em que o princípio do útil é rompido, quando se dá valor a algo não por motivos de interesse econômico, social ou religioso.

Um objeto pode ser obra de arte, portanto, sem ter sido criado exclusivamente para a contemplação. Pensemos somente na arquitetura, cujas produções, com raras exceções, além de serem obras de arte servem também ao uso; nos lindos vasos, copos etc. da Grécia antiga que embelezam os museus do mundo todo. No entanto, o objeto de arte não se identifica com o seu uso, sua significação não cessa com

410 ENSAIOS FILOSÓFICOS

a sua utilização. Possui uma dimensão que o diferencia dos demais objetos de nosso meio ambiente com os quais mantemos relações meramente pragmáticas.

Nesta dimensão, alheia ao nexo causal e utilitário em que se encontram os objetos comuns do nosso convívio diário, o artista realmente atinge um universo ausente. O seu substrato material é o mesmo que o de todos os demais objetos; mas não seria obra de arte se o seu significado se restringisse ao alcance dos seus componentes materiais, ao âmbito dos seus fins utilitários. Justamente nos seus atributos estéticos, a obra de arte transcende o concreto e o imediatamente dado. Criando a sua obra com as substâncias deste mundo, o artista produz algo que pertence a um universo ausente.

II.

Infelizmente, a nossa consciência filosófica, pouco indulgente que é com relação ao poético, não nos deixa descansar neste ponto. O que é este universo ausente? É uma realidade dentro ou além do universo em que labuto todos os meus dias?

E o artista que, neste mundo, tem de se contentar com a transformação da matéria que no seu todo não aumenta nem diminui[1], e neste universo somente pode modificar as coisas e nada, realmente, consegue criar, poderá ele, naquele universo ausente, de fato produzir algo do nada, faculdade que os teólogos geralmente reservam a um Deus todo-poderoso?

Para responder a estas perguntas, deveríamos, preliminarmente, passar em revista toda a história das teorias estéticas, tarefa que passa do escopo deste trabalho. Contentar-nos-emos, pois, em esboçar duas concepções tipicamente estremas, para enveredar, em seguida, numa solução que nos parece mais consistente com os fatos observados.

III.

No seu livro *L'Imaginaire*, Jean-Paul Sartre considera irreal o universo imaginário invocado pelas obras de arte. Compreende-o como função de uma consciência imaginante. Adverte-nos contra a nossa inclinação de postular como real um espaço da nossa fantasia com as suas imagens, emoções etc. A grande vantagem da irrealidade desse mundo ausente, na arte, consiste, no entanto, na liberdade absoluta que nos dá, até de afirmar e negar o mundo ao mesmo tempo. No

---

1. Em termos de física moderna deveríamos falar da constância da energia e não mais da matéria; no entanto, para o problema da possibilidade de uma verdadeira criação, transformação de matéria e transformação de energia dá no mesmo. Por isso, não me importarei com esta distinção.

A OBRA DE ARTE COMO PRODUÇÃO DE UM UNIVERSO AUSENTE... 411

irreal, as contradições não pesam e nele o homem consegue irrealizar tudo aquilo que na vida diária lhe fica vedado... Há um substrato material na obra de arte, o *analogon*, que estimula a fantasia do público a formar a imagem do objeto estético. O *analogon* é a única parte real na obra de arte. É insignificante em si, adquirindo significação somente com a imagem suscitada.

O problema da criação artística resolve-se comodamente pela teoria sartriana. Afinal, a criação de algo na esfera do imaginário irreal não tem implicações sérias no campo da realidade; apenas na efetuação de algumas modificações no substrato da obra de arte, no *analogon*, sem afetar o sacrossanto princípio da incriabilidade da matéria.

Toda uma tradição importante no pensamento estético assume uma posição diametralmente oposta. "A poesia é o real absoluto; este é o núcleo da minha filosofia. Quanto mais algo é poético, tanto mais é real"[2]. O fundamento filosófico dessa escola de estéticos foi dado por Schelling, para quem a realidade absoluta é a identidade da realidade subjetiva, da consciência inteligente do homem, com a realidade objetiva, o inconsciente e o objetivo que constitui o teor de todos os nossos atos de consciência. Sendo que todo raciocínio, pela sua abstração, destrói esta identidade a favor de uma conscientização unilateral, e "somente a arte que é capaz de objetivar de uma forma completa" e somente uma filosofia da arte pode proporcionar um "órganon geral da filosofia"[3].

IV.

Nenhuma destas duas soluções "tipicamente extremas" parece realmente satisfatória. Cada uma tem o seu "calcanhar de Aquiles" em que a crítica a pode ferir mortalmente.

Na solução de Sartre, a irrealidade do objeto estético assegura plena liberdade ao criador que, na sua fantasia, não é embaraçado por nenhum obstáculo. Mas temos dificuldades, neste caso, em entender qual o fundamento da comunicabilidade em arte, tão cara ao paladino *de l'art engagé*. É óbvio que a comunicação requer, na consciência do autor como do apreciador, certos elementos comuns de significação. Agora, de duas uma: a. ou reduzimos toda a riqueza significativa da obra de arte aos seus componentes materiais concretos, aos pormenores do *analogon*. Este, então, com as grandes limitações ineren-

---

2. Fragments recueillis par Ludwig Tieck et Eduard von Bülow, em *Les Disciples à sais et les fragments de Novalis*, trad. P. Maurice Maeterlinck, Paul Lacomblez, Bruxelas, p. 185.

3. Friedrich Wilhelm Joseph von Schelling, *Essais*, Aubier, 1946; *Le Systeme de l'idéalisme transcendental*.

412 ENSAIOS FILOSÓFICOS

tes à pequena variabilidade dos seus materiais, passaria a ser o único ponto comum de referência. A liberdade absoluta, que nos assegurava a irrealidade do objeto estético, dissipar-se-ia para as poucas possibilidades oferecidas pela realidade material do *analogon*; b. ou então admitimos, como meio de comunicação comum ao criador da obra de arte e ao seu público, estruturas próprias à significação do *analogon*, introduzindo, assim, o real no próprio irreal. É esta a vereda escolhida por Sartre na sua fenomenologia psicológica da arte.

Na solução romântico-idealista de Schelling, que vê nas obras de arte a realidade absoluta, a garantia de comunicabilidade oferecida pelas estruturas do real absoluto, inconscientemente presentes em toda subjetividade, vai por conta, justamente, da liberdade de criação artística. Como pode o real absoluto ser obra de um artista, a não ser que "uma força obscura e desconhecida introduz, na obra inacabada da liberdade, a perfeição e o objetivo"[4]? Não abandonamos, desta maneira, o domínio da produção artística para entrar num orfismo místico, que não concede ao artista liberdade e consciência maiores que as outorgadas por Apolo à sua sacerdotisa do oráculo em Delfos?

V.

Nos tempos da sua degradação entre as disciplinas da filosofia positiva, a ontologia moderna aprendeu cautela. Reduziu as suas pretensões de outrora, de formular sistemas definitivos e absolutos, capazes de explicar dedutivamente todos os problemas da realidade, à elaboração indutiva de postulados, fundados no empirismo científico. Não se esquiva mais à necessidade de reconhecer uma multiplicidade de estratos ontológicos; esta, exclusivamente, pode abrir o caminho para uma apreciação fiel das realidades empíricas, não se podendo, é claro, restringir o conceito de "empírico" às observações físicas ou quantitativas.

Nestes moldes ontológicos devem ser colocados os esforços de muitos estudiosos modernos da filosofia da arte. Assim, Étienne Souriau[5] admite plenamente a pluralidade de planos de existência da arte. Distingue quatro: 1. o plano de existência física que corresponderia ao *analogon* de Sartre; 2. o plano das *qualia* sensíveis, dado que toda arte tem que passar por um dos nossos sentidos, às vezes por mais de um; 3. o plano da existência reica, que se compõe do conjunto de objetos representados numa obra de arte (inclusive, evidentemente, as personagens); 4. o plano transcendente, que compreende o significado almejado com a obra toda. Para Souriau e muitos outros teóricos modernos, a existência da obra de arte não se confina ao seu

4. Idem, p. 165.
5. E. Souriau, *La Structure de l'Oeuvre d'art*.

substrato material – diverge nisto da posição de Sartre – nem se identifica com o ser ideal, como pretendem Schelling, Novalis e outros. Ela abrange diversas camadas do ser as quais, no seu conjunto, perfazem a sua realidade plena.

Se na esfera material não há mais que transformação de substâncias, no domínio do sensível e do significativo há criação. O artista não imita a natureza, mas ele a inventa, diz Malraux. E precisamente na esfera não material, como no irreal de Sartre, onde a invenção humana é possível.

Mas também a admissão de uma multiplicidade de planos em que a obra de arte se realiza concomitantemente apresenta as suas dificuldades. Como, nestes diferentes planos de existência, se estabelece a unidade essencial de uma criação artística? Até aqui não falamos de nenhum elemento que necessariamente imponha esta unidade do objeto estético, unidade que se evidencia, antes de tudo, em qualquer experiência artística.

VI.

De fato, a unidade da obra de arte somente pode ser salvaguardada por estruturas ontológicas que cortam verticalmente as estratificações ontológicas horizontais, i.e., os diferentes planos de existência da obra de arte. Tentarei provar que tais estruturas existem.

A contribuição fundamental do existencialismo para a ontologia é a descoberta de que na esfera humana toda essência é existencial. Conseqüentemente, uma ontologia da arte tem que tratar de atributos específicos ao ser intramundano, atributos estes que proporcionam um caráter funcional (*Zeugcharakter*) a todos os objetos.

O homem está submetido, na sua existência, a relações fundamentais que imprimem a todas as nossas percepções um cunho de valor, de maneira que todo e qualquer objeto intramundano acha-se investido de qualidades axiológicas. A relação fundamental do ser consciente com o seu meio ambiente é a de obter pelo menor esforço o máximo para a sua autopreservação e o seu desenvolvimento, relação esta que proporciona um valor econômico a tudo com que entramos em contato na esfera natural ou cultural. Outra relação fundamental é a auto-afirmação que implica a tendência de individuação de um lado e de objetivação de outro. A objetivação processa-se em dois sentidos: a. no sentido da identificação e correspondente classificação do que assim se torna objeto do conhecimento e adquire essência; b. no sentido de um conjunto de tonalidades nas quais somos impressionados, formando-se um objeto portador de qualidades expressivas.

Levaria longe demais completar, neste lugar, um sistema de valores e mostrar em que relações existenciais se baseiam as demais categorias de valores fundamentais, os valores morais, por exemplo, os

414 ENSAIOS FILOSÓFICOS

valores religiosos etc. É importante frisar, no entanto, que a objetivação axiológica, da qual a objetivação estética constitui um caso particular, perfaz o âmago de toda percepção. Pois o caráter ontológico dos objetos intramundanos não é nem o de um puro dado, nem o de algo livremente criado do nada pela consciência. Apresenta o cunho ambíguo de um imposto ao homem e de um proposto por ele.

Os valores não se restringem a nenhum plano de existência. Como o valor teórico pode unir, numa única realização científica, os materiais de laboratório, o sensível da percepção, a formação de objetos de investigação e a idealização de fórmulas altamente abstratas, também o valor estético consegue unir, numa única criação artística, elementos provenientes de todos os planos de existência descritos por Souriau. O valor estético faz parte de uma estrutura ontológica vertical e dá unidade ao objeto estético nas diversas estratificações ontológicas às quais pertence simultaneamente.

VII.

O universo ausente da obra de arte não é, portanto, ausente no sentido espacial. Não é distante do universo em que labuto todos os meus dias. Mas dele é separado por uma profunda cisão; a que separa a percepção pragmática da percepção estética. Pois cada tipo de percepção, axiologicamente caracterizado, introduz-nos a outro universo. No entanto, todos os universos em que tomo parte participam das mesmas estratificações ontológicas.

A pluralidade das categorias de valor e a conseqüente multiplicidade de universos percebidos por mim, possibilitam-me de fato refugiar-me de um para outro. Para tanto, preciso unicamente fazer preponderar, nas minhas percepções, os valores de uma categoria sobre os de outra. É claro, também, que a separação destes universos é relativa. Jamais vivo em um com a completa exclusão dos outros. Na própria obra de arte há, como já vimos pelos exemplos da arquitetura e dos vasos, fatores de utilidade, como existem motivos políticos, morais etc. Do outro lado, nem na minha vida diária faltam, inteiramente, os elementos estéticos.

Se o universo da arte pode servir de refúgio às minhas preocupações diárias, é porque representa um mundo em que as minhas aspirações íntimas podem libertar-se da repressão que comumente as oprime e criar-lhes forma própria e expressão. Neste sentido, é um domínio de criação por excelência.

Criação, no entanto, também é termo relativo. Não existe criação absoluta no domínio humano. Toda criação humana é reorganização em moldes antes inexistentes. Algo se cria, é verdade; mas somente na base de elementos preexistentes.

Sendo que nos estratos ontológicos mais baixos, na matéria, há menos possibilidades de variação formal do que nos domínios do sensível e do inteligível, o universo estético, participando em alto grau destes últimos, possui um vasto campo de alternativas. Além disso, o mundo estético é independente da representação de objetos existentes de fato – a verdade estética é uma verdade tonal e expressiva, jamais uma verdade de identificação como a verdade teórica – e essa independência oferece, nas limitações inerentes à condição humana de criatura, a mais completa liberdade de atuação e as mais vastas possibilidades de invenção entre as facilidades oferecidas pelos demais universos, caracterizados por outros valores fundamentais.

5. A Concepção do Espaço em Van Gogh, Gaughin, Seurat e Cézanne

"A concepção do espaço de um artista é, na verdade, aquilo que o torna autêntico e individual"[1]. E isto por quê? Devido ao fato fundamental de que a compreensão do espaço condensa a relação básica da personalidade do artista com o seu mundo. Tentar evidenciar esta afirmação nos exemplos de tratamento do espaço de Van Gogh, Gauguin, Seurat e Cézanne é o propósito das considerações que seguem.

CONSIDERAÇÕES GERAIS

"Todo ato de ver representa um juízo visual", diz Rudolf Arnheim[2]. Num trabalho minucioso e persistente, a psicologia da Gestalt provou, por meio de inúmeros experimentos, o que o artista sempre sabia: A visão, como todo ato perceptivo, não é meramente o registro mais ou menos perfeito de um padrão de estímulos externos, mas uma transformação de dados, segundo índole e personalidade, disposições momentâneas e condições do ambiente, numa apercepção toda própria ao espectador, especialmente quando é artista. Pelo ato de percepção moldamos as nossas impressões numa ordem que será, ao mesmo tempo, a nossa ordem pessoal e a ordem do nosso mundo.

Ora, as relações externas entre as coisas, e entre estas e a nossa pessoa, desenvolvem-se no espaço. Nele assimilamos as coisas à nossa

---

1. Liliane Guerry, *Cézanne et l'expression de l'espace*, Paris: Flammarion, 1950.
2. Rudolf Arnheim, *Art and Visual Perception*, University of California Press, 1954.

418 ENSAIOS FILOSÓFICOS

ordem racional. Na perspectiva estética, os limites entre as formas externas e as nossas experiências internas são trespassados: As configurações formais possuem a sua expressividade própria, tanto quanto as nossas vivências íntimas procuram, na obra de arte, a sua feição exterior. Conseqüentemente, o espaço que contém todas as relações externas entre as coisas, e entre estas e a nossa pessoa, possuirá a expressividade mais central de tudo quanto importa a uma personalidade. Na formulação feliz de Liliane Guerry, portanto, "a concepção do espaço de um artista é aquilo que o torna autêntico e individual".

VINCENT VAN GOGH

"Não conheço melhor definição da arte que esta: A arte é o homem adicionado à natureza, da qual provoca o parto; é realidade, é verdade, contudo com uma significação que o artista nela encontra, mesmo desenhando tijolos, granito, barras de ferro ou vãos de uma ponte"[3].

Esta definição é tão característica de Van Gogh como as suas próprias obras. Vincent, que durante toda a sua vida não consegue adaptar-se à sociedade, que vive repelido e desprezado, possui uma fé inquebrantável na sua arte. De fato, ela quebra as cadeias da sua solidão, pois "a arte é o homem adicionado à natureza" e, como em toda adição, encontram-se na arte elementos congêneres. Na sua arte Van Gogh supera as estreitezas e limitações da sociedade, assiste ao parto de uma natureza pessoal e humana que conhece os desesperos do coração. "Realidade" e "verdade" deixam de ser abstrações e tornam-se marcas do destino do artista, sejam elas, materialmente, o que forem: "tijolos, granito, barras de ferro ou os vãos de uma ponte".

Com a maior naturalidade estas observações aplicam-se ao tratamento que Van Gogh dá ao espaço nas suas obras. Investe-o com qualidades expressivas da luta íntima do homem por um sentido nesta vida. O espaço das telas de Van Gogh é um espaço carregado de paixões, angústias e esperanças.

Nas paisagens de Van Gogh abundam as linhas de força que obrigam o nosso olhar a seguir-lhes o rumo; linhas jamais retas que, nas suas torções dolorosas, levam a nossa visão para cima, não sem fazer-nos sentir o quanto custou esta subida ao artista. Nos retratos e quadros sociais o espaço traduz o caráter opressivo do meio em que vivem as figuras. Entretanto, uma construção extremamente sólida estabelece um equilíbrio admiravelmente firme do espaço, contrabalançando desta maneira a grande tensão contida nos contornos e nas cores extraordinariamente vivas, lançadas sobre a tela em pinceladas elípticas extremamente pessoais como uma escrita superimponente

---

3. Citação das cartas ao irmão Theo, em Walter Hess, *Dokumente zum Verständnis der modernen Malerei*, Hamburg: Rowohlt, 1956, p. 23-24.

A CONCEPÇÃO DO ESPAÇO EM VAN GOGH, GAUGHIN, SEURAT E CÉZANNE. 419

que já em si é arte. A segurança construtiva redime a obra de toda esta ansiedade e invoca uma esfera em que as inquietações pessoais se perdem na ordem superior da obra como um todo, numa unidade imortal em que "o homem é adicionado à natureza", unidade que nasce com a assistência competente do artista-parteiro.

A concepção pictórica de Van Gogh é fundamental para a pintura moderna que mais tarde se desenvolveria. A expressão que Van Gogh sobrepõe à percepção faz parte de uma atitude artística que se espalhou largamente, não somente pelo expressionismo propriamente dito, mas numa grande parte da pintura abstrata. Mas nem todos que se inspiraram na sua obra conseguiram a harmonia superior que Van Gogh alcançou pelo seu gênio construtivo, um equilíbrio forte que contrabalança a emotividade expressiva.

PAUL GAUGUIN

A oposição de Gauguin é de caráter completamente diferente: Enquanto a vida de Van Gogh se consome numa luta trágica com a realidade e tudo na sua obra testemunha as dores de parto de algo superior em que à natureza se junta o homem, Gauguin calmamente dá as costas para a civilização burguesa do seu tempo e a substitui, nas suas obras, por uma outra realidade que cria como por um golpe de magia.

Como surge esta outra realidade? Diz Gauguin[4]: "A arte primitiva nasce da inteligência e utiliza a natureza. A assim chamada arte refinada nasce das impressões sensíveis e serve à natureza. Assim fomos cair no erro do naturalismo. Resta-nos, somente, um retorno racional ao princípio". Para Gauguin a tradição artística não possui consciência da nobreza essencial da arte que, nascida da inteligência do homem, está acima da natureza inconsciente. Ao invés de utilizar a natureza, a arte a servia justamente numa civilização altamente refinada que, sem o saber, dela já se tinha afastado bastante. O remédio Gauguin o vê num "retorno racional ao princípio", na subordinação do natural aos princípios construtivos e aos meios de expressão da inteligência do homem.

Gauguin distanciou-se do ambiente artístico dos seus dias de três maneiras: Pelo afastamento no espaço, vivendo boa parte da sua vida e criando a parte mais importante da sua obra no Taiti; na temática, escolhendo objetos exóticos e, às vezes, esotéricos para os seus trabalhos; no seu estilo e na sua compreensão do espaço que, aqui, nos concerne mais especificamente.

"O retorno racional ao princípio" importava para Gauguin, antes de qualquer coisa, na volta a uma construção do espaço pictórico em formas clássicas, utilizando-se racionalmente de simetrias alternadas,

4. Anotações e cartas de Gauguin, citadas por W. Hess, op. cit., p. 29.

como os pintores pré-rafaelistas: Formas geométricas como triângulos e retângulos servem-lhe de esquema para a organização espacial.

A rejeição da cópia servil dos objetos naturais liberta Gauguin para um tratamento do espaço consistente com os seus fins: poderosos efeitos decorativos, o belo pensado inteligentemente. Mas como as idéias de Platão, a realidade estética que Gauguin quer alcançar é eterna, imutável e afastada do mundo do devir. Portanto não há mais sentido para o céu, símbolo do além, pois os próprios motivos das obras do pintor representam o inalterável atrás dos fenômenos fugazes. O céu chega a ser completamente abolido por Gauguin. Não existe mais contraste entre figura e fundo, pois este contraste é o mais fenomenal do fenomenal. Depende somente do acaso de a perspectiva tornar o fundo figura e a figura fundo. Ambos se submetem às exigências estéticas do decoro. Não há no espaço de Gauguin movimento unilateral como o que, nas pinturas de Van Gogh, força o nosso olhar para cima, para ali procurar uma realidade melhor. Nas obras maduras de Gauguin os movimentos são harmonizados e falam de permanência definitiva.

GEORGES SEURAT

Seurat não está em luta apaixonada com a realidade como Van Gogh, nem em oposição a uma sociedade sofisticada e dada ao meramente sensível na natureza, como Gauguin; também Seurat procura o eterno atrás das aparências, mas é o eterno das verdades científicas. Enfrenta os problemas da pintura com o espírito do cientista; a arte, no seu entender, deveria captar as leis imutáveis nas transformações e distinguir entre o essencial e o ocasional. Nisto encontra-se com um Piero della Francesca e com um Fouquet: Não há expressão individual nas suas figuras que se subordinam exclusivamente às leis da proporção e da harmonia. No seu tratamento das cores aplica rigorosamente todas as pesquisas feitas em ótica até os seus dias: Conhece exaustivamente as teorias sobre a cor de Chevreuil, Helmholtz, Rood e outros; adotou os resultados das investigações feitas por seu amigo Charles Henry sobre a expressividade das linhas. Também o espaço de Seurat é um espaço essencialmente objetivo, isento de elementos pessoais.

Este espaço não é, no entanto, um espaço natural, mas um espaço construído que não deixa de deformar os objetos que contém quando a lógica do tema o requer. Assim, na *Grande Jatte*, o casal de frente à direita está fora de qualquer perspectiva geométrica e completamente subordinado a uma outra perspectiva, a perspectiva da expressividade. É a rigidez formal da moda da alta burguesia de Paris a dominante do quadro, introduzida a toda força pelo casal de frente. As sombras dos troncos das árvores da ilha, muito ao contrário de uma disposição natural, são arranjadas de maneira a fornecer um ritmo de luz e sombra, essencial à concepção estética do quadro.

A CONCEPÇÃO DO ESPAÇO EM VAN GOGH, GAUGHIN, SEURAT E CÉZANNE. 421

Apesar do espaço construído, intelectual, calculado em todos os seus pormenores, Seurat possui bastante gênio criador para aliar a invenção artística ao rigor do pensamento científico. O espaço, por ele criado, fala de uma realidade em que a verdade científica se junta à beleza da visão.

PAUL CÉZANNE

Enquanto para os pintores mencionados o espaço, como não podia deixar de ser, era um meio expressivo de grande importância para a consecução dos seus fins, para Cézanne o espaço, a integração da figura ao fundo, constitui o problema central das suas pesquisas. As suas primeiras obras estabelecem esta preocupação que permanece viva até as suas últimas criações. É uma história completa do sentimento espacial que se pode seguir, acompanhando os passos que Cézanne dá neste seu caminho, feito, aliás, numa independência admirável de tudo quanto se tem conseguido neste sentido pelos seus antecessores.

O Impressionismo, com o qual se identificou durante determinado período da sua carreira e em cujas exposições também apresentava as suas obras, corria na opinião de Cézanne o perigo de desagregar o mundo no esforço de captar as impressões do momento, as flutuações extremamente passageiras da iluminação. Cézanne acha imprescindível salvar a substancialidade das coisas, a verdade que nelas permanece inalterada na mudança das aparências, tão seriamente comprometida, por exemplo, nas últimas telas de Monet. Mas o acento no essencial das formas do objeto coloca com maior força o problema do meio em que se encontra, enfim, o problema do espaço.

Na primeira fase da sua criação artística Cézanne compensa a imobilidade do essencial da figura por uma extrema mobilidade do fundo. A ilusão de profundidade se cria pela linha curva e não pela reta, à maneira dos perspectivistas do Renascimento, que constroem muito mais do que observam. Liliane Guerry mostra que o espaço criado pelos movimentos dos nossos olhos é naturalmente um espaço contido por linhas curvas, e que Cézanne segue muito mais fielmente à observação perspectívica do que os pintores renascentistas que a intelectualizam[5]. Na *Nova Olímpia* o nu, em todo o seu esplendor luminoso, em segundo plano do espaço pictórico e no centro da tela, é projetado para frente por um arranjo sutil de linhas curvas, seja de cortinas que se abrem como num palco, seja dos contornos de figuras e objetos retidos na sombra, através dos quais irradia a clareza da figura central e dos materiais luminosos em que repousa.

Sob a influência de Pissaro, em Auvers, Cézanne se torna sensível à impressão imediata do seu sujeito. A conseqüência imediata

5. *Cézanne et l'expression...*, p. 15-18.

422 ENSAIOS FILOSÓFICOS

é que o meio-ambiente, que no primeiro período tinha sido tratado de maneira natural, torna-se agora artificial, compensando, por uma estrutura rígida, a animação do objeto. O espaço é agora fracionado, segundo as necessidades composicionais da tela. Mas a composição não consegue ainda organizar-se, com poucas exceções, numa harmonia espacial. O espaço apresenta-se como adição de várias combinações independentes, como o constatamos claramente numa das obras mais importantes daquela época, *A Casa do Enforcado*.

Num terceiro período, em que a pintura de Cézanne se distancia totalmente do impressionismo, o nosso pintor finalmente consegue a unificação de conteúdo e continente, não como Gauguin e Seurat a conseguiram através de uma modificação profunda da realidade — como vimos, Gauguin criou uma realidade exótica e esotérica, Seurat um mundo científico, uma terra de "astronautas", em que as leis da expressividade de linhas e cores, da proporção e da composição pictorial asfixiaram toda naturalidade –; Cézanne obtém o mesmo resultado, talvez de modo ainda mais perfeito, pela simples transposição da ordem concreta a uma ordem abstrata. Há um curto período em que a terceira dimensão parece totalmente abolida, à semelhança do que aconteceu com a pintura romana, de cuja concentração unificadora em duas dimensões nasce o espaço tridimensional uniforme do Trecento[6].

A nova técnica deste período, que serviu de inspiração direta aos pintores cubistas, consiste na reconstrução sintética do concreto, harmonizando as cores e reorganizando as massas em formas geométricas. A paisagem toda chega a constituir um volume único e é a totalidade da estruturação linear deste volume que sugere a terceira dimensão. A transposição de Cézanne, no entanto, permanece sempre reconstrução da ordem concreta, continua íntimo o contato com a realidade vivida. Jamais Cézanne abandonar-se-ia àquele êxtase construtivo dos cubistas para os quais o real não passa de exemplo.

Mas esta carreira, assombrosamente longa e completa, ainda não se encerra ali. Resta-lhe mais um passo que, aparentemente, o reaproximaria ao Impressionismo, mas, segundo a opinião de Liliane Guerry, o afastaria ainda mais, esteticamente, daquele movimento de pintura. A reconstrução no abstrato é substituída por um outro modo de sintetização: A integração se consegue pela modulação de pequenas manchas quadradas, pinceladas em sentidos diversos, de maneira que cada faceta se junta à outra, e com ela combina em cor e forma. Esta modulação não é somente a combinação de inúmeros pormenores, a racionalização do irracional, ela quer traçar o reflexo de uma ordem oculta da qual o artista desvendou o mistério.

Esta nova técnica permite evocar o imponderável na paisagem, a vibração atmosférica imperceptível que a anima e lhe confere musica-

6. Idem, p. 84.

A CONCEPÇÃO DO ESPAÇO EM VAN GOGH, GAUGHIN, SEURAT E CÉZANNE. 423

lidade e ritmo. A oscilação das camadas de ar cria agora a impressão de profundidade. Tudo é sugestão e nada afirmação. Mesmo nas naturezas mortas deste período Cézanne evitará os contornos por demais precisos e a incerteza formal dos cantos oferece uma passagem entre o sólido e o aéreo. O mesmo, no retrato, possibilita uma integração da personalidade ao espaço e ao tempo, a subordinação do homem (*Portrait de Vallier*) a um ritmo universal e eterno.

CONCLUSÃO

Assim, no fim de uma longa e árdua caminhada artística, ao término de uma carreira que, como poucas, era completa, Cézanne alcançou algo que transcende, na sua significação plena, o âmbito da pintura e, mesmo, da própria arte. Chegou a uma visão de integração do individual na origem universal; descobriu que os contornos que envolvem o homem como figura não o separam irremediavelmente do fundo da universalidade. Verificou, numa experiência toda própria que há uma possibilidade de unificação harmoniosa entre o indivíduo e o seu meio ambiente, devido a uma ordem superior a ambos, capaz de lhes emprestar sentido.

A procura da integração de figura e fundo, da solução do problema do espaço, levou o artista Cézanne à visão de uma possível salvação do homem do seu isolamento existencial.

6. A Amazona

QUADRO DE ÉDOUARD MANET, DE 1875[1]

I.

Uma jovem senhora, elegantemente vestida com os trajes convencionais de hipismo, atravessa a floresta a cavalo. De repente pára o animal. Será que já chegou a hora de voltar? Segura firmemente o chicote. Seu olhar decidido abandona o espaço pictórico em direção de frente e penetra no nosso sem, no entanto, encontrar-nos. Uma dama da boa sociedade não olha para cada um.

Os últimos raios do sol que já desapareceu, anunciam um breve escurecimento. A luz tardia mostra o arvoredo em todo o seu esplendor. A alguma distância dois cavaleiros apressam seus galopes. Parecem seres silvestres, cuja cor e cujos contornos se confundem com a floresta. Um largo caminho abre-se para o fundo, cheio de claridade, pois leva em direção da luz.

A elegante amazona, vestida toda de preto, e o seu cavalo, de um castanho escuro, contrastam com o verde luminoso e refrescante da floresta. O rigor do vestuário que regras invioláveis da nossa civilização prescrevem para cada ocasião, envolve toda a jovem figura de preto, salvo rosto e cabelo que, entre o negro do manto e do chapéu, conservam um mínimo de aparência natural. Que diferença da

---

1. A análise estrutural e cromática baseia-se em Rudolf Arnheim, *Art and Visual Perception*, University of California Press, 1954.

ENSAIOS FILOSÓFICOS

luminosa liberdade da floresta que não parece conhecer nem cerca nem limitação, enquanto a civilização prende, segura e breca o que na natureza se poderia desenvolver sem impedimento, como insinua o galope dos cavaleiros silvestres no meio fundo.

O meio antigo do homem deixava-o em contato com os animais, os elementos, as coisas, sobre a formação dos quais não exercia influência; enquanto no mundo moderno o homem se desenvolve num universo que fez com as próprias mãos, ao qual deu, indiretamente, o seu próprio sistema de causas e fatalidades – de onde resultaria o drama do nosso tempo, o homem achando-se ameaçado de ser esmagado pelo sistema que preparou para facilitar a satisfação das suas necessidades materiais[2].

Com o desenvolvimento da indústria, mais ainda que com o crescimento do mercantilismo, a nossa civilização tornou-se mais e mais urbana; mais e mais vivemos apoiados em bens artificiais.

Muitos da geração do nosso pintor compreenderam esta situação. O próprio Manet, embora sempre mantivesse profundas ligações com a sociedade burguesa de Paris, sabia muito bem que além dos artificialismos da civilização, que não deixava de apreciar, representada em nosso quadro pela amazona, havia valores superiores que procurava na companhia dos impressionistas. Sabe que o preto artificial da moda é algo de precário e transitório sobre um imenso fundo de natureza humana, como o vulto negro da amazona sobre o fundo verde da floresta. Chega a hora de parar e de voltar para casa, a um ambiente natural e sem constrangimento.

II.

Na distinção que Wölfflin estabelece entre visão linear e visão pitoresca[3], *A Amazona* se enquadra inequivocamente na segunda categoria. Luz e cor são os seus meios principais de expressão. A sua perfeição vai por conta da nitidez das formas, geralmente sugeridas por manchas coloridas; o desenho parece restringir-se a alguns pormenores da dama e do cavalo.

O centro cromático da tela consiste no rosto e no cabelo da cavaleira. O amarelo alaranjado da face, com uma manchinha graciosa de rosa, contrasta com o preto azulado do traje como contrastava no famoso *Déjeuner sur l'herbe* o preto dos senhores vestidos com a cor da pele da mulher nua, contraste que levantou tanta indignação pelo choque brusco do sensual inibido com a convenção da moda.

Uma ligeira atmosfera amarelo-rosada desprende-se da face e do cabelo com cor de ouro opaco, menos para as partes cobertas pelo preto

2. Pierre Francastel, *Art et technique aux XIXe et XXe siècles*, Paris: Gonthier, 1983, p. 103.

3. Heinrich Wölfflin, *Conceptos fundamentales de la historia del arte*, Madrid: Espasa-Calpe, 1952, p. 24-27.

A AMAZONA

azulado do chapéu e da capa que se expande para baixo, formando uma grande área triangular cuja base coincide com o lado inferior do quadro, cobrindo parte do cavalo. A frieza da cor do traje destaca-se do colorido mais quente do animal, um castanho escuro que, nos contornos, se aproxima ao preto. Pois o cavalo, embora servindo à moda, permanece animal e a sua cor, embora escura, conserva certo calor. Caracteristicamente as grandes áreas coloridas são obtidas por traços de pincel bem reconhecíveis.

Contra as figuras escuras de frente abre-se a vastidão verde da floresta. Ela possui a fonte da luz que ilumina toda a natureza. Mas a civilização se distanciou do natural e a claridade, que se distribui segundo suas próprias leis através da floresta, não atinge as figuras de frente. Estas possuem uma luz própria, que sustenta os tons claros e quentes da cabeça da dama e dá um sombreado próprio ao cavalo, cujas formas se tornam plásticas por um gradual escurecimento do colorido nos contornos.

O tratamento da iluminação é engenhoso e original. Enquanto tradicionalmente a fonte de iluminação se encontra em frente do espaço pictórico, dando claridade às cores de frente e deixando escurecê-las progressivamente para o fundo, Manet inverte a ordem colocando a fonte da luz perto do foco perspectívico, deixando o fundo iluminado e a frente escura. Manet pertencia a uma geração que acreditava no progresso, que pensava ver nos grandes avanços científicos e técnicos da época. Quem crê no progresso vê a luz ao longe. Não foi ao acaso que o problema mais caro aos pintores impressionistas foi o da iluminação. Pertenciam a uma geração de crentes na luz da razão e na sua solução dos problemas fundamentais da humanidade.

A luz é tratada com muito amor no nosso quadro. Observamos o seu jogo através dos troncos e das folhagens da floresta, criando o seu colorido quente num ambiente que se prepara para o frescor da noite. O cuidado com a iluminação vai por conta da nitidez como em todas as obras impressionistas típicas. Do outro lado há uma precisão maravilhosa do instante em que uma última claridade anima a floresta antes da chegada das sombras da noite. É este instante, admiravelmente fixado na natureza do fundo, que determina a atitude da personagem em frente. A hora avançou; será que é tempo de voltar?

As cores são cuidadosamente compostas. O amarelo alaranjado do rosto destaca-se do escuro do traje. Sua cor complementar seria um azul que no manto e no chapéu é dramaticamente escurecido, para maior contraste, sem, no entanto, eliminar a atração entre as cores que garante a unidade da figura da cavaleira. Assim, o centro cromático da tela, o rosto da amazona que expressa a sua feminilidade natural, é contrastado com o convencionalismo das roupas, mas, ao mesmo tempo, pela atração das cores, a unidade da personalidade é salvaguardada.

428 ENSAIOS FILOSÓFICOS

O castanho do cavalo, de um certo calor embora de tonalidade bem escura, destaca-se do preto azulado frio do traje e simpatiza com as cores muito mais claras da cabeça, como a natureza animal simpatiza com a natureza humana, sem jamais se deixar dominar inteiramente e sem jamais se abaixar a mero objeto da civilização. O castanho amarelado do chão combina com as tonalidades verde-amarelas da folhagem e os troncos de bege escuro entrelaçam-se harmoniosamente com o verde das folhagens. Há um jogo rico de inversões entre verde amarelado e amarelo esverdeado criando os efeitos da luz nas folhagens. Um amarelo luminoso, ligeiramente esverdeado, e umas pinceladas de verde saturado caracterizam a fonte da luz no fundo, manchando de amarelo o verde das folhas e o castanho dos troncos. No caminho que vai para o fundo a terra chega a tingir-se de um laranja claro sob os raios da luz. Os dois cavaleiros em galope no meio fundo, já mais distantes da luz, integram-se na atmosfera cromática da floresta. São caracterizados em vagos traços como os troncos, e o seu castanho é o castanho amarelado do chão, um pouco mais escuro e menos verde, tendo o de frente até uma nuance alaranjada, semelhante, mas menos clara da que encontramos no caminho que leva ao fundo.

Jamais as cores são complementares exatas; exprimem uma sensibilidade discreta embora viva. As grandes áreas escuras que ocupam as áreas inferiores da tela contrastam e ao mesmo tempo combinam com as tonalidades luminosas do meio (que representa o fundo no espaço pictórico) e o verde mais escuro das folhagens fecha a tela para cima, criando uma ordem firme e calma.

III.

A Amazona de Manet é um quadro de grande simplicidade contendo poucos motivos e grandes áreas compactas. A sua mensagem é simples e sintética é a sua execução. Há uma composição global firme, mas a concepção é atectônica na acepção que Wölfflin dá a este conceito[4], com contornos impressionantes no primeiro plano, mas sem plástica. A abordagem é bem pessoal. Pinceladas expressivas transmitem o que o artista quer caracterizar, deixando fora todos os pormenores que não julga necessários.

Meios simples organizam o espaço pictórico. As massas escuras do cavalo e da dama que se estendem por toda a base do quadro, reclamam a frente do espaço pelo peso que representam na tela. Em alturas médias da tela, o foco perspectívico criado pelo alinhamento dos troncos e pelo estreitamento do caminho que vai ao fundo, segundo as linhas convergentes da percepção perspectívica, sugerem a pro-

4. Idem, p. 174.

fundidade do espaço, realçada também pela diminuição consistente dos objetos segundo a sua distância. A expansão da luz, praticamente paralela à convergência das linhas perspectívicas, embora em sentido contrário, fortalece a sensação do espaço, não obstante a ausência do desenho linear. Esta concordância original contribui à integração das figuras ao fundo que se abre de trás para frente em vez de fechar-se de frente para trás.

A moldura abre-nos o espaço pictórico uno e homogêneo, embora nos corte a parte inferior do cavalo e da dama, acentua, dessa maneira, incomum para os dias de Manet, a continuidade do espaço pictórico e a fortuidade da sua limitação estabelecida pelos cantos do quadro.

Ao mesmo tempo o espaço pictórico é ligado ao nosso pelo olhar da amazona que abandona o quadro em nossa direção, sem, no entanto, encontrar-nos. E a luz que possibilita a clareza da cor do rosto da dama e que cria o sombreado no colorido do cavalo deve originar-se do nosso espaço, pois no espaço pictórico estas partes estariam na mais absoluta sombra.

Ao contrário dos dois cavaleiros do meio fundo, totalmente integrados na floresta na cor e nas formas, a amazona e o seu cavalo destacam-se de todo o resto do quadro. Ela ressai por sobreposição ao cavalo, este à natureza, numa gradação evidente da atenção que focalizam. O rosto da dama é pormenorizado, mostrando traços bonitos e o cabelo bem cuidado que, juntamente com os olhos firmes, constituem o pouco de natureza humana que sobrou à estilização pela moda civilizada em preto.

Não obstante a calma harmonia que a obra como um todo ostenta, há bastante movimento no nosso quadro. O cavalo transmite um movimento horizontal de direita à esquerda, portanto contra o deslocamento natural do nosso olhar, que é da esquerda para a direita, o que constitui um breque natural realçando a parada brusca da dama. O quadrilátero cônico representando a amazona exerce um movimento para cima, ligeiramente à esquerda do eixo vertical. A cabeça e o chapéu da mulher são ligeiramente inclinados para frente; a cabeça do cavalo que se movimenta para cima com um brusco olhar para trás, esboça uma curva em direção à senhora. Entre a vertical com inclinação para frente da dama, a vertical da cabeça do cavalo com tendência para trás e a horizontal do dorso do cavalo projeta-se um círculo, aberto entre as cabeças do animal e da mulher, expressando toda a tensão da parada súbita e da decisão a tomar.

O movimento horizontal do cavalo da direita para a esquerda é contrabalançado pelo movimento da folhagem verde na parte superior da tela, que segue o nosso olhar da esquerda para direita. Entre as duas horizontais poderosas, encontramos a forte vertical da dama e da cabeça do cavalo, e os inúmeros verticais mais finos dos troncos da floresta e a direção quase vertical do caminho que vai ao fundo. A

430 ENSAIOS FILOSÓFICOS

virada para trás da cabeça do animal em baixo, à esquerda, é compensada pelo movimento para frente dos dois cavaleiros do meio fundo à direita, em cima. A exclusividade de verticais e horizontais no quadro é quebrada pelas oblíquas dos olhares da amazona e do cavalo e do chicote que a cavaleira segura na mão.

Ao equilíbrio dos movimentos corresponde o equilíbrio dos assentos. A grande massa escura do cavalo, na horizontal inferior do quadro e a área preta da dama saindo para cima, ligeiramente à esquerda do eixo do meio, formam, por sua compacticidade, sua regularidade e o seu tamanho a base de todo o quadro. A densa folhagem em verde escuro, que ocupa a parte superior da tela, representa o contrapeso. O centro luminoso e o foco perspectívico, que se encontram ligeiramente à direita do eixo central, equilibram a pequena deslocação da dama para a esquerda. O peso representado pela cabeça do cavalo em baixo, à esquerda, é neutralizado pelos cavaleiros em galope à direita e em cima do eixo horizontal. Assim o quadro constitui um todo harmonioso e bem equilibrado.

IV.

A Amazona data de 1875 ou de 1876. Pertence, pois, à melhor época da atividade artística de Manet, que já tinha se integrado plenamente nas aspirações dos impressionistas. A sua preocupação com os efeitos da luz, com a captação do momentâneo e passageiro da atmosfera e das personagens, com o equilíbrio das cores, a sua técnica de pinceladas elípticas e o seu desprezo pela submissão cega à exatidão das formas – tudo isto é bem evidente nesta tela.

Ao mesmo tempo o quadro evidencia muito bem a independência pessoal de Manet, sua manipulação balanceada e discreta das cores e seu soberano domínio da composição pictórica. Junto a isso, ressalta a sua ligação com os meios burgueses de Paris que, no entanto, jamais impediram Manet de formar ao lado daqueles que lutavam a favor do progresso por corajosas inovações, tanto com referência aos temas como ao estilo e às técnicas de pintura.

7. Do Tratado sobre o Belo

"Belo" – é um termo que aplicamos a uma infinidade de seres, mas, seja qual for a diferença entre estes seres, por força que ou fazemos uma falsa aplicação do termo "Belo", ou em todos estes seres existe uma qualidade de que o termo "Belo" é o sinal.

Esta qualidade não pode pertencer ao número daquelas que constituem a diferença específica de tais seres, porque então não haveria mais do que um ser "belo", ou, quando muito, uma única espécie "bela" de seres.

Mas dentre as qualidades comuns a todos os seres que chamamos "belos", qual escolheremos como a coisa da qual o temo "Belo" é o sinal?

Afigura-se-me evidente não poder deixar de ser aquela, cuja presença os faz a todos "belos"; cuja freqüência ou raridade, se for suscetível de freqüência ou raridade, os faz mais ou menos "belos" que não pode mudar de natureza se fazer mudar de espécie o "Belo" e cuja qualidade contrária tornaria os mais "belos" desagradáveis ou feios; numa palavra, aquela pela qual a "beleza" começa, aumenta, varia ao infinito, declina e desaparece. Ora, capaz destes efeitos só a noção de "Relações".

Chamo, portanto, "Belo", fora de mim, a tudo o que contem em si a qualidade de despertar no meu entendimento a idéia de relações; e "Belo" em relação a mim, tudo o que desperta essa idéia"[1].

I.

O nosso texto constitui uma tentativa de definir o "belo" a partir de uma propriedade comum a todos os seres que chamamos de "belos".

1. Denis Diderot, Traité du beau, *Encyclopédie de Diderot et d'Alembert* ou *Diccionnaire raisonné des sciences, des arts et des métiers*, 1751. Tradução do autor. O "Tratado sobre o Belo" foi traduzido para o português e publicado pela Perspectiva em 2000, em J. Guinsburg (org.) *Diderot: Obras II:* estética, poética e contos, São Paulo: Perspectiva, p. 249-250. (N. da E.)

Logo no primeiro parágrafo apresenta-se o problema essencial desta definição do "belo": Belo é um termo de uso muito amplo, ao qual deve corresponder, nos objetos, uma qualidade de que a palavra belo é o sinal. Mas esta qualidade não pode ser constitutiva da especificidade do ser a que é atribuída.

Se a "qualidade de que o termo 'belo' é o sinal" fosse constitutiva da "qualidade" do ser a que pertence, a aplicação do termo "belo" deveria ser restrita indevidamente a um único ser ou a uma única classe de seres. Pergunta-se, pois, dentro de uma suposta pluralidade de qualidades deste tipo, qual pode ser aquela de que a palavra "belo" é o sinal.

Exigindo conformidade ao princípio indutivo conhecido como "variação concomitante", o quarto parágrafo conclui que somente uma qualidade pode oferecer esta variação simultânea com as várias aparências do "belo", a noção de "relações".

Chegamos finalmente à definição procurada: Distinguindo entre o "belo" fora de mim e o "belo" em relação a mim, o "belo" é definido, finalmente, pela noção de "relações"; não, necessariamente, por relações reais, encontráveis no objeto "belo", mas antes na sua propriedade de despertar, no meu entendimento, a idéia de relações.

II.

O texto não tem dúvidas em afirmar que, quando falamos de um objeto "belo" referimo-nos à determinada qualidade do objeto, da mesma forma que quando qualificamos algo de brilhante ou de pesado. Se a nossa linguagem não nos engana – não temos razão alguma para supor que ela nos engane – "belo", um adjetivo, tem que se referir a certa qualidade do objeto, evocado pelo substantivo correspondente. À ligação sintática de um adjetivo com um substantivo deve corresponder, no nível do significado, a atribuição de uma qualidade a um objeto. Cabe-nos perguntar, portanto, no caso do adjetivo "belo", qual a qualidade à que corresponde no plano objetivo, qual a propriedade no objeto de que a palavra "belo" é o sinal, qual o modo de ser do objeto de que as quatro letras "b e l o" são o símbolo semântico.

O fato de que podemos aplicar o termo "belo" aos seres, "seja qual for a diferença entre estes seres", indica claramente que aquela qualidade nos seres que corresponde ao termo "belo", jamais pode ser constitutiva de especificidade. Dois objetos podem ser inteiramente diferentes entre si e, contudo, os dois podem ser belos ou os dois podem ser feios. Jamais uma casa é casa porque é bela; nenhum macaco é macaco porque é feio. Mas tanto a casa como o macaco podem ser belos ou feios sem deixar de ser casa ou macaco.

No seu segundo parágrafo, o texto menciona a razão porque, a seu ver, uma qualidade que corresponde ao termo "belo" não pode ser constitutiva da "qualidade" de uma coisa; porque, se assim fosse, te-

DO *TRATADO SOBRE O BELO* 433

ríamos que limitar a qualificação de "belo" a um único objeto – se somente um objeto pode ser constituído com aquela especificidade – ou, "quando muito", a uma classe de objetos de que essa qualidade seria o traço distintivo. Quando o texto fala de "uma única espécie 'bela' de seres", evidentemente não se serve do termo biológico "espécie", mas entende "espécie" como classe de objetos, de que a qualidade que corresponderia ao termo "belo" seria o traço distintivo.

No nível da linguagem, no entanto, não atribuímos o adjetivo "belo" a determinada classe de substantivos nem excluímos classes inteiras de substantivos da virtualidade de receberem esta qualificação. Da mesma forma não podemos restringir a qualidade que corresponde ao termo "belo" a determinada classe de objetos e negar, peremptoriamente, que essa qualidade possa pertencer a qualquer outra classe de seres.

Qualidades não constitutivas de objetos devem ter tamanha generalidade que somente as encontraremos nas formas gerais constituintes da nossa experiência e da nossa representação. Satisfazem estas exigências somente concepções como espacialidade, duração, unidade, identidade, relações etc.

Não constitutivas de qualidade objetiva são, também, as qualidades axiológicas. Qualidades como bom, útil, verdadeiro etc. – belo também faz parte desta classe – são qualidades que pertencem a objetos somente na medida em que estão em relação com uma consciência, qualidades que surgem da significação que os objetos adquirem do seu "ser-para-mim". Para a teoria de valores que surge no pensamento europeu desde os meados do século XIX, seria um vão esforço procurar na configuração objetiva de uma coisa qualidades de que um adjetivo axiológico é o sinal. Aparentemente, o nosso texto não considera a perspectiva axiológica.

Para escolher a qualidade certa correspondente ao termo "belo" entre aqueles conceitos abstratos que acabamos de mencionar, o nosso texto recorre a um procedimento indutivo, chamado, na lógica maior, de "variação concomitante". Devemos procurar qual a propriedade, no objeto, cuja modificação automaticamente implica uma transformação da "beleza" percebida. Podemos aplicar uma variação concomitante em sentido quantitativo ou de freqüência numérica e constatar se a "beleza" aumenta, diminui ou permanece inalterada. A prevenção que o texto exprime nas palavras "se for suscetível de freqüência ou raridade", justifica-se plenamente, pois destas formas gerais de objetivação, a maioria permanece refratária a uma análise quantitativa.

Podemos "variar concomitantemente" também em sentido qualitativo. Podemos experimentar se, mudando a natureza de uma propriedade, o "belo" mudará de espécie. Finalmente, podemos mudar a propriedade inteiramente ou transformá-la no seu contrário e observar se o "belo" desaparece, ou se se transformará em "feio".

Em resumo, pelo método de "variação concomitante", aplicado em sentido quantitativo, qualitativo e contrastante, devemos procurar a propriedade por cujas modificações a "beleza", necessariamente, "começa, aumenta, varia ao infinito, declina e desaparece".

Ora, capaz destes efeitos somente a noção de "relações". Identidade e Unidade não podem ser variadas em sentido quantitativo; espacialidade e duração não o podem ser qualitativamente. (Evidentemente não se trata aqui de um espaço vivencial ou de uma duração no sentido bergsoniano, mas de espaço e tempo formais que não admitem conotação qualitativa). Nenhuma destas propriedades pode ser suprimida ou convertida no seu contrário. As "relações" podem variar quantitativamente, podem pertencer a diferentes espécies e podem ser quase (nunca inteiramente) suprimidas. Talvez o autor tenha tomado, por contrário de "relações", a noção de "uniformidade" que também possui algumas relações, embora poucas. Em todo caso, de todas as qualidades mencionadas, a de "relações" pode ser mais variada, e uma correspondência entre as relações variadas e a variação do "belo", tanto qualitativa como quantitativamente, decerto constitui um fato observável.

Uma grande dificuldade contida nesta explicação consiste em que não somente o belo, mas também o feio varia de acordo com "as relações". O autor, no entanto, parece de opinião que o "feio" não é diferente do "belo" em essência, mas uma propriedade do mesmo gênero, apenas qualitativamente contrária; esta hipótese tem o apoio do quarto parágrafo, que afirma: "cuja qualidade contrária tornaria os mais 'belos' desagradáveis e feios". Já que não existe contrário de relações, o texto pode referir-se unicamente ao contrário de certas qualidades das relações; ou às qualidades que perfazem o conteúdo das relações, i.e., às qualidades relacionadas.

Falamos de "relações" em três sentidos: Há relações entre as partes de um objeto, as suas relações internas ou a sua articulação. Há também relações entre um objeto e outros que poderíamos chamar de relações externas. O aspecto quantitativo das relações internas e externas designamos também de proporções. Mas além de aspecto quantitativo, um aspecto qualitativo é expressamente admitido pelo texto. Em que poderiam consistir, no plano objetivo, tais diferenças qualitativas entre relações? Evidentemente, não é possível recorrer às assim chamadas qualidades secundárias que, embora evocadas por qualidades reais dos objetos, baseiam-se na impressão deixada no observador. Talvez a constância ou a mutabilidade, a complexidade ou a simplicidade das relações constituiriam tais diferenças qualitativas no nível objetivo.

As qualidades secundárias pertencem a um terceiro gênero de relações, inteiramente diferente dos outros dois mencionados. Todo objeto mantém relações específicas com a consciência perceptiva como

DO *TRATADO SOBRE O BELO* 435

causa de sensações, sentimentos e desejos. Neste grupo de relações, as qualidades primárias dos objetos criam qualidades secundárias, qualidades conscientes.

Qual o tipo de relações a que se refere o texto? De acordo com tudo que precedeu, segundo a tarefa que o texto se pôs, a de procurar a qualidade que existe em todos os seres designados "belos", deveríamos esperar que o autor se referisse a relações internas ou externas, a proporções ou relações qualitativas atribuíveis ao próprio objeto. Mas justamente isto não se dá.

Numa certa ruptura com as suas pretensões anteriores, o texto reporta-se exclusivamente ao terceiro gênero de relações caracterizado acima. A qualidade, nos objetos, "de que o termo 'belo' é o sinal", é a "qualidade de despertar no meu entendimento a idéia de relações".

A faculdade de despertar a idéia de relações na consciência pode basear-se em relações internas e externas do objeto, na medida em que as idéias "despertadas no meu entendimento" correspondem a uma realidade objetiva. Esta pode ser um objeto "fora de mim" ou, também, a realidade dentro de mim, a minha própria pessoa. Pois o texto distingue entre o "belo fora de mim" e o "belo em relação a mim". A minha própria pessoa nunca me é dada como objeto, e a espacialização e a justaposição dos meus estados de consciência para lhes determinar relações internas ou externas se tornam sobremaneira [ilegível][2]*. Talvez tenha sido a tentação de encontrar uma única definição para "o belo fora de mim" e "o belo em relação a mim" e a dificuldade de aplicar conceitos como articulação e inter-relação aos estados de consciência, que motivaram a passagem do nível objetivo para o nível conceitual, de relações internas e externas do objeto para a qualidade de evocar no meu entendimento a idéia de relações.

A identificação da "qualidade de que o termo belo é o sinal" com "a qualidade de despertar no meu entendimento a idéia de relações", indica em que medida a concepção de belo do autor se fundamenta numa relação gnoseológica entre objeto e entendimento e como, mesmo após a passagem de nível do objetivo para o conceitual, a ''beleza" permanece enraizada numa espécie de conhecimento, numa captação de propriedades objetivas pelo entendimento.

III.

Algumas características gerais referentes à argumentação do texto devem ser mencionadas ainda.

O autor atribui um discernimento imediato à nossa linguagem que, no seu desenvolvimento, incorporou as experiências seculares,

---

2. Cf. Henri. Bergson, *Essai sur les Données Immédiates de la Conscience.*

*. Palavra ilegível nos originais do autor. (N. da E.)

ENSAIOS FILOSÓFICOS

não somente de indivíduos, mas de uma sociedade inteira, senão de uma cultura toda. Portanto, a evidência do uso da linguagem afigura-se ao autor do texto como muito forte e que jamais deve ser desprezada.

Do outro lado, o texto sugere que os conceitos válidos traduzem algo de uma realidade, independente dos conceitos e superior a eles. Os conceitos universais certamente não constituem, para o autor, realidades independentes. Neste particular o texto coloca-se em oposição à ontologia das idéias platônicas, ao universalismo escolástico como a todo idealismo gnoseológico moderno. O ato de definir não consiste, para ele, na enumeração das propriedades implicadas num conceito e a sua subordinação sob a compreensão geral da noção (definição platônica), nem na procura do *genus proximum* e no estabelecimento da diferença específica (lógica escolástica), mas na verificação experimental do conceito por meio de processos indutivos. Assim, no nosso caso, o método de "variação concomitante" é aplicado para encontrar a qualidade que, nos seres, corresponde ao termo "belo".

Não há sinal de uma apreciação axiológica do termo "belo" e, evidentemente, o autor do texto desconhece as teorias modernas dos valores.

A definição obtida pelo texto é muito formal. Se a presença, no meu entendimento, da noção de "relações" equivale à percepção do belo, a ausência destas relações deveria implicar a ausência de qualquer efeito estético; jamais levará à impressão do feio. Parece que para produzir o efeito do feio, o objeto deve despertar no meu entendimento uma idéia de relações também, embora relações de qualidade contrária. Qual a qualidade de relações que produz a sensação do belo e qual a contrária que resulta na impressão do feio, não é compreensível a partir dos dados do texto.

Mas o simples fato de se introduzir qualidade na noção de relações, de basear na qualidade das relações o aparecimento do "belo" e do "feio" implica uma diferenciação qualitativa generalizada de todas as relações, e mostra que também o autor deste texto não se sentiu inteiramente satisfeito ao explicar o termo "belo" com um conceito meramente formal. Pois o termo "belo" é o sinal de uma qualidade eminentemente positiva, cheia de conteúdo.

Impresso em janeiro de 2008,
nas oficinas da Bartira Gráfica,
para a Editora Perspectiva S.A.